NCS 직업기초능력 10대 역량

핵심요약 및 문제집

머리말

NCS가 대세이다.
NCS기반 능력중심채용의 시대이다.
직업기초능력 10대 역량은 선택이 아닌 필수이다.

국가직무능력표준(NCS)에서 정하는 직업기초능력은 모든 직업군에서 필요한 공통 소양을 학습하기 위한 것으로,
의사소통능력, 수리능력, 문제해결능력, 자기관리능력, 자원관리능력, 대인관계능력, 정보능력, 기술능력, 조직이해능력, 직업윤리를 말한다.

최근 NCS의 보급과 함께 직업기초능력의 중요성이 점차 확산되고 있고, 다양한 교재들이 출시되고 있으나, 직업기초능력 10대 역량 전체를 한권으로 요약하여 학습할 수 있는 교재는 충분치 못한 실정이다.

그리고 능력중심채용시대에 부응하여 채용기업별 예상문제집 형태로 교재들이 나오고 있으나, 학교나, 기업, 그리고 학습자들이 직업기초능력 10대 역량 전체를 충분히 커버할 수 있는 적절한 교재가 충분치 않은 실정이며, 어디에서 학습자료를 찾아볼 수 있는지도 모르는 경우가 대부분이다.

이에 본 교재는 국가가 직무능력표준(NCS)으로 개발하여 보급하고 있는 직업기초능력의 학습모듈을 최대한 활용하고 요약하여, 취업을 원하는 취업준비생뿐만 아니라, 신입직원 등 직업생활에 필요한 소양을 공부해 보고자 하는 모든 이들에게 NCS에서 정한 직업기초능력의 핵심내용만을 요약하고, 이를 평가할 수 있는 문제풀이 중심으로 집필하였다.

특히 채용에서 있어서 공기업은 물론 민간기업에도 급속도로 보급되고 있는 NCS기반 능력중심 채용에 있어서 직업기초능력의 평가가 필수적이므로 이에 적합한 교재의 필요성이 시급함을 인식하고 집필하였다.

본 교재는 1개 과정 당 1시간 내지 2시간 정도에 학습이 가능하도록 핵심내용을 요약·정리 하였다. 그리고 각 과정별 학습을 통해 문제풀이 중심으로 학습을 할 수 있도록 편집하였다.

본 교재의 보급과 확산을 통하여 취업준비생뿐만 아니라 신입직원, 그리고 모든 직업인들의 직업기초능력 향상을 위한 노력이 일상에서 생활화되길 기원해본다.

2016년 10월

NCS직업기초능력 10대역량
핵심요약 및 문제집

C O N T E N T S

C O N T E N T S

NCS(국가직무능력표준)와 직업기초능력

NCS(National Competency Standards)의 이해

NCS(National Competency Standards)

✎ 정의

산업현장에서 직무를 수행하기 위해 요구되는 능력(지식, 기술, 소양)을 국가가 산업부문별, 수준별로 체계화한 것(자격기본법 제2조)으로 국가직무능력표준이라 부른다. 산업현장의 직무를 성공적으로 수행하기 위해 필요한 능력(지식, 기술, 태도)을 국가적 차원에서 표준화한 것이다.

✎ 도입배경

산업현장에는 수많은 직무들이 있고 그 직무들 마다 필요한 역량이 있기 마련이다. 최근 NCS가 도입되기 전까지 기업들은 해당 기업 자체적으로 정한 직무의 정의와 필요 역량을 설정하고 있어, 기업들마다 다른 채용방식과 교육과정을 운영해왔다.

취업준비생 입장에서는 똑같은 직무를 지원하면서도 기업마다 다른 채용방식에 맞추어 준비할 수밖에 없었다.

학교교육에 있어서도 일부 전공을 제외하고는 직무 특성에 맞는 역량 강화 중심의 교육보다는 일반적인 지식을 넓히는 교육에 치중하였다.

그러므로 기업은 스펙 중심의 채용을 할 수밖에 없었고, 채용 이후 해당 기업이 필요로 하는 직무와 역량 강화 교육을 많은 비용을 들여 따로 시킬 수밖에 없는 악순환을 반복하고 있었다.

이에 최근 국가가 나서 문제해결을 위해 NCS를 개발하여 보급하기에 이르렀다.

국정과제 선정 – 학벌이 아닌 능력중심사회 여건 조성하기

- 박근혜 정부는 "학벌이 아닌 능력주심사회 여건 조성하기"를 핵심 국정과제로 선정하고 국가직무능력표준 구축을 세부 이행과제로 제시
  - '14년까지 국가직무능력표준(NCS)개발 완료 (797개)
  - NCS기반으로 직업교육훈련 및 자격제도를 개편하고 능력중심 인사관리 관행 정착

국정과제 75. 학벌이 아닌 능력중심사회 여건 조성하기

협업형 개발체계 구축 국가직무 능력표준 조기개발	현장 중심의 교육과정 개발 및 보급	훈련기준 및 자격시험 출제기준 개편	과정평가형 자격제도 도입	직무능력 중심의 채용·보상 체계 도입
'13 ~ '14년	NCS 기반	NCS 기준	NCS 구축	NCS 기반

✎ NCS의 선순환

국가	모든 직무에 대한 역량(지식, 기술, 태도)을 개발 보급한다.
학교 및 직업훈련 현장	NCS에 기반한 직무 특성에 맞는 교육훈련을 실시한다.
학생 (취업준비생)	NCS에 기반한 학습의 결과 해당 직무를 수행할 수 있는 역량을 확보한다. 직무와 관련 없는 스펙을 쌓을 필요가 없다.
기업	NCS에서 정한 기준을 반영하여 신입사원을 채용한다. 별도의 직무교육을 추가로 시킬 필요 없이 바로 실무에 투입시킨다.

기업은 비용을 절감하고, 생산성을 높이며, 수익성이 좋아지고, 재투자가 늘어, 국가 경제가 활성화된다. 청년 실업문제가 해결된다.

NCS의 개념도

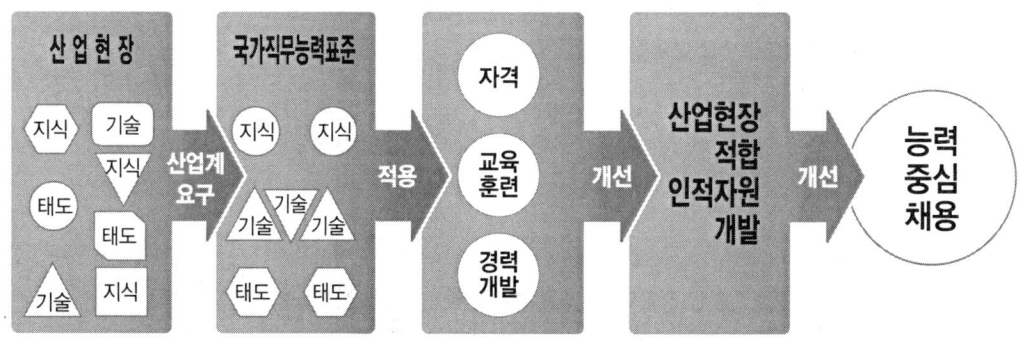

✎ NCS의 특성

한 사람의 근로자가 해당 직업 내에서 소관 업무를 성공적으로 수행하기 위하여 요구되는 실제적인 수행능력을 의미

- 직무수행능력 평가를 위한 최종 결과의 내용 반영
- 최종 결과는 '무엇을 하여야 한다' 보다는 '무엇을 할 수 있다' 는 형식으로 제시

해당 직무를 수행하기 위한 모든 종류의 수행능력을 포괄하여 제시

- 작업능력: 특정 업무를 수행하기 위해 요구되는 능력
- 작업관리 능력: 다양한 다른 작업을 계획하고 조직화하는 능력
- 돌발상황 대처능력: 일상적인 업무가 마비되거나 예상치 못한 일이 발생했을 때 대처하는 능력
- 미래지향적 능력: 해당 산업관련 기술적 및 환경적 변화를 예측하여 상황에 대처하는 능력

모듈(Module) 형태의 구성

- 한 직업 내에서 근로자가 수행하는 개별 역할인 직무능력을 능력단위(Unit)화하여 개발
- NCS는 여러 개의 능력단위의 집합으로 구성

산업계 단체가 주도적으로 참여하여 개발

- 해당 분야 산업별인적자원개발협의체(SC), 관련 단체 등이 참여하여 NCS 개발
- 산업현장에서 우수한 성과를 내고 있는 근로자 또는 전문가가 NCS 개발 단계마다 참여

✐ NCS의 활용 영역(NCS의 기능)

NCS는 인적자원개발의 핵심토대로의 기능을 한다.

산업현장의 직무수요를 체계적으로 분석하여 제시함으로써
'일-교육-훈련-자격'을 연결하는 고리이다.

대학, 직업교육훈련기관에서는

교육훈련과정, 직업능력개발 훈련기준 및 교재 개발 등에 활용되어
산업수요 맞춤형 인력양성에 기여한다.

기업에서는

신입사원의 채용의 기준으로 활용한다.
또한 채용, 배치, 전환, 승진의 체크리스트, 직무기술서 등으로 활용한다.

취업준비생 또는 근로자는

취업준비생은 NCS기반의 채용기준에 부응하여 준비하며,
근로자는 경력개발경로, 자가진단도구로 활용이 가능하다.

한국산업인력공단 등 자격검정기관에서는

자격종목설계, 개편, 검정방법, 검정문항, 출제기준 등으로 활용한다.

한국직업능력개발원에서는

NCS를 활용하여 전문대학 및 마이스터고, 특성화고 등의
교과과정을 개편한다.

NCS 분류체계

NCS는 모든 산업의 직무를 대분류 24개, 중분류 80개, 소분류 238개, 세분류 887개로 구분하여 분류체계를 마련하였다.(2016년 상반기 기준)

이는 한국고용직업분류(KECO: Korean Employment Classification of Occupations)를 중심으로, 한국표준직업분류, 한국표준산업분류 등을 참고로 하였다.

대분류	중분류	소분류	세분류
계	80	238	887
1. 사업관리	1	2	5
2. 경영 회계 사무	4	11	27
3. 금융 보험	2	9	35
4. 교육 자연과학 사회과학	3	5	13
5. 법률 경찰 소방 교도 국방	2	4	15
6. 보건 의료	2	7	34
7. 사회복지 종교	3	6	16
8. 문화 예술 디자인 방송	3	9	63
9. 운전 운송	4	7	26
10. 영업 판매	3	7	17
11. 경비 청소	2	3	6
12. 이용 숙박 여행 오락 스포츠	4	12	42
13. 음식서비스	1	3	9
14. 건설	8	26	109
15. 기계	10	29	115
16. 재료	2	7	34
17. 화학	4	11	32
18. 섬유 의복	2	7	23
19. 전기, 전자	3	24	72
20. 정보통신	3	11	58
21. 식품가공	2	4	20
22. 인쇄 목재 가구 공예	2	4	23
23. 환경 에너지 안전	6	18	49
24. 농림어업	4	12	44

✎ NCS 구성(능력단위)

직무는 NCS 분류체계의 세분류를 의미하고, 원칙상 세분류 단위에서 표준이 개발되었다.

능력단위는 NCS 분류체계의 하위단위로서 NCS의 기본 구성요소이다.

능력단위는 능력단위분류번호, 능력단위정의, 능력단위요소(수행준거 : 지식, 기술, 태도), 적

용범위 및 작업상황, 평가지침, 직업기초능력으로 구성된다.

직무

1. 능력단위
- 능력단위 요소
- 적용범위 및 작업상황
- 평가지침
- 직업기초능력
- 수행준거
- 지식 · 기술 · 태도

2. 능력단위
- 능력단위 요소
- 적용범위 및 작업상황
- 평가지침
- 직업기초능력
- 수행준거
- 지식 · 기술 · 태도

01 능력단위분류번호(competency unit code)
능력단위를 구분하기 위하여 부여되는 일련번호로서 14자리로 표현

02 능력단위명칭(competency unit title)
능력단위의 명칭을 기입한 것

03 능력단위정의(competency unit description)
능력단위의 목적, 업무수행 및 활용범위를 개략적으로 기술

04 능력단위요소(competency unit element)
능력단위를 구성하는 중요한 핵심 하위능력을 기술

05 수행준거(performance criteria)
능력단위요소별로 성취여부를 판단하기 위하여 개인이 도달해야 하는 수행의 기준을 제시

06 지식 · 기술 · 태도(KSA : Knowledge · Skill · Attitude)
능력단위요소를 수행하는 데 필요한 지식·기술·태도

07 적용범위 및 작업상황(range of variable)
능력단위를 수행하는데 있어 관련되는 범위와 물리적 혹은 환경적 조건
능력단위를 수행하는데 있어 관련되는 자료, 서류, 장비, 도구, 재료

08 평가지침 (guide of assessment)
능력단위의 성취여부를 평가하는 방법과 평가시 고려되어야 할 사항

09 직업기초능력(key competency)
능력단위별로 업무 수행을 위해 기본적으로 갖추어야 할 직업능력

✎ NCS 분류번호의 표시

국가직무능력표준의 분류번호는 국가직무능력표준의 구성단위인 능력단위에 대한 식별번호
로 대분류, 중분류, 소분류, 세분류, 능력단위 및 개발연도로 구성 된다.

0101010101_12v1

01	01	01	01	01	–	12	v1
대분류	중분류	소분류	세분류	능력단위	–	개발연도	버전

✎ NCS 능력단위 예시

**패션디자인
01. 디자인기획**

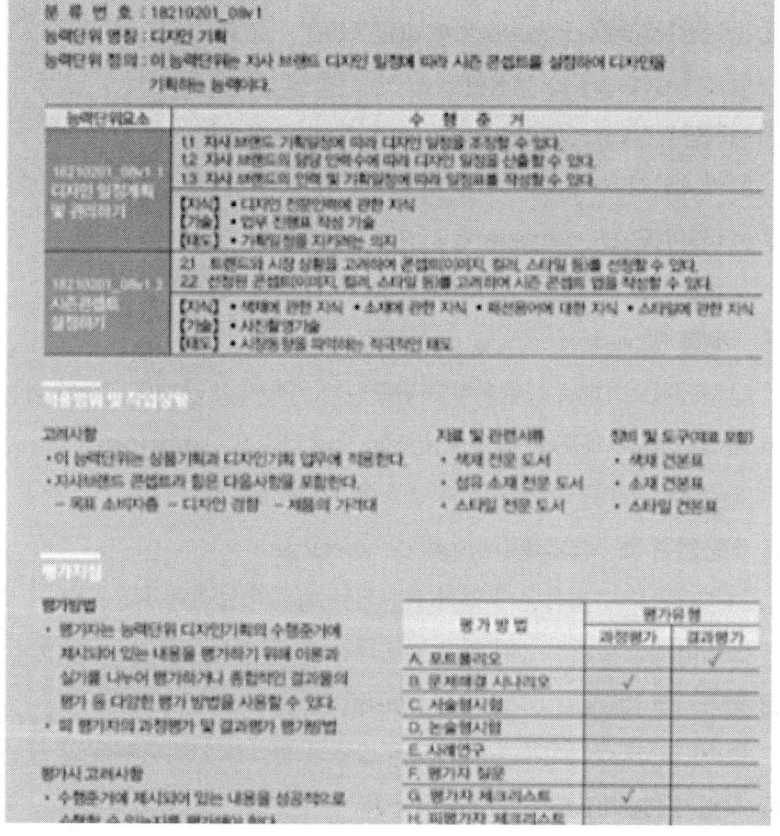

NCS 학습모듈

국가직무능력표준(NCS, National Competency Standards)이 현장의 '직무 요구서'라고 한다면, NCS 학습모듈은 NCS의 능력단위를 교육훈련에서 학습할 수 있도록 구성한 '교수 · 학습 자료'이다.
NCS학습모듈은 구체적 직무를 학습할 수 있도록 이론 및 실습과 관련된 내용을 상세하게 제시하고 있다.

• NCS학습모듈은 산업계에서 요구하는 직무능력을 교육훈련 현장에 활용할 수 있도록 성취목표와 학습의 방향을 명확히 제시하는 가이드라인 역할을 한다.

• NCS학습모듈은 특성화고, 마이스터고, 전문대학, 4년제 대학교의 교육기관 및 훈련기관, 직장교육기관 등에서 표준교재로 활용할 수 있으며 교육과정 개편 시에도 유용하게 참고할 수 있다.

• NCS학습모듈은 NCS 능력단위 1개당 1개의 학습모듈 개발을 원칙으로 한다. 그러나 필요에 따라 고용 단위 및 교과단위를 고려하여 능력단위 몇 개를 묶어서 1개의 학습모듈로 개발할 수 있으며, 또 NCS 능력단위 1개를 여러 개의 학습모듈로 나누어 개발할 수도 있다.

국가에서 제시하는
NCS학습모듈을 최대한 활용한다.

🖉 디자인 분야 중 시각디자인 세분류의 예시

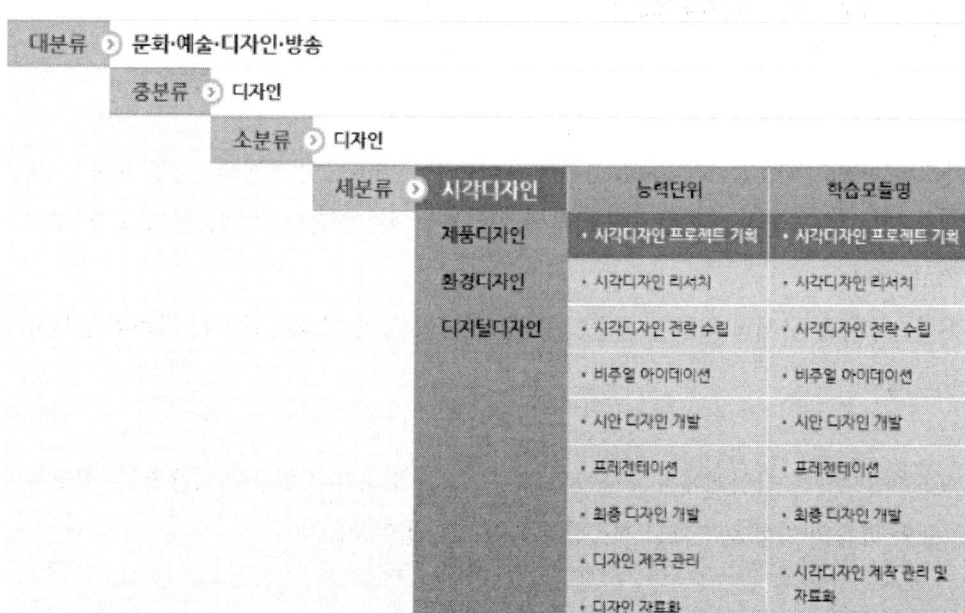

🖉 NCS 학습모듈의 활용

직무수행능력과 직업기초능력

NCS에서 말하는 직무능력은 직무수행능력과 직업기초능력으로 구분할 수 있다.
직무(職務)란 직책이나 직업상에서 책임을 지고 담당하여 맡은 사무, 즉 '맡은 일'을 말한다.(표준국어대사전)

능력(能力)은 일을 감당해내는 힘을 말한다. 능력을 의미하는 영어단어를 찾자면 'Ability',와 'Competency' 이다. Ability는 단순히 객관화될 수 있는 능력을 의미한다.
Competency는 경쟁력의 의미가 가미된 능력을 의미한다. 개개인이 독립적인 행동으로 자신만의 성과를 낼 수 있는 역량의 의미이다.
최근 NCS기반의 능력중심채용에서는 객관적인 수치로 나타나는 Ability능력(스펙)보다는 직무의 적합도와 경쟁력을 보여주는 Competency능력(역량)을 채용에서 반영하라는 것이다.

NCS에서 직무수행능력은 특정한 일을 수행하는데 요구되는 전문적인 지식·기술·태도 등의 총체적인 것을 의미하며, 필수직업능력·선택직업능력·산업공통직업능력으로 나누어진다.
직무수행능력은 다수의 능력단위로 구성되어 있으며, 이들 능력단위의 조합과 연계를 통해서 훈련과 자격의 내용을 설계할 수 있다. 이러한 능력단위는 코드명, 능력단위명, 능력단위정의, 능력단위요소, 수행준거, 작업 상황, 평가지침, 직업기초능력 항목으로 이루어진다.

직업기초능력은 직무수행능력을 습득하고 개발하는데 있어서 기본적으로 갖추어야 할 능력이며, 직무수행능력과 융합되어 작업환경 내에서 직무를 수행하는데 필요한 직업능력을 말한다.
이는 모든 직업인에게 공통적으로 요구되는 능력으로서 모든 산업 및 직업에 걸쳐 직무수행을 위해 기본적으로 갖추어야 할 직업능력이다.
직업기초능력은 직종이나 직위에 상관없이 모든 직업분야에서 직무를 성공적으로 수행하는데 공통적으로 필요한 능력이다. NCS에서는 10개의 개발영역과 34개의 하위모듈을 제시하고 있다.

직무능력	직업기초능력	직업인으로서 갖추어야할 공통역량
	직무수행능력	해당직무를 수행하는데 필요한 역량(지식, 기술, 태도)

✍ NCS에서의 10개 직업기초능력

NCS에서는 직무수행능력을 최대한 발휘하기 위해 대부분의 산업분야에서 공통적으로 요구하는 10개 직업기초능력으로서 의사소통능력, 자원관리능력, 문제해결능력, 정보능력, 조직이해능력, 수리능력, 자기개발능력, 대인관계능력, 기술능력, 직업윤리를 제시하고 있다.

그 하위단위의 능력단위로 아래와 같이 10개 개발영역으로 34개의 하위 단위능력을 제시하고 있다.

개발영역	하위단위
의사소통능력	문서이해능력, 문서작성능력, 경청능력, 언어구사력, 기초외국어능력
자원관리능력	시간자원관리능력, 예산관리능력, 물적자원관리능력, 인적자원관리능력
문제해결능력	사고력, 문제처리능력
정보능력	컴퓨터 활용능력, 정보처리 능력
조직이해능력	국제감각능력, 조직체제이해능력, 경영이해능력, 업무이해능력
수리능력	기초연산능력, 기초통계능력, 도표분석능력, 도표작성능력
자기개발능력	자아인식능력, 자기관리능력, 경력개발능력
대인관계능력	팀워크능력, 리더십능력, 갈등관리능력, 협상능력, 고객서비스능력
기술능력	기술이해능력, 기술선택능력, 기술적용능력
직업능력	근로윤리, 공동체윤리

NCS기반 능력중심채용

✎ 왜? NCS기반 능력중심채용인가?

지금까지 기업 또는 공공기관에서는 채용 시 충분한 직무설명, 명확한 채용기준 등이 제시되지 않는 가운데 기업위주의 채용공고 및 이를 통한 채용이 이루어져 왔다.

취업준비생은 명확한 채용기준을 모르기 때문에 직무와 무관한 다양한 스펙을 쌓기 위해 많은 시간과 비용을 소모해왔다. 이른바 9대 스펙이다. (학벌 · 학점 · 토익 · 어학연수 · 자격증 · 공모 · 인턴 · 봉사 · 성형)

NCS기반 능력중심채용은 채용과정에서 사전에 채용직무 내용을 상세히 공개하고, 직무의 능력을 토대로 한 명확한 평가기준을 공지하며, 해당 평가기준을 적용하여 인재를 선발하는 채용방식을 말한다.

직무능력이란 직업인으로서 기본적으로 갖추어야 할 공통역량인 직업기초능력과 해당 직무를 수행하는데 필요한 역량(지식, 기술, 태도)인 직무수행능력으로 구성되며, NCS는 이를 제시하고 있다.(www.ncs.go.kr)

✎ 직무와 관련 없는 스펙을 쌓을 필요가 없다.

공기업이 먼저 실시하고, 그리고 많은 대기업들이 이미 적용하고 있는 NCS를 기반으로 하는 채용방식은

채용 대상 직무를 NCS 기반으로 분석하고, 이를 활용하여 해당 직무에 맞는 능력(기초직업능력+직무수행능력)을 갖춘 인재를 선발하는 채용방식(불필요한 Over스펙 ☞ 필요한 On 스펙)이다.

※ NCS는 직업인의 공통 역량인 의사소통, 수리, 문제해결, 자기개발, 자원관리, 대인관계, 정보, 기술, 조직이해, 직업윤리 등 10대 기초직업능력과 해당 직무를 수행하기 위해 필요한 직무수행능력을 모두 제시하고 있다.

✎ 취업준비생의 NCS능력중심채용 단계별 대응방법

> **NCS기반의 능력중심 채용의 기본원리는 해당 직무에서 요구하는 실제적 관점의 능력요소를 개별 채용 절차에서 검증하는 것임**

모집분야별 NCS 매핑을 통해 직무특성에 맞는 능력요소를 NCS직무기술서에서 추출하여 활용하므로, 직무에 필요한 능력요소를 지원자에게 분명하게 전달함.

NCS의 주요 능력요소와 수준체계를 활용하여 직업기초능력 및 직무수행능력의 핵심요소를 평가할 수 있는 문항을 개발하여 적용함.

NCS기반 채용공고 → NCS기반 입사지원서 → NCS기반 필기평가 → NCS기반 면접평가 → 최종결정

개인 신상 중심의 정보는 배제하고, 지원직무와 관련된 능력요소 관련 경험이나 정보를 작성하도록 지원서를 제시

다양한 면접도구를 구조화하여 직업기초능력과 직무수행능력을 평가하되, 각 기업의 특성과 현황, 핵심역량 등을 접목하여 현장에 맞게 적용.

각 단계별 결과를 수합하여 객관화된 최종 결과 산출 및 채용 의사결정.

Step1. 채용공고문 확인하기	Step2. NCS기반 서류전형 준비	Step3. NCS기반 필기전형 준비	Step4. NCS기반 면접전형 준비
⋯ 채용모집 공고문을 통해 모집분야, 채용인원, 지원자격, 근무조건, 전형일정, 우대사항 등을 확인하고, 채용분야에 대한 직무 설명자료를 통해 필요한 지식, 기술, 태도 등의 내용을 명확하게 파악한다.	⋯ 공고된 직무 설명자료를 기반으로 모집 직무별로 요구되는 내용을 기입한다. 지원자의 교육이수내용, 자격사항, 경력사항 등을 해당 직무에서 요구하는 능력과 매치시키며 강조하면 도움이 된다.	⋯ 채용공고에 제시된 필기과목을 파악하여 해당 유형을 준비하고, 직무설명자료에 제시된 직업기초능력과 직무수행능력 등을 면밀히 학습한다. 능력중심 채용사이트에 공개된 직업기초능력 샘플문항과 학습자료용 교재를 활용하면 도움이 된다.	⋯ NCS기반 구조화된 면접의 유형은 경험면접, 상황면접, PT면접, 토론면접 등이므로 이러한 유형의 면접에 대한 사전준비를 한다. 채용공고에서 면접의 유형이 제시되었는지 확인이 필요하며, 능력중심 채용 사이트에서 공개하는 면접 기출문항을 참고로 준비한다.

Chapter **1**

의사소통능력 (직업기초능력 A-1)

A-1. 의사소통능력

가. 문서이해능력

나. 문서작성능력

A-2. 하위능력별

다. 경청능력

라. 의사표현능력

마. 기초외국어능력

의사소통능력의 개념

직업기초능력으로서 의사소통능력이란 직업인이 직장생활에서 우리말로 된 문서를 제대로 읽거나 상대방의 말을 듣고 의미를 파악하며, 자신의 의사를 정확하게 표현하는 능력을 의미한다. 또한 최근 국제화된 시대에 간단한 외국어 자료를 읽거나 외국인의 간단한 의사표시를 이해하는 능력까지 포함한다.

국가직무능력표준(NCS)에서 직업기초능력으로서 의사소통능력은 하위능력별 능력단위로 문서이해능력, 문서작성능력, 의사표현능력, 경청능력, 의사표현능력 및 기초외국어능력으로 구분한다.

하위능력	정의	세부요소
문서이해능력	업무를 수행함에 있어 다른 사람이 작성한 글을 읽고 그 내용을 이해하는 능력	• 문서 정보 확인 및 획득 • 문서 정보 이해 및 수집 • 문서 정보 평가
문서작성능력	업무를 수행함에 있어 자기가 뜻한 바를 글로 나타내는 능력	• 작성 문서의 정보 확인 및 조직 • 목적과 상황에 맞는 문서 작성 • 작성한 문서 교정 및 평가
경청능력	업무를 수행함에 있어 다른 사람의 말을 듣고 그 내용을 이해하는 능력	• 음성 정보와 매체 정보 듣기 • 음성 정보와 매체 정보 내용 이해 • 음성 정보와 매체 정보에 대한 반응과 평가
의사표현능력	업무를 수행함에 있어 자기가 뜻한 바를 말로 나타내는 능력	• 목적과 상황에 맞는 정보 조직 • 목적과 상황에 맞게 전달 • 대화에 대한 피드백과 평가
기초 외국어 능력	업무를 수행함에 있어 외국어로 의사소통 할 수 있는 능력	• 외국어 듣기 • 일상생활의 회화 활용

✎ 직업생활에서의 의사소통

의사소통(communication)의 원래 뜻은 '상호 공통점을 나누어 갖는다.'로 라틴어 'communis(공통, 공유)'에서 나온 말이다. 이 커뮤니스(communis)는 공동소유, 공통성이라는 뜻으로 커뮤니케이션이라고 하면 전달, 통신, 공동소유, 공통성을 내포한다.

그러므로 말하는 사람, 즉 화자가 말한 메시지가 듣는 사람에게 도달했을 때 서로가 메시지를 공동 소유했는지 혹은 공통성이 있는지에 따라서 의사소통의 효율성을 판단할 수 있다. 이러한 의미에서 의사소통은 대인관계의 기초로서 이를 통해 서로 이해하고 영향을 주고받으면서 상호신뢰를 형성해 나가야 한다.

직업생활에서 의사소통의 결과는 조직의 생산성 향상, 사기진작, 정보전달, 설득의 형태로 나타난다. 의사소통은 조직과 팀의 효율성과 효과성을 성취할 목적으로 이루어지는 구성원간의 정보와 지식의 전달 과정으로서 여러 사람의 노력으로 공통의 목표를 추구해 나가는 집단내의 기본적인 존재 기반이고 성과를 결정하는 핵심 기능이라 할 수 있다.

✎ 효과적인 의사소통

대화에서 가장 기본적인 자세는 자신의 생각이나 기분을 말하기에 앞서 우선 상대방의 생각이나 기분을 이해하려고 노력하는 것이다. 이를 위해서는 대화 상대방을 주목하고 그의 얘기에 귀를 기울여 듣는 자세가 중요하다. 여기서는 자칫 말하기에 비해서 쉽게 생각해서 소홀히 하기 쉬운 듣기의 문제를 생각해 볼 것이다. 듣기는 말이 없는 행위이기 때문에 듣는 자세가 주는 의미는 비언어적 의사소통과 같은 함축적인 의미를 지닌다.

 대화의 기본태도

첫째, 상대방을 한 개인으로 존중하고,   셋째, 상대방을 공감적으로 이해하고,
둘째 상대방을 성실한 마음으로 대하며,   넷째, 상대방을 수용하는 태도이다.

》》 적극적 경청의 대화

상대방의 이야기를 들을 때 우리가 가져야 할 기본적인 태도 중 하나는 상대방을 수용하는 태도이며 다음과 같은 세 종류의 대화방법을 통해 나타낼 수 있다.

수동적 대화방법–침묵의 대화

상대방이 이야기를 할 때 침묵으로 응하는 것 역시 상대방의 이야기를 받아들이고 수긍함을 뜻한다.

반응하는 대화

대화의 열쇠란 상대방이 자유스럽게 자신의 감정이나 문제를 이야기할 수 있도록 유도할 수 있는 간단한 말들을 가리킨다. 상대방의 감정이나, 아이디어 등을 이야기하게 되는 것이다. "응, 그렇구나," "오 그러니?", "으음", "그래서?", "재미있구나" 등이다.

적극적 경청의 대화

대화에서 가장기본적인 자세는 자신의 생각이나 기분을 말하기에 앞서 우선 상대방의 생각이나 기분을 이해하려고 노력하는 것이다. 이를 위해서는 대화의 상대방을 주목하고 그의 이야기에 귀를 기울여 듣는 자세가 중요하다.

》》 나의 의사 전달하기

'나 전달법'은 자신이 상대방의 행동을 수용할 수 없다고 느낄 때 특별히 활용할 수 있는 것으로 상대방의 마음을 바꾸는 기술이다. 상대방의 행동을 비난하지 않고도 진실한 마음과 감정을 드러내기 때문에 상대방도 나에게 무엇인가 도움이 필요하다는 것을 깨닫는다.

'나 전달법'의 핵심은 상대방의 행동을 비난 없이 묘사하고 불만스러운 상대방의 행동에 대해 훈계하거나 비난하기 보다는 자신에게 미치는 구체적인 영향과 그로 말미암아 자신이 갖게 되는 감정이나 느낌을 전달하는 것이다. 이것은 상대방으로 하여금 나 자신이 수용할 수 있는 방향으로 행동을 바꾸는 데 긍정적인 영향을 미치게 된다. "너는 ~"이란 표현보다는 "나는~ "이라는 표현을 사용하는 것이 도움이 된다.

✎ 직장 내 의사소통의 문제점과 활성화 방안

Chapter 1
Chapter 2
Chapter 3
Chapter 4
Chapter 5
Chapter 6
Chapter 7
Chapter 8
Chapter 9
Chapter 10

	소통 유형별 문제점	활성화 방안
업무적 소통	불명확한 업무지시와 피드백 부족	• 경영자의 소통은 핵심 메시지로 승부, 반복, 강조, 충분한 인식과 공감 • 긍정적 피드백을 활용, 비판과 공격보다는 문제해결에 초점
창의적 소통	부서 이기주의와 쌍방향 의견, 정보교류 미흡	• 공동 목표 제시, 팀워크, 지식공유 등 • 경청과 신중한 판단
정서적 소통	경영진의 관심과 노력 부족, 칭찬과 격려 부족	• 직원의 고충 파악 • 칭찬과 격려

✎ 직업인의 의사소통능력으로서 기초외국어능력

직업생활에서 요구되는 기초외국어능력

- 외국어로 된 간단한 자료를 이해하거나, 외국인과의 전화응대와 간단한 대화 등 외국인의 의사표현을 이해하고, 자신의 의사를 기초외국어로서 표현할 수 있는 능력
- 국제화, 세계화에 따른 기업의 해외와 거래가 활성화 되어 기초외국어능력이 요구됨
- 기초직업능력은 직업생활 속에서 컴퓨터의 사용이나, 공장의 기계의 간단한 외국어 표시 등을 이해하는 것도 포함됨

기초외국어능력에 대한 마음가짐

- 의사소통에서 무엇보다 중요한 것은 자신이 왜 의사소통을 하려고 하는지 상대방과 목적을 공유하는 것
- 조금이나마 자신이 아는 것을 자신있게 표현하여 외국인들과 즐거운 의사소통을 하는 것이 중요
- 외국어를 잘 못한다는 지나친 의식, 불명확한 의사표현, 의견정리의 어려움, 표현력의 저하 등을 극복하고, 자신만의 기초외국어로의 의사소통방법을 만들어나가는 것도 기초외국어 능력을 높이는 좋은 방법

1.1 문서이해능력 (하위모듈 A-2-가)

학습목표

직장생활에서 필요한 문서를 확인하고, 읽고, 내용을 이해하여 업무 수행에 필요한 요점을 파악하는 능력을 기를 수 있다.

⋯→ 문서이해능력의 의미를 설명할 수 있다.
⋯→ 문서이해의 중요성을 설명할 수 있다.
⋯→ 다양한 문서의 종류와 양식을 설명할 수 있다.
⋯→ 문서이해를 통해 정보획득, 수집, 종합방법을 설명할 수 있다.

✎ 문서이해능력

문서이해능력이란 직업현장에서 자신의 업무와 관련된 인쇄물이나 기호화된 정보 등 필요한 문서를 확인하여 문서를 읽고, 내용을 이해하고 요점을 파악하는 능력을 말한다.

직장생활에서 요구되는 문서이해능력은 복잡하고 다양한 문서를 읽고 그 내용을 이해하여 요점을 파악하는 능력이다. 현대는 정보 홍수사회이다. 그러므로 직장 내에서 많은 문서를 읽고, 작성하는데 수많은 정보 중에 핵심내용을 이해하고 찾아내는 문서이해능력은 직장생활의 업무특성 상 직장인에게 요구되는 매우 중요한 능력이다.

✎ 직업생활에 필요한 문서이해능력

• 자신에게 주어진 각종 문서를 읽고 적절히 이해하여야 하며, 각종 문서나 자료에 수록된 정보를 확인하여, 알맞은 정보를 구별하고 비교하여 통합할 수 있는 능력
• 문서에서 주어진 문장이나 정보를 읽고 이해하여, 자신에게 필요한 행동이 무엇인지 추론
• 도표, 수, 기호 등도 이해하고 표현할 수 있는 능력
• 문서에 나타난 타인의 의견을 이해하여 요약하고 정리할 수 있는 능력

✎ 문서의 종류

공문서

• 정부 행정기관에서 대내적, 혹은 대외적 공무를 집행하기 위해 작성하는 문서

기획서

• 적극적으로 아이디어를 내고 기획해 하나의 프로젝트를 문서형태로 만들어, 상대방에게 기획의 내용을 전달하여 기획을 시행하도록 설득하는 문서

기안서

• 회사의 업무에 대한 협조를 구하거나 의견을 전달할 때 작성하며 흔히 사내 공문서로 불린다.

보고서

• 특정한 일에 관한 현황이나 그 진행 상황 또는 연구 · 검토 결과 등을 보고

설명서

• 대개 상품의 특성이나 사물의 성질과 가치, 작동 방법이나 과정을 소비자에게 설명하는 것을 목적으로 작성

보도자료

• 정부 기관이나 기업체, 각종 단체 등이 언론을 상대로 자신들의 정보가 기사로 보도되도록 하기 위해 보내는 자료

자기소개서

• 개인의 가정환경과 성장과정, 입사 동기와 근무자세 등을 구체적으로 기술하여 자신을 소개하는 문서

비즈니스 레터(E-mail)

• 사업상의 이유로 고객이나 단체에 편지를 쓰는 것이며, 직장업무나 개인간의 연락, 직접방문하기 어려운 고객관리 등을 위해 사용되는 비공식적 문서이나, 제안서나 보고서 등 공식적인 문서를 전달하는데도 사용

비즈니스 메모

• 업무상 필요한 중요한 일이나 앞으로 체크해야 할 일이 있을 때 필요한 내용을 메모형식으로 작성하여 전달하는 글

1.2 문서작성능력 (하위모듈 A-2-나)

학습목표

직장생활에서 직장인으로서 자신에게 주어진 상황과 목적에 따라 다양하게 요구되는 문서를 파악하고 작성하는 능력을 기른다.

⋯› 문서작성의 개념 및 중요성을 설명할 수 있다.
⋯› 문서작성의 종류를 목적과 상황에 따라 설명할 수 있다.
⋯› 문서작성의 절차와 과정을 설명할 수 있다.
⋯› 문서작성 시 주의사항을 설명할 수 있다.

✎ 문서작성능력

문서작성능력이란 직장생활에서 요구되는 업무의 목적과 상황에 적합한 아이디어나 정보를 전달할 수 있도록 문서로 작성할 수 있는 능력을 의미한다. 직장인은 자신에게 주어진 업무나 자신을 둘러싸고 일어나는 상황에서 필요한 문서가 무엇인지 이해하고 작성할 때, 조직의 요구에 부응할 수 있다. 따라서 다양한 문서를 이해하고 상황과 목적에 맞는 문서작성능력의 함양이 요구된다.

✎ 직장생활에서 문서작성의 중요성

사람들은 일상생활에서는 물론 직업생활에서도 다양한 문서를 자주 사용한다. 하지만 직장에서의 문서작성은 업무와 관련된 일로 조직의 비전을 실현시키는 생존을 위한 것이라 할 수 있다. 그렇기 때문에 직장인으로서 문서작성은 개인의 의사표현이나 의사소통을 위한 과정으로서의 업무일 수도 있지만 이를 넘어 조직의 사활이 걸린 중요한 업무이기도 하다.

직장생활에서 사용되는 문서는 상황과 목적에 따라 다양하게 필요하며, 각각의 문서에 따라 문서의 성격도 다르다. 예를 들어 이메일은 일반적으로 개인적인 의사소통수단이지만, 회사 업무 보고서나 고객에게 보낼 때는 업무의 연장선이 된다. 이렇듯 상황과 목적에 맞는 문서의 종류에 따라 적절한 문서를 작성하고, 제시하는 능력이 꼭 필요한 것이다.

✎ 문서작성 시 고려사항

문서는 왜 작성하여야 하며, 문서를 통해 무엇을 전달하려 하는지 명확히 한 후에 작성해야 한다. 문서작성은 개인의 사고력과 표현력이 총동원된 결정체이다. 그러므로 문서작성 시 고려하여야 할 사항은 대상과 목적, 시기가 포함되어야 하며, 기획서나 제안서 등 경우에 따라 기대효과 등이 포함되어야 한다.

✎ 문서작성의 구성요소

직업인이 작성하는 문서는 치열한 경쟁상황에서 상대를 설득하거나 조직의 의견을 전달하는 기능을 하는 공적인 문서이다. 그러므로 길이가 길고 중구난방 식으로 나열하여서는 안된다. 또한 일관적이며 통일성을 갖추고 전체 흐름이 일목요연한지, 객관적인 근거가 정확한지, 핵심사항이 정확한지를 확인해야 한다. 문서작성을 위해서는 다음 5가지 구성요소를 갖추어야 한다.

 문서작성의 5가지 구성요소

⋯▶ 품위 있고 짜임새 있는 골격
⋯▶ 객관적이고 논리적이며 체계적인 내용
⋯▶ 이해하기 쉬운 구조
⋯▶ 명료하고 설득력 있는 구체적인 문장
⋯▶ 세련되고 인상적인 레이아웃

✎ 문서작성의 원칙

문장은 짧고, 간결하게

문서의미 전달에 문제가 없다면 끊을 수 있는 부분은 가능한 끊어서 문장을 짧게 만들고, 문장 표현에서 되도록 기교를 피하고 실질적인 내용을 담을 수 있도록 한다.

상대방이 이해하기 쉽게

우회적인 표현이나 현혹적인 문구는 되도록 쓰지 않도록 하여야 한다.

중요하지 않은 경우 한자의 사용을 자제

문서의미의 전달에 그다지 중요하지 않은 경우에는 한자사용을 자제하도록 하며, 상용한자의 범위 내에서 사용하는 것이 상대방의 문서이해에 도움이 될 것이다.

간결체로 작성

적절하게 행과 단락을 나누어 문서가 난잡하게 보이지 않도록 하여야 하며, 그 내용에 따라 알맞게 행과 단락을 바꾸도록 한다.

문장은 긍정문의 형식으로

부정문이나 의문문의 형식은 되도록 피하도록 한다.

간단한 표제

문서의 내용를 일목요연하게 파악할 수 있도록

문서의 주요한 내용을 먼저

결론을 먼저 쓰도록 하는 것이 직업생활에서 문서작성의 핵심이다.

✎ 문서표현의 시각화

• 문서를 보다 효과적으로 표현하기 위한 방법이므로, 문서 표현을 시각적으로 하기 위해 그래프나 표, 그림 등을 많이 사용하는데 간결하게 잘 표현된 그림 한 장이 한 페이지의 긴 글보다 훨씬 효과적일 수 있다.

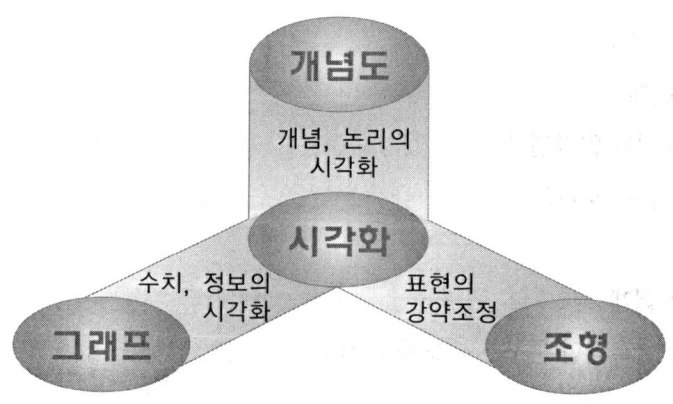

1.3 경청능력 (하위모듈 A-2-다)

 학습목표

> 경청의 개념과 중요성을 확인하고, 업무 수행 상황 및 대상에 따라 실천할
> 수 있는 능력을 기를 수 있다.
>
> ⋯ 경청의 개념과 중요성을 설명할 수 있다.
> ⋯ 올바른 경청을 방해하는 요인을 설명할 수 있다.
> ⋯ 효과적인 경청 방법을 설명할 수 있다.
> ⋯ 경청훈련을 통하여 올바른 경청법을 실천할 수 있다.

✎ 경청

경청이란 상대의 말을 듣기만 하는 것이 아니라, 상대방이 전달하고자 하는 말의 내용은 물론이며, 그 내면에 깔려 있는 동기(動機)나 정서에 귀를 기울여 듣고 이해된 바를 상대방에게 피드백(feedback)하여 주는 것을 말한다.

경청이란 남이 하는 이야기를 건성으로 듣거나 대강 듣거나 적당히 들으면 아니 듣는 것과 같다. 똑바로 듣고 정확히 듣고 철저히 들어야 청자(聽者)의 역할을 다하는 것이다.

✎ 경청의 중요성

⋯ 경청을 함으로써, 상대방을 한 개인으로 존중하게 된다. 이는 상대방을 인간적으로 존중함은 물론 그의 감정, 사고, 행동을 평가하거나 비판 또는 판단하지 않고 있는 그대로 받아들이는 태도이다.

⋯ 경청을 함으로써, 상대방을 성실한 마음으로 대하게 된다. 이는 상대방과의 관계에서 느낀 감정과 생각 등을 긍정적이든 부정적이든 솔직하고 성실하게 표현하는 태도를 말한다. 이러한 감정의 표현은 상대방과의 솔직한 의사 및 감정의 교류를 가능하도록 도와주기 때문이다.

⋯ 경청을 함으로써, 상대방의 입장에 공감하며 이해하게 된다. 이는 자신의 생각이나 느낌, 가치, 도덕관 등의 선입견이나 편견을 가지고 상대방을 이해하려 하지 않고, 상대방으로 하

여금 자신이 이해받고 있다는 느낌을 갖도록 하는 것이다.

좋은 경청

⋯ 혼자서 대화를 독점하지 않는다.
⋯ 상대방의 말을 가로채지 않는다.
⋯ 이야기를 가로막지 않는다.
⋯ 의견이 다르더라도 일단 수용한다.
⋯ 말하는 순서를 지킨다.

⋯ 논쟁에서는 먼저 상대방의 주장을 들어준다.
⋯ 시선(Eye-Contact)을 맞춘다.
⋯ 귀로만 듣지 말고 오감을 동원해 적극적으로 경청한다.

✎ 적극적 경청의 장점

• 깊이 듣는 대화는 감정을 정화(카타르시스:catharsis)시키는 역할을 한다.
• 상대방은 자신의 감정을 수용해 준다고 느끼게 되며 상대방도 자신의 감정을 받아들일 수 있게 된다.
• 서로의 관계를 돈독히 하게 한다.
• 상대방으로 하여금 스스로 문제해결을 하게 해준다.
• 상대방이 듣는 사람의 생각이나 아이디어에 보다 귀를 기울이도록 해 준다.

✎ 효과적인 경청방법

준비한다

수업시간이나 강연에 참가하면 수업계획서나 강의계획서를 나누어준다. 이 때 올바른 경청을 하려면 강의의 주제나 강의에 등장하는 용어에 친숙하도록 하기 위해 미리 읽어 두어야 한다.

주의를 집중한다

말하는 사람의 모든 것에 집중해서 적극적으로 들어야 한다. 말하는 사람의 속도와 말을 이해하는 속도 사이에 발생하는 간격을 메우는 방법을 학습해야 한다.

예측한다

대화를 하는 동안 시간 간격이 있으면, 다음에 무엇을 말할 것인가를 추측하려고 노력한다. 이러한 추측은 주의를 집중하여 듣는데 도움이 된다.

나와 관련 짓는다

상대방이 전달하려는 메시지가 무엇인가를 생각해보고 자신의 삶, 목적, 경험과 관련시켜 본다. 자신의 관심이라는 측면에서 메시지를 이해하면 주의를 집중하는 데 도움이 될 것이다.

질문한다

질문에 대한 답이 즉각적으로 이루어질 수 없다고 하더라도 질문을 하려고 하면 경청하는데 적극적이 되고 집중력이 높아진다.

요약한다

대화 도중에 주기적으로 대화의 내용을 요약하면 상대방이 전달하려는 메시지를 이해하고, 사상과 정보를 예측하는데 도움이 된다.

반응한다

- 피드백은 상대방이 말한 것에 대해 당신이 이야기하고, 질문을 던져 이해 명료화하고 난 다음에 하는 것이다. 피드백은 상대방에 대한 당신의 지각이 옳았는지 확인할 수 있는 기회로서 오해가 있었다면 고칠 수 있도록 해준다. 또한 당신이 하는 피드백은 상대방에게 자신이 정확하게 의사소통을 하였는가에 대한 정보를 제공할 뿐만 아니라, 상대방이 당신의 관점을 받아들일 수 있도록 해준다.
- 반응의 세 가지 규칙
  - → 즉각적인 반응
  - → 정직(솔직)한 표현
  - → 지지하는 자세(반박하더라도 잔인한 공격이 아니라 상대의 자존심을 세워주는 반박)

 경청의 올바른 자세

- ⋯⋯ 상대를 정면으로 마주하는 자세 : 그와 함께 의논할 준비가 되었음을 알리는 자세이다.
- ⋯⋯ 손이나 다리를 꼬지 않는 소위 개방적 자세 : 상대에게 마음을 열어놓고 있다는 표시이다.
- ⋯⋯ 상대방을 향하여 상체를 기울여 다가앉은 자세 : 자신이 열심히 듣고 있다는 사실을 강조하는 것이다.
- ⋯⋯ 우호적인 눈의 접촉 : 자신이 관심을 가지고 있다는 사실을 알리게 된다.
- ⋯⋯ 비교적 편안한 자세 : 전문가다운 자신만만함과 아울러 편안한 마음을 상대방에게 전하는 것이다.

1.4 의사표현능력 (하위모듈 A-2-라)

학습목표

의사표현의 개념과 중요성을 확인하고, 의사표현력을 기를 수 있다.

⋯▸ 경의사표현의 개념과 중요성을 설명할 수 있다.
⋯▸ 올바른 의사표현을 방해하는 요인을 설명할 수 있다.
⋯▸ 상황과 대상에 따른 의사표현법을 설명할 수 있다.
⋯▸ 설득력 있는 의사표현을 할 수 있다.

✎ 의사표현

의사표현이란 한마디로 말하기이다. 즉, 말하는 이가 자신의 생각과 감정을 듣는 이에게 음성언어나 신체언어로 표현하는 행위이다.

의사표현력은 의사소통의 중요한 수단으로 직장인들이 개인이나 조직 간에 원만하게 관계를 유지하고 업무 성과를 높이기 위해서는 필수적인 능력이다. 해야 할 말을 자신 있게 말하는 사람이야말로 진정 용기 있는 사람이다. 자신의 능력을 제대로 표현하기 위해서는 효과적인 의사표현능력을 갖추어야 한다.

✎ 의사표현의 목적

• 말하는 이가 듣는 이에게 어떤 영향을 미치기 위하여 주장하는 것
• 필요한 정보를 제공받기 위하여 질문하는 것
• 어떤 일을 해주도록 요청할 때 하는 것

✎ 의사표현의 중요성

우리가 자주 하는 그 말로써 우리의 이미지가 결정된다. 긍정적인 말은 긍정적인 이미지로, 부정적인 말을 하는 습관은 부정적인 이미지를 만든다.

피터 드러커는 말하기를 "인간에게 가장 중요한 능력은 자기표현이며, 현대는 의사소통에 의해 좌우된다"고 언급하였다. 오늘날은 의사표현의 시대이므로 표현을 못하면 자신의 능력을 충분히 표출하기 어렵다. 반면에 의사표현을 잘하면 인생의 목적을 쉽게 달성할 수 있게 된다.

✎ 의사표현의 종류

의사표현은 음성언어와 신체언어로 구분할 수 있다.
- 음성언어 : 입말로 표현하는 구어
- 신체언어 : 신체의 한 부분인 표정, 손짓, 발짓, 몸짓 따위로 표현하는 몸말

의사표현은 공식적 말하기, 의례적 말하기, 친교적 말하기로 구분할 수도 있다.
- 공식적 말하기 : 사전에 준비된 내용을 대중을 상대로 하여 말하는 것이다. 연설, 토론, 토의 등
- 의례적 말하기 : 정치적 문화적 행사에서와 같이 의례 절차에 따라 하는 말하기이다. 식사, 주례사, 회의 등
- 친교적 말하기 : 매우 친근한 사람들 사이에 가장 자연스런 상태에 떠오르는 대로 주고받는 말하기이다.

✎ 의사표현과 구성요소

말과 글, 행동으로 자신의 생각을 효과적으로 표현하는 능력이 매우 중요한 시대이다. 표현능력이 부족하여 불이익을 당하지 않게 자기 표현은 물론 다양한 디지털 기술 기기 활용 능력도 겸비한 사회인이 되어야 한다.

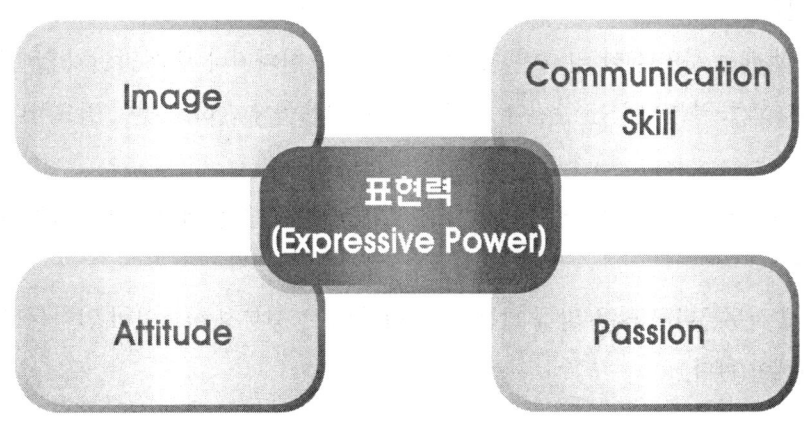

✎ 바람직한 의사표현

말이란 의사를 전달하는 것이므로 말을 하는 사람도 그 의미를 옳게 알아야 하겠지만 말을 듣는 사람이 바르게 알아들을 수 있어야 한다. 그러므로 상대방을 정확하게 파악해서 충분히 알아들을 수 있는 언어를 사용해서 말해야 한다.

감정과 말투

말을 하는 사람의 위치에서는 자기의 마음속에서 우러나오는 감정을 체계화해 의사를 형성하고 그 의사가 담긴 어휘를 찾아 말을 해야 한다. 따라서 의사소통이란 곧 감정의 동질화라고도 말할 수 있다. 상대방이 자기의 말을 알아듣고 이해하게 하려면 말이 갖는 느낌을 바르게 잡아야 한다. 말이 갖는 느낌은 다음과 같이 말하는 사람의 감정과 표정에 따라 좌우된다.

이와 같이 말 할 때의 표정에 따라서 말의 느낌은 달라진다. 험악하게 찡그린 표정으로 말을 하면 상대방은 사납고 무서운 느낌을 받으며 웃으며 부드러운 표정으로 말을 하면 상대방은 부드러운 말의 느낌을 느끼게 된다. 따라서 말할 때는 밝고 부드러운 표정으로 상대방의 마음을 즐겁도록 해야 된다.

표정과 어감

말할 때에는 음성의 높낮이, 강약, 발음, 속도를 고려해야 한다. 좋은 음성은 맑고, 부드럽고, 차분하면서도 말의 속도도 빠르지 않아야 한다.

- 음성의 높낮이와 강약
  - → 음성은 너무 커도 안 되고 너무 작아도 안 된다.
  - → 상대방이 충분히 알아들을 수 있는 크기로 말해야 한다.
- 정확한 발음
  - → 말을 할 때는 무엇을 한 입 물은 것 같이 우물쭈물 한다거나 무슨 말인지 알아들을 수 없는 발음으로 말을 해서는 안된다. 평소 정확한 발음을 연습하는 것이 필요하다.
- 말의 속도
  - → 숨도 쉬지 않고 한꺼번에 많은 말을 하지 말고 차분히 숨을 쉬어가며 생각하면서 말하도록 한다.
  - → 급하게 서두른다고 많은 말을 하는 것이 아니므로, 충분히 상대방이 알아듣도록 차분하게 말해야 한다.

태 도

말은 입으로만 하는 것이 아니고 표정과 몸짓으로도 하게 된다. 진실된 말을 하는 사람은 말하는 태도도 진실된 것이나 입으로는 좋은 말을 하면서도 태도가 좋지 못하면 그 말은 거짓말이 될 수 있다. 따라서 말은 내용과 태도가 한결같아야 그 말이 효과가 있다는 것을 명심해야 한다.

✎ 나–전달법의 활용

'나 전달법'은 자신이 상대방의 행동을 수용할 수 없다고 느낄 때 특별히 활용할 수 있는 것으로 상대방의 마음을 바꾸는 기술이다. 상대방의 행동을 비난하지 않고도 진실한 마음과 감정을 드러내기 때문에 상대방도 나에게 무엇인가 도움이 필요하다는 것을 깨닫는다. 상대방으로 하여금 자발적으로 행동을 변화시키도록 하기 위해서는 자신의 문제가 무엇인지를 확실히 알 필요가 있다.

상대방의 관점에서 본 '나–전달법'의 효과

너 – 전달법	▶	"나를 그만 좀 괴롭혀라" 내가 나쁜 사람
나 – 전달법 지지하기	▶	"내가 피곤해서 같이 할 수가 없구나" 상대가 피곤하구나

나–전달법 의 구성요소

상대방의 행 ➕ 상대방의 행 이 구체적 ➕ 한 나의 감정

✎ 효과적인 의사표현 기법

대화는 상대방이 있기 때문에 일방적이 아닌 쌍방적인 것이므로 상호이해를 이끌어 내기 위한 대화요령이 필요하다.

잘 듣는 것이 좋은 대화를 이끈다.
상대방에 대한 관심이 좋은 대화를 이끈다.
겸손함으로 대화에 임한다.

상대방의 이야기에 공감하고 긍정을 표현한다.

칭찬을 아끼지 않는다.

재치와 유머가 대화에 탄력을 준다.

이성과 감성의 조화가 필요하다.

대화의 룰을 지킨다.

✎ 프리젠테이션의 7가지 성공원칙

- SP (Successful Presentation) = SPCCBVR

Strategy, Preparation, Confidence, Communication Skill, Body Language, Visual, Rehearsal

1. 전략을 세워라.	목표설정 → 실천계획수립 → 자기암시 → 포기하지 않는다.
2. 준비를 하라.	3CKS(Confidence, Knowledge, Skill), 3P, 원고(ESI), Visual, 메모, 유인물, 리허설, Q&A
3. 자심감과 열정을 길러라.	대중앞에 많이 선다. 철저한 준비, 암기보다는 이해, 리허설 반복, 적극적 긍정적 사고로 무장, 전문가의 도움을 받는다.
4. 커뮤니케이션 스킬을 습득하라.	말 잘하는 사람이 되자.명확한 발음과 힘있는 음성을 내자. EOB 법칙을 활용한다. 경청, 조크와 유머, 쇼맨쉽
5. 바디 랭귀지를 활용하라.	청중과의 인사, 복장, 걸음걸이, 시선처리, 몸짓, 몸, 강의장 활용, 뜸들이기, 강조부분 반복
6. 비주얼로 승부를 걸어라.	빔프로젝트, 슬라이드, OHP, 비디오, 오디오, SAMPLE, 메모챠트, 화이트보드, 유인물
7. 리허설을 하라.	준비된 원고를 낭독한다. 비주얼 기기로 해본다. 실제의 장소에서 반복해본다.

※ EOB 법칙 : ① Example ② Outline ③ Benefit

✎ 의사표현의 방해요인

연단공포증

연단공포증은 소수인의 심리상태가 아니라, 90% 이상의 사람들이 호소하는 불안이다. 그러므로 이를 걱정할 필요는 없으며, 오히려 이러한 심리현상을 잘 통제하면서 구두표현을 한다면 청자는 그것을 더 인간다운 것으로 생각하게 될 것이다.

말(정확한 발성과 발음)

- 장단 : 모음음의 장단에 따라 뜻이 다른 우리말에 대해서는 주의하여 발음

- 고저 : 우리말에는 낱말의 구조에 따라 소리남에 차이가 생기는 고조 현상이 있다.
- 발음 : 국어 표준에 맞는 발음(글자 표기에 따른 발음에 주의)

➡ 음가가 표기와 다른 경우

- ⋯ **'의'의 발음** 어두의 '의' → 으이 : 의사당, 의무, 의협심, 의논
- ⋯ **관습자음** 암여우 – 암녀우, 밤이슬 – 밤니슬, 살고기 – 살코기, 안밖 – 안팎
- ⋯ **받침법칙** 맏이 – 마지, 값이 – 갑시, 밖이 – 박기, 꽂아리 – 꼬다리
- ⋯ **두음법칙** 녀자(女子) – 여자, 뇨도(尿道) – 요도, 니승(尼僧) – 이승
- ⋯ **된소리** 헌법 – 헌뻡, 인권 – 인꿘, 인격 – 인껵, 옷감 – 옷깜
- ⋯ **축약** 어두운 – 어둔, 하여서 – 해서, 되어서 – 돼서
- ⋯ **자음접변** 백리 – 뱅리, 신라 – 실라, 국립 – 궁립, 공로 – 공노

- 속도 : 상대방을 고려함에 따라 전체적인 말하기 속도가 정해진다. 또한 이와 더불어 말하는 도중 부분적으로 속도에 완급이 생길 때가 있다. 부분적 완급은 부분의 내용과 의미에 좌우된다.
- 쉼 : 심리적 효과를 증대시키기위하여 의식적으로 말을 끊는 것으로, 이를 잘 활용함으로써 우리는 논리성, 감정제고, 동질감 등을 확보할 수 있다. 듣기 좋은 속도의 이야기에서 쉼의 총량이 이야기 전체의 35~40%가 적당하다는 주장이 있다. 쉼의 경우는 여러 가지가 있는데, 이를 열거하면 다음과 같다.
  - 이야기의 전이(轉移)시
  - 양해, 동조, 반문의 경우
  - 생략, 암시, 반성의 경우
  - 여운을 남길 때
- 띄어 말하기 : 분절에 의해 문장의 전후가 구분되는 호흡단위. 원인은,
  - 첫째로, 발화시(發火時)라도 숨을 들이쉬면 발음운동이 일시 정지되고,
  - 둘째, 이야기를 남에게 쉽게 이해시키려면 일시 발언이 멈춰지고,
  - 셋째, 국적 표현일 때 발언이 일시 공백이 필요한 경우가 있다.
  - 넷째, 말을 잘못 했을 때 역시 음정이 분절된다.

음성

- 좋은 음성이란 개인의 취향, 시대, 지방, 직업에 따라 그 기준이 달라질 수 있다.
- 우리는 자신의 음성의 결함을 발견하고 그것을 고쳐보려는 노력을 부단히 경주해야 한다. 즉 녹음기에 자신의 스피치를 녹음해서, 음성, 고저, 명료도, 쉼, 감정이입, 완급, 색깔, 온도

등의 면에서 자기 목소리의 진상을 점검해 보아야 한다.

- 좋은 목소리를 내는 것
  - 첫째, 편안한 마음으로 경청할 수 있는 적절한 크기의 목소리를 가져야 한다.
  - 둘째, 분명하고 명확한 음성을 갖도록 노력하여야 한다.
  - 셋째, 내용에 따라 음성을 변화시키는 요령을 습득해야 한다. 즉, 단어의 의미를 확산시키고 주의를 집중시키기 위하여 우리는 음성을 변화시켜야 한다. 최근의 스피치 연구가들은 일정한 음도를 유지하다가 보다 낮은 목소리로 갑자기 전환하는 것이 오히려 보다 높은 목소리로 전환하는 것보다 강조의 효과적 수단이라고 주장하고 있다.
  - 넷째, 목소리를 그 사람의 개성, 연령, 인생체험의 깊이와 밀접한 연관을 갖는 만큼, 개인의 여건에 맞는 진실된 목소리를 가져야 한다.

몸짓

- 본인이 말을 하기에 불편하지 않고, 보는 상대로서도 편안해 보이는 자연스러운 자세
- 화자의 동작은 그것이 의도적이든 아니든 청자에게 어떤 의미를 부여한다. 내용을 강조하면서 청중에게 한발짝 다가가는 것, 옆으로 조금 이동하는 것, 손 동작, 혹은 동작의 통제까지 동작은 전달하고자 하는 바를 더욱 생생하게 할 수 있는 수단이다.

유머

유머는 흥미 있는 이야기로, 과장된 표현으로, 권위에 대한 도전으로, 자기 자신의 이유로, 엄숙한 분위기를 가볍게 만들 때, 변덕스러운 말로, 풍자 또는 비교로, 반대표현으로, 모방으로, 예기치 못한 방향전환으로, 아이러니 등의 방법이 완용될 때 그 성과를 기대할 수 있을 것이다.

✎ 상황과 대상에 따른 의사표현법

상대방의 잘못을 지적할 때

- 상대방이 알 수 있도록 확실하게 지적한다.
- 지금 당장 꾸짖고 있는 내용에만 한정한다.
- 아울러 뒤처리를 잊지 말아야 한다. 특히 명심할 것은 불필요한 한마디를 덧붙여서는 안 된다.

상대방을 칭찬할 때

- 본인이 중요하게 여기는 것을 칭찬한다.

• 처음 만나는 사람에게 말을 할 때는 먼저 칭찬으로 시작하는 것이 좋다.

상대방에게 부탁해야 할 때

• 먼저 상대의 사정을 듣는다. '괜찮습니까' 하고 상대의 사정을 우선시하는 태도를 보여준다.
• 거절을 당해도 싫은 내색을 하지 말아야 한다.

상대방의 요구를 거절해야 할 때

• 먼저 사과한 다음, 응해줄 수 없는 이유를 설명한다.
• 정색을 하면서 '안 된다'고 딱 부러지게 말을 하면 상대가 감정을 갖게 되고, 자칫하면 인간 관계까지 나빠질 수 있으므로 주의해야 한다.

명령해야 할 때

'○○을 이렇게 해라!' 식으로 하인 다루듯 강압적으로 말하기보다는 '○○을 이렇게 해주는 것이 어떻겠습니까?' 식으로 부드럽게 표현하는 것이 훨씬 효과적이다.

설득해야 할 때

일방적으로 강요하거나 상대방에게만 손해를 보라는 식으로 하는 '밀어붙이기 식' 대화는 금 물이다. 먼저 양보해서 이익을 공유하겠다는 의지를 보여주어야만 상대방도 받아들이게 된다.

충고해야 할 때

충고는 마지막 방법이다. 하지만 그래도 충고를 해야 할 상황이면, 예화를 들어 비유법으로 깨 우쳐주는 것이 바람직하다.

질책해야 할 때

질책화법에 샌드위치 화법이 있다. 샌드위치 화법이란 '칭찬의 말' + '질책의 말' + '격려의 말' 처럼, 질책을 가운데 두고 칭찬을 먼저 한 다음 끝에 격려의 말을 하는 것이다. 그렇게 하면 듣는 사람이 반발하지 않고 받아들이게 된다.

✎ 원활한 의사표현을 위한 지침

성의 있고 진실한 자세, 상대에 대한 세심한 관찰, 긍정과 공감에 초점을 둔 의사표현
기법을 습득하고 있다면 안정감 있는 인간관계를 이루는 것이 그리 어렵지는 않을 것이다.

올바른 화법을 위해 독서를 하라

좋은 청중이 되라

칭찬을 아끼지 마라

공감하고, 긍정적으로 보이게 하라

겸손은 최고의 미덕임을 잊지 마라

과감하게 공개하라

'뒷말'을 숨기지 마라

'첫마디' 말을 준비하라

이성과 감성의 조화를 꾀하라

대화의 기본 룰을 지켜라

문장을 완전하게 말하라

의사표현의 오해를 풀기 위한 10가지

1. 명령하는 듯한 말을 쓰지 마라.(반항을 일으키는 불씨다.)
2. 비판보다 칭찬거리를 먼저 찾으라.(칭찬해서 싫어할 사람은 없다.)
3. 상대에게 호의를 베푸는 연습을 시작하라.(좋아하려고 노력하고 좋아지도록 연습해야 한다.)
4. 상대방의 반항을 존중하라.(반항은 단지 존재가치를 느끼고 싶기 때문이다.)
5. 싸우지 마라(말이나 행동에 의한 적대 감정을 피하라. 윽박질러 놓으면 결과는 손해다.)
6. 상대방이 틀렸다고 마구 꾸짖지 마라.(틀리고, 나쁜 점을 증명해보라. 이점은 없다.)
7. 큰소리가 'NO'라는 뜻이 아님을 알라.(80%는 반항함으로 잊고 만다.)
8. '나는 당신이 지금 어떤 기분인지를 압니다'라는 말을 애용하라.(놀라운 효과가 있다.)
9. 무언가 질문하고 그 얘기에 귀를 기울여라.(진지하게 자기의 말을 들어주는 사람을 싫어할 사람은 없다.)
10. 상대를 위해 기도하고 용서하라.(사랑으로 감싸는 모습을 마음속으로 그려라.)

출처 : 이창호(2007), 스피치 달인의 생산적 말하기, 서울 : 북포스

1.5 기초외국어능력 (하위모듈 A-2-마)

 학습목표

학교 및 직장생활에서 필요한 기초외국어능력이 무엇인지 이해하고 상황에 따라 적절한 기초외국어를 구사하고 능력을 향상시킬 수 있다.

··· 기초외국어능력의 개념 및 필요성을 설명할 수 있다.
··· 기초외국어능력이 필요한 상황과 종류를 설명할 수 있다.
··· 비언어적 표현방법의 유형과 효과를 설명할 수 있다.
··· 기초외국어능력 향상을 위한 교육방법을 설명할 수 있다.

✎ 기초외국어능력

직업생활에 있어 우리의 무대가 세계로 넓어지면서 우리만의 언어가 아닌 세계의 언어로 의사소통을 가능하게 하는 능력을 말한다.

기초외국어능력은 외국인들과의 유창한 의사소통을 뜻하는 것은 아니다. 다만 직업생활 중에 필요한 문서이해나 문서작성, 의사표현, 경청 등 기초적인 의사소통을 기초적인 외국어로서 가능하게 하는 능력을 말한다.

- 외국어로 된 간단한 자료의 이해
- 외국인과의 전화응대와 간단한 대화
- 외국인의 의사표현을 이해하고, 자신의 의사를 외국어로 표현할 수 있는 능력

✎ 기초외국어능력이 필요하고 중요한 이유

기초외국어능력이 필요한 경우는 비단 외국인들과의 업무가 잦은 특정 직업인(무역 등)의 경우에만 필요한 것은 아니다. 우리의 주변을 둘러보면 흔히 컴퓨터에서부터 공장의 기계사용, 외국산 제품의 사용법을 확인해야하는 경우에 이르기까지 외국어로 작성되어 있는 것이 많고, 이때 기초외국어를 모르면 불편한 경우가 많기 때문에 기초외국어능력은 직업인으로서 중요하다고 할 수 있다.

✎ 기초외국어능력이 필요한 상황

- 전화와 회의에서 말을 듣고 적절한 말을 해야 하는 상황
- 문서의 수신 후 그에 따른 업무조치, 문서의 작성을 해야 하는 상황
- 외국산 제품, 기계의 매뉴얼을 읽고 그에 따라 작동을 해야 하는 상황

✎ 외국인과의 의사소통에서 피해야 할 행동

- 상대를 볼 때 흘겨보거나, 노려보거나, 아예 보지 않는 행동
- 팔이나 다리를 꼬는 행동
- 표정이 없는 것
- 다리를 흔들거나 펜을 돌리는 행동
- 맞장구를 치지 않거나, 고개를 끄덕이지 않는 행동
- 생각 없이 메모하는 행동
- 자료만 들여다 보는 행동
- 바르지 못한 자세로 앉는 행동
- 한숨, 하품, 신음소리를 내는 행동
- 다른 일을 하며 듣는 행동
- 상대방에게 이름이나 호칭을 어떻게 부를지 묻지 않고 마음대로 부르는 행동

✎ 기초외국어능력 향상을 위한 공부법

- 외국어공부의 목적부터 정하라
- 매일 30분씩 눈과 손과 입에 밸 정도로 반복하라
- 실수를 두려워하지 말고, 기회가 있을 때 마다 외국어로 말하라
- 그림만 구경해도 좋으니 외국어 잡지나 원서와 친해지자
- 혼자 공부하다보면 소홀히 지기 쉬우니 라이벌을 정하고 공부하라
- 업무와 관련된 주요용어의 외국어는 꼭 알아두자.
- 출퇴근 시간에 외국어방송을 보거나, 듣는 것만으로도 귀가 트인다.
- 어린이가 단어를 배우듯 외국어 단어를 암기할 때 그림카드를 사용해보라
- 가능하면 외국인 친구를 사귀고 대화를 자주 나눠보라

기본 문제

Chapter 01 의사소통능력

01 직장생활에서 의사소통의 기능으로 옳지 않은 것을 고르시오.

① 조직과 팀의 효율성과 효과성을 성취할 목적으로 이루어지는 구성원간의 정보와 지식의 전달과정이다.
② 공통의 목표를 추구해 나가는 집단내의 기본적인 존재기반이고 성과를 결정하는 핵심기능의 역할을 한다.
③ 자신의 생각과 느낌을 일방적으로 표현하여, 어떠한 상황에서도 자신의 의견을 상대방에게 주장할 수 있도록 한다.
④ 조직 구성원간의 정보를 공유하는 역할을 한다.

02 다음은 무엇에 대한 설명인가?

상황과 목적에 적합한 문서를 시각적이고 효과적으로 작성하기 위한 능력

① 문서이해능력   ② 문서작성능력
③ 언어이해능력   ④ 언어표현능력

03 다음 중 '기초외국어능력'을 대하는 마음가짐으로 옳지 않은 것을 고르시오.

① 상대방과 목적을 공유하라.
② 외국어를 너무 어렵게만 생각하지 마라.
③ 자신을 극복하라.
④ 자신의 부족한 외국어실력을 의식하여, 실수하지 않도록 한다.

04 다음 중 '문서이해를 위한 구체적인 절차' 6단계 중 가장 먼저 행해져야 할 사항은 무엇인가?

① 문서의 목적을 이해하기
② 문서가 작성된 배경과 주제를 파악하기
③ 현안문제를 파악하기
④ 내용을 요약하고 정리하기

05 다음 중 '설명서'의 올바른 작성법에 해당되지 않는 것을 고르시오.

① 정확한 내용전달을 위해 명령문으로 작성한다.
② 상품이나 제품에 대해 설명하는 글의 성격에 맞춰 정확하게 기술한다.
③ 정확한 내용전달을 위해 간결하게 작성한다.
④ 소비자들이 이해하기 어려운 전문용어는 가급적 사용을 삼간다.

06 다음 중 '기획서'의 올바른 작성법에 해당되지 않는 것을 고르시오.

① 내용이 한눈에 파악되도록 체계적으로 목차를 구성하도록 한다.
② 핵심내용의 표현에 신경을 써야한다.
③ 효과적인 내용전달을 위해 내용과 적합한 표나 그래프를 활용하여 시각화 하도록 한다.
④ 인용한 자료의 출처는 기입하지 않는다.

07 다음 중 '문서작성의 원칙'으로 옳지 않은 것을 고르시오.

① 문장을 짧고, 간결하게 작성 하도록 한다.
② 정확한 의미전달을 위해 한자어를 최대한 많이 사용한다.
③ 간단한 표제를 붙인다.
④ 문서의 주요한 내용을 먼저 쓰도록 한다.

08 다음 중 경청을 방해하는 요인에 해당되지 않는 것을 고르시오.

① 상대방의 말을 짐작하면서 듣기
② 대답할 말을 미리 준비하며 듣기
③ 상대방의 마음상태를 이해하며 듣기
④ 상대방의 말을 판단하며 듣기

09 다음 중 효과적인 경청방법으로 옳지 않은 것을 고르시오.

① 주의를 집중한다.
② 나와 관련지어 생각해 본다.
③ 상대방의 대화에 적절히 반응한다.
④ 상대방의 말을 적당히 걸러내며 듣는다.

10 다음 중 '의사소통의 방해요인' 중 '말' 에서 고칠 수 없는 것은 무엇인가?

① 말의 장단
② 말의 고저
③ 발음
④ 목소리

11 다음은 의사소통에 대한 설명이다. (A), (B)에 각각 들어갈 적절한 용어는?

> 의사소통이란 두 사람 또는 그 이상의 사람들 사이에서 일어나는 (A)과 (B)가 이루어진다는 뜻이며, 어떤 개인 또는 집단이 개인 또는 집단에 대해서 정보, 감정, 사상, 의견 등을 전달하고 그것들을 받아들이는 과정이라고 할 수 있다.

① (A) 의사전달, (B)상호교류
② (A) 커뮤니케이션, (B)의견교환
③ (A) 정보전달, (B)의견교류
④ (A) 문서전달, (B)상호교류

12 다음은 문서작성 주의해야할 사항을 설명한 것이다. 잘못된 것은?

① 문서의 작성 시기는 중요하지 않다.
② 문서의 첨부자료는 반드시 필요한 자료 외에는 첨부하지 않도록 한다.
③ 문서작성 후 반드시 다시 한 번 내용을 검토해야 한다.
④ 문서내용 중 금액, 수량, 일자 등의 기재에 정확성을 기하여야 한다.

13 다음은 경청에 대한 설명이다. 잘못된 설명은?

① 경청이란 다른 사람의 말을 주의 깊게 들으며, 공감하는 능력이다. 경청은 대화의 과정에서 당신에 대한 신뢰를 쌓을 수 있는 최고의 방법이다.

② 우리가 경청하면 상대는 본능적으로 안도감을 느끼고, 경청하는 우리에게 무의식적인 믿음을 갖게 된다.

③ 자기 말을 경청해주는 사람을 좋아하기도 하고, 싫어하기도 한다.

④ 경청을 하면 상대방은 매우 편안해져서, 말과 메시지, 감정은 아주 효과적으로 전달하게 된다.

14 경청을 하는데 있어서 올바른 자세가 아닌 것은?

① 상대를 정면으로 쳐다보면 상대방이 민망할 수도 있으니까, 눈을 마주치지 않는다.

② 손이나 다리를 꼬지 않는 소위 개방적 자세를 취한다.

③ 상대방을 향하여 상체를 기울여 다가앉는다.

④ 우호적인 눈의 접촉을 통해 자신이 관심을 가지고 있다는 사실을 알린다.

15 다음은 의사표현에 대한 설명이다. 잘못된 설명은?

① 의사표현이란 한마디로 말하기이다.

② 의사표현에는 음성으로 표현하는 것과 신체로 표현하는 것이 있다.

③ 의사표현은 현대사회에서 자신을 표현하는 첫 번째 수단으로 매우 중요한 능력이다.

④ 의사표현의 종류에는 공식적인 말하기와 의례적인 말하기가 있고, 친구들끼리의 사적인 대화는 포함되지 않는다.

16 성공하는 사람의 이미지를 위한 의사표현에 대한 설명이다. 잘못된 설명은?

① 부정적인 말을 하면 인생도 부정적으로 될 것이고, 긍정적인 말을 하면 인생도 긍정적으로 될 것이다.

② 상대의 말에 공감을 해야 한다.

③ 항상 공손한 자세로 "미안합니다.", "죄송합니다만"이라는 표현을 자주 써야 한다.

④ 자신의 대화 패턴을 주의 깊게 살펴본다.

17 상황과 대상에 따른 의사표현법의 설명으로 잘못된 것은?

① 상대방의 잘못을 지적할 때는 확실하게 말하기보다는 돌려서 말해 준다.

② 상대방에게 부탁해야 할 때는 기간, 비용, 순서 등을 명확하게 제시해야 한다.

③ 상대방의 요구를 거절해야 할 때는 정색을 하면서 '안된다'고 말하기보다는 먼저 사과를 한 후에, 이유를 설명한다.

④ 설득해야 할 때는 자신이 변해야 상대방도 변한다는 사실부터 받아들여야 한다.

18 다음은 효과적인 의사표현을 위한 방법에 대한 설명이다. 잘못된 설명은?

① 독서를 많이 해서, 상대방의 기선을 제압할 수 있도록 어려운 말을 섞어서 쓴다.

② 상대편의 말을 그대로 받아서 맞장구를 치면 상대방이 친근감을 느끼게 된다.

③ 특수한 상황이 아니라면 비꼬거나 빈정대는 듯한 표현은 삼가는 것이 좋다.

④ 축약된 말보다는 문장을 완전하게 말해라.

19 다음 중 기초외국어 능력이 필요한 상황과 관련된 설명으로 잘못된 것은?

① 누구에게나 똑같은 상황에서 기초외국어능력이 필요하다.

② 외국어라고해서 꼭 영어만 필요한 것은 아니고, 자신이 주로 상대하는 외국인들이 구사하는 언어가 필요한 것이다.

③ 자신에게 기초외국어능력이 언제 필요한지 잘 아는 것이 중요하다.

④ 자신의 업무에서 필요한 기초외국어를 적절하게 구사하는 것이 중요하다.

20 다음은 외국인과의 의사소통에서 비언어적인 의사소통에 대한 설명이다. 잘못된 설명은?

① 눈을 마주 쳐다보는 것은 흥미와 관심이 있음을 나타낸다.

② 어조가 높으면 만족과 안심을 나타낸다.

③ 말씨가 매우 빠르거나 짧게 얘기하면 공포나 노여움을 나타내는 것이다.

④ 자주 말을 중지하면 결정적인 의견이 없음을 의미하거나 긴장 또는 저항을 의미한다.

Chapter 01 의사소통능력

01 다음 사례를 읽고, A과장이 가진 의사소통 시 문제점으로 가장 적절한 것을 고르시오.

> 매주 수요일 업무보고시간에 참석하는 홍보팀의 팀원들은 A과장이 입을 열자 서로 눈치를 보며 한숨을 쉰다. A과장은 매번 회의에서 똑같은 말들만 반복하기로 유명해진지 오래되었고, 회사에서 A과장만 모르는 그의 별명은 '앵무새' 이다. 그는 그에게 익숙한 말들만 고집스레 반복하여 사용하기 좋아하는 대표적인 상사이다. 기업이미지 홍보전략을 위한 회의에서도 A과장은 별다른 전략적 제안없이 무조건 부하직원들에게 '그럼 기대하겠네.' 라는말을 하고, 직원사기증진을위한 홍보전략회의에서도 역시나 A과장은 별다른 전략적 제안 없이 무조건 부하 직원들에게 '그럼 기대하겠네.' 라는 말만 반복했을 뿐 이다. 이제 A과장과 함께하는 홍보팀회의는 A과장이 말을 꺼내기 시작하면 하품을 하거나, 지루한 표정을 짓는 부하 직원들이 많아졌다. A과장도 좀처럼 잡히지 않는 회의분위기를 의식한듯 어떻게든 회의를 가다듬어 보려고 하지만 자신은 왜 그러는지 이유를 몰라 답답하기만 하다.

① 부하 직원들에게 강압적이다.
② 말을 효과적으로 하지 못한다.
③ 사용하는 언어의 활용이 제한적이다.
④ 어려운 표현을 자주 쓴다.

02 신입사원 연수에 참가하고 있는 귀하는 한 강사로부터 아래와 같은 내용을 듣게 되었다. 이 강사는 다음 중 어떤 문서에 대해 설명을 하고 있는가?

> "이 문서는 회사의 업무에 대한 협조를 구하거나 의견을 전달할 때 작성하며 흔히 사내 공문서로 불립니다."

① 공문서　　　　　　　　　② 기획서
③ 기안서　　　　　　　　　④ 보고서

[03 ~ 05] 다음은 여러가지 문서들의 일부이다. 제시된 문서에서 잘못 쓰여진 글자는 모두 몇개인지 찾으시오.

03

- 국내보다 해외에서 더 많은 차를 팔기 시작한 현대차, 중국에서 107개의 매장을 오픈한 롯데마트, 중국에 총 5240개가 넘는 직영 매장을 가지고 있는 이랜드, 루이뷔똥이 최근 점포를 연 인도 첸나이, 헬기를 타고 초호화 고층 빌딩을 구경하는 중국 농부들, 엔저로 인해 빠져나간 일본 관광객들의 자리를 재체하고 있는 중국과 동남아 관광객들, 중동에서 확산되고 있는 브라질의 얼린 요거트 체인, 포르투갈어를 구사하는 인재를 대거 채용하고 있는 디즈니랜드와 허츠 등의 뉴스를 보면서 당신은 어떤 준비를 하고 있는가? 아직도 해외 연수 때 국산 자동차를 보고 가슴이 찡했다거나, 외국 친구들이 국산 라면을 먹는 것을 보고 선선한 충격을 받았다는 시대에 뒤떨어진 이야기를 하고 있지는 않은가?

- 10년 후는 어떻게 될까? 이미 우리나라가 세계 3위의 경제 강국이 될 것을 예측한 바 있는 유럽의 미래 학자들에 귀를 기울여보자. 이들은 10년 후 우리나라가 싱가폴이나 홍콩 같은 나라가 될 것이라고 한다. 싱가폴이나 홍콩에 가보면 기본적으로 영어를 구사하고, 외국인들이 반 이상 사는 나라들이다. 5천만의 인구를 가진 대한민국에는 현재 약 140만명의 외국인들이 산다. 이들의 말이 현실화 된다면 2천5백만 명의 외국인들이 우리나라에 살게 된다는 것이다. 영어가 통용어가 될 것이다. TV에 등장하는 Two Sam (샘헤밍턴, 샘오취리)의 숫자는 급격하게 불어날 것이다. 한국은 전 세계 문화들의 박물관이 될 것이다. 홍콩에서처럼 아랍인, 러시아인, 중국인, 한국인 등 다양한 민족이나 국가를 대상으로 한 TV 채널이 생길 것이다. 더 많은 나라와 민족의 음식들이 팔릴 것이다.

① 3개   ② 4개
③ 5개   ④ 6개

04

[분류체계]

국가직무능력표준의 분류체계는 직무의 류형(Type)을 중심으로 국가직무능력표준의 단계적 구성을 나타내는 것으로, 국가직무능력표준 개발의 전체적인 로드맵을 제지

한국고용직업분류(KECO : Korean Employment Classification of Occupations)를 중심으로, 한국표준 직업분류, 한국표준산업분류등을 참고하여 분류하였으며 '대분류(24) → 중분류(80) → 소분류(238) → 세분류(887개)'의 준으로 구성

분류체계 마련을 위해 직업분류, 산업분류 및 자격분류 전문가, 해당산업 분야 전문가 대상 의견수렴 방법을 통해 직종구조분석 시행

분류	분류기준
대분류	직능유형이 유사한 분야(한국고용직업분류 참조)
중분류	• 대분류 내에서 직능유형이 유사한 분야 • 대분류 내에서 산업이 유사한 분야 • 대분류 내에서 노동시장이 독닙적으로 형성되거나 경력개발경로가 유사한 분야 • 중분류 수준에서 산업별인적자원개발협의체(SC)가 존재하는 분야

소분류	• 중분류 내에서 직능유형이 유사한 분야 • 소분류 수준에서 산업별인적자원개발협의체(SC)가 존재하는 분야
세분류	• 소분류 내에서 직능유형이 유사한 분야 • 한국고용직업분류의 직업 중 대포 직무

① 3개   ② 4개
③ 5개   ④ 6개

05 가. 가산점 적용 대상자 및 가산점 비율표

구분		가산비율	비고
취업지원 대상차		과목별 만점의 10% 또는 5%	• 취업지원 대상자 가점과 의사상자 등 가점은 1개만 적용
의사상자 등 (의사자 유족, 의상자 본인 및 가죽)		과목별 만점의 5% 또는 3%	• 취업지원 대상자 / 의사상자 등 가점과 자격증 가산점은 각각 적용
자격증 소치자	공통 적용 가산점 (전산직제외)	과목별 만점의 0.5~1% (1개의 자격중만 인정)	• 자격증 가산점은 최대2개까지 인정(공통 적용 가산점1, 직열별 가산점1)
	직열별 가산점	과목별 만점의 3~5% (1개의 자격중만 인정)	• 구체적인 내용은 아래외 '나~ 라' 참고

① 3개   ② 4개
③ 5개   ④ 6개

[06 ~ 08] 다음 지문을 읽고 이어지는 질문에 답하시오.

정부가 개성공단 철수나 폐쇄를 고려하고 있다는 보도가 연일 나오고 있다. 북한이 장거리 로켓 발사를 예고하자 정부가 '혹독한 대가'를 치를 것이라고 했는데, 그 카드가 개성공단 폐쇄가 될 수 있다는 것이다. 정부는 이미 북한의 4차 핵실험 후 개성공단 체류 인원과 생산 활동을 최소한으로 줄이도록 했다. 보도대로 개성공단의 문을 닫을지 검토하고 있다면 여간 걱정스러운 일이 아니다. 그건 남북 간 연결고리를 완전히 끊음으로써 한반도를 불안정 상황에 빠뜨리는 일이 될 것이기 때문이다.

개성공단에 대한 추가 조치 가능성은 박근혜 대통령이 신년기자회견에서 "개성공단 추가 조치를 할 필요가

있는지는 북한에 달려 있다"고 밝히면서 거론됐다. 청와대 내에서는 '김대중·노무현 정부가 개성공단은 절대 손을 대지 않겠다는 입장이었지만, 그럴 이유가 없다'는 말이 나온다고 한다. 통일부도 '개성공단은 제재수단이 아니다'라고 하던 기존의 태도를 바꿨다.

(A) 지금과 같은 상황에서 정부가 개성공단에 대한 추가 조치를 언급하는 것은 '＿＿＿＿＿＿＿' 가 될 수 있다. 북한이 로켓 발사를 강행하면 정부로서는 개성공단에 추가 조치를 내려야 하는 상황으로 내몰리게 되기 때문이다. (B) 개성공단을 폐쇄한다 해도 그로 인해 얻을 수 있는 대북 압박 효과는 미지수다. 북한이 개성공단을 통해 얻는 연간 수익은 1억달러 안팎이며 여기서 북한 정부가 얻는 수입은 3000만달러 정도다. 북한과 중국 간 교역 규모가 60억달러를 넘는 점을 감안하면 개성공단 폐쇄는 북한을 옥죄는 결정적 카드가 될 수 없다. (C) 북한은 1990년대 '고난의 행군'이라는 내핍을 이겨낸 경험이 있어 경제제재 효과는 제한적일 수밖에 없다. 오히려 개성공단에 입주한 남한 기업들의 피해가 더 클 수 있다. 벌써 바이어들이 줄면서 입주 기업들이 바짝 긴장하고 있다고 한다.

북한의 핵 개발과 로켓 발사는 기본적으로 미국을 겨냥한 것이다. 애꿎게 개성공단 폐쇄를 거론할 게 아니라 북한을 설득하고 북·미 양국 간 협상을 주선할 방안을 찾는 게 옳다. 정부가 직접 개성공단을 폐쇄하는 대신 유엔 제재에 공단 폐쇄를 포함시키는 방안도 거론된다고 한다. 그런 움직임이 있다면 정부가 막아야 한다. 개성공단은 5·24 대북 제재조치 이후 남북을 연결하는 마지막 고리이자, 남북 충돌을 흡수할 수 있는 완충지대이다. 그런데 이것마저 사라지면 북한이 도발하도록 길을 닦아주는 결과가 될 수도 있다. 개성공단마저 금강산 관광과 같은 운명이 되게 해서는 안된다. (경향신문 2016년2월 5일자 사설)

06 다음 중 윗 글의 제목으로 가장 적절한 것은?
① 개성 공단 폐쇄의 득실　② 정부의 개성공단 폐지 거론에 대한 우려
③ 개성 공단의 가치　④ 북한의 핵 개발과 로켓 발사가 갖는 의의

07 다음 중 '＿＿＿＿＿＿'에 들어갈 표현으로 가장 적절한 것은?
① 소 귀에 경 읽기　② 언 발에 오줌 누기
③ 우는 아이 떡 주기　④ 자기 발등 찍기

08 다음 중 A, B, C에 들어갈 말이 순서대로 맞게 짝지어진 것은?

	A	B	C
①	하지만	그러나	더구나
②	그러나	그래서	그러나
③	하지만	그러나	그래서
④	하지만	그래서	특히

[09 ~ 10] 다음 지문을 읽고, 이어지는 질문에 답하시오.

II. 과정운영 모니터링

1. 모니터링 내용 및 시기
▶ (목적) 교육·훈련기관이 지정받은 내용에 따른 과정운영 여부를 모니터링하여 과정평가 자격의 질 관리
▶ (내용) 지정교육·훈련과정 운영계획에 따른 운영여부, 교육·훈련생 출석관리, 교육·훈련기관의 내부평가 적정성 및 기타과정 운영전반에 관한 사항
▶ (시기) 분기별 1회 이상 실시하되, 내부평가 실시과정 및 민원발생 등의 경우 수시 실시 가능
　　※국가기술자격법시행령 제14조의 4 (교육·훈련과정의 운영 확인)
▶ (방법) 교육·훈련기관 현장방문을 원칙으로 하되, 전산시스템 또는 서면제출 등의 방법으로 실시 가능
　　– 현장방문시에는 교육·훈련기관에 사전에 안내없이 모니터링을 실시 가능
　　– 모니터링은 과정별로 지원단소속 산업현장 전문가 1인 및 교육·훈련전문가 1인을 위촉하여 실시 (공단직원 동행)

2. 과정운영 위반에 대한 조치
▶ (결과처리) 모니터링 결과 주요 위반사항 발생시에는 고용노동부장관 및 주무부장관에게 보고
　　– 주무부장관은 주요위반사항에 대해 국가기술자격법에 따라 위반내용, 횟수 등에 따라 시정명령, 지정취소등의 행정 조치
　　※주요 위반 사항에 대한 행정 조치 (국가기술자격법 제24조의 5 및 동법 시행규칙 제45조)

위반사항	행정처분
거짓이나 그밖의 부정한 방법으로 지정교육·훈련과정의 지정을 받은 경우	지정취소
제10조 제2항에 따른 지정 기준을 충족하지 못하게 된 경우 　1. 해당교육·훈련과정에서 3회 이상 위반한 경우 　2. 해당교육·훈련과정에서 위반행위가 2회 이하인 경우	 지정취소 시정명령
제10조 제2항에 따라 지정받은 내용과 다르게 교육·훈련을 실시한 경우 　1. 해당교육·훈련과정에서 3회 이상 위반한 경우 　2. 해당교육·훈련과정에서 위반행위가 2회 이하인 경우	 지정취소 시정명령
거짓 또는 그밖의 부정한 방법으로 교육·훈련생의 교육·훈련과정이수처리를 한 경우	지정취소

09 다음 중 위 내용과 일치하는 것을 고르시오.

① 모니터링 방법은 교육, 훈련 기관 현장 방문만을 원칙으로 한다.
② 모니터링은 반드시 공단 직원이 동행한다.
③ 모니터링 결과는 고용노동부장관 및 주무장관에게 보고한다.
④ 고용노동부장관은 주요 위반사항에 대해 국가기술자격법에 따라 위반내용, 횟수 등에 따라 시정명령, 지정취소 등의 행정조치를 한다.

Chapter 1
Chapter 2
Chapter 3
Chapter 4
Chapter 5
Chapter 6
Chapter 7
Chapter 8
Chapter 9
Chapter 10

10 다음 중 '지정 취소' 처분을 받는 경우가 아닌 것은?

① 거짓이나 그 밖의 부정한 방법으로 지정교육 · 훈련과정의 지정을 받은 경우
② 제10조 제2항에 따른 지정 기준을 충족하지 못하게 된 경우로서, 해당 교육 · 훈련과정에서 위반 행위가 2회 이하인 경우
③ 제10조 제2항에 따라 지정받은 내용과 다르게 교육 · 훈련을 실시한 경우로서, 해당 교육 · 훈련 과정에서 3회이상 위반한 경우
④ 거짓 또는 그 밖의 부정한 방법으로 교육 · 훈련생의 교육 · 훈련과정 이수 처리를 한 경우

[11 ~ 12] 다음 주어진 지문에 가장 잘 부합하는 한자 성어를 고르시오.

11

프랑스의 전제 군주 시절 파리 시장을 지냈던 유그 오블리오는 바스티유 감옥을 건설한 사람이었으나 바스티유에 수감되는 죄수 1호가 되고 말았다. 죄목은 이단이었다.

17세기 미국 보스턴의 목공업자 파머도 마찬가지다. 청교도 사회였던 당시 보스턴엔 사람들이 많이 모이는 곳에 죄를 범한 사람을 묶어두는 형벌대를 뒀다고 한다. 파머는 보스턴의 형벌대를 수주해 제작했으나 완성하자마자 맨 처음 형벌대에 묶이게 된다. 형벌대 제작비를 부풀려 청구했다는 게 그의 죄목이었다.

대포에 맞아 전사한 최초의 영국인이라는 토머스 몬테규트도 비슷하다. 그는 14 ~ 15세기 프랑스와 백년 전쟁 때 대포를 본격 도입한 인물이다. 그러나 1428년 오를레앙에서 프랑스군을 공격하려다 그만 대포 유탄에 맞아 숨졌다.

① 자승자박 (自繩自縛)　　　　② 금석지감 (今昔之感)
③ 낭중취물 (囊中取物)　　　　④ 중구난방 (衆口難防)

12

우리는 현대인이며 고대인이 아니다. 결코 회상에 사로잡혀 현대를 고대로 돌리려고 해서는 안 된다. 옛날이 지금보다 낫다고 하는 것은 기력 빠지고 희망 없는 노인들의 생각이다. 전통이란 그 위에 서서 미래로 발전해 나아가는 데 의의가 있는 것이다. 또 그러한 전통의 발판 없이 민족 문화의 발전이란 있을 수도 없다. 그리고 전통이란 몸으로 느끼고 이해하는 데서 보존되고 계승되어 간다.

① 온고지신 (溫故知新)　　　　② 격세지감 (隔世之感)
③ 금고일반 (今古一般)　　　　④ 고식지계 (姑息之計)

[13 ~ 15] 다음 글을 읽고 물음에 답하시오.

물가 안정을 포함하는 넓은 의미의 경제 안정은 통화 정책, 재정 정책 등 여러 거시 경제 정책을 통해 달성될 수 있겠지만, 일반적으로 통화 조절이 경제 안정을 위한 효과적인 경제 정책 수단으로 인식되고 있다. 통화 긴축을 통한 물가 안정의 필요성에 대해서는 학계와 정책 당국 뿐만 아니라 재계도 대체로 동의하고 있지만, 일각에서는 이러한 안정화 정책은 자칫 실물 경제 활동에 과다한 충격을 줌으로써 당초 의도한 바와는 달리 실물 경기의 지나친 위축을 초래할 수도 있다는 견해를 피력하고 있다.

통화 긴축을 통한 안정화 정책은 여러 경로를 통해서 물가와 실물 경제에 영향을 미치지만, 일반적으로 잘 알려져 있지 않고 간과하기 쉬운 경로는 노동 시장의 임금 계약으로 인한 명목 임금의 경직성을 통한 경로이다. 즉, 통화 긴축은 여러 경로와 시차 구조를 통해 인플레이션율의 하락을 가져오게 되나, 다른 한편으로는 명목 임금이 고정되어 있을 경우, 실질 임금을 상승시켜 고용한 생산을 위축시키는 결과를 초래할 수 있다.

이러한 점에서 임금 물가 연동(wage indexation)은 인플레이션이 야기하는 경제적 왜곡을 해소하는 것 외에 경제 안정화 정책의 추진 과정에서 명목 임금의 경직성이 초래하는 그러한 거시 경제적 비용을 줄이는 효과가 큰 것으로 평가받고 있다.

임금 물가 연동은 물가 불안이 상존하는 거시 경제에서 인플레이션에 수반되는 비용을 줄이기 위한 수단으로서 또는 각종 중장기 계약에 내재하는 위험을 분산시키는 수단으로서 자연스럽게 나타나기 때문에 명시적이 아니라 할지라도 대부분의 국가에서 어떤 형태로든 존재한다. 따라서 인플레이션 수준이 높거나 그 변동 폭이 클수록 임금이 물가 변동에 연동되는 수준도 높아지는 경향이 있다.

이러한 임금 물가 연동은 임금의 구매력 보전과 거시 경제의 안정을 목적으로 많은 나라에서 여러 형태와 제도로 도입된 바 있으며 상당히 성공적인 사례도 없지 않았다. (㉠) 임금의 물가 연동은 오히려 인플레이션을 영속화하고 노동 시장의 기능을 위축시켜 경제의 효율을 떨어뜨린다는 주장도 만만치 않다.

13 윗 글의 내용과 일치하지 않는 것은?

① 통화 긴축을 통한 안정화 정책이 생산을 위축시키는 결과를 초래할 수 있다.

② 임금물가연동제(wage indexation)는 인플레이션이 야기하는 경제적 왜곡을 해소한다.

③ 통화안정정책은 실물 경제 활동에 과다한 충격을 줌으로써 실물 경기의 지나친 위축을 초래한다.

④ 명목임금이 고정되어있을 경우 인플레이션에 수반되는 거시 경제적 비용이 발생할 수 있다.

14 윗 글의 서술상 특징으로 적절한 것은?

① 시간의 흐름에 따라 사건을 사실적으로 전달한다.

② 현상에 대한 느낌을 주관적으로 묘사하고 있다.

③ 전문가의 견해를 인용하여 설명을 구체화하고 있다.

④ 사실을 소개한 후 이에 대한 의견과 주장을 소개한다.

15 다음 빈칸 ㉠에 들어갈 접속사로 알맞은 것은?

① 따라서 ② 그러나
③ 그러므로 ④ 오히려

16 문서 작성에 어려움을 겪고 있는 귀하는 회사의 문서 작성 매뉴얼을 살펴보고 있는 중이다. 매뉴얼의 세 번째 페이지에는 아래와 같은 내용이 나와 있다.

〈작성 전 유의사항〉
– 목적을 달성할 수 있는 핵심사항이 정확하게 기입되었는지 확인한다.
– 상대에게 어필해 상대가 채택하게끔 설득력을 갖춰야 하므로, 상대가 요구하는 것이 무엇인지 고려하여 작성한다.

〈내용작성시 유의사항〉
– 내용이 한눈에 파악되도록 체계적으로 목차를 구성하도록 한다.
– 핵심내용의 표현에 신경을 써야한다.
– 효과적인 내용전달을 위해 내용과 적합한 표나 그래프를 활용하여 시각화 하도록 한다.

〈제출시 유의사항〉
– 충분한 검토를 한 후 제출하도록 한다.
– 인용한 자료의 출처가 정확한지 확인한다.

상기 내용은 다음 중 어떤 문서에 대한 것인가?

① 공문서 ② 기획서
③ 보고서 ④ 설명서

[17 ~ 18] 올바른 경청을 하는 데 있어서 방해가 되는 나쁜 습관들이 있다. 다음의 대화는 어떤 습관에 해당되는지 고르시오.

17

남편 : "당신은 다른 사람보다 젊어 보여."
아내 : "(남편의 표정을 살피면서)속으로는 내가 너무 늙어 보여서 매력이 없다고 생각하는 거지?"

① 짐작하기 ② 대답할 말 준비하기
③ 걸러내기 ④ 판단하기

18

> 남편 : "요즘 직장 생활 너무 힘들어. 구조조정을 한다고 발표가 난 다음 분위기가 더 살벌해졌어. 안 그래도 실적 부진으로 상사한테 찍힌 것 같은데…"
>
> 아내 : "당신은 윗사람 다루는 기술이 필요해요. 당신 성격에도 문제가 있어요. 당신 자신을 개조하기 위해 성격 개선 프로그램을 신청해서 참여해봐요."

① 다른 생각하기   ② 조언하기   ③ 언쟁하기   ④ 슬쩍 넘어가기

19 다음 중 발음이 잘못된 것은 무엇인가?

① 암여우 → 암녀우   ② 꽃아리 → 꼬다리   ③ 살고기 → 살꼬기   ④ 공로 → 공노

20 귀하는 '국가직무능력표준(NCS)의 이해' 라는 주제로 Presentation 자료를 만들기 위해 목차를 다음과 같이 구성하였다.

제목 : 능력 중심 사회 구현을 위한 국가직무능력표준(NCS)의 이해

I. 정책 방향
1. 스펙 아닌 능력 중심 사회로의 전환 필요성
2. 스펙 쌓기 원인과 정책적 대응
3. 산업 현장의 점진적 변화

5. NCS 구성
6. NCS 능력 단위 예시
7. NCS 개발

II. NCS란?
1. NCS의 개념
2. NCS 개발 영역
3. NCS 분류 체계
4. NCS 수준 체계

III. NCS의 활용 범위 및 방향
1. NCS 기반 채용 시스템 개념도
2. NCS 기반 보상 시스템 개념도
3. NCS 양성시스템 개념도
4. NCS 구인 · 구직 알선시스템 개념도

아래의 그림은 목차 중 어디에 해당하는가?

채용방식	일반공채 (유형 1)	직군별 채용 (유형 2)	직무별 채용 (유형 3)
NCS 기반 평가 Tool	능력중심채용 모델		직무수행능력 (능력단위별 NCS)
		직무수행능력 (중 · 소분류 NCS)	직무수행능력 (중 · 소분류 NCS)
	직업기초능력	직업기초능력	직업기초능력

① I - 2   ② II - 5   ③ II - 7   ④ III - 1

Chapter 01 정답 및 해설
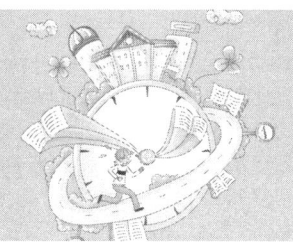

Chapter 1
Chapter 2
Chapter 3
Chapter 4
Chapter 5
Chapter 6
Chapter 7
Chapter 8
Chapter 9
Chapter 10

기본문제

01 ③

자신의 생각과 느낌을 효과적으로 표현하는 것과 타인의 생각과 느낌, 사고를 이해하는 상대방을 배려하는 태도가 직장생활에서 필요한 의사소통의 기능중에 하나이다.

02 ②

문서작성능력에 대한 정의이다.

03 ④

외국어에 대한 자신감이 부족한 사람들이 가지는 특징은 외국어를 잘 못한다는 지나친 의식, 불명확한 의사표현, 의견정리의 어려움, 표현력의 저하 등이다. 그러므로 이러한 마음상태를 극복하고, 자신만의 기초 외국어로의 의사소통방법을 만들어나가는 것도 기초외국어능력을 높이는 좋은 방법이라 할 수 있다.

04 ①

문서를 이해하기 위해 가장 먼저 행해져야 할 것은 문서의 목적을 먼저 이해하는 것이다. 목적을 명확히 해야 문서의 작성배경과 주제, 현안 문제를 파악할 수 있다. 궁극적으로 문서에서 이해한 목적달성을 위해 취해야 할 행동을 생각하고 결정할 수 있게 된다.

05 ①

설명서는 명령문이 아닌 평서형으로 작성해야 한다.

06 ④

인용한 자료의 출처는 반드시 밝혀야 하고, 그 출처가 정확한 지 확인한다.

07 ②

문서의미의 전달에 그다지 중요하지 않은 경우에는 한자사용을 최대한 자제하도록 하며, 상용한자의 범위 내에서 사용하는 것이 상대방의 문서이해에 도움이 될 것이다.

08 ③

상대방의 마음상태를 이해하며 듣는 것은 올바른 경청 방법으로 방해요인에 해당되지 않는다.

09 ④

경청을 방해하는 요인으로 상대방의 말을 듣기는 하지만 듣는 사람이 임의로 그 내용을 걸러내며 들으면 상대방의 의견을 제대로 이해할 수 없는 경우가 있다. 효과적인 경청자세는 상대방의 말을 전적으로 수용하며 듣는 태도이다.

10 ④

목소리는 타고난 것으로 바꿀 수 없다. 그러나 목소리의 인격인 '음성', 즉, 말투는 말하는 사람의 인격을 반영하는 것으로, 예의 바른 말투를 구사하면 좋은 음성을 갖출 수 있게 된다.

11 ①

(A)=의사의 전달, (B)=상호교류
의사소통이란 기계적으로 무조건적인 정보의 전달이 아니라 두 사람 또는 그 이상의 사람들 사이에서 의사의 전달과 상호교류가 이루어진다는 뜻이며, 어떤 개인 또는 집단이 개인 또는 집단에 대해서 정보, 감정, 사상, 의견 등을 전달하고 그것들을 받아들이는 과정이다.

12 ①

문서의 작성은 작성 시기가 중요하다. 문서가 작성되는 시기는 문서가 담고 있어야 하는 내용에 상당한 영향을 미친다. 또한 필요한 자료 이외에는 첨부하지 말아야 하며, 작성 후에는 반드시 검토해야 하고, 금액이나 수량 등의 수치가 정확히 기재되어야 한다.

13 ③

우리가 경청하면 상대는 본능적으로 안도감을 느끼고, 경청하는 우리에게 무의식적인 믿음을 갖게 된다. 그리고 우리가 말을 할 경우, 자신도 모르게 더 집중하게 된다. 이런 심리적 효과로 인해 우리의 말과 메시지, 감정은 아주 효과적으로 상대에게 전달된다. 우리가 경청하는 만큼, 상대방은 우리의 말을 경청할 수밖에 없는 것이다. 자기 말을 경청해주는 사람을 싫어하는 사람은 세상에 존재하지 않는다.

14 ①

상대를 정면으로 마주하는 자세는 그와 함께 의논할 준비가 되었음을 알리는 자세이다. 따라서 눈을 마주치지 않고 피하면 상대방이 의논할 자세가 안 되었다고 느끼게 해주기 때문에, 올바른 경청자세가 아니다.

15 ④

의사표현의 종류는 상황이나 사태와 관련하여 공식적 말하기, 의례적 말하기, 친교적 말하기로 구분하며, 구체적으로 대화, 토론, 보고, 연설, 인터뷰, 낭독, 구연, 소개하기, 전화로 말하기, 안내하는 말하기 등이 있다. 따라서 친구들끼리의 사적인 대화도 포함된다.

16 ③

의사표현을 하는데 있어서 자신을 너무 과소평가하지 말아야 한다. 즉, 낮은 자존감과 열등감으로 자기 자신을 대하지 말자는 것이다. 안 좋은 일이 생기면, "내가 못 배운 게 한이지." 혹은 "내가 가난한 게 죄지"라고 말하는 분들이 있다. 또한 평소에 죄송합니다. 미안합니다를 입에 붙들고 사는 사람이 있다. 얼핏보면 예의 바르게 보일지 모르나, 꼭 필요한 경우가 아니라면 그렇게 해서 자신의 모습을 비하시키지 않기를 바란다.

17 ①

상대방이 알 수 있도록 확실하게 지적한다. 모호한 표현은 설득력을 약화시킨다. 상대방의 잘못을 지적할 때는 먼저 상대방과의 관계를 고려한다. 힘이나 입장의 차이가 클수록 저항이 적다. 또한 지금 당장 꾸짖고 있는 내용에만 한정해야지. 이것저것 함께 꾸짖으면 효과가 없다.

18 ①

의사표현은 일방적인 것이 아니라 주고 받는 것이기 때문에, 상대방의 채널에 맞춘다는 기분으로 하는 것이 바람직한 의사표현법이다. 따라서 풍부한 어휘력을 갖기 위하여, 책을 읽는 것이 크게 도움이 된다.

19 ①

외국인과 함께 일하는 국제 비즈니스에서는 의사소통이 매우 중요하다. 직업인은 자신이 속한 조직의 목적을 달성하기 위해 외국인을 설득하거나 이해시켜야 한다. 하지만 이런 설득이나 이해의 과정이 외국인의 전화 응대, 기계 매뉴얼 보기 등 모든 업무에서 똑같이 이뤄지는 것은 아니다.

20 ②

비언어적인 의사소통은 조금만 주의를 기울이면 상대방의 의도나 감정상태를 쉽게 알 수 있다. 보통 의사소통에서 어조가 높다는 것은 만족과 안심의 상태를 나타낸다기보다는 흥분과 적대감을 내타내는 것이므로 주의해야 한다.

적중예상문제

01 ③

세 번째 문장에서 '그에게 익숙한 말들만 고집스레 반복하여 사용'이라고 나와 있듯이 사용하는 언어의 활용이 제한적인 것이 A과장의 문제이다.

02 ③

제시된 설명은 기안서에 대한 내용이다.
- 공문서 : 정부 행정 기관에서 대내적, 혹은 대외적 공무를 집행하기 위해 작성하는 문서
- 기획서 : 적극적으로 아이디어를 내고 기획해 하나의 프로젝트를 문서 형태로 만들어, 상대방에게 기획의 내용을 전달하여 기획을 시행하도록 설득하는 문서
- 보고서 : 특정한 일에 관한 현황이나 그 진행 상황 또는 연구·검토 결과 등을 보고하고자 할 때 작성하는 문서

03 ①
- 재체하고 → 대체하고
- 선선한 → 신선한
- 통용어 → 공용어

04 ③
- 류형 → 유형
- 제지 → 제시
- 준으로 → 순으로
- 독닙적으로 → 독립적으로
- 대포 → 대표

Chapter 1
Chapter 2
Chapter 3
Chapter 4
Chapter 5
6
Chapter 7
8
Chapter 9
10

05 ④
- 대상차 → 대상자
- 가쥭 → 가족
- 소치자 → 소지자
- 자격중만 → 자격증만
- 직열별 → 직렬별
- 아래외 → 아래의

06 ②

첫 번째 문단 '보도대로 개성공단의 문을 닫을지 검토하고 있다면 ~ 한반도를 불안정 상황에 빠뜨리는 일이 될 것이기 때문이다.'에 나타나 있듯이 필자는 정부의 개성공단 폐지 거론에 대해 우려의 목소리를 내고 있다.

07 ④

이러한 조치를 취하는 것이 오히려 손해가 된다는 의미를 담고 있어야 하므로 ④번이 가장 적절하다.

08 ①

A와 B의 경우, 앞 뒤 문장이 서로 상반되는 내용을 담고 있으므로, '하지만'과 '그러나'가 맞다. C의 경우, 뒤 문장이 앞 문장의 내용을 강화해주고 있기 때문에, '더구나'가 들어가야 한다.

09 ②

① 모니터링 방법은 전산시스템 또는 서면제출 등의 방법으로도 실시
② '공단 직원 동행'이라는 표현이 있으므로 맞음
③ 모니터링 결과 주요 위반 사항이 발생이 되었을 때에 고용노동부장관 및 주무 장관에게 보고
④ 고용노동부장관이 아니라 주무부장관이 행정조치를 한다.

10 ②

②번은 '시정 명령' 처분을 받는다.

11 ①

지문 내용은 자기가 한 말과 행동에 자기 자신이 옭혀 곤란하게 된 사례들이다. 자기의 줄로 자기 몸을 옭아묶는다는 뜻의 자승자박이 정답이다.
- 금석지감 : 지금과 옛날의 차이가 너무 심하여 생기는 느낌
- 낭중취물 : 주머니 속의 물건을 얻는다는 뜻으로, 아주 쉬운 일을 이르는 말
- 중구난방 : 뭇사람의 말을 막기가 어렵다는 뜻으로, 막기 어려울 정도로 여럿이 마구 지껄임을 이르는 말

12 ①

- 온고지신 : 옛 것을 익히고 그것을 미루어서 새 것을 앎.
- 격세지감 : 오래지 않은 동안에 몰라보게 변하여 아주 다른 세상이 된 것 같은 느낌
- 금고일반 : 지금이나 옛날이나 같다.
- 고식지계 : 우선 당장 편한 것만을 택하는 꾀나 방법.

13 ③

① ○두번째 문단에 통화 긴축을 통한 안정화 정책은 명목 임금이 고정되어 있을 경우, 실질 임금을 상승시켜 고용한 생산을 위축시키는 결과를 초래할 수 있다고 제시되어 있다.
② ○세번째 문단에서 임금물가연동제의 영향에 대해 설명하고 있다.
③ ×이는 통화긴축정책을 반대하는 입장에서 제기하는 견해일뿐 통화정책이 반드시 그런 결과를 가져온다는 것은 아니다.
④ ○명목 임금이 고정되어 있을 경우, 실질 임금을 상승시켜 생산을 위축시키며, 이에 대한 대안이 임금물가연동제이다.

14 ④

첫 번째 문단에서는 경제 안정정책으로서 통화정책을 소개하고 정책의 파급효과에 대한 다양한 의견을 소개하고 있으며, 마지막 문단에서는 임금 물가 연동제를 설명한 후 이에 대한 반대론을 소개하고 있다.

15 ②

임금물가연동제가 많은 나라에서 시행하고 있으며 성공적인 사례도 많다는 내용을 소개한 후 빈칸 뒤에서는 이 제도가 경제 효율을 떨어뜨릴 수 있다는 견해를 제시하고 있으므로 역접의 접속사 '그러나'가 들어가는 것이 적합하다.

16 ②

'상대에게 어필해 상대가 채택하게끔 설득력을 갖춰야 하므로'를 통해 기획서임을 알 수 있다.

17 ①

상대방의 말을 듣고 받아들이기보다 자신의 생각에 들어맞는 단서들을 찾아 자신의 생각을 확인하는 '짐작하기'에 해당된다. 짐작하고 넘겨짚으려는 사람들은 상대방의 목소리 톤이나 얼굴표정, 자세 등을 지나치게 중요하게 생각한다. 이들은 상대방이 하는 말의 내용은 무시하고 자신의 생각이 옳다는 것만 확인하려한다.

18 ②

지나치게 다른 사람의 문제를 본인이 해결해 주고자 조언하는 경우에 해당된다. 당신이 말끝마다 조언하려고 끼어들면 상대방은 제대로 말을 끝맺을 수 없다. 올바른 해결책을 찾고 모든것을 제대로 고치려는 당신의 욕구 때문에 마음을 털어놓고 이야기하고 싶은 상대방의 소박한 바람이 좌절되고 만다. 이야기를 들어주기만 해도 상대방은 스스로 자기의 생각을 명료화하고 그사이에 해결책이 저절로 떠오르게 된다.

19 ③

살코기는 '살코기'로 발음해야 한다. 음가를 바꾸어 내는 경우의 예는 다음과 같다.

- '의'의 발음 (어두의 '의' → 으이 : 의사당, 의무, 의협심, 의논)
- 관습자음 (암여우 - 암녀우, 밤이슬 - 밤니슬, 살고기 - 살코기, 안밖 - 안팎)
- 받침법칙 (맏이 - 마지, 값이 - 갑시, 밖이 - 박기, 꽃아리 - 꼬다리)
- 두음법칙 (녀자(女子) - 여자, 뇨도(尿道) - 요도, 니승(尼僧) - 이승)
- 축약 (어두운 - 어둔, 하여서 - 해서, 되어서 - 돼서)
- 자음접변 (백리 - 뱅리, 신라 - 실라, 국립 - 궁립, 공로 - 공노)

20 ④

채용 유형에 대한 내용이고, 하단부에 채용 시스템을 한 눈에 볼 수 있도록 개념도로 제시했으므로 Ⅲ-1에 해당된다.

Chapter 2
수리능력 (직업기초능력 B-1)

B-1. 수리능력

B-2. 하위능력별
- 가. 기초연산능력
- 나. 기초통계능력
- 다. 도표분산능력
- 라. 도표작성능력

수리능력

수리능력이란 직장생활에서 요구되는 사칙연산과 도표 또는 자료(데이터)를 정리, 요약하여 의미를 파악하거나 도표 등을 이용해서 합리적인 의사결정을 위한 객관적인 판단근거를 효과적으로 제시하는 능력을 의미한다.

수리능력은 숫자와 도표로 이야기할 수 있다. 실제 직장생활에 있어서 숫자는 매우 중요한 요소 중 하나이다. 아무리 좋은 문장으로 보고서를 작성한다고 하더라도 숫자가 정확히 나타나지 않으면 좋은 평가를 받을 수 없다. 그러므로 숫자를 다루는 능력은 직장생활에 있어서 필수적인 능력이라 할 수 있다.

직업인은 직장생활에서 만나게 되는 문제들의 해결을 위하여 기초적인 수리적 분석력이 필요하므로 수리능력의 함양이 필수적이다.

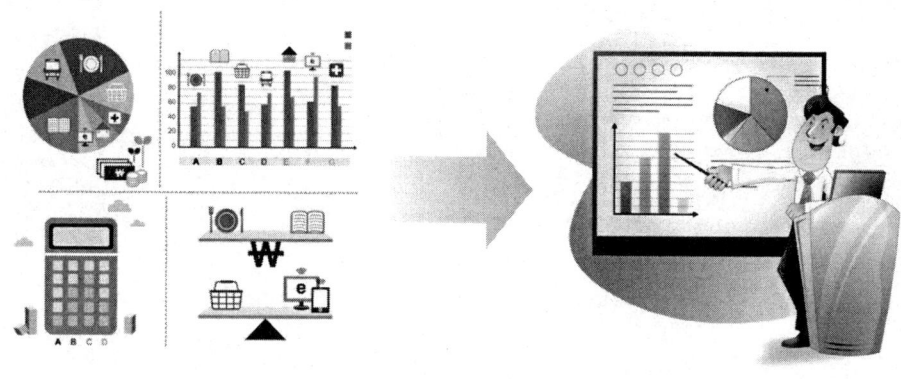

도형, 통계, 수식의 이해   결과의 제시

수리능력은 업무를 수행함에 있어 사칙연산, 통계, 확률의 의미를 정확하게 이해하고, 이를 업무에 적용하는 능력이다. 이는 크게 기초연산능력, 기초통계능력, 도표분석능력, 도표작성능력 등으로 구성된다.

하위능력	정의	세부요소
기초연산 능력	직장생활에서 필요한 기초적인 사칙연산과 계산방법을 이해하고 활용하는 능력	업무상 계산을 수행하고 결과를 정리하는 경우, 업무비용을 측정하는 경우, 고객과 소비자의 정보를 조사하고 결과를 종합하는 경우, 조직의 예산을 작성하는 경우, 업무수행 경비를 제시하여야 하는 경우, 다른 상품과 가격비교를 하여야 하는 경우 등에서 필요한 능력
기초통계 능력	직장생활에서 평균, 합계, 빈도와 같은 기초적인 통계기법을 활용하여 자료의 특성과 경향성을 파악하는 능력	고객과 소비자의 정보를 조사하여 자료의 경향성을 제시하는 경우, 년간 상품 판매실적을 제시하여야 하는 경우, 업무비용을 다른 조직과 비교하여야 하는 경우, 업무 결과를 제시하여야 하는 경우, 상품판매를 위한 지역조사를 실시하여야 하는 경우 등에서 필요한 능력
도표분석 능력	직장생활에서 도표(그림, 표, 그래프 등)의 의미를 파악하고, 필요한 정보를 해석하는 능력	업무수행과정에서 도표로 주어진 자료를 해석하는 경우, 도표로 제시된 업무비용을 측정하는 경우, 조직의 생산가동율 변화표를 분석하는 경우, 계절에 따른 고객의 요구도가 그래프로 제시된 경우, 경쟁업체와의 시장점유율이 그림으로 제시된 경우 등에서 필요한 능력
도표작성 능력	직장생활에서 도표(그림, 표, 그래프 등)의 의미를 파악하고, 필요한 정보를 해석하는 능력	• 도표(그림, 표, 그래프 등)를 이용하여 결과를 효과적으로 제시하는 능력 • 직장생활에서 다양한 도표를 활용하여 내용을 강조하여 제시하는 것이 매우 중요하다는 측면에서 필수적으로 요구되는 능력 • 업무결과를 도표를 사용하여 제시하는 경우, 업무의 목적에 맞게 계산결과를 묘사하는 경우, 업무 중 계산을 수행하고 결과를 정리하는 경우, 업무에 소요되는 비용을 시각화해야 하는 경우, 고객과 소비자의 정보를 조사하고 결과를 설명하는 경우 등에서 필요한 능력

 # 직무수행 중 기초연산능력이 요구되는 경우

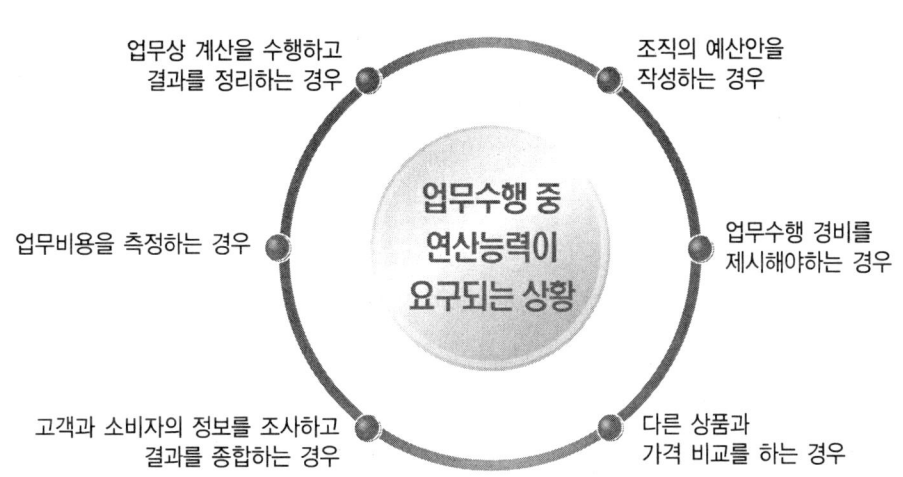

통계

통계란 어떤 내용을 기준에 따라 숫자로 나타낸 것이다. 어떤 사회현상의 양을 반영하는 숫자이며, 특히 사회집단의 상황을 숫자로 표현한 것이다. 근래에는 통계적 방법의 급속한 진보와 보급에 따라 자연적인 현상이나 추상적인 수치의 집단도 포함해서 일체의 집단적 현상을 숫자로 나타낸 것도 의미한다.

따라서 통계학이란 불확실한 상황에서 현명한 의사결정을 하기 위한 이론과 방법을 다루는 분야이며 주로 자료의 수집과 분류, 분석과 해석의 체계를 갖는다. 통계분석은 '모르는 값' 을 '아는 값(의미가 있는 값)' 으로 바꾸어가는 과정이라 할 수 있다.

통계는 우선 사회에 실재하는 고유의 사실과 결부되고, 동시에 사회적 존재로서의 집단에 관한 숫자자료인 것이다. 예를 들면, 어떤 사람의 임금 20만원, 어떤 가구의 월수입 30만원 등 그것이 고유의 사실과 연관되고 또 사회현상으로 보이는 것일지라도 단일개체에 대한 숫자 자료일 때에는 통계라고 하지 않는다. 이런 것들이 내포된 집단, 즉 노동자나 세대의 구체적인 어떤 집단에 대한 숫자자료, 같은 종류의 사례(개체)를 모은 집단에 대한 숫자가 통계이다.

통계는 집단의 상황을 숫자로 나타낸 것이다. 집단현상을 통계로 나타낼 때, 그 집단을 구성하는 각 개체를 통계단위 또는 단위라고 한다. 이 단위는 공통의 특징을 갖고 있는데, 이 공통의 성질을 표지(標識)라고 한다. 예를 들면, 대한민국의 인구를 구성하는 단위는 일정한 날짜와 시간에 대한민국에 살고 있는 사람이며, 이 조건이 표지가 된다. 이들 단위는 표지 이외의 점에 있어서는 이질이다. 표지에는 남녀, 산업, 직업 등 질적인 것과, 연령, 소득금액 등 양적인 것이 있다. 질적인 표지의 통계를 속성통계, 양적인 표지의 통계를 변수통계라고 한다.

통계의 기능은 다음과 같이 크게 4가지로 생각해볼 수 있다.
- 첫째, 많은 수량적 자료를 처리가능하고 쉽게 이해할 수 있는 형태로 축소시킨다.
- 둘째, 표본을 통해 연구대상 집단의 특성을 유추한다.
- 셋째, 의사결정의 보조수단이 된다.
- 넷째, 관찰 가능한 자료를 통해 논리적으로 어떠한 결론을 추출 · 검증한다.

 # 도표

도표란 통계를 비롯한 여러 자료를 알아보기 쉽게 다양한 그래프나 그림으로 나타낸 표이다. 선, 그림, 원 등으로 그려서 내용을 시각적으로 표현하는 것이다. 따라서 한 눈에 내용을 파악할 수 있다는 데에 그 특징이 있다. 매출액의 추이, 가격의 변화 등을 수치로만 나열할 경우와 그래프로 표시하는 경우의 차이는 명백하다.

그냥 지나쳐 버리기 쉬운 복잡한 수치도 그래프를 그려 봄으로써 쉽게 파악할 수 있다. 또한 전체와 부분의 비교도 간단히 할 수 있다. 따라서 그래프는 다른 사람에게 설명할 때 더욱 설득력이 있다.

도표의 작성은 여러 가지 측면에서 이점이 있으나, 구체적으로 도표작성의 목적을 보면

보고 · 설명하기 위해
- 평소 이러한 목적으로 도표가 쓰여지는 경우가 많다. 즉, 사내 회의에서의 설명, 상급자에게 보고를 비롯하여 각종 통계 등에 쓰여진다고 볼 수 있다.
- 그러나 도표가 단순히 보고 · 설명용으로 쓰여진다고 하면 모든 것의 사후 결과만을 표시하는 것이 되어 무의미하다. 때로는 현상분석을 하여 전체의 경향이나 이상수치를 발견하거나, 문제점을 명백히 밝혀 대책이나 계획을 세우기 위해 적극적으로 활용된다.

상황분석을 위해
- 도표를 보다 적극적으로 활용하는 경우라고 할 수 있다. 회사의 상품별 매출액의 경향을 본다거나 거래처의 분포 등을 보는 경우 등이 그 예이다.

관리목적을 위해
- 진도관리 도표나 회수상황 도표 등이 이에 해당된다. 실제로 각 회사마다 이런 것이 사무실 벽에 많이 붙어 있는 것을 본다. 이것은 시각에 호소하여 강한 인상을 준다고 하는 도표가 지닌 성질을 유효하게 이용한 대표적인 것이다.

업무수행에 필요한 단위환산법

우리가 직업인으로서 업무를 수행하는데 흔히 활용하는 단위로는 길이, 넓이, 부피, 들이, 무게, 시간, 할푼리 등이 있다.

길이는 물체의 한 끝에서 다른 한 끝까지의 거리를 의미하며, 이를 나타내는 단위로는 mm, cm, m, km 등이 있다. 넓이는 평면의 크기를 나타내는 것으로 면적이라고도 하며, 이를 나타내는 단위로는 cm², m², km² 등이 있다. 부피는 입체가 점유하는 공간 부분의 크기를 의미하며, 이를 나타내는 단위로는 cm³, m³, km³ 등이 있다.

들이는 통이나 그릇 따위의 안에 넣을 수 있는 물건 부피의 최대값을 의미하며, 이를 나타내는 단위로는 ㎖, ㎗, ℓ 등이 있다. 이 밖에 무게를 나타내는 단위로는 g, kg, t 등이 있고, 시간을 나타내는 단위로는 초, 분, 시 등이 있다.

✐ 기본 단위 환산표

단위	단위환산
길이	1cm = 10mm, 1m = 100cm, 1km = 1,000m
넓이	1cm² = 100mm², 1m² = 10,000cm², 1km² = 1,000,000m²
부피	1cm³ = 1,000mm³, 1m³ = 1,000,000cm³, 1km³ = 1,000,000,000m³
들이	1㎖ = 1cm³, 1㎗ = 100cm³, 1ℓ = 1,000cm³ = 10㎗
무게	1kg = 1,000g, 1t = 1,000kg = 1,000,000g
시간	1분 = 60초, 1시간 = 60분 = 3,600초
할푼리	1푼 = 0.1할, 1리 = 0.001할, 1모 = 0.001할

2.1 기초연산능력 (하위모듈 B-2-가)

 학습목표

직장생활에서 필요한 기초적인 사칙연산과 계산방법을 이해하고 활용하는 능력을 기를 수 있다.

⋯▸ 업무를 수행하는데 있어 효과적으로 연산을 수행하는 방법을 설명할 수 있다.

⋯▸ 업무를 수행하는데 있어 연산결과를 효과적으로 확인하는 방법을 설명할 수 있다.

✎ 기초연산능력

기초연산능력은 직장생활에서 필요한 기초적인 사칙연산과 계산방법을 이해하고 활용하는 능력이다. 특히 직장생활에서 다단계의 복잡한 사칙연산을 하고, 연산 결과의 오류를 수정하는 것이 매우 중요하다는 측면에서 기초연산능력의 함양은 필수적이다.

✎ 사칙연산(four fundamental rules of arithmetics)

사칙연산이란 수에 관한 덧셈, 뺄셈, 곱셈, 나눗셈의 네 종류의 계산법으로 사칙계산이라고도 한다. 여기서 수(數)는 일반적으로 복소수를 가리키지만 특히 범위를 실수 유리수 정수 또는 자연수 등으로 한정하여 생각할 수도 있다.

수의 계산에서는 덧셈과 곱셈이 정의되며, 각각 교환법칙 $a+b=b+a$, $a \times b=b \times a$ 및 결합법칙 $a+(b+c)=(a+b)+c$, $a \times (b \times c)=(a \times b) \times c$가 성립한다. 덧셈과 곱셈 두 연산은 분배법칙 $(a+b) \times c=a \times c+b \times c$에 의해 관계지을 수 있다. 이를테면,
$7 \times 3=7+7+7$인 관계는 분배법칙을 기초로 하여 다음과 같이 증명할 수 있다.

$7 \times 3 = 7 \times (2+1)=7 \times 2+7 \times 1$

$\quad = 7 \times (1+1)+7 \times 1$

$\quad = 7+7+7$

뺄셈 · 나눗셈은 각각 덧셈 · 곱셈의 각 법칙에서 유도된다. 임의의 실수를 a, b라 할 때 $b+x=a$를 만족하는 x를 구하는 것을 뺄셈이라 하고 이것을 $a-b$로 쓰며 a와 b의 차라 한다. 또 $b \times x = a(b \neq 0)$를 만족하는 x를 구하는 것을 나눗셈이라 하고 이것을 $a \div b$ 또는 a/b로 쓰고 a와 b의 몫이라 한다.

덧셈과 곱셈에 대해서는 다음과 같은 여러 가지 법칙이 성립한다.

교환법칙 ···→	$a+b=b+a$
	$a \times b = b \times a$
결합법칙 ···→	$a+(b+c)=(a+b)+c$
	$a \times (b \times c)=(a \times b) \times c$
분배법칙 ···→	$(a+b) \times c = a \times c + b \times c$

뺄셈과 나눗셈은 각기 덧셈과 곱셈의 역연산(逆演算)이다.

✎ 사칙연산의 순서 : 중위표기법

초등학교 교육을 제대로 받은 사람이라면, 사칙연산, 즉 덧셈, 뺄셈, 곱셈, 나눗셈이 섞여 있는 식을 계산할 때 우선 순위가 있음을 알 것이다. 수식의 계산은 왼쪽에서 오른쪽으로 차례대로 하되, 괄호를 우선으로 하고 곱셈과 나눗셈을 덧셈과 뺄셈보다 먼저 하게 되어 있다.

$111+1 \times 2$의 경우 곱셈을 먼저 하니까 $1 \times 2 = 2$를 구한 다음, 111에 그 결과를 더하여 113이 된다. 단순히 연산의 우선 순위 없이 차례대로 계산한다면, $111+1=112$를 먼저 구하고, 그 결과에 다시 2를 곱하여 224가 된다.

$111+1 \times 2$와 같은 식에서 연산 기호 +와 ×는 그 기호의 앞뒤에 있는 두 수를 가지고 연산한 결과를 구하라는 뜻이다. 앞과 뒤 두 개의 수를 가지고 연산한다는 뜻에서 이런 연산을 "이항(二項) 연산"이라 하고, 연산하려는 두 수 사이에 기호를 쓴다는 뜻에서 이런 표기법을 "중위(中位)표기법(infix notation)"이라 한다.

Chapter 1
Chapter 2
Chapter 3
Chapter 4
Chapter 5
Chapter 6
Chapter 7
Chapter 8
Chapter 9
Chapter 10

✎ 검산

숫자의 계산에 있어 검산은 매우 중요한 과정이다. 하지만 실제로 검산을 하는 사람은 흔하지 않다. 또한 실제로 검산하는 사람들도 문제를 풀 때와 같은 방법으로 검산을 하기 때문에 문제를 풀 때 했던 실수를 그대로 반복하면서 틀린 문제를 지나가는 경우가 많다.

실제로 검산은 역산으로 이루어져야 한다. 즉, 답에서 거꾸로 계산해 봄으로써 원래 답이 나오는지 계산하는 것이다. 역연산방법은 본래의 풀이와 반대로 연산을 해가면서 본래의 답이 맞는지를 확인해나가는 과정을 말한다.

똑같은 계산을 반복 시행하는 것도 한 가지 방법이지만, 같은 실수를 되풀이할 우려가 있기 때문에 보통은 앞서 한 계산과 다른 방법을 취하여 다음과 같이 하는 것이 효과적이다.
- **덧셈의 검산** (합)−(가수)=(피가수) (합)−(피가수)=(가수)
- **뺄셈의 검산** (차)+(감수)=(피감수) (피감수)−(차)=(감수)
- **곱셈의 검산** (곱)÷(승수)=(피승수) (곱)÷(피승수)=(승수)
- **나눗셈의 검산** (몫)×(제수)=(피제수) (피제수)÷(몫)=(제수) (몫)×(제수)+(나머지)=(피제수)

흔히 나눗셈에서 몫과 나머지를 바르게 구했는지 알아보기 위해 검산을 한다. 뺄셈도 덧셈을 이용하여 검산할 수 있다.
- **뺄셈의 검산** 17−8=9 → **[검산]** 8+9=17
- **나눗셈의 검산** 22÷4=5⋯2 → **[검산]** 4×5+2=22
- **나눗셈의 검산식** (나누는 수)×(몫)+(나머지)=(나눠지는 수)

✎ 구거법(九去法 : Check of nines)

검산방법으로서 역연산 방법 이외에 직업인들이 쉽게 활용할 수 있는 방법으로는 구거법이라고 하는 방법이 있다. 구거법이란 원래의 수와 각 자리 수의 합이 9로 나눈 나머지와 같다는 원리를 이용하는 것으로써, 각 수를 9로 나눈 나머지만 계산해서 좌변과 우변의 9로 나눈 나머지가 같은지만 확인하는 방법이다.

구거법은 아라비아에서 생각해 낸 것으로 알려졌지만, 인도 사람이 이 방법을 많이 이용했기 때문에 인도의 검산이라고도 한다. 근래에는 계산기의 발달로 검산은 거의 사용되지 않는다.

2.2 기초통계능력 (하위모듈 B-2-나)

학습목표

직장생활에서 평균, 합계, 빈도와 같은 기초적인 통계기법을 활용하여 자료의 특성과 경향성을 파악하는 능력을 기를 수 있다.

⋯⋅ 통계란 무엇인지 설명할 수 있다.
⋯⋅ 직장인으로서 업무수행 과정에서 필요한 통계기법에는 무엇이 있는지 설명할 수 있다.
⋯⋅ 직장인으로서 업무수행 과정에서 효과적으로 통계자료를 해석하는 방법을 설명할 수 있다.

✎ 기초통계능력

기초통계능력은 직장생활에서 평균, 합계, 빈도와 같은 기초적인 통계기법을 활용하여 자료의 특성과 경향성을 파악하는 능력이다. 특히 직장생활에서 불확실한 상황에서 의사결정을 하여야 하는 경우 기초적인 통계기법을 활용하여 판단을 하는 것이 효과적이라는 측면에서 기초통계능력의 함양은 필수적이라 할 수 있다.

✎ 통계(statistics)의 의미

통계란 집단현상에 대한 구체적인 양적 기술을 반영하는 숫자를 의미한다. 특히 사회집단 또는 자연집단의 상황을 숫자로 나타낸 것이다. 예를 들어 서울 인구의 생계비, 한국 쌀 생산량의 추이, 추출 검사한 제품 중의 불량품의 개수 등이 그것이다.

통계는 집단에 관한 것으로써, 어떤 사람의 재산이라든가, 한라산의 높이 등 어떤 개체에 관한 수적 기술은 아무리 구체적이더라도 통계가 아니다. 통계는 사회의 발전과 함께 발달해 왔는데, 오늘날의 사회생활과 과학은 통계 없이는 존재할 수가 없다.

✎ 기본적인 통계치

빈도와 빈도분포

통계에 사용되기 위해 수집된 자료(원점수)는 그 자체로는 아무런 의미가 없다. 따라서 의미있는 자료를 만들기 위해서는 정리가 필요하다.

• 빈도(빈도수, 도수)란 어떤 측정값의 측정된 회수 또는 각 계급에 속하는 자료의 개수를 의미한다.

• 빈도분포란 그러한 빈도를 표나 그래프로 종합적이면서도 일목요연하게 표시하는 것이다. 보통 빈도분포는 빈도수와 백분율로 나타내는 경우가 많으며, 상대적 빈도분포와 누가적 빈도분포로 나누어 표시하기도 한다.

직급별 주평균 야근 빈도(일)를 빈도분포 그래프로 나타낸 예

한 주어진 속성에 대한 측정결과인 측정치 또는 점수에서 어떤 동일한 점수에 대한 사례. 주어진 집단에 대한 빈도분포는 주어진 속성에 대한 그 집단의 특성을 나타낸다.

평균

일반적으로 평균(average)은 어떤 값들의 집합의 적절한 특징을 나타내거나 요약하는 것을 의미한다. 이 의미로서는 중앙값과 최빈수를 포괄한다. 보다 축소된 의미로서의 평균은 그 집합의 모든 값을, 가령 산술평균이나 기하평균과 같이 합성하는 것이다.

통상 평균이라는 용어는 산술평균을 이야기하는 것으로 이해할 수 있다. 이와 유사하지만 통계집단의 특성을 한 개의 수치로 나타내는 대푯값의 일종인 평균(mean)이 있는데, 여기에는 평균값을 얻는 방법에 따라 산술평균, 기하평균, 조화평균이 있다.

백분율

백분율이란 비율을 나타내는 방식으로 백분비라고도 한다. 백분율은 전체의 수량을 100으로 하여, 생각하는 수량이 그 중 몇이 되는가를 가리키는 수(퍼센트)로 나타낸다. 100분의 1(0.01) 이 1%에 해당한다. 오래 전부터 실용계산의 기준으로 널리 사용되고 있다. 기호는 %(퍼센트) 이다. 퍼센트(percent)라는 용어는 라틴어 per centum에서 왔으며, 그 의미는 '100(centum) 에 대하여(per)' 이다. 예를 들어, 1000개 중 10개가 차지하는 비율은 10/1000 인데 이는 100 개 중 1개가 차지하는 비율과 같으므로 1000개 중 10개가 차지하는 비율은 1%이다.

퍼센트 포인트

퍼센트의 변화를 나타낼 때, 퍼센트 포인트라는 용어를 사용한다. 예를 들어, 대출이자의 기준 금리가 지난 해 4.0%에서 올해 3.25%로 내렸다면, 금리를 나타내는 %의 수치 값이 4.0에서 3.25로 0.75만큼 변화된 것이다. 일반적으로 이렇게 변화된 수치는 퍼센트 포인트 (%P)로 나타낸다. 즉, 대출이자의 기준 금리는 0.75%P내린 것이다. 이것을 단순히 '0.75% 내렸다.' 라고 하면, 4.0에서 0.75%가 줄어든, 4.0−4.0*0.75%=3.97 로 오해할 수 있다. 이런 혼란을 피하기 위하여, 퍼센트 수치 자체가 변한 정도는 %P라는 기호를 사용하여 나타낸다.

✎ 퍼센트와 퍼센트 포인트의 차이

실업률이 2%에서 4%로 높아졌다면, 실업률이 100%나 늘었다고 할 수도 있고 2%P 포인트 늘었다고도 할 수 있지만 듣는 사람에게는 매우 다른 느낌을 갖게 한다. 2%포인트는 작은 차이 같지만 100%라면 매우 큰 차이로 다가오기 때문이다.

두 표현을 비교해 보면, 실업률이 100%나 늘어났다는 표현은 실업자가 상당히 많아졌다는 인상을 주지만 2%P포인트 늘어났다는 표현은 별 차이가 없는 것 같이 느껴진다. 정부의 경제 정책을 비판하고 싶은 사람은 실업률이 크게 증가했다며 퍼센트를 이용한 표현을 사용할 것이고 정부에 호의적인 사람은 퍼센트 포인트를 사용할 것이다.

✎ 업무에 활용할 수 있는 통계기법

범위와 평균

• 범위란 관찰된 자료가 흩어져 있는 정도를 측정하는 방법의 하나이며, 최고값에서 최솟값을 빼준 값이다. 범위를 R이라고 표현하면 R=최고값−최솟값+1로 나타낼 수 있다. '1' 을 더

하는 이유는 최고값 상한계에서 최솟값 하한계까지의 거리가 범위가 되기 때문이다. 예를 들어, 2, 6, 8, 9의 네 점수가 있는 경우 범위는 R=9-2+1=8이 된다. 범위의 장점은 계산하기에 간편하고 쉽게 이해할 수 있다는 것이며 단점은 최고값과 최솟값에 의해서만 범위가 결정되므로 그 사이에 존재하는 값들이 어느 정도 퍼져 있는지를 알 수 없다는 것이다.

• 평균은 관찰값 전부에 대한 정보를 담고 있어 대상집단의 성격을 함축적으로 나타낼 수 있는 값이다. 평균에는 산술평균과 가중평균이 있고, 산술평균은 전체 관찰값을 모두 더한 후 관찰값의 개수로 나눈 값을 의미한다. 예를 들어 B집단의 관찰값이 3, 4, 6, 7이라면 B집단의 평균을 구하는 서식은 아래와 같이 표현할 수 있다.

B 집단의 표본 관찰값

⬇

3, 4, 6, 7

B 집단의 평균 : $\dfrac{3+4+6+7}{4}=5$

산술평균은 무게중심과 같은 평형점(balance point)의 의미를 갖는다. 즉, 평균을 중심으로 개별 자료 값으로부터 편차점수를 구하면, 그 편차점수의 합은 '0'이 된다. 평균은 산술평균과 동의어로 사용되기도 하지만 기하평균(geometric mean)이나 조화평균(harmonic mean)을 포함하는 넓은 의미로 사용되기도 한다. 가중평균은 각 관찰값에 자료의 상대적 중요도(가중치)를 곱하여 모두 더한 값을 가중치의 합계로 나누어 계산한다.

분산과 표준편차

• 분산이란 자료의 퍼져있는 정도를 구체적 수치로 알려주는 도구이다. 각 관찰값과 평균값과의 제곱을 모두 더한 값을 총 회수로 나누어 구한다. 더욱 구체적으로 설명하면 각 관찰값과 평균값과의 차이의 제곱을 모두 합한 값을 개체의 수로 나눈 값을 의미한다. 예를 들어 A집단의 관찰값이 1, 2, 8, 9이고 평균이 5라면 A집단의 분산은 을 사례수 4로 나눈 값을 의미한다. 따라서 A집단의 분산은 16+9+9+16=50을 사례수 4로 나눈 값, 즉 12.5가 된다.

A 집단의 표본 관찰값

⬇

1, 2, 8, 9

- 표준편차(standard deviation)란 분산값의 제곱근 값을 의미한다. 개념적으로는 평균으로부터 얼마나 떨어져 있는가를 나타내는 개념으로서 앞의 사례에 제시된 평균편차의 개념과 개념적으로는 동일한 개념이다. 예를 들어 A집단의 관찰값이 1, 2, 8, 9이고 평균이 5라면 A집단의 분산은 을 사례수 4로 나눈 값, 즉 12.5가 되며, 여기서 표준편차는 12.5의 제곱근 값이 된다.

  표준편차가 0일 때는 관측값의 모두가 동일한 크기이고, 표준편차가 클수록 관측값 중에는 평균에서 떨어진 값이 많이 존재한다. 따라서 표준편차는 관측값의 산포(散布)의 정도를 나타낸다.

  표준편차가 크면 자료들이 넓게 퍼져있고 이질성이 큰 것을 의미하고 작으면 자료들이 집중하여 있고 동질성이 커지게 된다.

✎ 다섯숫자요약(Five Number Summary)

평균과 표준편차, 두 개의 요약값만으로는 원자료의 전체적인 형태를 추측하기는 불가능하다. 그렇다면 평균과 표준편차 이외의 요약값들에 대해서 알아보도록 하자.

- 평균과 표준편차만으로는 원자료의 전체적인 형태를 파악하기 어렵기 때문에 우리는 최소값, 중앙값, 최대값, 하위 25%값, 상위 25%값 등을 활용하며, 이를 다섯숫자요약(Five Number Summary)이라고 부른다.

다섯숫자요약(Five Number Summary)		
• 최소값(m)	• 하위 25%값(Q_1)	• 중앙값(Q_2)
• 상위 25%값(Q_3)	• 최대값(M)	

- 최소값 : 원자료 중 값의 크기가 가장 작은 값
- 최대값 : 원자료 중 값의 크기가 가장 큰 값
- 중앙값 : 정확하게 중간에 있는 값
  - → 이는 관찰값을 최소값부터 최대값까지 크기에 의하여 배열하였을 때 중앙에 위치하는 사례의 값을 말한다. 예를 들어 46.0, 46.9, 48.2, 48.5, 50.4의 학생 5명 가운데, 즉 세 번째 있는 학생의 체중인 48.2가 중앙값이 되며, 이는 평균값과는 다르다.

• 하위 25%값과 상위 25%값 : 원자료를 크기 순으로 배열하여 4등분한 값

→ 백분위 수의 관점에서 제25백분위수, 제75백분위수로 표기할 수도 있다. 사례에 제시된 한달 평균 생활비를 예로 들면 우리는 이러한 값으로부터 상위층과 하위층의 경계선을 파악할 수 있다.

평균값과 중앙값

우리는 흔히 평균값을 집단을 대표하는 값으로 활용한다. 그러나 평균값과 중앙값이 다를 경우에도 평균값이 집단을 대표하는 값이라고 볼 수 있는 것인가 하는 의문이 발생한다. 다음에 제시된 유형들로부터 올바르게 통계값을 제시하는 방법에 대해서 생각해볼 수 있을 것이다.

→ **유형A** : 이 지역의 생활비는 170만원으로 나타났습니다.(×)
→ **유형B** : 이 지역의 평균 생활비는 170만원으로 나타났습니다.
→ **유형C** : 이 지역의 생활비는 150만원으로 나타났습니다.(×)
→ **유형D** : 이 지역의 생활비의 중앙값은 150만원으로 나타났습니다.

우리가 살펴보았듯이 평균값과 중앙값은 엄연히 다른 개념이고, 모두 중요한 개념이므로 평균값인지 중앙값인지에 대해서 명확하게 제시해주어야 할 것이다.

또한, 우리가 통계값을 제시할 때에는 평균값과 중앙값 모두 똑같은 중요도를 갖고 활용할 필요가 있을 것이다.

중앙값은 자료를 크기 순서대로 배열했을 때, 중앙에 위치하게 되는 값이다. 중앙값을 기준으로 자료의 반은 중앙값보다 큰 값을 갖고, 나머지 반은 중앙값보다 작은 값을 갖는다.

자료가 (4, 5, 7, 8, 10)으로 구성되어 있다면, 7보다 작은 값이 2개, 7보다 큰 값이 2개 있으므로 7이 중앙값이 된다. 자료가 (1, 3, 5, 7, 8, 9)와 같이 짝수로 구성되어 있는 경우, 가운데 있는 두 값인 5와 7의 평균으로 중앙값이 결정된다. 자료에 중복된 값이 있는 경우 중앙값 계산은 복잡해지며, 이 경우는 누적 백분율이 50%인 점을 계산하는 공식을 활용하여 중앙값을 산출할 수 있다.

2.3 도표분석능력 (하위모듈 B-2-다)

학습목표

직장생활에서 도표(그림, 표, 그래프 등)의 의미를 파악하고, 필요한 정보를 해석하는 능력을 기를 수 있다.

- ⋯▸ 직업인으로서 업무를 수행하는데 필요한 도표의 종류를 설명할 수 있다.
- ⋯▸ 직업인으로서 업무를 수행하는데 필요한 다양한 종류의 도표 각각의 특징을 설명할 수 있다.
- ⋯▸ 직업인으로서 업무를 수행하는데 필요한 다양한 종류의 도표를 분석하여 의미를 찾아낼 수 있다.

✎ 도표분석능력

도표분석능력은 직장생할에서 도표(그림, 표, 그래프 등)의 의미를 파악하고, 필요한 정보를 해석하는 능력이다. 특히 직업인은 직장생활에서 다양한 도표를 종합하여 내용을 분석 종합하는 것이 매우 중요하다는 측면에서 도표분석능력의 함양은 필수적이다.

✎ 도표의 종류

도표는 크게 목적별, 용도별, 형상별로 구분할 수 있는데, 실제로는 목적과 용도와 형상을 여러 가지로 조합하여 하나의 도표를 작성하게 된다. 특히 도표는 관리나 문제해결의 과정에서 다양하게 활용되며, 활용되는 국면에 따라 활용되는 도표의 종류를 달리할 필요가 있을 것이다.

✎ 다양한 도표의 특징

선(절선) 그래프

- 주로 시간의 경과에 따라 수량에 의한 변화의 상황을 절선의 기울기로 나타내는 그래프
- 선 그래프의 용도로는 경과·비교·분포(도수·곡선 그래프)를 비롯하여 상관관계 등을 나타낼 때(상관선 그래프·회귀선) 쓰인다.
- 아래의 그래프는 매출액의 추이를 나타낸 선 그래프, 즉 절선 그래프이다. 이것은 선 그래프에서 가장 기본적인 것으로 시간적 추이(시계열 변화)를 표시하는데 적합하다.

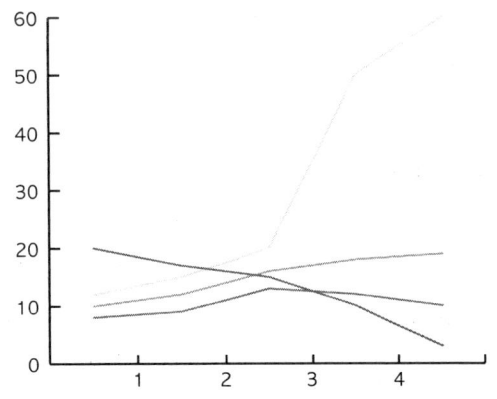

- 한 표에 너무 많은 선이 들어가면 복잡하여 알아보기 어렵다.

막대 그래프

- 막대 그래프는 봉 그래프라고도 한다.
- 비교하고자 하는 수량을 막대 길이로 표시하고 그 길이를 비교하여 각 수량간의 대소관계를 나타내는 것이다.
- 가장 간단한 형태이며, 선 그래프와 같이 각종 그래프의 기본을 이룬다.
- 막대 그래프는 내역·비교·경과·도수 등을 표시하는 용도로 쓰인다.

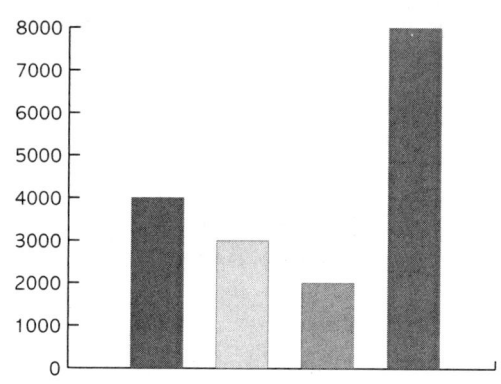

원 그래프

- 원 그래프는 일반적으로 내역이나 내용의 구성비를 원을 분할하여 작성한 것이다.
- 아래와 같은 파이 그래프도 원 그래프의 일종이다. 동심원을 두 개 그림으로써 투시점에서의 매출액 크기와 구성비를 비교해볼 수도 있다.
- 단, 원 그래프를 정교하게 작성할 때 까다로운 것은 수치를 각도로 환산하여야 한다는 점이다.

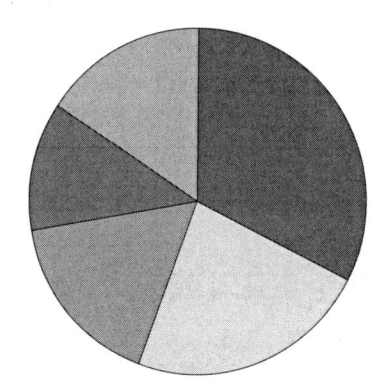

점 그래프

- 점 그래프는 종축과 횡축에 2요소를 두고, 보고자 하는 것이 어떤 위치에 있는가를 알고자 하는데 쓰여진다.
- 보기의 점 그래프는 각 지역에서 쓰여지고 있는 광고비율과 이익률의 관계가 어떻게 되어 있는가를 표시한 것이다.
- 그래프에서 그어진 세로선과 가로선은 각기 이익률의 평균치, 광고비율의 평균치를 나타낸 것이다.

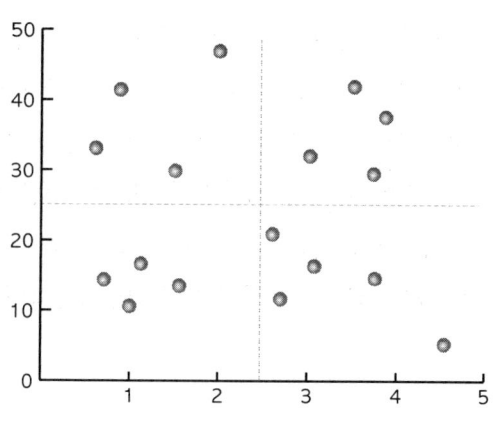

- 그래프를 보면 서울, 부산에서는 광고비는 높으나 이익률이 낮다. 반면 경기도, 강원도, 충청도는 광고비율이 낮으나 이익률은 높음을 알 수 있다.
- 점 그래프는 이와 같이 지역분포를 비롯하여 도시, 지방, 기업, 상품 등의 평가나 위치, 성격을 표시하는 데 이용된다.

층별 그래프

- 선의 움직임보다는 선과 선 사이의 크기로써 데이터 변화를 나타내는 그래프이다.
- 층별 그래프는 크게 두 가지 용도로 활용되는데, 이는 ① 합계와 각 부분의 크기를 백분율로 나타내고, 시간적 변화를 보고자 할 때, ② 합계와 각 부분의 크기를 실수로 나타내고 시간적 변화를 보고자 할 때 등이다.
- 보기의 층별 그래프는 상품별 매출액 추이를 나타낸 것이다. 그래프로부터 전체 매출액 추이 변화와 함께 각 상품별 매출액의 추이변화를 알 수 있다.

레이더 차트(방사형 그래프, 거미줄 그래프)

- 레이더 차트는 원 그래프의 일종으로 방사형 그래프, 거미줄 그래프라고도 한다.
- 비교하는 수량을 직경, 또는 반경으로 나누어 원의 중심에서의 거리에 따라 각 수량의 관계를 나타내는 그래프이다.
- 레이더 차트(거미줄 그래프)는 대표적으로 비교하거나 경과를 나타내는 용도로 활용된다.

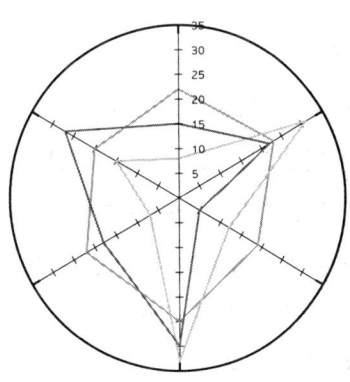

2.4 도표작성능력 (하위모듈 B-2-라)

학습목표

직장생활에서 도표(그림, 표, 그래프 등)를 이용하여 결과를 효과적으로 제시하는 능력을 기를 수 있다.

··· 업무수행과정에서 필요한 도표작성의 절차를 설명할 수있다.

··· 업무수행과정에서 도표를 작성할 때의 유의사항을 설명할 수있다.

··· 컴퓨터 프로그램을 활용하여 업무수행과정에서 필요한 기본적인 도표를 직접 작성할 수 있다.

✎ 도표작성능력

도표작성능력은 직장생활에서 도표(그림, 표, 그래프 등)를 이용하여 결과를 효과적으로 제시하는 능력이다. 특히 직업인은 직장생활에서 다양한 종류의 자료를 종합하여 업무 결과를 도표로 제시하는 것이 매우 중요하다는 측면에서 도표작성능력의 함양은 필수적이다.

✎ 도표의 작성절차

어떠한 도표로 작성할 것인지를 결정

가로축과 세로축에 나타낼 것을 결정

가로축과 세로축의 눈금의 크기를 결정

자료를 가로축과 세로축이 만나는 곳에 표시

표시된 점에 따라 도표 작성

도표의 제목 및 단위 표시

✎ 도표작성 시 유의사항

선(절선) 그래프 작성 시 유의점

일반적으로 선(절선) 그래프를 작성할 때에는 세로축에 수량(금액, 매출액 등), 가로축에 명칭

Chapter 1
Chapter 2
Chapter 3
Chapter 4
Chapter 5
Chapter 6
Chapter 7
Chapter 8
Chapter 9
Chapter 10

구분(연, 월, 장소 등)을 제시하며, 축의 모양은 L자형으로 하는 것이 일반적이다. 또한, 선 그래프에서는 선의 높이에 따라 수치를 파악하는 경우가 많으므로 세로축의 눈금을 가로축의 눈금보다 크게 하는 것이 효과적이다.

특히 선이 두 종류 이상인 경우에는 반드시 무슨 선인지 그 명칭을 기입하여 주어야 할 것이며, 그래프를 보다 보기 쉽게 하기 위해서는 중요한 선을 다른 선보다 굵게 한다든지 그 선만 색을 다르게 하는 등의 노력을 기울일 필요가 있다.

막대 그래프 작성 시 유의점

막대를 세로로 할 것인가 가로로 할 것인가의 선택은 개인의 취향에 따라 다르나, 세로로 하는 것이 보다 일반적이다. 또한, 축은 L자형이 일반적이나 가로 막대 그래프는 사방을 틀로 싸는 것이 좋다.

가로축은 명칭구분(연, 월, 장소, 종류 등)으로, 세로축은 수량(금액, 매출액 등)으로 정하며, 막대 수가 부득이하게 많을 경우에는 눈금선을 기입하는 것이 알아보기 쉽다. 또한, 막대의 폭은 모두 같게 하여야 하는 것은 꼭 지켜야 할 사항이다.

원 그래프 작성 시 유의점

일반적으로 원 그래프를 작성할 때에는 정각 12시의 선을 시작선으로 하며, 이를 기점으로 하여 오른쪽으로 그리는 것이 보통이다.

또한, 분할선은 구성비율이 큰 순서로 그리되, '기타' 항목은 구성비율의 크기에 관계없이 가장 뒤에 그리는 것이 좋다.

아울러 각 항목의 명칭은 같은 방향으로 기록하는 것이 일반적이지만, 만일 각도가 적어서 명칭을 기록하기 힘든 경우에는 지시선을 써서 기록한다.

층별 그래프 작성 시 유의점

층별을 세로로 할 것인가 가로로 할 것인가 하는 것은 작성자의 기호나 공간에 따라 판단한다. 그러나 구성비율 그래프는 가로로 작성하는 것이 좋다.

단, 눈금은 선 그래프나 막대 그래프보다 적게 하고 눈금선을 넣지 않아야 하며, 층별로 색이나 모양이 모두 완전히 다른 것이어야 한다.

또한, 같은 항목은 옆에 있는 층과 선으로 연결하여 보기 쉽도록 하여야 하며, 가장 중요한 것은 세로 방향일 경우 위로부터 아래로, 가로 방향일 경우 왼쪽에서 오른쪽으로 나열하면 보기가 좋다.

기본 문제

Chapter **02** 수리능력

01 보고서를 작성하는 데 A는 12일, B는 10일이 걸린다. A가 4일 동안 쓴 후, B가 나머지를 작성하려고 한다. B는 최소 며칠 동안 작성해야 하는가?

① 5일   ② 6일   ③ 7일   ④ 8일

02 매장의 특별 할인기간으로 전 품목의 20%를 할인하고 이월상품은 추가로 10%를 더 할인하여 판매하였다. 이월상품은 원래 가격에서 얼마나 할인된 가격으로 판매되는가?

① 27%   ② 28%   ③ 29%   ④ 30%

03 올해 남학생은 작년보다 10% 증가, 여학생은 20% 증가하여 올해 총 학생 수는 작년보다 89명 증가한 694명이다. 올해의 남학생 수는?

① 320명   ② 332명   ③ 346명   ④ 352명

04 책을 읽는데 첫 날은 전체의 $\frac{1}{3}$, 둘째 날은 남은 양의 $\frac{1}{4}$, 셋째 날은 100쪽을 읽었더니 92쪽이 남았다. 책의 전체 쪽수는?

① 356 쪽   ② 372쪽   ③ 384쪽   ④ 402쪽

05 ( ) 안에 들어갈 적절한 숫자는?

8	( )	17	26	43	69

① 9   ② 10   ③ 11   ④ 12

06 ( ) 안에 들어갈 적절한 숫자는?

| ( ) | 9 | 24 | 69 | 204 | 609 |

① 4   ② 5   ③ 6   ④ 7

07 정가가 2,000원인 물건을 10% 할인해 팔았더니, 300원의 이익이 생겼다. 이 물건의 원가는 얼마인가?

① 1,000원   ② 1,300원   ③ 1,500원   ④ 1,800원

08 A가 혼자하면 4일, B가 혼자하면 6일 걸리는 일이 있다. A가 먼저 2일 일을 하고, 남은 양을 끝마치려 한다. B는 며칠 동안 일을 해야 하는가?

① 2일   ② 3일   ③ 4일   ④ 5일

09 A, B 두 개의 톱니가 서로 맞물려 있다. A의 톱니수는 30개, B의 톱니수는 20개이다. A가 4회 회전할 때, B는 몇 회 회전하는가?

① 4회   ② 5회   ③ 6회   ④ 7회

10 10%의 소금물 100g과 25%의 소금물 200g을 섞으면, 몇 %의 소금물이 되겠는가?

① 15%   ② 20%   ③ 25%   ④ 30%

11 다음의 괄호 안에 적절한 용어를 기입하여보자.

> ( )란 사회현상의 양을 반영하는 숫자이며, 특히 사회집단의 상황을 숫자로 표현한 것이다. 근래에는 자연적인 현상이나 추상적인 수치의 집단도 포함해서 일체의 집단적 현상을 숫자로 나타낸 것을 ( )라고 한다.

① 통계   ② 연산
③ 도포   ④ 함수

12 다음 중 올바르지 못한 것은?

① 1kℓ는 1,000ℓ 이다.
② 1cm는 10mm이다.
③ 1ℓ 는 100cc이다.
④ 1kg은 1,000g이다.

13 다음 〈보기〉는 도표작성 시 수행하여야 하는 일들을 무작위로 배열해 놓은 것이다. 일반적인 도표작성절차의 순서를 맞게 나열한 것은?

〈보기〉
ㄱ. 가로축과 세로축에 나타낼 것을 결정한다.
ㄴ. 어떠한 도표로 작성할 것인지를 결정한다.
ㄷ. 자료를 가로축과 세로축이 만나는 곳에 표시한다.
ㄹ. 가로축과 세로축의 눈금의 크기를 결정한다.
ㅁ. 도표의 제목 및 단위를 표시한다.
ㅂ. 표시된 점들을 활용하여 도표를 작성한다.

① ㄴ- ㄱ- ㄹ- ㄷ- ㅂ- ㅁ
② ㄱ- ㄴ- ㄹ- ㅁ- ㅂ- ㄷ
③ ㄱ- ㄴ- ㄷ- ㄹ- ㅂ- ㅁ
④ ㄴ- ㄱ- ㅁ- ㄷ- ㅂ- ㄹ

14 아래 표에서 수리능력이 중요한 이유를 맞게 묶은 것은?

ⓐ 수학적 사고를 통한 문제해결
ⓑ 직업세계의 변화에 적응
ⓒ 실용적 가치의 구현
ⓓ 참신한 아이디어 창출

① ⓐⓑⓒ
② ⓑⓒⓓ
③ ⓐⓒⓓ
④ ⓐⓑⓓ

15 다음 계산의 결과로 바른 것은?

$$(-2.4) - (-2.9) = (\qquad)$$

① -2.5
② 25
③ -0.5
④ 0.5

Chapter 1
Chapter 2
Chapter 3
Chapter 4
Chapter 5
Chapter 6
Chapter 7
Chapter 8
Chapter 9
Chapter 10

16 다음의 표현을 맞게 나타낸 것은?

> A자동차의 연비는 1리터 당 10㎞ 이다.

① 1㎞　　　　　　　　　　　② 1L/㎞
③ 10㎞/L　　　　　　　　　　④ 10L/㎞

17 어떤 집단에 대해 알기위해 전체를 대표하는 일부분을 뽑아서 정보를 수집하는 것을 무엇이라 하는가?

① 표본조사　　　　　　　　　② 전수조사
③ 통계조사　　　　　　　　　④ 평균조사

18 그래프 중에서 내용의 구성비를 나타내기 알맞은 것은?

① 원그래프　　　　　　　　　② 층별그래프
③ 점그래프　　　　　　　　　④ 막대그래프

19 그래프 중에서 자료의 분포상태를 가장 잘 나타내는 것은?

① 원그래프　　　　　　　　　② 층별그래프
③ 점그래프　　　　　　　　　④ 막대그래프

20 엑셀프로그램을 활용하여 그래프를 그리려 한다 설명 중 맞는 것은?

① 그래프를 그리기 위해서는 제일 먼저 시트에 자료를 입력한다.
② 가로, 세로축의 값은 그래프가 그려진 뒤로 수정할 수 없다.
③ 시트에 입력되는 자료는 위치에 관계없이 그려진다.
④ 범례는 별도로 작성하여 붙여넣기를 해야 한다.

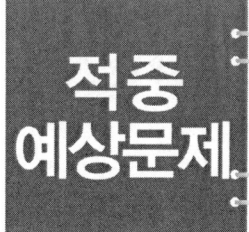

적중
예상문제

Chapter

03 수리능력

01 길이가 40m인 열차가 200m의 터널을 통과하는 데 10초가 걸렸다. 이 열차가 320m인 터널을 통과하는 데 걸리는 시간은 몇 초인가?

① 15초　　　　② 16초　　　　③ 18초　　　　④ 20초

02 어느 중학교의 작년 학생 수는 500명이다. 올해는 남학생이 10% 증가하고, 여학생은 20% 감소하여, 작년보다 총 10명 감소하였다. 올해의 남학생 수는?

① 300명　　　　② 315명　　　　③ 330명　　　　④ 350명

03 A는 자전거를 타고 akm/h로 공원을 출발하였고, B는 A가 출발한 후 30분 후에 bkm/h로 공원을 출발하였다. B가 A를 만나는 데 걸리는 시간은?

① $\dfrac{b}{2(b-a)}$ 시간　　② $\dfrac{a}{2(b-a)}$ 시간　　③ $\dfrac{2(b-a)}{b}$ 시간　　④ $\dfrac{2(b-a)}{a}$ 시간

04 산을 올라갈 때에는 akm/h, 내려올 때에는 bkm/h로 걸어갔다고 한다. 그런데 내려올 때에는 올라갈 때보다 3km가 더 긴 등산로여서 내려올 때와 올라올 때 같은 시간이 걸려 총 6시간 걸렸다. b는 얼마인가?

① a+1　　　　② a+2　　　　③ a+3　　　　④ 2a

05 철수는 자신의 집에서 영희네 집으로 3m/s의 속도로 가고 영희는 철수네 집으로 2m/s의 속도로 간다. 영희와 철수네 집은 900m 떨어져 있고 영희가 철수보다 3분 늦게 출발했을 때, 철수가 집에서 출발한 지 얼마 만에 영희와 만날까?(단, 철수와 영희네 집 사이의 길은 한 가지 밖에 없다)

① 1분 12초   ② 2분 12초   ③ 3분 12초   ④ 4분 12초

06 집에서 자전거로 학교까지 가는 데 시속 30km 의 속력으로 가면 등교시각 10분 전에 도착하고 시속 18km의 속력으로 가면 10분을 지각하게 된다. 집과 학교 사이의 거리는 얼마인가?

① 13km   ② 14km   ③ 15km   ④ 16km

07 속력이 285km/h인 경주용 자동차가 트랙을 한 바퀴 도는 데 27분이 걸리고 한 바퀴 돌면 5분간 정비를 받아야 한다. 이 경주용 자동차로 트랙에서 1시간 30분 동안 몇 km를 경주했는가?

① 340km   ② 360km   ③ 380km   ④ 400km

08 A%의 소금물에 물을 200g 더 넣었더니 4%의 소금물이 되었다. 처음 소금물의 양은?

① $\frac{800}{A-4}$ g   ② $\frac{600}{A-4}$ g   ③ $\frac{800}{A-4}$ g   ④ $\frac{600}{A-4}$ g

09 x%의 소금물 400g에 12% 소금물 200g을 넣었다. 이때, 녹아있는 소금의 양을 $y\,g$ 이라 하면 y는 얼마인가?

① $3x+12$ ② $4x+24$ ③ $3x+24$ ④ $4x+32$

10 매달 전기사용료와 수도사용료를 지불하는데, 전기사용료는 수도사용료보다 1.4배 더 많이 지불한다. 이번 달에 전기사용료와 수도사용료를 합하여 54,000원을 지불하였다면 전기사용료는 얼마인가?

① 31,000원   ② 31,500원   ③ 32,000원   ④ 32,500원

Chapter 1
Chapter 2
Chapter 3
Chapter 4
Chapter 5
Chapter 6
Chapter 7
Chapter 8
Chapter 9
Chapter 10

11 어떤 집단에 대해 알기 위해 전체를 대표하는 일부분을 뽑아서 정보를 수집하는 것을 무엇이라 하는가?

① 표본조사   ② 전수조사   ③ 통계조사   ④ 평균조사

12 오렌지 주스 40개와 탄산음료 70개를 똑같이 나누어 주되 최대한 많은 학생에게 나누어 주었다. 결과적으로 오렌지 주스는 4개가 남고, 탄산음료는 2개가 모자랐다면 학생 수는?

① 30명   ② 32명   ③ 34명   ④ 36명

13 가로가 56cm이고 가로, 세로의 비율이 4:3인 타일을 붙여서 최대한 작은 정사각형 타일을 만들었다. 만들어진 타일의 한 변의 길이는 몇 cm인가?

① 168cm   ② 288cm   ③ 336cm   ④ 392cm

14 진희는 15% 이자율의 현금서비스를 받았다. 이달의 카드회사 청구금액이 97,750원 이었다면, 이자는 얼마인가?

① 9,000원   ② 11,350원   ③ 12,100원   ④ 12,750원

15 원가보다 1,000원을 올린 후 10% 인상한 가격이 a원인 상품이 있다. 이 상품의 원가는 얼마인가?

① $(\frac{9}{10}a-1{,}000)$원   ② $(\frac{10}{11}a-1{,}000)$원   ③ $(\frac{11}{12}a-1{,}000)$원   ④ $(\frac{12}{13}a-1{,}000)$원

16 원가가 5,000원인 물건을 25%의 가격을 올려 판매하였으나 팔리지 않아 다시 10%를 인하하여 팔았다. 물건 4개를 팔았다고 할 때, 이익은 얼마인가?

① 2,000원   ② 2,500원   ③ 3,000원   ④ 3,500원

17 원산지에서 나온 물건의 가격이 도매상을 거치면 20% 상승하고, 다시 소매상을 거치면 30% 상승한다. 원산지에서의 가격이 A라면 소매상에서 물건을 살 때의 가격은 얼마인가?

① 1.48A원　　　　　② 1.52A원　　　　　③ 1.56A원　　　　　④ 1.62A원

18 어느 회사의 작년 직원수는 올해보다 5% 많았고, 내년은 올해보다 4% 늘려 28명을 고용할 예정이다. 이 회사의 작년 직원 수와 내년 직원 수의 차이는 몇 명인가?

① 7명　　　　　② 8명　　　　　③ 9명　　　　　④ 10명

19 가정에서 전기를 사용히는 데 100KW 단위로 누진세가 70% 증가한다. 누진세가 붙지 않고 사용하였을 때 1시간에 300원이라면, 240KW까지 전기를 사용하면 얼마를 지불해야 하는가?(단, 10분에 20KW씩 증가하며 처음에는 0KW로 시작한다)

① 963원　　　　　② 964원　　　　　③ 965원　　　　　④ 966원

20 ( ) 안에 들어갈 적절한 숫자는?

	-3	-6	( )	-66	-258	-1,026

① -55　　　　　② -47　　　　　③ -27　　　　　④ -18

Chapter 02 정답 및 해설

🚏 기본문제

01 ③

전체 일의 양을 1이라 하면 A와 B가 하루에 하는 일의 양은 각각 $\frac{1}{12}, \frac{1}{10}$ 이다.

$\frac{1}{12} \times 4 + \frac{1}{10} \times x = 1 \rightarrow \frac{x}{10} = \frac{2}{3}$ ∴ $x = 6.66\cdots$

02 ②

원래 가격을 a라고 하면, 할인 한 가격은 a×0.8×0.9 = 0.72a이므로 총 28% 할인되었다.

03 ④

작년 남학생, 여학생 수를 각각 x, y 라고 하면
$x + y = 694 - 89$
$0.1x + 0.2y = 89$
→ $x = 320$, $y = 285$ ∴ $320 \times 1.1 = 352$

04 ③

책의 전체 쪽수를 x라 하면

$x - \frac{1}{3}x - \frac{1}{4}(x - \frac{1}{3}x) - 100 = 92$ ∴ $x = 384$

05 ①

앞의 항 + 뒤의 항 = 다음 항

06 ①

(앞의 항−1) × 3 = 뒤의 항

07 ③

정가 : $2,000 \times (1 - \frac{10}{100}) = 1,800$원이고,
원가를 x 라고 하면, (이익)=(정가)−(원가)이므로
$300 = 1,800 - x$ ∴ 1,500원

08 ②

A, B가 하루에 할 수 있는 일의 양은 각각 $\frac{1}{4}, \frac{1}{6}$ 이다.
B가 x일 동안 일한다고 하면

$\frac{1}{4} \times 2 + \frac{1}{6} \times x = 1$ ∴ $x = 3$

09 ③

(A의 톱니수) × (A의 회전수) = (B의 톱니수) × (B의 회전수)이므로, B의 회전수를 라고 하면
$30 \times 4 = 20 \times x$ ∴ $x = 6$

10 ②

x %의 소금물이 된다고 하면
$\frac{10}{100} \times 100 + \frac{25}{100} \times 200 = \frac{x}{100}(100 + 200)$
x ∴ $x = 20$

11 ①

통계란 사회현상의 양을 반영하는 숫자이며, 특히 사회 집단의 상황을 숫자로 표현한 것이다. 근래에는 자연적인 현상이나 추상적인 수치의 집단도 포함해서 일체의 집단적 현상을 숫자로 나타낸 것을 통계라고 한다.

12 ③

1ℓ 는 1,000cc이다.

13 ①

일반적인 도표작성절차는 ①어떠한 도표로 작성할 것인지를 결정, ②가로축과 세로축에 나타낼 것을 결정, ③가로축과 세로축의 눈금의 크기를 결정, ④자료를 가로축과 세로축이 만나는 곳에 표시, ⑤표시된 점에 따라 도표 작성, ⑥도표의 제목 및 단위 표시 등이다.

14 ①

수리능력이 중요한 이유는 수리능력을 통하여 ①수학적 사고를 통한 문제해결 ②직업세계의 변화에 적응 ③실용적 가치의 구현 ④정확하고 간결한 의사소통 등이 가능한 것이다.

15 ③

음의 정수, 양의 정수라 불리는 음수와 양수는 양의 이동 또는 변화를 나타내기 위해 방향과 양을 함께 표현하는 방법이다. 음의 부호가 연이어 사용되면 반대방향에 대한 반대방향이 되므로 양의 부호와 같게 된다. 따라서 부호(방향)는 양이 큰 쪽의 것을 사용하고 양의 차이를 구하게 된다.

16 ③

연비는 비율의 표현 방법이다. 비율은 어떤 상태(상황)에 대한 느낌을 신속하고 정확하게 느끼기 위해 많이 사용한다. 비율은 분수의 형태로 표현된다. 1리터 당 10km에서 1리터는 비교하는(재보는, 측정하는) 기준(척도)이 되고 "1리터"는 "단위 리터"라고도 한다. 10km는 비교의 대상이 된다.

17 ①

어떤 집단을 알기 위해 일부분을 뽑아서 그 일부분에 대한 정보를 수집하는 것을 표본조사라 한다.

18 ①

19 ③

20 ①

엑셀을 이용하여 그래프를 그릴 때는 먼저 시트에 자료를 입력한다.

 적중예상문제

01 ①

열차의 이동 거리는 $200+40=240$이고, 속력$=\dfrac{거리}{시간}$이므로, 열차의 속력은 $\dfrac{240}{10}=24$이다.
길이가 320인 터널을 통과한다고 하였으므로,
총 이동 거리는 $320+40=360$이고,
속력은 24이므로, $\dfrac{360}{24}=15$이다. ∴15초

02 ③

x : 작년 남학생수, y : 작년 여학생수라고 하면
$x+y=500$
$1.1x+0.8y=490 \rightarrow x=300,\ y=200$
따라서 올해 남학생 수는 $1.1x=330$명이다.

03 ①

(거리)=(속력)×(시간)이므로, A, B가 만나는데 x 시간이 걸렸다고 하면
$$ax=b\left(x-\dfrac{1}{2}\right) \rightarrow 2ax=2bx-b$$
$$\rightarrow (2a-2b)x=-b$$
$$\therefore x=-\dfrac{b}{2a-2b}=\dfrac{b}{2(b-a)}$$

04 ①

올라갈 때 걸린 시간=내려갈 때 걸린 시간=3시간
올라간 거리=$3a$, 내려간 거리=$3a+3$
$$\therefore b=-\dfrac{3a-3}{3}=a+1$$

05 ④

철수가 이동한 시간을 x초, 영희가 이동한 시간을 $x-180$ch 라고 하면 $x3+2(x-180)=900$ ∴$x=252$
따라서 4분 12초이다.

06 ③

집과 학교 사이의 거리를 $x$km라고 하면
$$\dfrac{x}{30}+\dfrac{10}{60}=\dfrac{x}{18}-\dfrac{10}{60}$$
$$\rightarrow 12x+60=20x-60$$
$$\rightarrow 8x=120 \quad \therefore x=15$$

07 ③

1시간 30분 동안 정비를 받는 횟수는 2번이고,
경주하는 시간은 $\dfrac{90}{60}-\dfrac{10}{60}=\dfrac{80}{60}$ 시간이다.

따라서, 경주한 거리는 $285 \times \dfrac{80}{60}=380$km이다.

08 ①

처음 소금물의 양을 x라하면
$$\dfrac{A}{100}\times x=\dfrac{4}{100}\times(x+200)$$
$$\rightarrow Ax=4x+800 \quad \therefore x=\dfrac{800}{A-4}$$

09 ②

$y=\dfrac{x}{100}\times400+\dfrac{12}{100}\times200 \quad \therefore y=4x+24$

10 ②

수도사용료를 x라고 하면 전기사용료는 $1.4x$이고,
$x+1.4x=54,000 \rightarrow x=22,500 \therefore 1.4x=31,500$

11 ①

어떤 집단을 알기 위해 일부분을 뽑아서 그 일부분에 대한 정보를 수집하는 것을 표본조사라 한다.

12 ④

오렌지 주스 $40-4=36$개, 탄산음료 $70+2=72$개, 즉 36과 72의 최대공약수는 36이므로 36명의 학생에게 오렌지 주스 1개와 탄산음료 2개씩을 나누어 주었다.

13 ①

타일의 세로의 길이 : $56 \times 3 \div 4 = 42cm$
56과 42의 최소공배수 : 168 ∴$168cm$

14 ④

'이자+사용금액=청구금액'이므로, 사용금을 x라고 하면 $x+0.15x=97,750$ ∴ $x=85,000$
따라서 $97,750-85,000=12,750$원이다.

15 ②

원가를 x라고 하면
$(x+1,000) \times 1.1 = a \Rightarrow x+1,000 = \frac{10}{11}a$
∴ $x = \frac{10}{11}a - 1,000$

16 ②

인상된 가격 : $5,000 \times 1.25 = 6,250$
팔리지 않아 인하된 가격 : $6,250 \times (1-0.1) = 5,625$
이익 : $5,625 - 5,000 = 625$
4개 팔았을 때 이익은 $625 \times 4 = 2,500$원

17 ③

도매상을 거칠 때 가격 : $1.2A$
소매상을 거칠 때 가격 : $1.2A \times 1.3 = 1.56A$

18 ①

현재 직원 수를 x라 하면 작년 직원 수는 $1.05x$, 내년 직원 수는 $1.04x$이다.
현재 이 회사의 직원 수 : $x=28 \div 0.04 = 700$
작년 직원 수 : $1.05 \times 700 = 735$
내년 직원 수 : $1.04 \times 700 = 728$
∴$735-728=7$

19 ②

$0{\sim}100KW$까지 10분당 지불해야 하는 비용 :
$300 \div 6 = 50$원
$100{\sim}200KW$까지 10분당 지불해야 하는 비용 :
$50 \times 1.7 = 85$원
$200{-}240KW$까지 10분당 지불해야하는 비용 :
$85 \times 1.7 = 144.5$원
10분에 $20KW$씩 증가하므로
$0{\sim}100KW$까지 비용: $50 \times 5 = 250$원
$100{\sim}200KW$까지 비용 : $85 \times 5 = 425$원
$200{\sim}240KW$까지 비용 : $144.5 \times 2 = 289$원
∴$250 + 425 + 289 = 964$원

20 ④

앞의 항에 $-3, -12, -48, -192, -768 \cdots$ 을 더한다.

Chapter 3
문제해결능력 (직업기초능력 C-1)

C-2. 하위능력별

가. 사고력

나. 문제처리능력

문제해결능력

문제해결능력이란 업무를 수행함에 있어 문제 상황이 발생하였을 경우 창조적이고 논리적인 사고를 통하여 이를 올바르게 인식하고 적절히 해결하는 능력을 의미한다. 최근의 문제들은 더욱 복합적이고 다양한 형태로 나타나고 있다. 그러므로 문제해결능력은 모든 직업인들에게 직면한 문제를 바르게 인식하고 바람직한 문제 해결을 위해 요구되는 가장 중요한 요소이다.

이에 따라 기초직업능력으로서의 문제해결능력은 사고력과 문제처리능력으로 구분될 수 있다. 직장생활에서 발생한 문제를 인식하고 해결하기 위해서 창의적, 논리적, 비판적으로 생각하는 사고력, 직장생활에서 발생한 문제의 특성을 파악하고, 대안을 제시하며 적절한 대안을 선택, 적용하고, 그 결과를 평가하여 피드백 하는 문제처리능력으로 구성되어 있다.

하위능력	정의	세부요소
사고력	업무와 관련된 문제를 인식하고 해결함에 있어 창조적, 논리적, 비판적으로 생각하는 능력	• 창의적 사고 • 논리적 사고 • 비판적 사고
문제처리능력	업무와 관련된 문제의 특성을 파악하고, 대안을 제시, 적용하고 그 결과를 평가하여 피드백하는 능력	• 문제인식 • 대안선택 • 대안적용 • 대안평가

문제

문제란 원활한 업무수행을 위해 해결 되어야 하는 질문이나 의논 대상을 의미한다.
즉 해결하기를 원하지만 실제로 해결해야 하는 방법을 모르고 있는 상태나 얻고자 하는 해답이 있지만 그 해답을 얻는데 필요한 일련의 행동을 알지 못한 상태이다. 이러한 문제는 흔히 문제점과 구분하지 않고 사용하는데, 문제점이란 문제의 근본원인이 되는 사항으로 문제해결

에 필요한 열쇠인 핵심 사항을 말한다.

예컨대 난폭 운전으로 전복사고가 일어났을 때, 사고의 발생이 문제이며, 난폭운전은 문제점이다. 이렇게 문제점은 개선해야 할 사항이나 손을 써야 할 사항, 그에 의해서 문제가 해결될 수 있고 문제의 발생을 미리 방지할 수 있는 사항을 말한다.

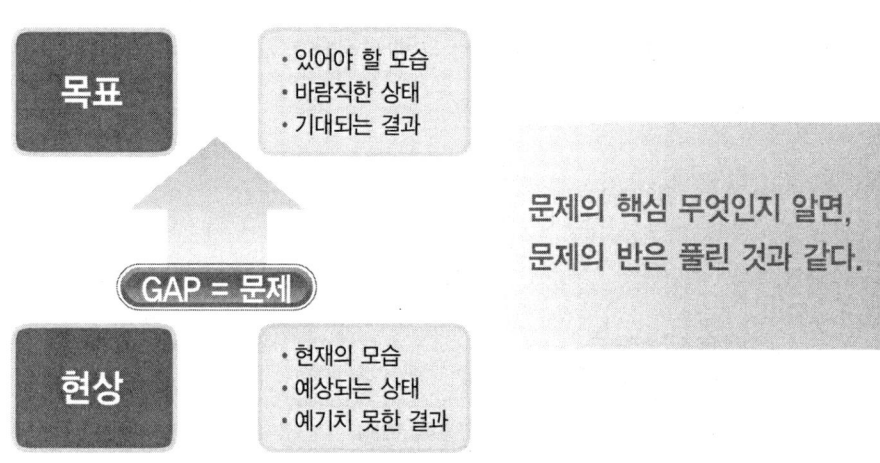

✎ 문제의 분류

일반적으로 문제는 창의적 문제와 분석적 문제로 구분되며, 두 가지 문제는 문제제시방법, 해결방법, 해답 수, 주요 특징에 의해서 다음과 같이 구분된다.

구분	창의적 문제	분석적 문제
문제제시 방법	현재 문제가 없더라도 보다 나은 방법을 찾기 위한 문제 탐구로 문제 자체가 명확하지 않음	현재의 문제점이나 미래의 문제로 예견될 것에 대한 문제 탐구로, 문제 자체가 명확함
해결 방법	창의력에 의한 많은 아이디어의 작성을 통해 해결	분석, 논리, 귀납과 같은 논리적 방법을 통해 해결
해답 수	해답의 수가 많으며, 많은 답 가운데 보다 나은 것을 선택	답의 수가 적으며, 한정되어 있음
주요 특징	주관적, 직관적, 감각적, 정성적, 개별적, 특수성	객관적, 논리적, 정량적, 이성적, 일반적, 공통성

✎ 문제의 유형

문제를 효과적으로 해결하기 위해서는 먼저 그 문제의 유형이 무엇인지를 파악하는 것이 중요하다. 문제의 유형은 몇 가지로 나눌 수 있는데, 기능에 따른 문제 유형으로는 제조 문제, 판매 문제, 자금 문제, 인사 문제, 경리 문제, 기술상 문제 등으로 분류할 수 있으며, 시간에 따른 문제 유형으로는 과거 문제, 현재 문제, 미래 문제 등으로 분류할 수 있다.

해결방법에 따른 문제 유형으로는 논리적 문제와 창의적 문제로 분류할 수 있다.

업무수행과정 중 발생한 문제 유형으로 발생형 문제(보이는 문제), 탐색형 문제(찾는 문제), 설정형 문제(미래 문제)로 분류할 수 있다.

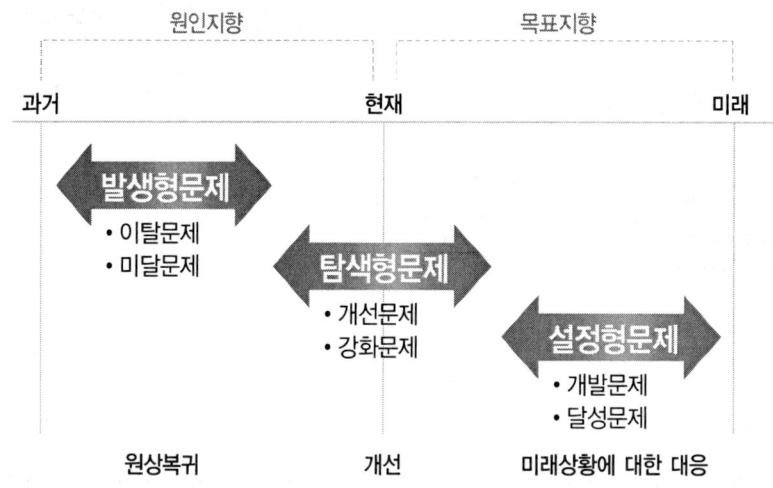

✎ 문제해결의 기본 요소

체계적인 교육훈련

문제해결을 위해서는 고정관념, 편견 등 심리적 타성 및 기존의 패러다임을 극복하고 새로운 아이디어를 효과적으로 낼 수 있는 창조적 문제해결능력에 필요한 스킬 등을 습득하는 것이 필요하다. 문제해결을 위해서 개인은 사내외의 체계적인 교육훈련을 통해 문제해결을 위한 기본 지식과 스킬을 습득해야 한다.

문제해결방법에 대한 지식

문제해결을 위해서는 다양한 문제해결방법에 관한 지식을 습득하여야 하며 이를 적절하게 사용할 수 있어야 한다. 여기에는 일반적인 문제에 적용되는 해결방법과 전문경영에 따른 해결방법이 있다. 개인은 이러한 문제의 다양한 해결방법을 알아야 하며, 이는 효과적인 문제해결의 출발점이 될 수 있다.

문제에 관련된 해당지식 가용성

문제해결방법에 대한 지식이 아무리 많다 할지라도 해결하고자 하는 문제와 해당 업무에 대한 지식이 없다면 문제해결은 불가능할 것이다. 따라서 담당업무에 대한 풍부한 지식과 경험을 통해서 해결하고자 하는 문제에 대한 지식을 갖추고 있어야 한다.

문제해결자의 도전의식과 끈기

문제를 해결하여 성과를 도출하고자 하는 문제해결자의 문제해결 의지 및 개선의식, 도전의식과 끈기가 필요하다. 특히 현상에 대한 도전의식과 새로운 것을 추구하려는 자세, 난관에 봉착했을 때 헤쳐 나가려는 태도 등이 문제해결의 밑바탕이 된다.

문제에 대한 체계적인 접근

문제를 조직 전체적인 관점에서 바라보지 않고 각 기능단위별로 문제점을 분석하고 해결안을 도출한다면 각 기능과 기능 사이의 사각지대는 지속적으로 문제가 상존하여 문제해결의 결과가 성과에 미치는 영향이 아주 미미한 경우가 있다. 따라서 효과적인 문제해결을 위해서는 체계적인 접근을 통해 문제를 분석하고 해결해야 한다.

✎ 문제해결의 방법

소프트 어프로치에 의한 문제해결

소프트 어프로치에 의한 문제해결방법은 대부분의 기업에서 볼 수 있는 전형적인 스타일로 조직 구성원들은 같은 문화적 토양을 가지고 이심전심으로 서로를 이해하는 상황을 가정한다.

소프트 어프로치에서는 문제해결을 위해서 직접적인 표현이 바람직하지 않다고 여기며, 무언가를 시사하거나 암시를 통하여 의사를 전달하고 기분을 서로 통하게 함으로써 문제해결을 도모하려고 한다.

코디네이터 역할을 하는 제3자는 결론으로 끌고 갈 지점을 미리 머릿속에 그려가면서 권위나 공감에 의지하여 의견을 중재하고, 타협과 조정을 통하여 해결을 도모한다. 결론이 애매하게 끝나는 경우가 적지 않으나, 그것은 그것대로 이심전심을 유도하여 파악하면 된다.

하드 어프로치에 의한 문제해결

하드 어프로치에 의한 문제해결방법은 상이한 문화적 토양을 가지고 있는 구성원을 가정하고, 서로의 생각을 직설적으로 주장하고 논쟁이나 협상을 통해 서로의 의견을 조정해 가는 방법이다.

이 때 중심적 역할을 하는 것이 논리, 즉 사실과 원칙에 근거한 토론이다. 제 3자는 이것을 기반으로 구성원에게 지도와 설득을 하고 전원이 합의하는 일치점을 찾아내려고 한다.

이러한 방법은 합리적이긴 하지만, 잘못하면 단순한 이해관계의 조정에 그치고 말아서 그것만으로는 창조적인 아이디어나 높은 만족감을 이끌어 내기 어렵다.

퍼실리테이션에 의한 문제해결

퍼실리테이션(facilitation)이란 '촉진'을 의미하며, 어떤 그룹이나 집단이 의사결정을 잘 하도록 도와주는 일을 의미한다. 최근 많은 조직에서는 보다 생산적인 결과를 가져올 수 있도록 그룹이 어떤 방향으로 나아갈지 알려주고, 주제에 대한 공감을 이룰 수 있도록 능숙하게 도와주는 퍼실리테이터를 활용하고 있다. 따라서 퍼실리테이션에 의한 문제해결방법은 깊이 있는 커뮤니케이션을 통해 서로의 문제점을 이해하고 공감함으로써 창조적인 문제해결을 도모한다.

소프트 어프로치나 하드 어프로치 방법은 단순한 타협점의 조정에 그치지만, 퍼실리테이션에 의한 방법은 초기에 생각하지 못했던 창조적인 해결방법이 도출된다. 동시에 구성원의 동기가 강화되고 팀워크도 한층 강화된다는 특징을 보인다. 이 방법을 이용한 문제해결은 구성원이 자율적으로 실행하는 것이며, 제 3자가 합의점이나 줄거리를 준비해놓고 예정대로 결론이 도출되어 가는 것이어서는 안 된다.

Chapter 1
Chapter 2
Chapter 3
Chapter 4
Chapter 5
Chapter 6
Chapter 7
Chapter 8
Chapter 9
Chapter 10

3.1 사고력 (하위모듈 C-2-가)

학습목표

직장생활에서 발생한 문제를 해결하기 위해서 창의적, 논리적, 비판적으로 생각하는 능력을 기를 수 있다.

⋯ 직장생활에서 발생한 문제를 창의적으로 사고할 수 있다.
⋯ 창의적 사고를 개발하기 위한 방법을 활용할 수 있다.
⋯ 직장생활에서 발생한 문제를 논리적으로 사고할 수 있다.
⋯ 논리적 사고를 개발하기 위한 방법을 활용할 수 있다.
⋯ 직장생활에서 발생한 문제를 비판적으로 사고할 수 있다.
⋯ 비판적 사고를 개발하기 위한 방법을 활용할 수 있다.

✎ 사고력

사고력은 직장생활에서 발생하는 문제를 해결하기 위하여 요구되는 기본 요소로서, 창의적, 논리적, 비판적으로 생각하는 능력이다. 직업인들은 각종 정보의 홍수속에서 다양한 가치관의 입장에 있는 사람들과 살고 있다. 이런 상황에서 우리는 정보의 적절한 선택과 다른 사람과의 의견을 공유하기 위해서는 창의적, 논리적, 비판적 사고가 필수적이며, 이러한 사고력은 다양한 형태의 문제에 대처하고 자신들의 의견 및 행동을 피력하는데 중요한 역할을 한다.

✎ 창의적 사고

창의적 사고란 규칙에 대한 이해와 규칙에 대한 도전이라고 할 수 있다.

규칙 (Pattern)	인간의 정신은 패턴을 발견하는데 매우 뛰어나다. '지능'은 바로 패턴을 발견하는 능력이라고 볼 수 있다. 패턴을 통해 세상을 이해하기 때문에 패턴은 인생이라는 게임에서 우리가 따라야 하는 규칙인 셈이다. (패턴의 유형 : 연속적 행위 / 주기 / 유사성 / 가능성 / 성상 등)
규칙의 특성	1. 여러가지 정당한 이유 때문에 규칙을 만든다. 2. 우리는 이 규칙을 준수한다. 3. 시간은 흐르며, 사물 또는 환경은 변한다.(기술의 발전) 4. 규칙을 만들었던 이유가 더 이상 존재하지 않지만, 규칙이 있기 때문에 계속 그 규칙을 따른다. (QWERTY배열)

> **규칙 도전**
> (창조적 파괴)
>
> ＊알렉산더 대왕 : 고르디오스의 매듭을 절단하는 새로운 규칙 만듦
> ＊코페르니쿠스 : 지구가 태양주위를 돈다.
> ＊자유형, 배영, 평영 3가지(~1920년) + 접영(15% 속도 개선)
> ＊여권발급 3일 이내(강남구청장의 신념과 서비스 마인드)

✎ 창의적 사고의 의미

• 발산적(확산적) 사고로서, 아이디어가 많고, 다양하고, 독특한 것

• 새롭고 유용한 아이디어를 생산해 내는 정신적인 과정

• 통상적인 것이 아니라 기발하거나, 신기하며 독창적인 것

• 유용하고 적절하며, 가치가 있어야 한다.

• 기존의 정보(지식, 상상, 개념 등)들을 특정한 요구조건에 맞거나 유용하도록 새롭게 조합시 킨 것

✎ 아이디어 창출을 위한 발산적 사고

창의적인 사고는 문제에 대해서 다양한 사실을 찾거나 다채로운 아이디어를 창출하는 발산적 사고가 요구된다. 이러한 발산적 사고를 개발하기 위한 방법으로는 자유연상법, 강제연상법, 비교발상법 등이 있으며, 이는 다음 그림과 같다.

자유연상법	생각나는 대로 자유롭게 발상	브레인스토밍
강제연상법	각종 힌트에 강제적으로 연결지어서 발상	체크리스트
비교발상법	주제의 본질과 닮은 것을 힌트로 발상	NM법, Synectics

✎ 논리적 사고와 문제해결

논리적 사고란 문제를 해결하는데 필요한 방식이나 절차 등을 순조롭게 해주는 절차를 생각하는 것이다. 문제해결은 어떤 일을 진행하거나 결과물을 만들기 위해 필요한 순서, 장비, 인력, 문제점, 애로사항 등을 적절하게 처리하면서 결과를 만들어내는 능력을 말한다고 보면, 논리적 사고는 머릿속에서 이루어지는 생각이며, 문제해결능력은 생각과 행동, 그리고 조정이 함께 어우러져야 되는 것이다. 논리적 사고는 문제해결능력의 일부라고 보면 될 것이다.

✎ 논리적 사고 기법

피라미드구조

논리적 사고를 개발하기 위한 방법은 여러 가지가 있으나, 그 중 가장 흔히 사용되는 방법은 피라미드 구조를 이용하는 방법과 so what기법의 두 가지가 있다.

피라미드 구조는 하위의 사실이나 현상부터 사고함으로써 상위의 주장을 만들어가는 방법으로, 다음 그림과 같이 표현할 수 있다.

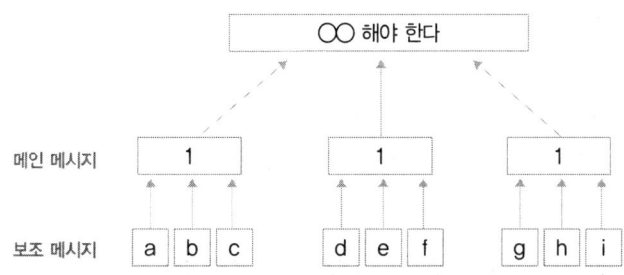

피라미드 구조는 보조 메시지들을 통해 주요 메인 메시지를 얻고, 다시 메인 메시지를 종합한 최종 적인 정보를 도출해 내는 방법이다.

예를 들어 현재 제품 판매 업무를 맡고 있는 한 부서에서 발견할 수 있는 현상(보조 메시지)이 제품 A의 판매 부진(a), 고객들의 불만 건수 증가(b), 경쟁사의 제품 B의 매출 증가(c)가 발견되었다고 한다면, 메인메시지로 우리 회사의 제품 A에 대한 홍보가 부족하고, 고객의 만족도가 떨어지고 있다(1)라는 메인 메시지를 도출할 수 있을 것이다. 이러한 메인 메시지들을 모아서 최종적으로 결론을 도출하는 방법이 피라미드 구조이다. 이러한 피라미드 구조를 사용함으로써 주변 사람들과 논리적인 이해를 할 수 있다는 점이다.

"So what?"기법

"그래서 무엇이지?" 하고 자문자답하는 의미로, 눈앞에 있는 정보로부터 의미를 찾아내어, 가치 있는 정보를 이끌어 내는 사고이다.

예를 들어 다음과 같은 상황이 발생하였을 때 어떻게 "So what?"을 사용하여 논리적인 사고를 하는지를 알아보자.

[상황]

① 우리 회사의 자동차 판매대수가 사상 처음으로 전년 대비 마이너스를 기록했다.

② 우리나라의 자동차 업계 전체는 일제히 적자 결산을 발표했다.

③ 주식 시장은 몇 주간 조금씩 하락하는 상황에 있다.

[so what?을 사용한 논리적 사고의 예]

a. 자동차 판매의 부진

b. 자동차 산업의 미래

c. 자동차 산업과 주식시장의 상황

d. 자동차 관련 기업의 주식을 사서는 안 된다

e. 지금이야말로 자동차 관련 기업의 주식을 사야 한다.

a - e는 세 가지 상황으로부터 그 의미나 내용을 사고한 예이다.

• a는 자동차 판매가 부진하다고 말하는데 그치고 있다. 그러나 상황의 ②, ③에 제시된 자동차 판매대수가 줄어들고, 자동차 업계 전체적인 실적이 악화되고 있으며, 이로 인해 주식 시장도 악화되고 있다는 점은 a의 메시지에 포함되어 있지 않다. 즉 a는 상황의 ①만 고려하고 있는 것으로 세 가지의 정보를 빠짐없이 고려하고, 또 모순이 없는 정보를 이끌어내는 "So what?"의 사고가 되지 않는다.

• b의 자동차 산업의 미래는 상황 ③의 주식시장에 대해서는 고려하고 있지 못하다. c는 주식 시장에 대해서도 포함하고 있으며, 세 가지의 상황 모두 자동차 산업의 가까운 미래를 예측하는데 사용될 수 있는 정보이기 때문에 모순은 없다. 그러나 자동차 산업과 주식시장이 어떻게 된다고 말하고 싶은 것이 전달되지 않는다. "So what?"의 사고에서 중요한 점은 "그래서 도대체 무엇이 어떻다는 것인가"라는 것처럼, 무엇인가 의미 있는 메시지를 이끌어 내는 것이다.

• d나 e는 "주식을 사지 말라"혹은 "주식을 사라"라는 메시지가 있어 주장이 명확하며, 상황을 모두 망라하고 있으므로, "So what?"을 사용하였다고 말할 수 있다.

• 이상에서 살펴본 바와 같이 "So what?"은 단어나 체언만으로 표현하는 것이 아니라, 주어와 술어가 있는 글로 표현함으로써 "어떻게 될 것인가" "어떻게 해야 한다"라는 내용이 포함되어야 한다.

🖉 논리적 해결의 3단계

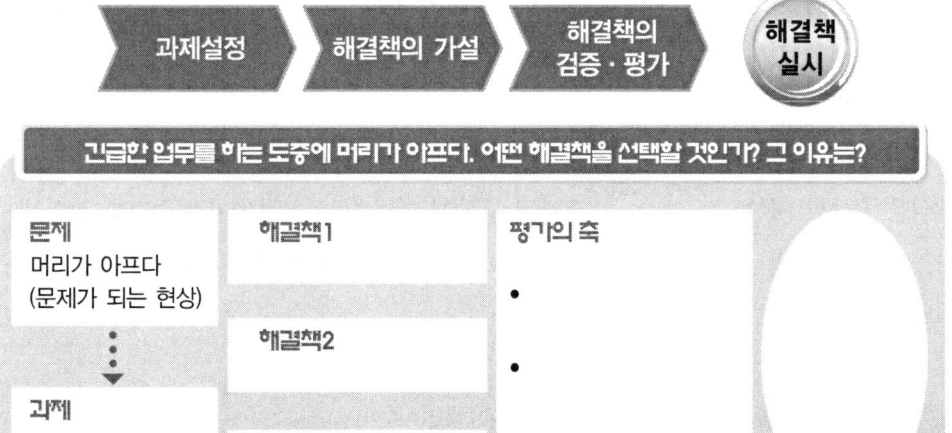

1단계 과제설정 → **2단계** 해결책의 가설 → **3단계** 해결책의 검증·평가 → **해결책 실시**

긴급한 업무를 하는 도중에 머리가 아프다. 어떤 해결책을 선택할 것인가? 그 이유는?

| 문제 머리가 아프다 (문제가 되는 현상) ⋮ 과제 | 해결책1 해결책2 해결책3 | 평가의 축 • • • | |

🖉 ABC분석

	A순위	B순위	C순위
긴급성	오늘 반드시 해야한다	해야한다	할 수 있으면 좋다
중요성	최고로 중요	평균적으로 중요	중요하지 않음
비중	모든 과제의 15%에 불과, 가치에 있어서 65%의 비중	모든 과제 중 20%를 차지 가치에 있어서 20%의 비중	모든 과제의 65%에 달하나 가치비중은 15%에 불과
전략	스스로의 수행, 위임불가	전략적으로 계획하고 기한을 정함	위임하거나, 줄이거나 취소함

자신이 모든 일을 할 수 없다는 것을 깨닫는 것이 중요하다.
우선순위를 정하여 중요한 일부터 시작하자.
시급하지도 중요하지도 않은 업무는 절대하지 말자.

✎ 비판적 사고

- 비판적 사고는 어떤 주제나 주장 등에 대해서 적극적으로 분석하고 종합하며 평가하는 능동적인 사고이다. 이러한 비판적 사고는 어떤 논증, 추론, 증거, 가치를 표현한 사례를 타당한 것으로 수용할 것인가 아니면 불합리한 것으로 거절할 것인가에 대한 결정을 내릴 때 요구되는 사고력이다.
- 비판적 사고는 지엽적이고 시시콜콜한 문제를 트집 잡고 물고 늘어지는 것이 아니라 문제의 핵심을 중요한 대상으로 한다. 즉 제기된 주장에 어떤 오류나 잘못이 있는가를 찾아내기 보다는 지식, 정보를 바탕으로 한 합당한 근거에 기초를 두고 현상을 분석하고 평가하는 사고이다.

✎ 고정관념 타파

- 비판적인 사고를 하기 위한 문제의식을 가지고 있다면 다음으로 필요한 것이 지각의 폭을 넓히는 일이다. 지각의 폭을 넓히는 일은 정보에 대한 개방성을 가지고 편견을 갖지 않는 것으로, 고정관념을 타파하는 일이 중요하다. 고정관념은 사물을 바로 보는 시각에 영향을 줄 수 있으며, 일방적인 평가를 내리기 쉽다. 다음의 사례는 우리 주변에서 흔히 볼 수 있는 물건을 통해 고정관념을 탈피한 사례들이다.

상품	본래 용도	새로운 용도
스테이플러	서류 정리	벽에 종이를 고정
드라이어	머리를 말린다.	온풍을 이용해서 어깨 결림을 완화시킨다.
칫솔	양치질을 한다.	빗의 이물질을 제거한다.
스카치 테이프	종이를 붙인다.	지문 채취

3.2 문제처리능력 (하위모듈 C-2-나)

Chapter 1
Chapter 2
Chapter 3
Chapter 4
Chapter 5
Chapter 6
Chapter 7
Chapter 8
Chapter 9
Chapter 10

 학습목표

학교 및 직장생활에서 필요한 기초외국어능력이 무엇인지 이해하고 상황에 따라 적절한 기초외국어를 구사하고 능력을 향상시킬 수 있다.

⋯▸ 직장생활에서 발생한 문제를 해결하는 과정을 이해할 수 있다.
⋯▸ 직장생활에서 발생한 문제를 인식할 수 있다.
⋯▸ 직장생활에서 발생한 문제를 도출할 수 있다.
⋯▸ 직장생활에서 발생한 문제의 원인을 분석할 수 있다.
⋯▸ 직장생활에서 발생한 문제의 해결안을 개발할 수 있다.
⋯▸ 직장생활에서 발생한 문제의 해결안을 실행하고 평가할 수 있다.

✎ 문제해결 과정

- 문제처리능력이란 목표와 현상을 분석하고 이 분석결과를 토대로 문제를 도출하여 최적의 해결책을 찾아 실행, 평가해 가는 활동을 할 수 있는 능력이다.
- 이러한 문제처리능력은 문제해결절차를 의미하는 것으로, 일반적인 문제해결절차는 다음 그림과 같이 문제 인식, 문제 도출, 원인 분석, 해결안 개발, 실행 및 평가의 5단계를 따른다.
  - 문제 인식 : 해결해야 할 전체 문제를 파악하여 우선순위를 정하고, 선정문제에 대한 목표를 명확히 하는 단계
  - 문제 도출 : 선정된 문제를 분석하여 해결해야 할 것이 무엇인지를 명확히 하는 단계
  - 원인 분석 : 파악된 핵심문제에 대한 분석을 통해 근본 원인을 도출하는 단계
  - 해결안 개발 : 문제로부터 도출된 근본원인을 효과적으로 해결할 수 있는 최적의 해결방안을 수립하는 단계
  - 실행 및 평가 : 해결안 개발을 통해 만들어진 실행계획을 실제 상황에 적용하는 활동으로 낭초 장애가 되는 문제의 원인들을 해결안을 사용하여 제거하는 단계

✎ 문제 인식의 기본과정

문제 인식은 문제해결과정 중 "So what"을 결정하는 단계로, 해결해야 할 전체 문제를 파악하여 우선순위를 정하고, 선정문제에 대한 목표를 명확히 하는 절차를 거치며, 환경분석, 주요과제 도출, 과제 선정의 절차를 통해 수행된다.

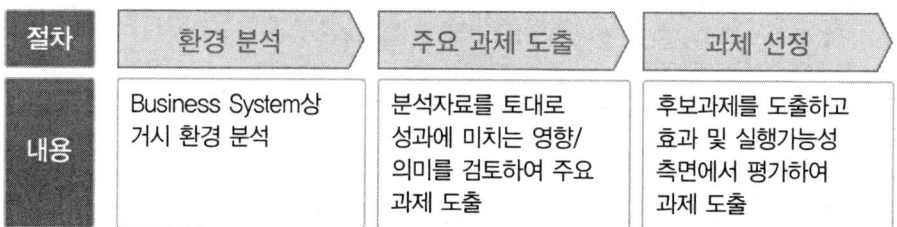

절차	환경 분석	주요 과제 도출	과제 선정
내용	Business System상 거시 환경 분석	분석자료를 토대로 성과에 미치는 영향/의미를 검토하여 주요 과제 도출	후보과제를 도출하고 효과 및 실행가능성 측면에서 평가하여 과제 도출

환경분석

• 문제가 발생하였을 때, 가장 먼저 고려해야 하는 점은 환경을 분석하는 일이다. 예를 들어 "상품의 판매 이익이 감소하고 있다"라는 현상이 발견되었다고 한다면, "상품의 판매 이익을 개선하는 것이 가능할까"라는 것이 주요 과제가 된다.

• 이 때 주요 과제를 해결하는데 있어서 가장 먼저 실시되는 것이 환경 분석이 된다.

• 환경 분석을 위해서 주요 사용되는 기법으로는 3C 분석, SWOT 분석방법이 있을 수 있다.

3C 분석

사업환경을 구성하고 있는 요소인 자사, 경쟁사, 고객을 3C라고 하며, 3C에 대한 체계적인 분석을 통해서 환경 분석을 수행할 수 있다.

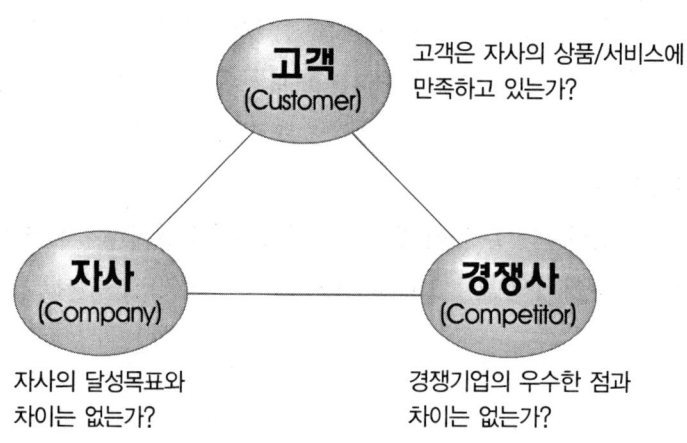

SWOT 분석

SWOT 분석은 기업내부의 강점, 약점과 외부환경의 기회, 위협요인을 분석 평가하고 이들을 서로 연관지어 전략을 개발하고 문제해결 방안을 개발하는 방법이다.

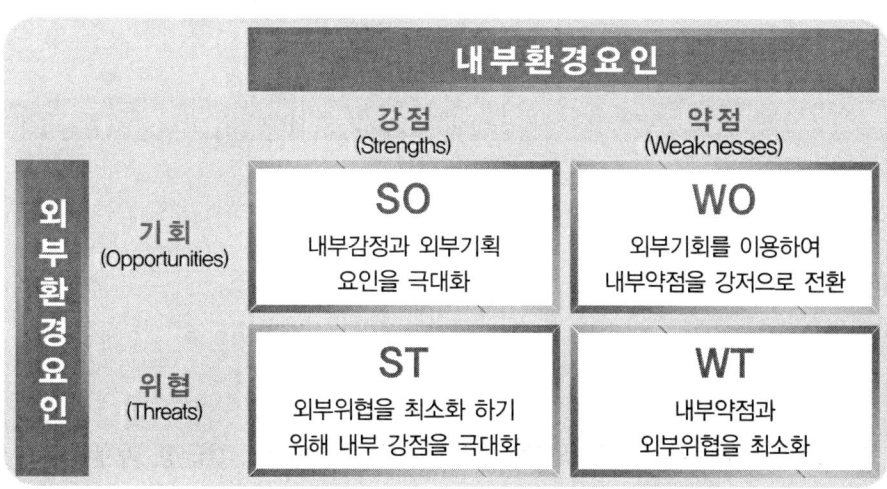

주요과제 도출

환경 분석을 통해 현상을 파악한 후에는 분석결과를 검토하여 주요 과제를 도출해야한다. 과제 도출을 위해서는 한 가지 안이 아닌 다양한 과제 후보안을 도출해내는 일이 선행되어야 한다. 주요 과제 도출은 다음 그림과 같은 sheet를 이용해서 하는 것이 체계적이며 바람직하다.

구분	요소 1	요소 2	요소 2
환경			
고객			
쟁사			
자사			
과제안	1. 2. 3. 4.		

과제 선정

- 과제 선정은 과제안 중 효과 및 실행 가능성 측면을 평가하여 우선순위를 부여한 후 가장 우선순위가 높은 안을 선정하며, 우선순위 평가 시에는 과제의 목적, 목표, 자원현황 등을 종합적으로 고려하여 평가한다. 과제 선정은 다음 그림과 같은 sheet를 활용함으로써 효과적으로 이루어질 수 있다.

과제안	평가기준 1	평가기준 2	평가기준 3	종합점수	우선순위
과제안 1					
과제안 2					
과제안 3					
과제안 4					

- 특히 과제안에 대한 평가기준은 과제해결의 중요성, 과제착수의 긴급성, 과제해결의 용이성을 고려하여 여러 개의 평가기준을 동시에 설정하는 것이 바람직하다.
- 또한 과제 해결의 중요성에 대한 평가기준은 매출/이익 기여도, 지속성/파급성, 고객만족도 향상, 경쟁사와의 차별화, 자사 내부적 문제 해결 등이 있으며, 과제 착수의 긴급성에 대한 평가기준으로는 달성의 긴급도와 달성에 필요한 시간 등이 이용될 수 있다.
- 과제 해결의 용이성에 대한 평가기준은 실시상의 난이도, 필요자원 적정성 등이 있다.

	과제해결의 중요성	매출/이익기여도
		지속성/파급성
		고객만족도 향상
		경쟁사와의 차별화
과제안 평가기준		자사 내부적 문제 해결
	과제착수의 긴급성	달성의 긴급도
		달성에 필요한 시간
	과제해결의 용이성	실시상의 난이도
		필요자원 적정성

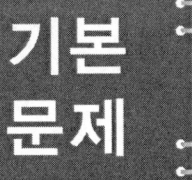

01 문제란 성과수준에 대한 목표와 현상간의 GAP이 있을 때 문제라고 정의한다. 이때 현상에 대한 설명이 아닌 것은?

① 현재의 모습
② 예상되는 상태
③ 예기치 못한 결과
④ 있어야 할 모습

02 〈보기〉에서 문제를 해결하는데 장애요인이 아닌 것은?

> 〈보기〉
> 가. 문제를 철저하게 분석하지 않는 경우
> 나. 고정관념에 얽매이는 경우
> 다. 발상의 전환을 하는 경우
> 라. 너무 많은 정보를 수집하려고 노력하는 경우
> 마. 쉽게 떠오르는 단순한 정보에 의지하는 경우

① 가
② 나
③ 다
④ 라

03 퍼실리테이션(Facilitation)의 기본역량에 해당하는 것을 모두 고른 것은?

> 〈보기〉
> 가. 문제의 탐색과 발견
> 나. 인간관계능력
> 다. 문제해결을 위한 구성원 간의 커뮤니케이션조정
> 라. 현상에 대한 분석력
> 마. 합의를 도출하기 위한 구성원들 사이의 갈등관리

① 가, 나, 다
② 나, 라, 마
③ 가, 다, 마
④ 나, 다, 마

04 퍼실리테이션(facilitation)이란 (   )을 의미하며, 어떤 그룹이나 집단이 의사결정을 잘 하도록
도와주는 일을 의미한다. 퍼실리테이션에 의한 문제해결 방법은 깊이있는 (   )(을/를)통해
서로의 문제점을 이해하고 공감함으로써 창조적인 문제해결을 도모한다.
(   )에 해당되는 것이 순서대로 짝지어진 것을 고르시오?

① 촉진, 창의적사고　　　　　　　　② 촉진, 커뮤니케이션
③ 소통, 창의적사고　　　　　　　　④ 소통, 커뮤니케이션

05 미국의 알렉스오즈번이 고안한 그룹 발산기법으로, 창의적인 사고를 위한 발산방법 중 가장 흔
히 사용되는 방법으로 집단의 효과를 살려서 아이디어의 연쇄반응을 일으켜 자유분방한 아이디
어를 내고자하는 대표적인기법은?

① 체크리스트법　　　　　　　　　② 마인드맵
③ 브레인스토밍　　　　　　　　　④ So what기법

06 논리적 사고의 구성요소 중 나의 주장을 다른 사람에게 이해시켜 납득시키고 그 사람이 내가
원하는 행동을 하게 만들고 이해는 머리와 가슴이 동시에 공감되게하는 논리적 사고가 기본이
되는 구성요소는?

① 상대논리의 구조화　　　　　　　② 구체적인 생각
③ 생각하는 습관　　　　　　　　　④ 설득

07 어떤사실에서 출발해서 "그래서 어떻다는 건지"라는 질문을 통해 모든 가능한 추론들을 이끌어
낼때까지 처음과 동일한 질문을 통해 문제 해결에 필요한 정보를 얻는 논리적 사고 개발 기법은?

① So what 사고　　　　　　　　② Why so 사고
③ Fact base 사고　　　　　　　　④ Zero base 사고

08 비판적 사고를 개발하는데 요구되는 태도 중 결론에 이르기까지 논리적 일관성을 유지하며 논
의하고 있는 문제의 핵심에서 벗어나지 않도록 하는 개발 태도는?

① 지적 호기심　　　　　　　　　② 객관성
③ 다른관점에 대한 반박　　　　　④ 체계성

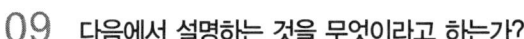

09 다음에서 설명하는 것을 무엇이라고 하는가?

> 해결안 개발을 통해 만들어진 실행 계획을 실제상황에 적용하는 활동으로 당초 장애가 되는 문제의 원인들을 해결안을 사용하여 제거하는 단계

① 문제 도출　　　　　　　　　　② 원인 분석
③ 실행 및 평가　　　　　　　　　④ 해결안 개발

10 문제 해결 절차 중 선정된 문제를 분석하여 해결해야 할 것이 무엇인지를 명확히 하는 단계에 해당하는 것을 고르시오.

① 문제도출　　　　　　　　　　② 원인분석
③ 문제인식　　　　　　　　　　④ 해결안개발

11 다음 중 문제의 의미에 대한 설명이 아닌 것은?

① 해결하기를 원하지만 실제로 해결해야 하는 방법을 모르고 있는 상태
② 업무를 수행함에 있어 해결해야 되는 사항
③ 목표와 현상간의 차이
④ 해답이 있지만 그 해답을 얻는데 필요한 행동을 알지 못하는 상태

12 다음 중 문제해결을 위한 기본요소가 아닌 것은?

① 문제해결방법에 대한 지식　　　② 문제에 대한 체계적인 접근
③ 문제해결자의 도전의식　　　　④ 문제해결을 위한 직장선배의 조언

13 다음 중 문제해결을 위한 장애요소가 아닌 것은?

① 도전 의식　　　　　　　　　　② 고정 관념
③ 단순한 정보에 의지　　　　　　④ 많은 자료를 수집하려는 노력

14 다음 중 창의적 사고에 대한 설명이 아닌 것은?

① 정보와 정보의 조합
② 발산적 사고
③ 새롭게 유용한 아이디어를 생산해 내는 정신적 과정
④ 기존의 정보를 객관적으로 분석하는 일

15 다음 중 자신이 함께 일을 진행하는 상대와 의논하고, 상대에게 반론을 하는 가운데 하는 논리적인 사고를 의미하는 것은?

① 타인에 대한 이해   ② 설득
③ 고정 관념   ④ 논리의 구조화

16 다음 중 비판적 사고를 발휘하는데 요구되는 태도가 아닌 것은?

① 지적 호기심   ② 객관성
③ 다른 관점에 대한 반박   ④ 개방성

17 문제를 해결하는 다섯 가지 절차의 순서가 바르게 배열된 것은?

① 문제인식 → 문제도출 → 원인분석 → 해결안 개발 → 실행 및 평가
② 문제도출 → 문제인식 → 원인분석 → 실행 및 평가 → 해결안 개발
③ 문제인식 → 원인분석 → 문제도출 → 해결안 개발 → 실행 및 평가
④ 문제도출 → 문제인식 → 원인분석 → 실행 및 평가 → 해결안 개발

18 다음 중 환경 분석의 방법으로 사업 환경을 구성하고 있는 자사, 경쟁사, 고객에 대한 분석방법은?

① SWOT 분석   ② 3C 분석
③ 목표 분석   ④ 심층면접 분석

19 다음 중 전체 문제를 세부 문제로 쪼개는 과정을 통해 문제의 구조를 파악하는 방법은?

① SWOT 분석   ② 3C 분석
③ Logic Tree   ④ 심층면접 분석

20 다음 중 실행계획을 수립할 때 고려해야 되는 사항이 아닌 것은?

① 실행상의 문제점을 해결하기 위한 모니터링 체제를 구축해야 함
② 인적, 물적, 예산, 시간에 대한 고려를 통해 수립해야 함
③ 실행의 목적과 과정별 진행내용을 일목요연하게 정리해야 함
④ 해결안별 세부 실행내용을 구체적으로 수립해야 함

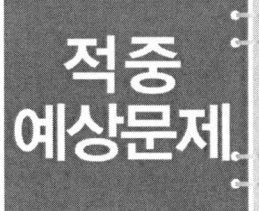

Chapter **03** 문제해결능력

Chapter 1
Chapter 2
Chapter **3**
Chapter 4
Chapter 5
6
Chapter 7
Chapter 8
Chapter 9
Chapter 10

01 다음 사진을 보고 떠오르는 생각을 자유롭게 적으시오. (제한 시간 6분)

02 이 세상에 바다가 없어진다면 어떤 일이 일어날 것인지 자신의 생각을 최대한 쓰시오. (제한 시간 6분)

03 제시된 그림을 보고 연상되는 단어를 40가지 이상 나열하시오. (세한 시간 6분)

[4 ~ 5] 다음 문장을 읽고, 올바른 것을 고르시오.

04   토끼는 거북이 보다 느리다. 호랑이는 토끼보다 느리다. 그러므로,

    ① 거북이가 가장 빠르다.
    ② 거북이는 호랑이보다 느리다.
    ③ 토끼는 호랑이보다 느리다.
    ④ 호랑이가 거북이보다 빠르다.

05   윤희는 영어 시험에서 경빈이보다 20점을 더 받았다. 민정이의 점수는 윤희의 점수보다 10점이 적다. 그러므로,

    ① 경빈이의 점수가 가장 높다.
    ② 민정이의 점수가 가장 높다.
    ③ 민정이와 경빈이의 점수 차는 10점이다.
    ④ 민정이의 점수는 경빈이의 점수보다 낮다.

06   "다음 주 토요일에 체육 대회가 열리지 않으면, 그날 날씨는 맑지 않을 것이다."가 참일 경우, 반드시 참이 되는 것은?

    ① 다음 주 토요일에 체육 대회가 열리면, 그날 날씨는 맑을 것이다.
    ② 그날 날씨가 맑으면, 다음 주 토요일에 체육대회가 열릴 것이다.
    ③ 그날 날씨가 맑지 않으면, 다음 주 토요일에 체육 대회가 열리지 않을 것이다.
    ④ 다음 주 토요일에 체육 대회가 열리지 않으면, 그 날 날씨는 맑을 것이다.

[7 ~ 8] 다음에 주어진 사실을 가지고 판단할 때, 항상 옳은 것은?

07

• 정아와 윤희는 형제간이다.	• 정아와 영희는 4촌 간이다.
• 영희와 민수는 4촌 간이다.	• 숙희와 현주는 4촌 간이다.

    ① 영희와 현수는 4촌 간이다.   ② 민수와 숙희는 4촌 간이다.
    ③ 윤희와 영희는 4촌 간이다.   ④ 영희와 숙희는 4촌 간이다.

Chapter 1
Chapter 2
Chapter 3
Chapter 4
Chapter 5
Chapter 6
Chapter 7
Chapter 8
Chapter 9
Chapter 10

08

- 운동을 좋아하는 사람은 등산을 좋아한다.
- 건강을 중요시하는 사람은 운동을 좋아한다.
- 산을 좋아하는 사람은 등산을 좋아한다.

① 건강을 중요시하는 사람은 등산을 좋아한다.
② 운동을 좋아하는 사람은 산을 좋아한다.
③ 등산을 좋아하는 사람은 건강을 중요시하는 사람이다.
④ 건강을 중요시하는 사람은 산을 좋아한다.

[9 ~ 11] A ~ G 7명이 100미터 달리기 시합을 했다. 달리기 시합에 대한 순위가 아래 조건과 같다고 할 때 다음 각 질문에 답하시오.

- A는 B 바로 다음에 골인하였다.
- D는 1위도 7위도 아니다.
- C와 D의 사이에 1명이 골인하였다.
- G는 7위가 아니다.
- B와 C의 사이에 3명이 골인하였다.
- 동 순위는 없었다.
- E는, F에게는 패하였지만, C에게는 이겼다.

09 다음 중 항상 참인 것은 무엇인가?

① A는 D 다음에 골인하였다.
② E는 D 다음에 골인하였다.
③ C는 1위로 골인하였다.
④ B는 3위로 골인하였다.

10 G가 1위일 때 반드시 참인 것은?

① E는 2위로 골인하였다.
② F는 3위로 골인하였다.
③ E는 6위로 골인하였다.
④ C는 5위로 골인하였다.

11 F가 1위일 때 반드시 참인 것은?

① E는 2위이다.
② E는 6위이다.
③ G는 2위이다.
④ A는 4위이다.

[12 ~ 14] 제조업 마케팅 부서의 남자 사원 A, B, C, D와 여자 사원 갑, 을, 병, 정은 2인 1조가 되어 시장 조사를 하게 되었다. 하루에 1조씩 4일 동안 시장 조사를 나가야 한다. 이에 대해 상사는 다음과 같은 지침을 주었다.

⟨상사⟩

- 매일 다른 사람이 나가야 하며, 남녀가 1조를 이뤄야 합니다.
- B와 병은 같이 나갈 수 없습니다.
- D는 B와 C보다 먼저 나가야 합니다.
- 을은 병보다 먼저 나가야 하며 3일째 되는 날에는 나갈 수 없습니다.
- A는 B가 나간 다음날 나가야 하며, 갑은 병과 정이 나간 다음에 나가야합니다.

12 다음 중 항상 참인 것은?

① A는 마지막 날에 시장 조사를 나가야 한다. ② 을은 둘째 날에 시장 조사를 나갈 수 없다.
③ 병은 셋째 날에 시장 조사를 나가야 한다. ④ D는 첫날에 시장 조사를 나가야 한다.

13 C와 갑이 한 조가 되어 시장 조사를 나갈 수 없다면, 둘째 날 나가는 사원은 누구인가?

① A와 갑   ② C와 병   ③ B와 정   ④ D와 을

14 시장 조사를 나가는 8명의 조합으로 가능한 경우의 수는?

① 3가지   ② 5가지   ③ 7가지   ④ 9가지

15 A와 B 두 사람은 문제 해결과 관련된 대화를 나누고 있다. 다음 중 대화에 나오는 기법에 해당되는 것을 고르시오.

A : 지난 번 고민하던 문제는 해결되었어?
B : 아니. 아직. 여러 가지 방법을 도입해보고는 있는데 별 효과가 없어.
A : (   )기법도?
B : 그게 뭔데? 처음 들어봐.
A : 미국의 알렉스 오즈번이 고안한 그룹 발산 기법으로, 창의적인 사고를 위한 발산 방법 중 가장 흔히 사용되는 방법이야.이 방법은 집단의 효과를 살려서 아이디어의 연쇄 반응을 을리켜 자유 분방한 아이디어를 내고자 하는 것이지

① 자유연상법   ② 강제연상법   ③ 비교발상법   ④ TRIZ기법

16 시장 분석을 위해 수집된 정보들을 이슈별로 분류를 해보았다면, 다음 중 이와 관련된 그림은?

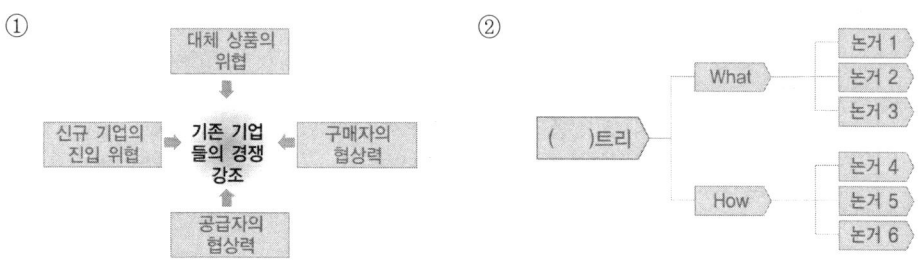

① 대체 상품의 위협 / 신규 기업의 진입 위협 / 기존 기업들의 경쟁 강조 / 구매자의 협상력 / 공급자의 협상력

② ( )트리 / What — 논거 1, 논거 2, 논거 3 / How — 논거 4, 논거 5, 논거 6

③
해결책	중요도		실현 가능성			종합평가	채택여부
	고객만족도	문제해결	개발기간	개발능력	적용가능성		
해결책 1							
해결책 2							
해결책 3							
해결책 4							

④
Questions	가설	분석내용	자료 Source	책임자	Output	기한

Chapter 1
Chapter 2
Chapter 3
Chapter 4
Chapter 5
Chapter 6
Chapter 7
Chapter 8
Chapter 9
Chapter 10

17 아래의 사례는 다음 중 어떤 과정에 해당되는 것인가?

A항공사는 여직원의 비율이 80%인 항공사로 주로 비행기에 탑승하여 비행하는 여승무원의 비율이 특히 높은 편이다. 지난 수년간 여승무원의 퇴사율과 이직률이 높은 수치를 기록하자 A항공사는 곤란한 상황에 빠졌다. A항공사는 이러한 문제를 해결하기 위하여 인사팀의 S대리에게 이러한 문제를 조사하고 해결방안을 찾아보라는 과제를 주었다. S대리는 우선 관련 데이터를 수집하고 분석한 결과 이직률이 주로 출산한 여승무원과 신입 여승무원사이에서 가장 많다는 것을 알게 되었다. 이를 통해 다음과 같은 원인들을 도출하게 되었다.

1. 출산을 한 여승무원에게 출산휴가기간이 충분하지 않음
2. 기혼 여승무원의 비행스케줄에 장거리구간이 많이 포함되어 있음
3. 신입 여승무원들이 엄격한 직급체제로 스트레스를 받아 적응하지 못함
4. 여승무원이 남승무원에 비해 승진기회가 낮음

S대리는 이중 가장 핵심적인 원인을 찾기 위하여 승무원들의 커뮤니티에 가입하여 비공개설문조사를 실시하고, 퇴사한 직원들에게 전화조사를 실시하였다. 그 결과 출산한 여승무원의 장거리스케줄에 대한 부담감과 신입 여승무원들에게 엄격한 직급체제가 가장 큰 원인임을 알 수 있게 되었다.

① 문제 도출 과정   ② 원인 분석 과정   ③ 해결안 도출 과정   ④ 환경 분석 과정

18 리더 P는 환경 분석을 위해 업무를 분담하려고 한다. 아래와 같이 분담을 한다면 다음 중 어떤 기준에 의한 것인가?

> 〈환경 분석 업무 분담 계획〉
> • A사원 : 고객들은 우리 회사의 상품과 서비스에 만족하고 있는가?
> • B대리 : 우리 회사의 달성 목표와 현상 간에 차이는 없는가?
> • C과장 : 경쟁 기업의 우수한 점과 우리 회사의 현상과 차이는 없는가?

① SWOT   ② 3C   ③ 4P   ④ STP

19 대기업 면접에 참가한 취업 준비생 K. 오늘은 토의 면접을 치르게 된다. 긴장된 마음으로 면접장에 들어갔다. 토의 면접을 함께 할 조원들은 K를 포함하여 모두 6명이다. 주제는 '신제품 개발'이었고, 면접을 시작하기 전에 면접관이 '판매 방법', '판매 대상' 등 토의 범위를 미리 정해주었다. 이 면접은 다음 중 어떤 방식을 적용한 것인가?

① 브레인스토밍   ② 체크리스트   ③ NM법   ④ Synectics법

20 아래 예시된 글과 같은 유형의 논리적 오류를 범하고 있는 것은?

> 전체 직원들에 대한 토익 시험을 치른 결과, 인사팀의 점수가 총무팀의 점수보다 더 높은 것으로 나타났다. 이 결과를 통해, 우리는 인사팀 직원인 철수가 총무팀 직원인 영수보다 영어를 더 잘 한다는 것을 알 수 있다.

① 모든 구리는 전도성을 가진다. 내 앞에 놓여진 물체는 구리이다. 따라서 이 물체는 전도성을 가질 것이다.

② 이 회사는 매우 전문적으로 뛰어난 회사임에 틀림없다. 회사의 사원들 각각이 전문적이고 뛰어난 사람들로 구성되었기 때문이다.

③ 세계에서 이 카메라가 가장 가볍고 성능이 좋다. 그러므로 이 카메라의 각 부품들 역시 세계에서 가장 가볍고 성능이 좋을 것임에 틀림없다.

④ 사교성을 측정하는 심리검사에서 나는 평균보다 높은 점수를 받았고 준영이는 평균보다 낮은 점수를 받았다. 즉, 내가 준영이보다 사교적이다.

Chapter 03 정답 및 해설

 기본문제

01 ④

문제의 정의에서 목표와 현상에서 목표는 있어야 할 모습, 바람직한 상태, 기대되는 결과이며 현상은 현재의 모습, 예상되는 상태, 예기치 못한 결과이다

02 ③

발상의 전환은 문제해결에 필요한 기본적 사고이다.

03 ③

퍼실리테이션에 필요한 기본역량으로는 ① 문제의 탐색과 발견, ② 문제해결을 위한 구성원 간의 커뮤니케이션 조정, ③ 합의를 도출하기 위한 구성원들 사이의 갈등관리 등은 변화와 혁신을 선도해가야 하는 오늘날의 리더에게 무엇보다도 필요한 역량들이라고 할 수 있다.

04 ②

퍼실리테이션(facilitation)이란 '촉진'을 의미하며, 어떤 그룹이나 집단이 의사결정을 잘 하도록 도와주는 일을 의미한다. 최근 많은 조직에서는 보다 생산적인 결과를 가져올 수 있도록 그룹이 어떤 방향으로 나아갈 지 알려주고, 주제에 대한 공감을 이룰 수 있도록 능숙하게 도와주는 퍼실리테이터를 활용하고 있다. 따라서 퍼실리테이션에 의한 문제해결방법은 깊이 있는 커뮤니케이션을 통해 서로의 문제점을 이해하고 공감함으로써 창조적인 문제해결을 도모한다

05 ③

브레인스토밍(Brain Storming)은 미국의 알렉스오즈번이 고안한 그룹발산기법으로, 창의적인 사고를 위한 발산방법 중 가장 흔히 사용되는 방법이다. 브레인스토밍은 집단의 효과를 살려서 아이디어의 연쇄반응을 일으켜 자유분방한 아이디어를 내고자 하는 기법이다.

06 ④

논리적인 사고는 고정된 견해를 낳는 것이 아니며, 더구나 자신의 사상을 강요하는 것도 아니다. 자신이 함께 일을 진행하는 상대와 의논하기도 하고 설득해나가는 가운데 자신이 깨닫지 못했던 새로운 가치를 발견하고 생각해낼 수 가 있다 .또한 반대로 상대에게 반론을 하는 가운데 상대가 미처 깨닫지 못했던 중요한 포인트를 발견할 수 있다.

07 ①

"so what?"기법은 "그래서 무엇이지?" 하고 자문자답하는 의미로, 눈앞에 있는 정보로부터 의미를 찾아내어, 가치 있는 정보를 이끌어내는 사고이다

08 ④

체계성은 불필요한 논증, 속단을 피하는 것을 말하며, 객관성은 문제를 다양한 관점으로 살펴보는 것을 말한다.

09 ③

- 문제인식 : 해결해야 할 전체 문제를 파악하여 우선순위를 정하고, 선정문제에 대한 목표를 명확히 하는 단계
- 문제도출 : 선정된 문제를 분석하여 해결해야 할 것이 무엇인지를 명확히 하는 단계
- 원인분석 : 파악된 핵심문제에 대한 분석을 통해 근본원인을 도출하는 단계
- 해결안 개발 : 문제로부터 도출된 근본원인을 효과적으로 해결할 수 있는 최적의 해결방안을 수립하는 단계
- 실행 및 평가 : 해결안 개발을 통해 만들어진 실행계획을 실제상황에 적용하는 활동으로 당초 장애가 되는 문제의 원인들을 해결안을 사용하여 제거하는 단계

10 ①

- 문제인식 : 해결해야 할 전체문제를 파악하여 우선순위를 정하고, 선정문제에 대한 목표를 명확히 하는 단계
- 문제도출 : 선정된 문제를 분석하여 해결해야 할 것이 무엇인지를 명확히 하는 단계
- 원인분석 : 파악된 핵심문제에 대한 분석을 통해 근본원인을 도출하는 단계

- 해결안 개발 : 문제로부터 도출된 근본원인을 효과적으로 해결할 수 있는 최적의 해결방안을 수립하는 단계
- 실행 및 평가 : 해결안 개발을 통해 만들어진 실행계획을 실제상황에 적용하는 활동으로 당초 장애가 되는 문제의 원인들을 해결안을 사용하여 제거하는 단계

11 ③

목표와 현상간의 차이는 "요구"를 의미함

12 ④

문제해결을 위한 기본요소로는 문제해결방법에 대한 지식, 문제관련지식에 대한 가용성, 문제해결자의 도전의식과 끈기, 문제에 대한 체계적인 접근, 체계적인 교육훈련의 5가지가 있다. 문제해결을 위한 직장선배의 조언은 문제해결에 도움을 줄 수 있지만 문제해결을 위해 개인이 갖추어야 하는 기본요소는 아니다.

13 ①

도전의식은 문제해결을 위한 장애요소가 아니라 꼭 필요한 요소이다. 문제의식이란 현상에 만족하지 않고 전향적인 자세로 현재 상황을 개선하거나, 바꾸고자 하는 마음가짐으로 문제해결을 위해 갖추어야 할 자세이다.

14 ④

기존의 정보를 객관적으로 분석하는 일은 논리적 사고 혹은 비판적 사고의 개념이다. 물론, 창의적 사고를 하기 위해서는 정보를 객관적으로 분석하는 일이 필요하지만, 창의적 사고의 직접적인 설명은 아니다.

15 ③

타인에 대한 이해, 설득, 논리의 구조화는 논리적 사고를 위해서 갖추어야 하는 구성요소인 반면, 고정관념은 다양한 생각을 받아들일 수 없으며, 자신만의 논리로 빠지기 쉬운 것으로 논리적인 사고를 위해서는 버려야 할 것에 해당함

16 ③

비판적 사고를 발휘하기 위해 요구되는 태도는 지적 호기심, 객관성, 개방성, 융통성, 지적 회의성, 지적 정직성, 체계성, 지속성, 결단성, 다른 관점에 대한 존중 등이다. 다른 관점에 대한 무조건적인 반박은 어떤 현상을 부정적으로 바라보는 것이며, 비판적 사고라고 할 수 없다.

17 ①

18 ②

3C분석에서 3C란 고객(customer), 자사(company),

경쟁사(competitor)의 머릿글자를 의미하며, 사업 환경을 구성하고 있는 고객, 자사, 경쟁사에 대한 체계적인 분석을 통해 환경을 분석하는 방법을 의미

19 ③

Logic Tree방법은 문제의 원인을 분석한다든지 해결책을 구체화할 때 사용되는 방법으로 주요 가제를 나무모양으로 분해, 정리하는 방법임

20 ①

① 은 실행 및 Follow-up단계에 대한 설명으로, 실행 계획을 수립한 후 실제 계획에 따라 해결안을 실행하는 과정에 대한 설명임

🪧 적중예상문제

01 [정답 사례] 사진의 맨 위쪽 도로의 끝에서 오른쪽으로 돌면 즐거운 축제가 벌어지고 있습니다. 형형색색의 화려한 복장을 한 젊은이들이 행복한 표정으로 축제를 즐기고 있습니다. 이곳은 이번에 새로 들어선 놀이 공원에서 개장 기념 축제가 벌어지는 장소입니다.

다음의 그림을 보자.

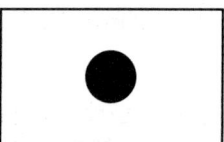

네모 상자 안에 무엇이 보이는가? 대부분의 사람들은 '검정색 점'이 보인다고 한다. 왜? 그렇게 배웠으니까. 그러나, 네모 상자 안에는 검정 점 말고도 하얀색의 여백이 있다. 창의성이란 남들이 보지 못하는 것을 보는 것이다.

문제에서 제시된 사진을 보자. 일방통행이 쓰여있는 사진을 보고 사진에 있는 장면을 설명하고 있다면, 그것 역시 '점'만을 보고 있는 것이다. 사진에는 보이지 않는 길 옆, 길이 꺾어진 곳, 길 아래 등을 상상해보는 것은 어떨까? 혹은, 과거나 미래를 상상해보는 것은 어떨까?

"사진에 보이는 길 끝에서 우회전을 해보면 즐거운 축제가 벌어지고 있다.", 혹은, "100년 전 이 곳은 아름다운 꽃들이 가득한 공원이었다.", 혹은, "10년 후 이 자리에는 테마 공원이 들어선다." 등과 같은 전제를 한

후, '축제의 즐거운 모습', '공원에서 벌어졌던 일들', '테마 공원에서 재미있게 놀고 있는 사람들의 모습' 등을 자유롭게 써보도록 하자.

02 [정답 사례] '소금을 먹을 수가 없게 된다', '고혈압과 같이 짠 음식을 많이 먹어서 생기는 질병들이 사라질 것이다', '과학자들이 소금을 인공적으로 만드는 방법을 개발할 것이다', '배가 쓸모 없어질 것이다', '항공업이 발달할 것이다', '물고기나 해조류들이 사라질 것이다', '해양 스포츠 산업과 조선업이 사라지게 된다', '어부, 해녀, 잠수부 등 바다와 관련된 다양한 직업들이 사라지게 된다', '인어공주 이야기가 잊혀지게 될 것이다', '바다가 육지라면 이라는 노래를 더 이상 들을 수 없게 된다', '고래들만 살아남아서 다리를 갖게 된다', '바다에 익숙했다는 뉴스가 사라질 것이다' 등.
기본적인 지식을 바탕으로 사고를 확장시켜 보면 이런 문제에 효과적으로 대처할 수 있을 것이다. 예를 들어, '항공업이 발달할 것이다' 라는 것을 생각해 냈다면, 또 다른 것을 생각하려 하지 말고, 이 문장에서 더 많은 생각들을 확장시키는 것이 좋다. 항공업이 발달한다면 → 항공사가 인기 있는 직장이 될 것이고 → 항공사에 다니는 직원들의 이미지가 더 좋아질 것이고… 등과 같이 말이다.

03 [정답 사례] 배관, 운송도구, 놀이기구, 기둥, 귀마개, 지우개, 통조림 등
2번 문제와 같이 기본적인 지식을 바탕으로 사고를 확장시켜 보면 이런 문제에 효과적으로 대처할 수 있을 것이다.

04 ①
제시된 문장대로 빠르기를 비교해보면, 거북이가 가장 빠르고, 그 다음이 토끼, 제일 느린 것은 호랑이가 된다.

05 ③
윤희의 점수 = 경빈이의 점수 + 20
민정이의 점수 = 문경이의 점수 − 10 = 경빈이의 점수 + 10
따라서, 윤희의 점수 〉 민정이의 점수 〉 경빈이의 점수

06 ②
주어진 명제의 대우를 찾으면 된다.
$p \to q = \sim q \to \sim p$

07 ③
정아와 윤희는 형제간이고 정아와 영희는 4촌 간이므로, 윤희와 영희도 4촌 간이 된다.

08 ①
운동을 좋아하는 사람을 A, 등산을 좋아하는 사람을 B, 산을 좋아하는 사람을 C, 건강을 중요시하는 사람을 D로 놓고 제시된 문장을 부호로 표시해보면, A → B, C → B, D → A 가 된다. 첫 번째와 세 번째 문장에 의해 D → B (D → A → B)를 이끌어낼 수 있다.

09 ④
(분석1) 7위로 골인한 사람
→ 첫 번째 조건에 의해 B는 7위가 아니다.
→ 네 번째 조건에 의해 E와 F는 7위가 아니다.
→ 다섯, 여섯 번째 조건에 의해 D와 G는 7위가 아니다.
→ 따라서, 7위는 A 또는 C이다.

(분석2) 7위가 A인 경우와 C인 경우
→ 만일 A가 7위라면, 첫 번째, 세 번째 조건에 의해 C − ○ − ○ − ○ − B − A가 형성된다.
→ 여기에 네 번째 조건을 적용할 경우, F − E − C − ○ − ○ − ○ − B − A가 되어 7명이 달리기를 했다는 조건에 위배된다. 따라서 7위는 C이다.

(분석3) 7위가 C일 때 경우의 수

	1위	2위	3위	4위	5위	6위	7위
			B	A	D		C
경우1	G	F				E	
경우2	F	G				E	
경우3	F	E				G	

→ 결국, 항상 참인 것은 ④이다.

10 ③

	1위	2위	3위	4위	5위	6위	7위
			B	A	D		C
경우1	G	F				E	
경우2	F	G				E	
경우3	F	E				G	

11 ④

	1위	2위	3위	4위	5위	6위	7위
			B	A	D		C
경우1	G	F				E	
경우2	F	G				E	
경우3	F	E				G	

12 ④
i) 다섯 번째 지침에 의해 A가 B보다 늦게 나가는 것은 알 수 있지만, C보다 늦게 나가는 지는 알 수 없다.
ii) 네 번째 지침에 의해 을은 병보다 먼저 나가야 하며, 다섯 번째 지침에 의해 병은 갑보다 먼저 나가야 한다. 따라서, 을은 첫째 날 또는 둘째 날 나갈 수 있다.

iii) 네 번째 지침에 의해 병은 을보다 늦게 나가야 하고, 다섯 번째 지침에 의해 병은 갑보다 먼저 나가야 한다. 따라서 병은 둘째 날 또는 셋째 날 나갈 수 있다.

iv) 세 번째 지침에 따르면, D는 B, C보다 먼저 나가야 한다. 그리고, 다섯 번째 지침에 따르면 A는 B가 나간 다음 날 나간다. 따라서 D는 첫 날에 나가야 한다.

13 ②

(분석1) 주어진 조건에 따라 남자 순서를 구해보면 다음과 같은 2가지 경우가 가능하다.

1일	2일	3일	4일
D	C	B	A
D	B	A	C

(분석2) 주어진 조건에 따른 여자 순서를 구해 보면 다음과 같이 3가지 경우가 가능하다.

1일	2일	3일	4일
정	을	병	갑
을	정	병	갑
을	병	정	갑

(분석3) 두 번째 지침과 C와 갑은 같이 시장 조사를 나갈 수 없다는 것을 바탕으로 가능한 조합을 구성해 보면 다음과 같다.

	1일째	2일째	3일째	4일째
남자	D	C	B	A
여자	을	병	정	갑

14 ①

가능한 경우는 다음과 같다.

	구분	1일째	2일째	3일째	4일째
1	남자	D	C	B	A
	여자	을	병	정	갑
2	남자	D	B	A	C
	여자	을	정	병	갑
3	남자	D	B	A	C
	여자	정	을	병	갑

15 ④

Brain Storming 방식에 대한 설명이다. 이 방식은 자유연상법에 해당되므로 정답은 ①번이 된다.

16 ②

이슈를 서브 이슈(sub-issue)로 세분화하는 이슈트리 방식에 대한 설명으로 ②번 그림에 해당된다.
①번은 5 Force Model, ③번은 해결안을 도출한 후 해결안 평가 및 최적안을 선정할 때 효과적으로 사용할 수 있는 표, ④번은 이슈분석 워크시트이다.

17 ②

문제를 도출한 후 파악된 핵심 문제에 대한 분석을 통해 근본 원인을 찾는 과정이다.

18 ②

순서대로 보면, Customer, Company, Competitor에 대해 언급한 것을 알 수 있다. SWOT 분석은 Strengths, Weaknesses, Opportunity, Threats 등을 분석하는 기법이다. 4P는 Product, Price, Place, Promotion 전략을 수립하는 것이고, STP는 Segmentation, Targeting, Positioning 전략을 의미한다.

19 ②

'판매 방법', '판매 대상' 등은 체크리스트에 해당된다. 체크리스트는 각종 힌트에서 강제적으로 연결 지어서 발상하는 방법으로 강제연상법이다. NM법과 Synectics법은 주제와 본질적으로 닮은 것을 힌트로 하여 새로운 아이디어를 얻는 비교발상법이다.

20 ③

주어진 지문은 '분할의 오류'에 해당된다. 이에 해당되는 것은 ③번이다. ②는 합성의 오류에 해당된다.

Chapter 4
자기개발능력 (직업기초능력 D-1)

D-1. 자기개발능력

D-2. 하위능력별

가. 자아인식능력

나. 자기관리능력

다. 경력개발능력

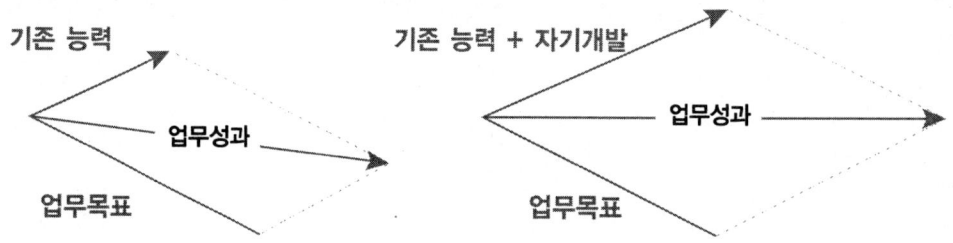

자기개발

자기개발은 자신의 능력, 적성 및 특성 등에 있어서 강점과 약점을 찾고 확인하여 강점을 강화시키고, 약점을 관리하여 성장을 위한 기회로 활용하는 것이며, 직업기초능력으로서 자기개발능력은 직업인으로서 자신의 능력, 적성, 특성 등을 이해하고 목표성취를 위해 스스로를 관리하며 개발해나가는 능력이다.

✎ 자기개발의 필요성

업무의 성과를 향상

직장생활에서의 자기개발은 효과적으로 업무를 처리하기 위하여, 즉 업무의 성과를 향상시키기 위하여 이루어진다. 다음 그림과 같이 자기개발은 동일한 업무의 목표에 대하여도 더 많은 성과를 가져올 수 있게 한다.

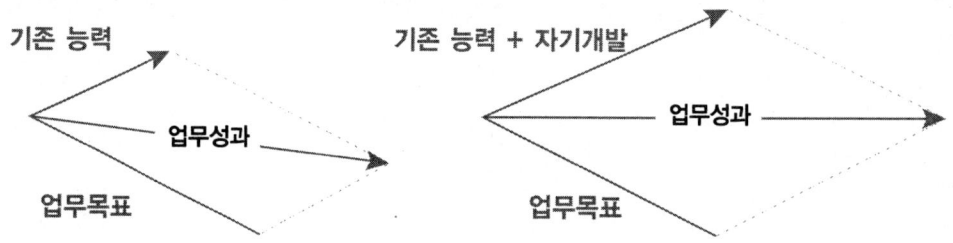

변화하는 환경에 적응

우리를 둘러싸고 있는 환경은 끊임없이 변화하고 있으며, 그 변화의 속도는 점점 빨라지고 있다. 우리가 가지고 있는 지식이나 기술이 과거의 것이 되지 않도록 환경변화에 따라 지속적인 자기개발의 노력이 요구된다.

주변 사람들과 긍정적인 인간관계를 형성

어떤 사람들은 자기관리 자체가 긍정적인 인간관계를 형성하는 기초가 된다고 말한다. 자기개발에 있어서 자기관리는 매우 중요한 요소이며, 자신의 내면을 관리하고, 자신의 시간을 관리하며, 자신의 생산성을 관리하는 등의 자기관리는 좋은 인간관계의 형성과 유지의 기반이 되기도 한다.

자신이 달성하고자 하는 목표를 성취
자기개발을 하기 위해서는 자신의 비전을 발견하고 장단기 목표를 설정하여 성취해야 한다. 이와 같이 자기개발은 자신의 목표를 발견하고 성취하도록 도와준다.

보람된 삶
자기개발을 하게 되면 자신감을 얻게 되고, 삶의 질이 향상되어 보다 보람된 삶을 살 수 있다.

✐ 자기 개발의 구성
직업인은 직장생활에서 자신의 능력 및 적성을 파악하고, 그에 적합한 자신의 목표를 수립하고 통제하며, 성취해 나가는 역량을 개발하여야 한다. 자기개발은 다음과 같이 자기인식, 자기관리, 경력개발로 이루어진다.

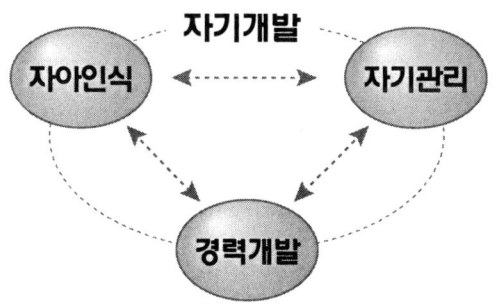

 # 자기개발을 방해하는 요인

인간의 욕구와 감정이 작용하기 때문이다.
매슬로우의 욕구5단계설을 근거로 보면 상위단계의 욕구를 추구하고 실현하기 위해서는 이전

단계의 욕구가 충족되어야 한다고 한다. 즉 자기개발과 관련이 있는 욕구인 '자기실현의 욕구'는 최상의 욕구 단계인데, 사실상 이전 단계의 욕구를 충족시키는 것 역시 쉽지가 않다.

제한적으로 사고하기 때문이다.

자신의 행동에 대한 자기합리화, 자신의 주장과 반대되는 주장에 대한 무의식적 배척, 선입견 등이 자신의 장단점을 객관적으로 파악하는데에 장애요인으로 작용하여 자기개발의 방향설정을 저해한다.

문화적인 장애에 부딪히기 때문이다

우리는 우리가 속한 문화와 끊임없이 상호작용하며, 문화의 틀 안에서 관성의 법칙에 따라 사고하고 행동하게 된다. 따라서 우리는 현재하고 있는 일을 지속하려는 습성이 있어서 새로운 자기개발의 한계에 직면하게 된다.

자기개발 방법을 잘 모르기 때문이다.

자기개발과 관련된 교육프로그램이 무엇이 있는지, 이를 제공하는 교육훈련기관은 어디에 있는지 등을 알 필요가 있으며, 더불어 직업인의 자기개발에 대한 국가의 재정지원이 이루어지는 사업에 대해서도 살펴볼 필요가 있다.

자기개발 계획 수립

자기개발에 대한 계획을 수립한다고 해서 모든 목표를 달성할 수 있는 것은 아니다. 자기개발 목표를 성취하기 위해서는 다음과 같은 전략을 고려하여 목표를 수립하고 자기개발 방법을 선정하여야 한다.

장단기 목표를 수립한다.

• 장기목표는 5~20년 뒤, 자신의 욕구, 가치, 흥미, 적성 및 기대를 고려하여 수립하며 자신

의 직장에서의 일과 관련하여 직무의 특성, 타인과의 관계 등을 고려

- 단기목표는 1~3년 정도, 직무관련 경험, 개발해야 될 능력 혹은 자격증, 쌓아두어야 할 인간관계 등을 고려하여 수립

인간관계를 고려한다.

우리는 가족, 친구, 직장동료, 부하직원, 상사, 고객 등 많은 인간관계를 살아가고 있으므로 이러한 관계를 고려하지 않고 자기개발 계획을 수립하지 않을 수 없다. 또한 다른 사람과의 관계를 발전시키는 것도 하나의 자기개발 목표가 될 수 있다.

현재의 직무를 고려한다.

직업인이라면 현재의 직무상황과 이에 대한 만족도가 자기개발 계획을 수립하는데 중요한 역할을 담당하게 된다. 따라서 현 직무를 담당하는데 필요한 능력과 이에 대한 자신의 수준, 개발해야 할 능력, 관련된 적성 등을 고려해야 한다.

구체적인 방법으로 계획한다.

자신이 수행해야 할 자기개발 방법을 명확하고 구체적으로 수립하면 노력을 집중하고 효율화할 수 있고, 이에 대한 진행과정도 손쉽게 파악할 수 있다.

✎ 자기개발계획 수립이 어려운 이유

- 자기정보의 부족: 자신의 흥미, 장점, 가치, 라이프스타일을 충분히 이해하지 못함
- 내부 작업정보 부족: 회사 내의 경력기회 및 직무 가능성에 대해 충분히 알지 못함
- 외부 작업정보 부족: 다른 직업이나 회사 밖의 기회에 대해 충분히 알지 못함
- 의사결정시 자신감의 부족: 자기개발과 관련된 결정을 내릴 때 자신감 부족
- 일상생활의 요구사항: 개인의 자기개발 목표와 일상생활(예: 가정) 간 갈등
- 주변상황의 제약: 재정적 문제, 연령, 시간 등

4.1 자아인식능력 (하위모듈 D-2-가)

학습목표

직장생활에서 다양한 방법으로 자신의 장담점, 흥미, 적성 등을 분석하여 자신의 가치를 설명할 수 있다.

····▶ 자아인식의 개념과 중요성을 설명할 수 있다.
····▶ 자아를 인식하는 방법을 설명할 수 있다.
····▶ 일과 관련된 자기의 특성을 파악할 수 있다.
····▶ 자신이 한 일에 대해 반성적으로 성찰할 수 있다.
····▶ 자신을 브랜드화하여 가치를 부여할 수 있다.

✎ 자아인식능력

자아인식능력은 자신의 흥미, 적성, 특성 등을 이해하고 자기정체감을 확고히 하는 능력이다. 자아인식은 직업생활에서 자신의 요구를 파악하고 자신의 능력 및 기술을 이해하여 자신의 가치를 인식하는 것으로 개인과 팀의 성과를 높이는데 필수적으로 요구된다.

직업인이 자신의 역량 및 자질을 개발하기 위해서는 자신을 이해하는 것이 선행되어야 한다. 직장생활을 하다보면 자기 자신의 특성을 잘 알고 이를 잘 활용하는 사람이 있는 반면, 자신의 특성을 모르고 있는 사람도 있다. 자신을 잘 안다면 효과적으로 업무 및 직장생활을 수행할 수 있다.

✎ 자아 구성 요소

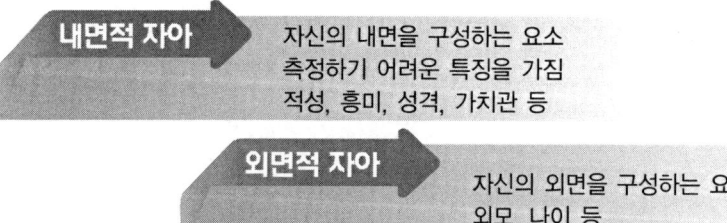

내면적 자아 ▶ 자신의 내면을 구성하는 요소
측정하기 어려운 특징을 가짐
적성, 흥미, 성격, 가치관 등

외면적 자아 ▶ 자신의 외면을 구성하는 요소
외모, 나이 등

✎ 자아인식을 하는 방법

조해리의 창(Johari's Window)

조셉과 헤리라는 두 심리학자에 의해 만들어진 조해리의 창은 자아인식의 모델이다.

	내가 아는 나	내가 모르는 나
타인이 아는 나	공개된 자아 Open Self	눈먼 자아 Blind Self
타인이 모르는 나	숨겨진 자아 Hidden Self	아무도 모르는 자아 Unknown Self

자아 인식의 방법으로 다음 그림과 같이 나 자신에 대하여 내가 아는 나, 타인과의 커뮤니케이션을 통하여 아는 나, 표준화된 검사를 통하여 아는 나로 자아를 인식해 볼 수 있다.

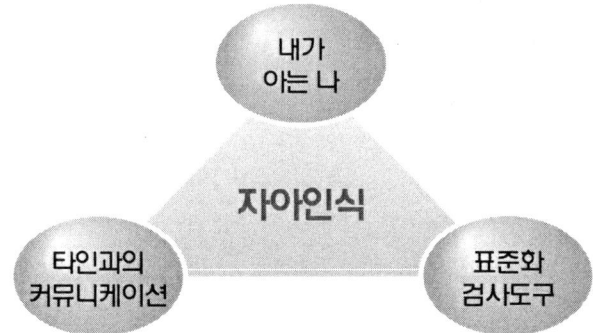

내가 아는 나를 확인하기

• 나의 성격이나 업무수행에 있어서 장단점은 무엇일까?

• 현재 내가 담당하는 업무를 수행하기에 부족한 능력은 무엇인가?

• 내가 관심을 가지고 열정적으로 하는 일은 어떤 것이 있을까?

• 나는 직장생활에서 어떤 목표를 가지고 있는가? 이것들은 가치로운 것인가?

• 내가 생각하는 바람직한 상사, 동료 및 부하직원은 어떻게 행동하는가?

• 내가 오늘 하고 있는 일(직장, 학교 등)을 그만둔다면, 나는 어떤 일을 새로 시작할까?

다른 사람과의 커뮤니케이션

- 직장생활에서 저의 장단점을 뭐라고 생각하나요?

- 저를 평소에 어떤 사람이라고 생각하시나요?

- 당신이 창업을 한다면, 저와 함께 일할 생각은 있으신가요? 그 이유는 무엇인가요?

- 당신은 나를 처음보고 어떤 느낌이 들었나요?

표준화 검사도구

- 커리어넷 www.careernet.re.kr : 진로상담, 직업흥미, 직업성숙도, 직업가치관검사

- 고용안정정보망워크넷 www.work.go.kr : 직업선호도검사, 한국직업전망

- 한국직업능력개발원 www.krivet.re.kr : 진로정보제공, 진로상담 및 검사

- 한국행동과학연구소 www.kirbs.re.kr

- KPTI한국심리검사연구소 www.kpti.com : 심리검사 전문 기관, MBTI, STRONG

- 진로탐색 및 직업흥미검사, 적성, 학습검사, 온라인상담

- 한국청소년상담원(www.kyci.or.kr) 진로발달, 적성탐색검사

- 청소년의세계(www.youth.co.kr)상담서비스, 심리검사, 진로관련정보제공

- 한국심리적성연구소 www.allq.co.kr

- 중앙적성연구소 www.cyber-test.co.kr

- 진로적성연구원 www.choicest.net

- 한국사회적성개발원 www.qtest.co.kr

4.2 자기관리능력 (하위모듈 D-2-나)

학습목표

직장생활에서 직업인으로서 자신의 역할과 목표를 정립하고, 이를 위하여 자신의 행동과 업무 수행을 관리하고 통제할 수 있다.

> ···» 자기관리 단계별 계획을 수립할 수 있다.
> ···» 자신의 내면을 관리할 수 있다.
> ···» 자신의 생산성을 관리할 수 있다.
> ···» 합리적인 의사결정을 할 수 있다.

✎ 자기관리능력

자기관리능력은 자신의 행동 및 업무수행을 통제하고 관리하며, 합리적이고 균형적으로 조정하는 능력이다. 자신을 지속적으로 관리하지 않으면 변화하는 환경 속에 적응하지 못하고 도태하여 버린다. 따라서 직업인은 자신의 비전에 따라 과제를 발견하고 계획을 세워 자기관리를 수행하며, 내면과 생산성 관리 및 의사결정을 적절히 할 수 있어야 한다.

자기관리를 잘 하는 것은 보다 나은 미래를 영위할 수 있는 추진력이 된다. 자기관리를 잘하는 사람은 자신의 비전과 목표를 잘 알고, 이에 따라 자신이 수행해야 될 과제를 알고 있으며 효과적으로 수행하는 사람이다.

✎ 나의 업무수행 성과를 향상시키는 방법

직업인은 자신의 직장에서 업무 수행성과를 높이는 것이 가장 중요한 자기개발이다. 업무 수행성과에는 시간이나 물질과 같은 자원, 업무지침, 개인의 능력(지식이나 기술 포함), 상사 및 동료의 지원과 같은 요인들이 영향을 미친다.

✎ 자기관리

1단계	**비전 및 목적 정립**	• 자신에게 가장 중요한 것 파악 • 가치관, 원칙 삶의 목적 정립 • 삶의 의미 파악
2단계	**과제 발견**	• 현재 주어진 역할 및 능력 • 역할에 따른 활동목표 • 우선순위 결정
3단계	**일정 수립**	• 하루, 주간, 월간 계획 수립
4단계	**수행**	• 수행과 관련된 요소분석 • 수행방법 찾기
5단계	**반성 및 피드백**	• 수행결과 분석 • 피드백

비전 및 목적 정립

• 비전과 목적은 모든 행동 혹은 업무의 기초가 되며, 의사결정에 있어서 가장 중요한 지침이다.

• 자신의 비전과 목적을 정립하기 위하여 다음과 같은 질문을 해볼 수 있다.

    – 나에게 가장 중요한 것은 무엇인가?   – 나의 가치관은?

    – 내가 생각하는 의미 있는 삶은?   – 내가 살아가는 원칙은?

    – 내 삶의 목적은 어디에 있는가?

과제 발견

• 비전과 목표가 정립되면 현재 자신의 역할 및 능력을 다음 질문을 통해 검토하고, 할일을 조정하여 자신이 수행해야 될 역할들을 도출한다.

    – 자신이 현재 수행하고 있는 역할과 능력은 무엇인가?

    – 역할들 간에 상충되는 것은 없는가?

    – 현재 변화되어야 할 것은 없는가?

• 그리고 이 역할들에 상응하는 실행가능하고 구체적인 활동목표를 설정한다.

• 다음은 각 역할 및 활동목표별로 해야 될 일을 우선순위에 따라 구분한다.

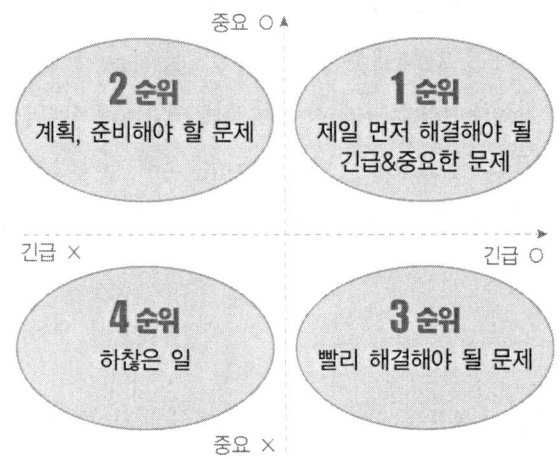

일정 수립

• 일의 우선순위에 따라 구체적인 일정을 수립한다.

일정은 월간계획 → 주간계획 → 하루계획의 순으로 작성한다.

• 앞서 분석한 우선순위에 따라 중요한 일을 모두 수행할 수 있도록 계획을 세우는 지혜가 필요하다. 스티븐 코비의 '소중한 것을 먼저 하라'를 준수하는 것이다.

수행

지금 내가 하려고 하는 일은 무엇인지, 이 일에 영향을 미치는 요소들은 무엇인지, 이를 관리하기 위한 방법은 어떤 방법이 있는지를 찾아 계획한대로 바람직하게 수행되도록 한다.

반성 및 피드백

일을 수행하고 나면 다음의 질문을 통해 분석하고, 결과를 피드백하여 다음 수행에 반영한다.

• 어떤 목표를 성취하였는가?

• 일을 수행하는 동안 어떤 문제에 직면했는가?

• 어떻게 결정을 내리고 행동했는가?

• 우선순위, 일정에 따라 계획적으로 수행하였는가?

✎ 합리적 의사결정

직장생활에서는 두 가지 이상이 업무가 중복되어 우선순위를 정해야 될 때나, 이직을 결심하거나, 다른 사람이 무리한 요구를 할 때에 거절의 의사표시를 하는 등의 경우가 있다.

업무 수행 중에 어떤 의사결정을 내렸느냐에 따라 작게는 개인의 일시적인 시간낭비나 재정지출이 있을 수도 있지만 크게는 인생 경로가 바뀌게 되며, 조직 전체의 운명이 좌우되기도 한다. 따라서 합리적인 의사결정 과정을 통해 문제의 본질을 파악하고 최적의 대안을 선정할 필요가 있다.

합리적인 의사결정 과정

합리적인 의사결정이란 자신의 목표를 정하여 몇 가지 대안을 찾아보고 가장 실행 가능한 최상의 방법을 선택하여 행동하는 것이다.

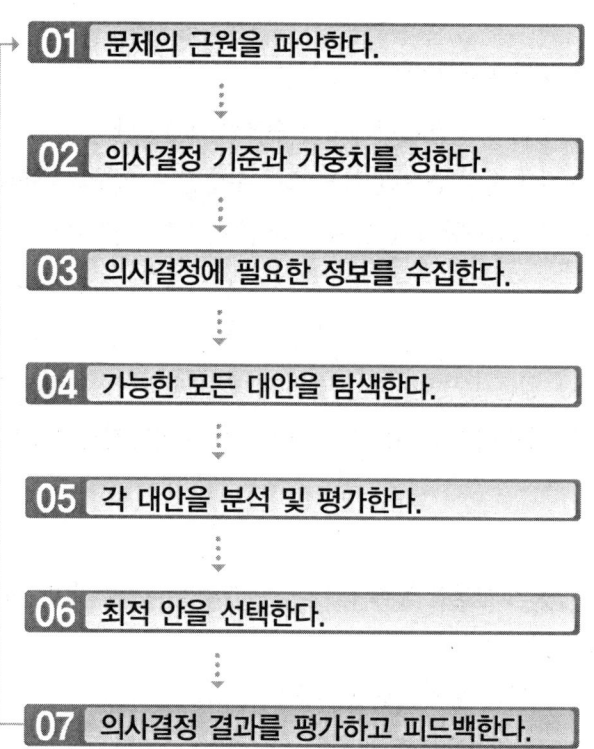

01 문제의 근원을 파악한다.

02 의사결정 기준과 가중치를 정한다.

03 의사결정에 필요한 정보를 수집한다.

04 가능한 모든 대안을 탐색한다.

05 각 대안을 분석 및 평가한다.

06 최적 안을 선택한다.

07 의사결정 결과를 평가하고 피드백한다.

4.3 경력개발능력 (하위모듈 D-2-다)

직장생활에서 직업인으로서 자신의 경력단계를 이해하고 이에 적절한 경력 개발 계획을 수립할 수 있다.

   ⋯ 경력개발의 의미를 설명할 수 있다.
   ⋯ 자신의 경력단계를 확인할 수 있다.
   ⋯ 경력개발 계획을 수립할 수 있다.
   ⋯ 경력개발의 최근 이슈를 설명할 수 있다.

✎ 경력개발능력

경력개발능력은 자신의 진로에 대하여 단계적 목표를 설정하고 목표성취에 필요한 역량을 개발해 나가는 능력이다. 현대사회는 경력개발과 관련하여 많은 변화가 있어 왔다. 직업인은 이러한 환경에 대한 이해와 자신에 대한 이해를 바탕으로 자신의 경력단계를 확인하고 이에 따른 경력개발 계획을 수립할 수 있어야 한다.

사람들은 각기 다른 직업을 가지고 다른 일을 하며 다른 경험을 축적해나간다. 환경이나 조직이 변화하고 개인의 요구가 바뀜에 따라 이러한 경험 또한 변화해야 될 필요성이 있으며, 이는 개인의 노력을 통해 개발될 수 있다.

✎ 경력(Career)과 경력개발

경력은 일생동안 이루어지는 일(Work)과 학습(Learning) 및 사회활동의 총체적 누적을 의미한다.

어떤 학교를 다녔으며, 무엇을 공부하였고, 어떤 직장에서 어떠한 일을 하였고, 어떤 사회활동으로 무슨 일을 하였는가에 관한 기록을 이력서 또는 경력서 라고 말한다.

선진국들은 오래전부터 이러한 경력 및 이력을 의도적으로 선택하고 관리하는 방법을 일찍부터 학교에서 가르친다.

- 일생에 걸친 일과 관련된 경험
- 일과 관련된 경험은 직위, 직무와 관련된 역할이나 활동뿐만 아니라 여기에 영향을 주고받는 환경적 요소도 포함한다.
- 경력개발은 개인이 경력목표와 전략을 수립하고 실행하며 피드백하는 과정으로, 개인은 한 조직의 구성원으로서 조직과 함께 상호작용하며 자신의 경력을 개발해나간다.
- 경력개발은 자신과 상황을 인식하고 경력 관련 목표를 설정하여 그 목표를 달성하기위한 과정인 경력계획과, 이에 따라서 경력계획을 준비하고 실행하며 피드백하는 경력관리로 이루어진다.

✎ 경력개발능력이 필요한 이유

현대사회의 지식정보는 매우 빠른 속도로 변화하고 있으며, 이는 개인이 속한 조직과 일에 영향을 미친다. 개인적으로도 발달단계에 따라 일에 대한 가치관과 신념 등이 바뀌게 된다. 따라서 직업인들은 개인의 진로에 대하여 단계적 목표를 설정하고 목표성취에 필요한 능력을 개발해 나가야 한다.

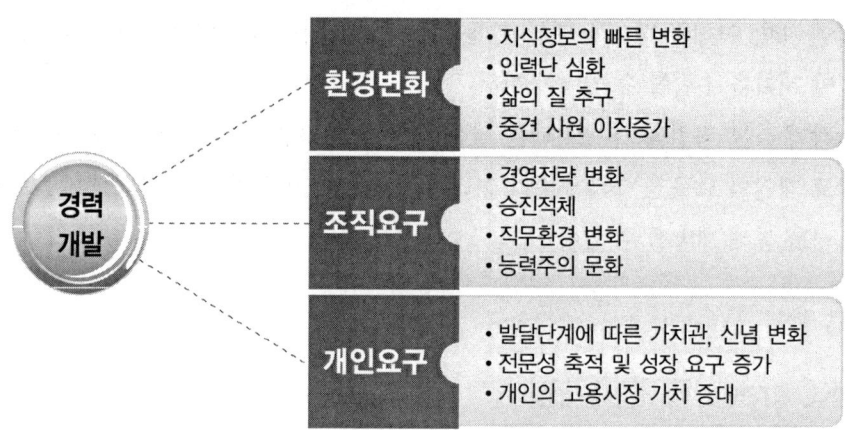

🖉 경력개발의 PROCESS

경력개발은 경력을 탐색하고, 자신에게 적합한 경력목표를 설정하며, 이에 따른 전략을 수립해서 실행하고, 평가하여 관리하는 단계로 이루어진다. 다만 이러한 단계는 명확하게 구분되는 것은 아니며, 중복적으로 이루어질 수도 있다. 또한 실행 및 평가를 통해 수정될 수도 있는 것이다.

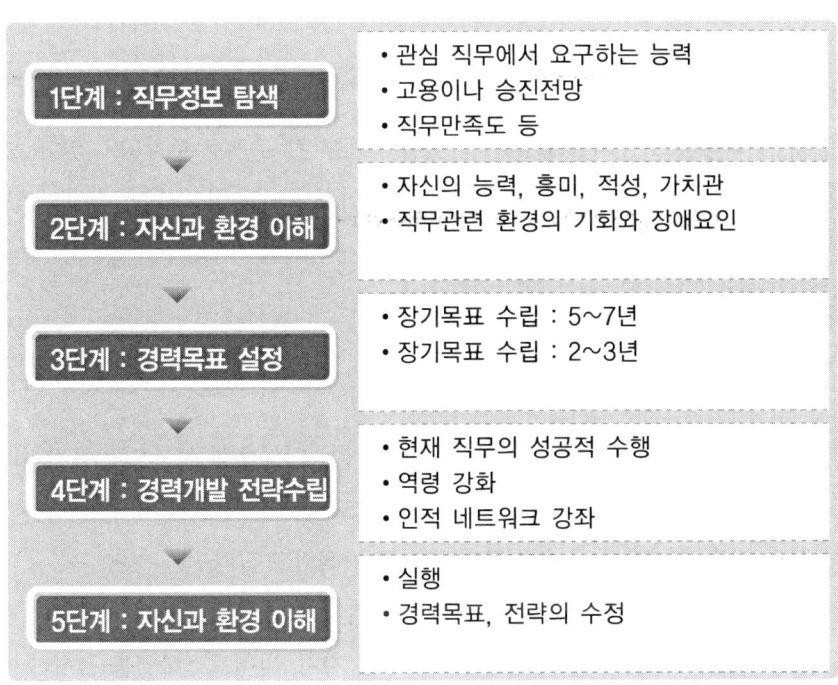

1단계 : 직무정보 탐색	• 관심 직무에서 요구하는 능력 • 고용이나 승진전망 • 직무만족도 등
2단계 : 자신과 환경 이해	• 자신의 능력, 흥미, 적성, 가치관 • 직무관련 환경의 기회와 장애요인
3단계 : 경력목표 설정	• 장기목표 수립 : 5~7년 • 장기목표 수립 : 2~3년
4단계 : 경력개발 전략수립	• 현재 직무의 성공적 수행 • 역량 강화 • 인적 네트워크 강좌
5단계 : 자신과 환경 이해	• 실행 • 경력목표, 전략의 수정

🖉 평생학습사회

평생직장이라는 말은 사라진 지 오래이며, 평생 동안 여러 개의 직업 경력을 가지는 사람도 증가하고 있다. 따라서 개인 각자가 자아실현, 생활향상 또는 직업적 지식, 기술의 획득 등을 목적으로 생애에 걸쳐서 자주적, 주체적으로 학습을 계속할 수 있는 평생학습사회가 도래하였으며, 평생학습사회에서는 개인이 현재 가지고 있는 능력보다 개인의 학습하는 능력과 이에 대한 자기개발 노력이 더욱 중요시되고 있다.

투잡스(two-jobs)

지속적인 경기불황에 따라 2개 혹은 그 이상의 직업을 가지는 사람들이 늘어나고 있다. 특히 주5일제가 시행되면서 이러한 투잡은 더욱 확대되고 있다. 직장인의 투잡에 관한 의견조사 실시 결과를 보면 직장생활을 하면서 투잡을 하고 있거나 여건이 되면 투잡을 가질 의사가 있는 사람은 91.4%에 해당하였으며, 투잡을 희망하는 이유로는 경제적 이유(76.9%)가 가장 높았으며 그 다음으로 자아실현(11.3%), 실직 대비(6.1%) 순으로 높게 나타났다

청년 실업

외환위기 이후 우리나라 노동시장에서 청년 실업은 매우 큰 문제로 부각되고 있다. 2006년 9월 현재 청년 실업률은 7.2%로 2002년도에 잠시 낮아졌던 비율이 다시 상승하고 있다. 청년 노동시장은 경기변동에 매우 민감하다. 경기 침체시 대부분의 기업들은 우선적으로 신규채용을 억제하기 때문이다.

창업경력

전 세계적으로 창업이 증가하고 있는 추세이다. 최근에는 인터넷의 확산으로 공간이나 시간의 제약 없이 손쉽게 창업을 하고 있으며, 여성들의 창업도 증가하고 있다. 창업을 하는 이유로는 정치 변화, 경제 변화, 회사생활에 대한 불만 등으로 지적되고 있다.
모든 사람들이 자신의 사업을 경영하고 싶은 소망을 가지고 있듯이 창업이 매력적인 것은 틀림없지만, 창업에 성공하기 위해서는 자신의 흥미, 재능, 가치, 라이프스타일을 철저히 이해하고, 업무 환경에 대한 충분한 정보를 얻은 후에 구체적인 목표와 전략을 수립하여 실행해야 한다.

일과 생활의 균형= WLB

컨설팅 기업인 타워스 페린이 최근 16개 국가 직장인 8만6000여명을 대상으로 인재를 끌어들이는 주요인에 대해 조사한 결과, 우리나라의 경우 경쟁력 있는 복리후생제도가 1위, 일과 삶의 균형이 2위로 나타나 일과 생활의 균형에 대한 관심이 증가하고 있는 것을 알 수 있다. 그러나 선진국에서는 이미 WLB프로그램이 보편화 되었지만 우리나라에서는 일부 대기업이나 사정이 나은 중소기업 정도가 WLB 프로그램을 도입했거나 검토 중이다. 경영적 측면에서 적지 않은 비용이 들어가지만, 긍정적 효과는 당장 가시화되지 않기 때문이다.

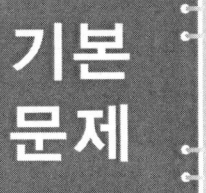

01 다음은 자기개발과 자기개발능력에 대한 설명이다. (가), (나), (다)에 각각 들어갈 적절한 용어를 순서대로 올바르게 나열한 것은?

> 자기개발은 자신의능력, 적성 및 특성등에 있어서 (가)(과, 와) (나)(를, 을) 찾고 확인하여 (가)(를, 을) 강화시키고, (나)(를, 을) 관리하여 성장을 위한 기회로 활용하는 것이며, 직업기초능력으로서 자기개발능력은 직업인으로서 자신의 능력, 적성, 특성등의 객관적 이해에 기초하여 (다)를 스스로 수립하고 성취해 나가는 능력이다.

①기술, 특기, 발전목표   ②강점, 약점, 발전목표

③장점, 단점, 능력표준   ④기술, 특기, 능력표준

02 다음은 자기개발의 특징에 대한 설명으로 적절한 것은?

① 사람들은 모두 자기개발에 있어서 지향하는 바가 비슷하다.

② 자기개발은 일시적으로 이루어지는 과정이다.

③ 자기개발은 일과 관련하여 이루어지는 활동이다.

④ 자기개발은 승진이나 이직을 원하는 사람만 하는 것이다.

03 자기개발의 필요성에 대한 설명으로 적절하지 않은 것은?

① 직장생활에서 효과적으로 업무를 처리하기 위함이다.

② 변화하는 환경에 적응하기 위해서 자기개발은 이루어진다.

③ 자기개발은 주변사람과의 관계에서 우위에 서기 위해 필요하다.

④ 자신이 달성하고자 하는 목표를 성취하기 위해서 자기개발을 한다.

04 자기개발 설계전략 중 적절하지 않은 것은?

① 보통 장기목표는 1년~ 3년 정도의 목표를 의미한다.
② 장기목표는 자신의 욕구, 가치, 흥미, 적성 및 기대를 고려한다.
③ 다른 사람과의 관계를 발전시키는 것도 하나의 자기개발 목표가 될 수 있다.
④ 현재 직무를 담당하는데 필요한 능력과 자신이 수준, 적성 등을 고려한다.

05 자기브랜드를 PR할 수 있는 방법 중 다음이 설명하는 것은 무엇인가?

> • 웹을 기반으로하여 사람들이 기존의 인맥관계를 강화시키거나 새로운 인맥을 만들 수 있는 서비스를 말하며 간단히 SNS라고 부른다.
> • 수천만의 고유한 서비스 사용자를 모을 수 있는 이것이 제공되면서 비즈니스와 각종 정보를 위한 생산 적용도로 활용되고 있다.
> • 자신의 실무지식과 업무경험, 성과물 등을 직접적으로 다른 사람들과 연결할 수 있다.
> • 한국에서는 트위터, 페이스북, 미투데이, 링크나우, 요즘 등이 많이 사용된다.

① 소셜네트워크   ② 인적 네트워크
③ 명함   ④ 경력포트폴리오

06 성찰과 관련된 다음의 설명 중 옳지 않은 것은?

① 성찰을 하면 현재의 부족한 부분을 알 수 있다.
② 성찰을 하더라도 한번 한 실수는 반복적으로 하게 되므로, 처음에 실수를 하지 않는 것이 중요하다.
③ 성찰로 신뢰감을 형성할 수 있다.
④ 성찰은 지속적으로 연습해야 몸에 익혀진다.

07 인내심과 긍정적인 마인드에 대한 설명으로 올바른 것은?

① 인내심을 가진 사람은 감정적으로 보인다.
② 자신의 목표변화는 때에 따라 인내심을 키우는데 도움이 된다.
③ 인내심을 키우기 위해서는 다양하고 다른 시각으로 상황을 분석한다.
④ 과거에 받았던 상처나 고민을 담아두고 자책한다.

Chapter 1
Chapter 2
Chapter 3
Chapter 4
Chapter 5
Chapter 6
Chapter 7
Chapter 8
Chapter 9
Chapter 10

08 업무수행 성과를 높이기 위한 방법으로 적절하지 않은 것은?

① 일을 미루지 않고 가장 중요한 일을 먼저 처리한다.
② 비슷한 업무를 묶어서 처리한다.
③ 회사와 팀의 업무지침을 참고하지만 성과를 위해 자신의 주관대로 수행한다.
④ 직장에서 일을 잘 한다고 평가받는 사람을 찾아서 롤모델로 설정한다.

09 사람이 일반적으로 평생동안 다음과 같은 경력단계를 거친다. 다음 중 빈칸(가)와 (나)에 순서대로 들어갈 단계로 적절한 것은?

① (가)직업상담, (나)직업선택
② (가)직업선택, (나)조직입사
③ (가)조직입사, (나)직업선택
④ (가)직업선택, (나)경력준비

10 경력개발계획을 수립하고 실행하는 단계의 올바른 순서는 무엇인가?

① 직무정보탐색 → 자신과환경이해 → 경력개발전략수립 → 경력목표설정 → 실행및평가
② 자신과환경이해 → 직무정보탐색 → 경력목표설정 → 경력개발전략수립 → 실행및평가
③ 직무정보탐색 → 자신과환경이해 → 경력목표설정 → 경력개발전략수립 → 실행및평가
④ 자신과환경이해 → 직무정보탐색 → 경력개발전략수립 → 경력목표설정 → 실행및평가

11 자기개발 계획을 수립하기 위한 전략에 대한 설명으로 맞는 것은?

① 장기목표는 단기목표를 수립하기 위한 기본단계가 된다.
② 장단기 목표 모두 반드시 구체적으로 작성한다.
③ 인간관계는 자기개발 목표를 수립하는데 고려해야 될 사항인 동시에 하나의 자기개발 목표가 될 수 있다.
④ 미래에 대한 계획이므로 현재의 직무를 고려할 필요가 없다.

12 인내심과 긍정적인 마인드에 대한 설명으로 적절하지 않은 것은?

① 인내심을 가진 사람은 신뢰감을 줄 수 있다.

② 자신의 목표를 분명하게 정립하면 인내심을 키우는 데 도움이 된다.

③ 인내심을 키우기 위해서는 일관되게 한 가지 시각으로 상황을 분석한다.

④ 자기 스스로 운명을 통제할 수 있다고 믿는 사람은 그렇지 않은 사람보다 더 성공할 확률이 높다.

13 다음은 자기개발과 자기개발능력에 대한 설명이다. (가), (나), (다)에 각각 들어갈 적절한 용어를 순서대로 올바르게 나열한 것은?

> 자기개발은 자신의 능력, 적성 및 특성 등에 있어서 (가)와 (나)를 찾고 확인하여 (가)를 을 강화시키고, (나)를 관리하여 성장을 위한 기회로 활용하는 것이며, 직업기초능력으로서 자기개발능력은 직업인으로서 자신의 능력, 적성, 특성 등의 객관적 이해에 기초하여 (다)를 스스로 수립하고 성취해나가는 능력이다.

① 기술, 특기, 발전 목표   ② 강점, 약점, 발전 목표

③ 장점, 단점, 능력표준   ④ 기술, 특기, 능력표준

14 다음은 자기개발의 특징에 대한 설명으로 적절한 것은?

① 사람들은 모두 자기개발에 있어서 지향하는 바가 비슷하다.

② 자기개발은 일시적으로 이루어지는 과정이다.

③ 자기개발은 일과 관련하여 이루어지는 활동이다.

④ 자기개발은 승진이나 이직을 원하는 사람만 하는 것이다.

15 자기개발의 필요성에 대한 설명으로 적절하지 않은 것은?

① 직장생활에서 효과적으로 업무를 처리하기 위함이다.

② 변화하는 환경에 적응하기 위해서 자기개발은 이루어진다.

③ 자기개발은 주변사람과의 관계에서 우위에 서기위해 필요하다.

④ 자신이 달성하고자 하는 목표를 성취하기 위해서 자기개발을 한다.

16 자기개발 설계 전략 중 적절하지 않은 것은?

① 보통 장기목표는 1년~ 3년 정도의 목표를 의미한다.
② 장기 목표는 자신의 욕구, 가치, 흥미, 적성 및 기대를 고려한다.
③ 다른 사람과의 관계를 발전시키는 것도 하나의 자기개발 목표가 될 수 있다.
④ 현재 직무를 담당하는데 필요한 능력과 자신이 수준, 적성 등을 고려한다.

17 성찰과 관련된 다음의 설명 중 옳지 않은 것은?

① 성찰을 하면 현재의 부족한 부분을 알 수 있다.
② 성찰을 하더라도 한 번한 실수는 반복적으로 하게 되므로, 처음에 실수를 하지 않는 것이 중요하다.
③ 성찰로 신뢰감을 형성할 수 있다.
④ 성찰은 지속적으로 연습해야 몸에 익혀진다.

18 인내심과 긍정적인 마인드에 대한 설명으로 올바른 것은?

① 인내심을 가진 사람은 감정적으로 보인다.
② 자신의 목표 변화는 때에 따라 인내심을 키우는 데 도움이 된다.
③ 인내심을 키우기 위해서는 다양하고 다른 시각으로 상황을 분석한다.
④ 과거에 받았던 상처나 고민을 담아두고 자책한다.

19 업무수행 성과를 높이기 위한 방법으로 적절하지 않은 것은?

① 일을 미루지 않고 가장 중요한 일을 먼저 처리한다.
② 비슷한 업무를 묶어서 처리한다.
③ 회사와 팀의 업무 지침을 참고하지만 성과를 위해 자신의 주관대로 수행한다.
④ 직장에서 일을 잘한다고 평가받는 사람을 찾아서 롤 모델로 설정한다.

20 경력개발 계획을 수립하고 실행하는 단계의 올바른 순서는 무엇인가?

① 직무정보탐색-자신과환경이해-경력개발전략수립-경력목표설정-실행및평가
② 자신과환경이해-직무정보탐색-경력목표설정-경력개발전략수립-실행및평가
③ 직무정보탐색-자신과환경이해-경력목표설정-경력개발전략수립-실행및평가
④ 자신과환경이해-직무정보탐색-경력개발전략수립-경력목표설정-실행및평가

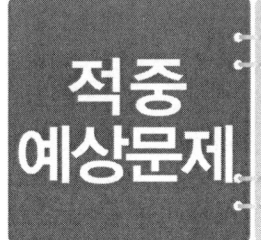

적중 예상문제 Chapter 04 자기개발능력

01 아래의 그림을 통해 알 수 있는 것으로 가장 적절한 것은?

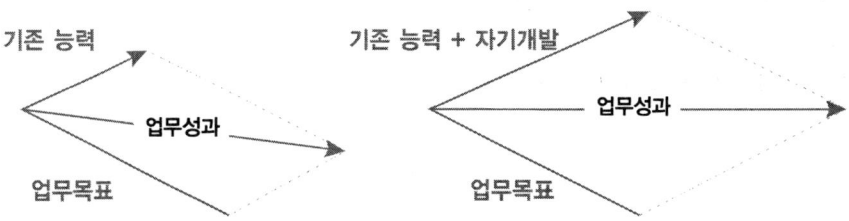

① 자기개발은 업무의 성과를 향상시키기 위하여 이루어진다.
② 자기개발은 업무 목표가 있을 때만이 할 수 있는 것이다.
③ 자기개발은 일시적인 업무 능력을 높이기 위해 하는 것이다.
④ 자기개발은 능력이 갖추어진 다음에 해야 하는 것이다.

02 다음 중 자기개발을 하는 이유에 대해 잘못 이야기 하고 있는 사람은 누구인가?

> A : "업무의 성과를 향상시키기 위해서 자기개발을 하는 것이지."
> B : "자기개발은 환경이 어떻게 변하든지 상관없이 이루어져야만 하는 것이야."
> C : "주변 사람들과 긍정적인 인간 관계를 형성하기 위해서 필요해."
> D : "자신이 달성하고자 하는 목표를 성취하려면 자기개발을 해야 해."
> E : "직장 생활에서 성공하기 위해 하는 것이므로, 개인적으로 보람된 삶을 사는 것과는 상관이 없다."

① A, C   ② B, D   ③ B, E   ④ C, E

03 신입사원 연수 중 '자기개발' 에 대한 강의를 들은 귀하는 강의가 끝난 후 자기개발의 특징에 대해 노트에 정리해 보았다. 다음 중 잘못된 것은?

① 자기개발에서 개발의 주체는 타인이 아니라 자기 자신이다.
② 자기개발은 개별적인 과정으로서 자기개발을 통해 지향하는 바와 선호하는 방법 등이 사람마다 다르다.

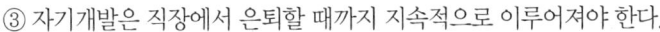

③ 자기개발은 직장에서 은퇴할 때까지 지속적으로 이루어져야 한다.

④ 자기개발은 일과 관련하여 이루어지는 활동이다.

04 귀하는 상사로부터 지시를 받고 신입사원들에 대한 강의 자료를 준비 중이다. 준비한 자료에는 아래와 같은 그림이 들어가 있다. 이 그림은 다음 중 어떤 것을 설명하고자 함인가?

① 자기개발의 특징

② 자기개발에 어려움을 주는 장애 요인들

③ 자기개발의 구성 요소

④ 자기개발의 의미

05 귀하는 동료들과 자기개발 설계 전략에 대해 이야기를 나누고 있다. 이들 중 맞지 않은 주장을 하고 있는 사람은?

① A : "너무 장기적인 목표를 수립하면 달성이 어려워질 거야. 그래서 나는 3년 단위로 단기 목표를 세우고, 그에 따른 계획을 수립할 거야."

② B : "우리는 가족, 친구, 직장 동료, 부하 직원, 상사, 고객 등 실로 다양하고 많은 인간 관계를 맺고 살아가고 있지. 그래서, 이러한 관계를 고려하여 자기개발 계획을 수립해야 해. 다른 사람과의 관계를 발전시키는 것도 좋은 자기개발 목표가 될 수 있어."

③ C : "나중에 이직을 하게 된다면, 현재의 직무상황과 이에 대한 만족도가 자기개발계획을 수립하는데 중요한 역할을 담당하게 되니까, 현직무를 담당하는데 필요한 능력과 이에 대한 자신의 수준, 개발해야 할 능력, 관련된 적성 등을 고려할 거야."

④ D : "목표는 구체적이어야 해. 측정 가능해야 하지. 예를 들어 본다면, '제2외국어 공부하기' 라는 추상적인 표현보다, '1시간 일찍 출근하여 매일 중국어 공부하기' 등과 같이."

06 다음 중 괄호 안에 들어갈 말이 순서대로 맞게 짝지어진 것은?

• 직업인의 (A)이란 직업 생활과 관련하여 자신의 가치, 신념, 흥미, 적성, 성격 등 자신이 누구인지 파악하는 것이다.

• (B)란 자신을 이해하고, 목표를 성취하기 위하여 자신의 행동 및 업무 수행을 관리하고 조정하는 것이다.

• (C)은 자신과 상황을 인식하고 경력 관련 목표를 설정하여 그 목표를 달성하기 위한 과정으로 경력계획과, 경력 계획을 준비하고 실행하며 피드백하는 경력 관리로 이루어진다.

	A	B	C		A	B	C
①	자기 관리	자아 인식	경력 개발	②	자아 인식	자아 실현	자기 개발
③	자아 인식	자기 관리	경력 개발	④	자아 인식	자기 관리	자기 개발

07 귀하는 어느덧 직장 생활 3년 차에 접어 들었다. 그런데, 얼마 전부터 업무에 전혀 흥미를 느끼지 못한다는 것을 스스로 깨닫게 되었다. 이러한 상황을 극복하기 위해 인터넷에 있는 자기개발 까페에 가입하여 귀하의 고민을 게시판에 올려 놓았다. 많은 사람들이 댓글을 달아 주었는데, 다음 중 귀하가 고민을 해결하는 데 있어서 가장 적절하지 않은 댓글은?

① "흥미나 적성 검사를 한 번 해 보세요.. 만일 지금 업무가 맞지 않는다고 하면 이직을 고려해 보세요."
② "마인드 컨트롤을 해보시는 건 어떠신지요? '나는 이일을 잘할 수 있다.', '나는 지금 주어진 일이 적성에 맞는다.' 등과 같이 말입니다."
③ "일을 할 때 너무 큰 단위로 하지 않고 작은 단위로 나누어 수행하는 건 어떨까요? 작은 성공의 경험들이 축적되어 자신에 대한 믿음이 강화되면 보다 큰일을 할 수 있게 될 것이고, 이럴 때 느끼는 성취감이 업무에 대한 흥미로 이어지게 될 수도 있습니다."
④ "기업의 문화와 풍토를 잘 이해하고 활용할 필요가 있습니다."

08 신입사원 연수에서 '자기 관리 능력'의 중요성을 절감하게 된 귀하는, 자기 관리에 돌입하기로 마음을 먹고, 자신만의 자기 관리 노트를 작성하게 되었다. 아래의 그림은 자기 관리 노트 내용 중 어느 단계에 포함시켜야 하는 것인가?

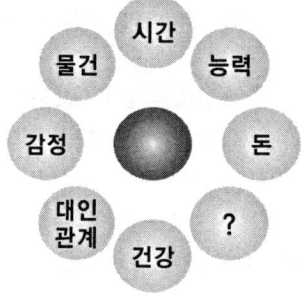

① 비전 및 목적 정립
② 일정 수립
③ 수행
④ 반성 및 피드백

09 아래에 나오는 K씨의 고민은 다음 중 어느 것과 관련된 내용인가?

> K씨는 학창시절부터 혼자 있는 것을 좋아하고 친구들이 많지 않은 수줍음이 많은 성격의 소유자였지만 그림 그리는 것을 좋아하였고, 그림실력이 뛰어나 대회에 입상하는 등 두각을 나타내는 학생이었다. 대학도 그의 능력을 살려 미술 특기생으로 들어가게 되었다. 수년 뒤 K씨는 대학을 졸업 후 취업을 고민하다 자동차판매회사에 취직하여 영업부에 근무하게 되었다. K씨는 입사한 지 3년이 지났지만, 판매영업 일에 늘 소극적이고 자신이 없었다. 얼마 전에는 직장동기가 이번 분기 판매왕이 되었지만 자신은 성과가 늘 저조한 것에 고민이 많았다. 사실 K씨는 판매라는 직업이 자신과 맞지 않는다는 생각을 오래 전부터 해왔지만 이미 정한 직업이고 3년동안 다닌 직장이기 때문에 이제 와서 되돌릴 수도 없고, 고민에 빠지게 되었다.

① 자아인식능력
② 자기관리능력
③ 경력개발능력
④ 경력관리능력

10 아래의 사례를 읽고, K씨가 후회를 한 이유로 가장 적절한 것을 고르시오?

> 소규모 제조회사의 생산관리팀의 K씨는 오늘 사장으로부터 한 가지 놀라운 제의를 받았다. 소규모 제조회사연합회에 이사자리를 맡지 않겠냐는 것이었다. K씨는 자신에게 그렇게 중요한 자리를 왜 맡기는지와 실제로 무슨 일을 해야 하는 자리인지 물었고, 사장은 이렇게 대답했다.
> "뭐, K씨 정도면 충분히 할 수 있는 일이에요. 실제로 아무 일도 할 필요 없이 사무실을 지켜주기만 하면 되요." K씨는 좀 의문이 들기는 했지만, 자신의 회사사장이 부탁하는 일이라 그 자리에 대하여 정확히 알아보지 않고 선뜻 yes라는 결정을 내렸다. 며칠이 지나고 제조회사연합회 회장이 K씨를 부르더니 협회간부회의가 있다는 얘기를 하였다. K씨는 다른 일도 있어서 시간을 내기 어려웠고, 간부회의가 있다고 하니 뭔가 새로운 일을 해야될 것 같았지만, 이사자리를 맡았기 때문에 어쩔수 없이 나가게 되었다.
> 그런데 간부회의에 참석한 K씨는 자신이 제조회사연합회에 소속된 회사 간부모임을 주최하고, 제조회사연합회의 홍보활동을 담당하고, 신입회원사를 모집하는 등 많은 책임을 가지고 있다는 것을 알게 되었다. 결국 K씨는 후회하며, 그제야 자신이 맡은 역할과 그에 따라 앞으로 일어날 손실을 따져보기 시작했다.

① 임원으로서 너무나 많은 희생을 감수하였다.　② 마인드 컨트롤을 제대로 하지 못했다.
③ 스트레스 관리를 하지 못하였다.　④ 의사결정의 과정에서 거절을 하지 못하였다.

11 다음 중 최근 경력 개발과 관련하여 가장 적절하지 않은 것은?

① 평생 학습 사회가 도래하였다. 지식과 정보의 폭발적인 증가와 새로운 기술개발에 따라 직업에서 요구되는 능력도 변화하고 있으며, 지속적인 능력개발이 필요한 시대가 되었다.
② 투잡(Two-job)족들이 늘고 있다. 경기 불황이 계속되면서 2개 혹은 그 이상의 직업을 가지는 사람들이 늘어나고 있다.
③ 창업 열풍은 줄어들고 있다. 청년들의 대부분이 취업에 모든 것을 걸게 되면서 자연스럽게 창업에 대한 관심이 식어가고 있기 때문이다.
④ 대기업들이 채용 과정에서 소셜 네트워크를 적극적으로 활용하면서 소셜 네트워크 구인 및 구직 활동도 빠르게 늘고 있다.

12 다음 중 자기개발에 대해 잘못 말하고 있는 사람들끼리 짝지어진 것은?

A : 직장생활에서의 자기개발은 효과적으로 업무를 처리하기 위하여, 즉 업무의 성과를 향상시키기 위하여 이루어진다.
B : 자기개발은 환경의 변화와는 상관없이 이루어 진다.
C : 자기개발은 주변 사람들과 긍정적인 인간관계를 형성하기 위해서도 필요하다.
D : 자기개발은 자신이 달성하고자하는 목표를 성취하기 위해서 해야 한다.
E : 개인적으로 보람된 삶을 살기 위해서 자기개발을 한다.
F : 자기개발에서 개발의 주체는 타인이 아니라 자기 자신이다.
G : 자기개발은 개별적인 과정이지만 업무 성과를 높이기 위한 목표라는 점에서 자기개발을 통해 지향하는바와 선호하는 방법 등은 동일하다.
H : 자기개발은 특정한 계기가 있을 때에 비로소 시작된다.
I : 자기개발은 모든 사람이 해야 하는 것이다.

① B, G, H　　② A, C, I　　③ C, F, G　　④ B, C, D

13 지난 2006년 4월 삼성경제연구소는 한 보고서를 통해 아래와 같은 그림을 제시하였다. 이 그림은 다음 중 어떤 것에 관한 것인가?

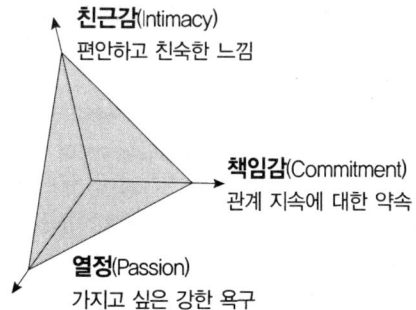

① 신입사원의 핵심 역량
② 리더의 세 가지 자질
③ 사랑받는 브랜드의 요건
④ 성공한 직장인들의 공통 핵심 역량

14 아래는 조하리의 창(Johari's Window)을 그림으로 표현한 것이다. 다음 중 A부터 D까지 순서대로 옳게 짝지어진 것은?

자신이 아는 부분　　자신이 모르는 부분

	자신이 아는 부분	자신이 모르는 부분
타인이 아는 부분	A	B
타인이 모르는 부분	C	D

① 개방영역 – 무지영역 – 비밀영역 – 미지영역　② 개방영역 – 미지영역 – 비밀영역 – 무지영역
③ 미지영역 – 무지영역 – 비밀영역 – 개발영역　④ 무지영역 – 미지영역 – 개발영역 – 비밀영역

15 취업 준비생 A는 자신의 '이것'을 알아보기 위해 학교 경력개발센터에 문의를 한 결과, 담당자로부터 아래와 같은 사이트 정보를 얻을 수 있게 되었다. 다음 중 '이것'은 무엇일까?

- 커리어넷(www.career.go.kr) : 직업흥미검사. 직업적성검사.직업가치관검사
- 워크넷(www.work.go.kr) : 직업흥미검사, 적성검사, 직업가치관검사, 직업인성검사
- 한국행동과학연구소(www.kirbs.re.kr) : 적성검사, 인성검사, 직무지향성검사
- 한국심리검사연구소(www.kpti.com) : MBTI, STRONG, 진로탐색검사, 직업흥미검사, AMI 성취동기검사
- 한국적성연구소(www.juksungtest.co.kr) : 진로흥미검사, 적성특성종합검사, 일반적성검사, 진로탐색검사
- 중앙적성연구소(www.cyber-test.co.kr) : 생애진로검사, 학과와 직업 적성검사, GATB적성검사, 적성진단검사
- 한국사회적성개발원(www.qtest.co.kr) : KAD(Korean Aptitude Development) 검사, 인성검사, 인적성검사

① 자아　　　　　② 흥미와 적성　　　　③ 브랜드　　　　　④ 성찰

16 아래에 제시된 사례는 다음 중 어느 것에 관련된 것일까?

어떤 직장에 두명의 신입사원이 있었다. 두 사람 다 아직까지 회사에 들어온지 얼마되지 않아 일이 서툴러서 실수를 하기 일쑤다. 오늘도 회사의 업무지침대로 일을 해야 하는데 자신이 생각하는 방식대로 하다 실수를 저질렀다. 한 신입사원은 '사람이 실수할 수 도 있지. 오늘은 과장한테 혼나고 운도 없네. 술이나 마셔야겠다.' 하고는 친구들을 만나 회사 일이 어렵다는 푸념을 늘어놓으며 술을 마셨고, 다른 신입사원은 '도대체 내가 왜 혼이난 거지? 다른 사람들은 어떻게 일을 했더라… 업무지침을 다시 한번 찾아봐야겠다.' 라고 생각하고 자신이실수한 일에 대하여 다시 실수하지 않도록 노트를 해두었다.

① 자아
② 성찰
③ 브랜드
④ 적성

17 다음 중 성찰을 해야 하는 이유에 대해 가장 적절하지 않은 것은?

① 다른 일을 하는데 필요한 노하우를 축적시켜 주기 때문이다.
② 지속적인 성장의 기회를 만들어주기 때문이다.
③ 신뢰감 형성의 원천을 제공하기 때문이다.
④ 상사의 성향을 파악할 수 있도록 해주기 때문이다.

18 아래의 글을 읽고 난 후, 귀하의 반응으로 가장 적절한 것은?

인사팀의 Y씨는 항상 허둥지둥 바쁘고 정신이 없다. 누가 보더라도 Y씨는 인사팀에서 가장 열심히 일하는 거 같은데 팀장한테 질책을 받기 일쑤다. 오늘 아침에도 어김없이 일을 제때에 못 마쳐서 질책을 받았다. 반면에 같은 팀의 M씨는 언제 일했는지 모르게 훌륭하게 일을 수행하여 칭찬을 받는다.
오늘 사내 온라인게시판에 인사평점결과가 공지되었다. 언제나처럼 Y씨는 낮은 점수를 M씨는 높은 점수를 받았다. 얼마 후면 인사조정이 있다고 하는데 Y씨는 위기감을 느꼈다. 그래서 도대체 M씨가 일을 잘하는 이유가 무엇인지 그의 행동과 습관 등을 면밀히 조사해 보기로 했다.
M씨의 자리에 가보았더니, 자신의 책상과 비교되게 너무 깨끗하게 정리되어 있었다. 가장 눈에 띄는것은 책상 앞에 큰 글씨로 "성실한 사람이 되자, 노력한 만큼 얻는다."라고 쓰여있는 것이 눈에 들어왔다. 이 글을 보니 M씨는 아침에 가장 먼저 출근하여 책을 보고, 대학원도 다니면서 자신을 개발하고 있다는 사실이 떠올랐다.
그리고 그 옆에는 이번 달 계획, 이번 주 계획, 오늘의 계획이 구체적으로 적혀있는 수첩이 있었다. 신기하게도 수첩의 각 계획들에는 빨간글씨로 1, 2, 3, 4와 같은 숫자가 적혀 있었다. 또한 수첩에는 자신이 잘한 일, 직면한 문제, 이에 따른 자신의 결정, 결정에 대한 반성적 내용이 적혀있는 것을 알 수 있었다.

① "M은 리더십이 뛰어나군."
② "M은 자기관리에 철저하군."
③ "M은 정리정돈의 달인이군."
④ "M은 인내심이 대단하군."

19 귀하는 최근 한 후배 직원으로부터 전문 직업인으로서 자신의 상품 가치를 높이기 위해 '경력 관리'를 잘 하고 싶다는 얘기를 들었다. 다음 중 이에 대한 귀하의 조언으로 가장 적절하지 않은 것은?

① "남들보다 일찍 시작하는 것이 좋을 거야."　② "대리급에서 시작하도록 해."
③ "글로벌 인재가 될 준비를 하도록 해."　④ "주어진 직무에 충실해."

20 아래에 제시된 내용은 한 직장인의 경력 단계에 대한 설명이다. 다음 중 어떤 단계에 해당되는가?

> 조직에 입사하여, 직무와 조직의 규칙과 규범에 대해서 배우게 된다. 특히 자신이 맡은 업무의 내용을 파악하고, 새로 들어간 조직의 규칙이나, 규범, 분위기를 알고 적응해 나가는 것이 중요한 과제이다. 또한, 궁극적으로 조직에서 자신의 입지를 확고히 다져나가 승진하는데 많은 관심을 가지는 시기이다. 이 단계는 일반적으로 25~40세 까지의 성인초기로 구분하지만, 무엇보다도 이 시기는 성공지향적인 행동을 언제까지 하느냐로 구분될 수 있을 것이다.

① 조직입사　　② 경력초기　　③ 경력중기　　④ 경력말기

Chapter 1
Chapter 2
Chapter 3
Chapter 4
Chapter 5
Chapter 6
Chapter 7
Chapter 8
Chapter 9
Chapter 10

Chapter 04 | 정답 및 해설

 기본문제

01 ②

자기개발은 자신의 능력, 적성 및 특성에 있어서 강점과 약점을 찾아 강점을 강화시키고 약점을 관리하여 성장을 위한 기회로 활용하는 것임. 이렇게 직업기초능력으로서 자기개발능력은 자신에 대한 객관적 이해를 기초로 발전목표를 스스로 수립하고 자신의 관리를 통하여 성취해나가는 능력을 의미함.

02 ③

자기개발의 특징은 첫째, 자기개발의 주체는 타인이 아니라 자기 자신이라는 점, 둘째, 자기개발은 개별적인 과정으로써 자기개발을 통해 지향하는 바와 선호하는 방법 등이 사람마다 다르다는 점, 셋째, 평생에 걸쳐서 이루어지는 과정이며, 넷째, 일과 관련하여 이루어지는 활동으로써. 다섯째, 생활 가운데 이루어져야 하며, 여섯째, 모든 사람이 해야 하는 것임.

03 ③

자기개발은 첫째, 직장생활에서 효과적으로 업무를 처리하기 위하여, 둘째, 변화하는 환경에 적응하기 위해서, 셋째, 주변사람들과 긍정적인 인간관계를 형성하기 위해서, 넷째, 자신이 달성하고자 하는 목표를 성취하기 위해서, 그리고 다섯째, 개인적으로 보람된 삶을 살기 위해서 자기개발이 필요함.

04 ①

자기개발 목표를 성취하기 위해서는 첫째, 장단기목표를 수립해야 함. 장단기를 구분하는 기준은 개인에 따라 중요한 생애전환기(결혼, 취직, 이직등)를 기준으로 바뀔 수도 있으나, 보통 장기목표는 5년~20년 뒤를 설계하며, 단기목표는 1~3년 정도의 목표를 의미함

05 ①

자기개발을 통해서 능력을 신장시키고 다른 사람과 차별성을 가지더라도 이에 대한 PR을 하지 않으면 다른 사람들은 나의 브랜드를 알지 못할 수 있음. 최근 개인뿐 아니라 기업도 트위터, 페이스북, 미투데이 등 SNS를 통해 사람들에게 친숙하고 직접적으로 다가갈 수 있는 수단을 활용하고 있음. 수천만의 고유한 서비스 사용자를 모을 수 있는 SNS들이 제공되면서 비즈니스와 각종 정보를 위한 생산적 용도로 활용되고 있음. 소셜 네트워크는 자신의 실무지식과 업무경험, 성과물 등을 직접적으로 연결할 수 있으며, 형식의 제약 없이 자유롭게 자신을 표현할 수 있음. 별도의 비용이나 전문적인 기술 없이 이용할 수 있어 편리한 장점을 갖고 있음.

06 ②

성찰을 하는 이유는 일을 하는데 필요한 노하우를 축적하고, 지속적인 성장의 기회를 제공하며, 신뢰감 형성의 원천을 제공하고, 창의적인 사고능력 개발기회를 제공하기 때문임. 성찰을 연습하는 방법으로는 성찰노트 작성, 끊임없이 질문하기 등이 있음.

07 ③

어떠한 심리적 태도를 가지느냐는 그 사람의 성패를 좌우하며, 인내심을 키우고 긍정적인 마인드를 가진다면 그 성공은 조금 더 가까운 곳에 있을 것임. 당장 손해보는 것 같더라도, 참고 인내하면 더 큰 결실을 보게됨. 인내심을 가지지 못하고 화를 내거나 일을 자꾸 변경하는 사람은 객관적이기보다 감정적인 사람으로 보이고, 신뢰감을 주지 못함. 인내심을 기르기 위하여 첫째, 자신의 목표를 분명히 해야 하고, 둘째, 새로운 시각으로 상황을 분석해야 함.

08 ③

업무수행성과를 높이기 위하여 자기자본이익률(ROE)을 높여야 함. 일을 미루지 않고, 업무를 묶어서 처리하고, 다른 사람과 다른 방식으로 일하고, 회사와 팀의 업무지침을 따라야 함. 그리고 역할 모델을 설정해야 함.

09 ②

경력단계는 직업 선택, 조직입사, 경력초기, 경력중기, 경력말기로 나누어볼 수 있음.

10 ③

경력개발은 경력을 탐색하고, 자신에게 적합한 경력목표를 설정하며, 이에 따른 전략을 수립해서 실행하고, 평가하여 관리하는 단계로 이루어짐.

11 ③

① 단기목표는 장기목표를 수립하기 위한 기본단계가 된다. ② 장단기목표 모두 구체적으로 계획하는 것이 바람직하나, 장기목표의 경우 때에 따라서 매우 구체적인 방법을 계획하는 것이 어렵거나 바람직하지 않을 수 있다. ④ 자기개발 계획을 수립할 때에는 현재의 직무와 관련하여 계획을 수립하여야 한다.

12 ③

인내심을 키우기 위해서는 새로운 시각으로 상황을 분석해야 한다. 어떤 사물이나 현상을 바라보는 시각은 매우 다양하며, 다양한 시각을 가지게 되면 다른 사람이 하는 행동이나, 현재 자신의 생각과 다르게 벌어지는 일에 대하여 참고 넘어갈 수 있게 된다.

13 ②

자기개발은 자신의 능력, 적성 및 특성 있어서 강점과 약점을 찾아 강점을 강화시키고 약점을 관리하여 성장을 위한 기회로 활용하는 것임. 이렇게 직업기초능력으로서 자기개발능력은 자신에 대한 객관적 이해를 기초로 발전 목표를 스스로 수립하고 자신의 관리를 통하여 성취해나가는 능력을 의미함.

14 ②

자기개발의 특징은 첫째, 자기개발의 주체는 타인이 아니라 자기 자신이라는 점, 둘째, 자기개발은 개별적인 과정으로써 자기개발을 통해 지향하는 바와 선호하는 방법 등이 사람마다 다르다는 점, 셋째, 평생에 걸쳐서 이루어지는 과정이며, 넷째, 일과 관련하여 이루어지는 활동으로써. 다섯째, 생활 가운데 이루어져야 하며, 여섯째, 모든 사람이 해야 하는 것임.

15 ③

자기개발은 첫째, 직장생활에서 효과적으로 업무를 처리하기 위하여, 둘째, 변화하는 환경에 적응하기 위해서, 셋째, 주변 사람들과 긍정적인 인간관계를 형성하기 위하여, 넷째, 자신이 달성하고자 하는 목표를 성취하기 위해서, 그리고 다섯째, 개인적으로 보람된 삶을 살기 위해서 자기개발이 필요함.

16 ①

자기개발 목표를 성취하기 위해서는 첫째, 장단기 목표를 수립해야 함. 장단기를 구분하는 기준은 개인에 따

라 중요한 생애전환기(결혼, 취직, 이직 등)를 기준으로 바뀔 수도 있으나, 보통 장기목표는 5년~20년 뒤를 설계하며, 단기목표는 1~3년 정도의 목표를 의미함. 둘째, 인간관계를 고려해야 함. 우리는 다양한 인간관계를 맺고 살아가기 때문에 자기개발 계획을 수립하여 실행하기 위해서 고려해야 함. 셋째, 현재의 직무를 고려해야 함. 즉, 현 직무를 담당하는데 필요한 능력과 이에 대한 자신의 수준, 개발해야 할 능력, 관련된 적성 등을 고려해야 함. 넷째, 구체적인 방법을 고려하여 계획해야 함. 자신이 수행해야 할 방법을 명확하고 구체적으로 수립할 때 노력을 집중하고 효율화할 수 있으며, 진행과정도 손쉽게 파악할 수 있음.

17 ②

성찰을 하는 이유는 일을 하는데 필요한 노하우를 축적하고, 지속적인 성장의 기회를 제공하며, 신뢰감 형성의 원천을 제공하고, 창의적인 사고 능력 개발 기회를 제공하기 때문임. 성찰을 연습하는 방법으로는 성찰 노트 작성, 끊임없이 질문하기 등이 있음.

18 ③

어떠한 심리적 태도를 가지느냐는 그 사람의 성패를 좌우하며, 인내심을 키우고 긍정적인 마인드를 가진다면 그 성공은 조금 더 가까운 곳에 있을 것임. 당장 손해 보는 것 같더라도, 참고 인내하면 더 큰 결실을 보게 됨. 인내심을 가지지 못하고 화를 내거나 일을 자꾸 변경하는 사람은 객관적이기 보다 감정적인 사람으로 보이고, 신뢰감을 주지 못함. 인내심을 기르기 위하여 첫째, 자신의 목표를 분명히 해야 하고, 둘째, 새로운 시각으로 상황을 분석해야 함. 한편, 긍정적인 마음을 가지기 위하여 먼저, 자신을 긍정해야 함. 자신의 능력과 가치를 신뢰하고 있는 그대로의 자신을 받아들여 건강한 자아상을 확립하고 과거에 받았던 상처나 고민을 털어버리고 타인을 원망하는 마음을 가지지 않도록 노력해야 함. 또한 고난이나 역경을 통하여 자신이 성장할 수 있다는 가능성을 믿고, 어려움 속에서 자신을 개발하는 방법을 터득해야 함.

19 ③

업무수행 성과를 높이기 위하여 자기자본이익률(ROE)을 높여야 함. 일을 미루지 않고, 업무를 묶어서 처리하고, 다른 사람과 다른 방식으로 일하고, 회사와 팀의 업무 지침을 따라야 함. 그리고 역할 모델을 설정해야 함.

20 ③

경력개발은 경력을 탐색하고, 자신에게 적합한 경력목표를 설정하며, 이에 따른 전략을 수립해서 실행하고, 평가하여 관리하는 단계로 이루어짐

01 ①

직장에서의 자기개발은 효과적으로 업무를 처리하기 위하여, 즉 업무의 성과를 향상시키기 위하여 이루어진다는 것을 명확하게 보여주는 그림이다.

02 ③

자기개발은 변화하는 환경에 적응하기 위해서 이루어지기 때문에 B의 말은 틀리다. 또한, 자기개발은 개인적으로 보람된 삶을 살기 위해서 하는 것이기 때문에 E의 말도 틀리다.

03 ③

자기개발은 평생에 걸쳐서 이루어지는 과정이다. 직장에서 은퇴한 이후에도 계속 이루어져야 한다.

04 ②

그림은 매슬로우(A. H. Maslow 1908-1970)가 인간의 욕구를 5단계로 제안한 것을 나타낸 것이다. 인간은 누구나 다양한 욕구를 가지고 이를 충족시키기 위해서 행동한다. 매슬로우는 인간의 욕구는 생리적 욕구부터 시작되고, 전 단계의 욕구가 충족이 되어야 다음 단계가 충족되기를 원한다고 하였다. 따라서 자기실현의 욕구는 최상위의 욕구로써, 생리적 욕구, 안정의 욕구, 사회적 욕구, 존경의 욕구 등과 같이 더 기본적인 욕구들이 충족된 다음에야 추구될 수 있다. 인간은 감정을 가지고 있어 긍정적 혹은 부정적 감정에 따라 적극적이거나 소극적인 태도를 보이게 된다. 이러한 욕구와 감정이 합리적으로 통제되지 않으면 자기개발이 이루어지기 쉽지 않게 된다.

05 ①

장기와 단기를 함께 수립하도록 한다. 장단기를 구분하는 기준은 개인에 따라 중요한 생애전환기(결혼, 취직, 이직 등)를 기준으로 바뀔 수도 있으나 보통 장기목표는 5년 ~ 20년 뒤를 설계하며, 단기목표는 1 ~ 3년 정도의 목표를 의미한다. 장기목표는 자신의 욕구, 가치, 흥미, 적성 및 기대를 고려하여 수립하며 자신의 직장에서의 일과 관련하여 직무의 특성, 타인과의 관계 등을 고려해야 한다. 단기목표는 장기목표를 이룩하기 위한 기본단계가 되며, 이를 위해 필요한 직무관련경험, 개발해야 될 능력 혹은 자격증, 쌓아두어야 할 인간관계 등을 고려하여 수립한다.

06 ③

순서대로, '자아인식', '자기 관리', '경력 개발'에 대한 설명이다.

07 ①

흥미나 적성검사를 통해 자신에게 알맞은 직업을 도출할 수 있지만, 이러한 결과가 그 직업에서의 성공을 보장해주는 것은 아니다. 실제적으로 직장에서는 직장문화, 풍토 등이 있어서 아무리 자신에게 맞는 직업을 선택했다고 하더라도 이러한 외부적인 요인에 의해 적응을 하지 못하는 경우가 발생할 수 있다. 따라서 흥미와 적성을 개발하기 위해서는 기업의 문화와 풍토를 잘 이해하고 활용할 필요가 있다.

08 ③

제시된 그림은 '수행' 단계에 해당되는 그림이다. 참고로 자기 관리의 모든 단계는 다음과 같다.

단계	제목	내용
1단계	비전 및 목적 정립	• 자신에게 가장 중요한 것 파악 • 가치관, 원칙 삶의 목적 정립 • 삶의 의미 파악
2단계	과제 발견	• 현재 주어진 역할 및 능력 • 역할에 따른 활동목표 • 우선순위 결정
3단계	일정 수립	• 하루, 주간, 월간 계획 수립
4단계	수행	• 수행과 관련된 요소분석 • 수행방법 찾기
5단계	반성 및 피드백	• 수행결과 분석 • 피드백

09 ①

자아인식능력과 관련된 내용이다. 자아인식능력은 자신의 흥미, 적성, 특성 등을 이해하고 자기 정체감을 확고히 하는 능력이다. 자아인식은 직업생활에서 자신의 요구를 파악하고 자신의 능력 및 기술을 이해하여 자신의 가치를 인식하는 것으로 개인과 팀의 성과를 높이는데 필수적으로 요구된다. 직업인이 자신의 역량 및 자질을 개발하기 위해서는 자신을 이해하는 것이 선행되어야 한다.

10 ④

제시된 사례는 '거절'을 하지 못해 난감한 처지에 놓인 상황이다. 따라서 정답은 ④번이다.

11 ③

전세계적으로 창업이 증가하고 있는 추세이다. 최근에는 인터넷의 확산으로 공간이나 시간의 제약 없이 손쉽게 창업을 하고 있으며, 여성들의 창업도 증가하고 있다. 창업을 하는 이유로는 정치변화, 경제변화, 회사생활에 대한 불만 등이 지적되고 있다.

12 ①
- 변화하는 환경에 적응하기 위해서 자기개발은 이루어지므로, B는 틀렸다.
- 자기개발은 개별적인 과정으로써 자기개발을 통해 지향하는 바와 선호하는 방법 등이 사람마다 다르므로, G는 틀렸다.
- 자기개발은 평생에 걸쳐서 이루어지는 과정이므로, H는 틀렸다.

13 ③
제시된 그림은 삼성경제연구소가 2006년 4월보고서에 있는 '사랑받는 브랜드의 요건'이다. 이에 따르면, 사랑 받는 브랜드의 요건에는 친근감, 책임감, 열정 등 세 가지가 있다고 한다. 이 조건을 안다면 이에 따라 자신을 차별적으로 브랜드화하기 위한 전략을 수립할 수 있다.
- 친근감 : 오랜 기간 관계를 유지한 브랜드에 대한 친숙한 느낌으로, 자신을 브랜드화하기 위해서는 친근감을 주기 위한 노력이 필요하다. 따라서 다른 사람과의 관계를 돈독히 유지하기 위해 노력하고, 자신의 내면을 관리하여 긍정적인 마인드를 가지도록 한다. 또한 브랜드PR을 통하여 지속적으로 자신을 다른 사람에게 알려 친근해지도록 한다.
- 열정 : 브랜드를 소유하거나 사용해 보고 싶다는 동기를 유발하는 욕구이며, 자신을 브랜드화하여 사람들로부터 자신을 찾게 하기 위해서는 다른 사람과 다른 차별성을 가질 필요가 있다. 다른 사람과 다른 차별성을 가지기 위해서는 시대를 앞서 나가 다른 사람과 구별되는 능력을 끊임없이 개발해야 한다. 즉, 최신의 중요한 흐름을 아는 것과 이에 대한 자기개발의 열정이 요구된다.
- 책임감 : 소비자가 브랜드와 애정적 관계를 유지하겠다는 약속으로 소비자에게 신뢰감을 주어 지속적인 소비가 가능하도록 하는 것이다. 자신을 브랜드화하기 위해서는 자신이 할 수 있는 일이 어떤 것인지를 명확하게 파악하고 자신이 할 수 있는 범위에서 최상의 성과를 내어 소비자에게 제공해야 한다. 또한 지속적인 자기개발이 이루어질 수 있도록 장단기계획을 수립하고, 시간약속을 지키는 등의 책임있는 노력을 해야 한다.

14 ①
순서대로 개방영역(Open Area) – 무지영역(Blind Area) – 비밀영역(Hidden Area) – 미지영역(Unknown Area).

15 ②
제시된 사이트들은 공통적으로 직업에 적합한 흥미와

적성을 알아볼 수 있는 곳이다. 따라서, '흥미와 적성'이 가장 적절한 답이다.

16 ②
우리는 어떤 실수를 저지르면 '다음에는 이렇게 하지 말아야지' 생각하고서는 매번 같은 실수를 반복하곤 한다. 이는 어떤 문제가 발생했을 때에 깊이 있는 성찰 없이 지나치기 때문이다. 제시된 사례는 성찰의 중요성이 잘 나타나 있다.

17 ④
성찰을 해야 하는 이유는 ①, ②, ③번의 이유와 함께 '창의적인 사고 능력 개발의 기회를 제공'하기 때문이다. 성찰은 상사의 성향 파악과는 직접적인 관계가 없다.

18 ②
M의 사례는 자기관리와 관련된 것이다. 자기관리는 자신을 이해하고, 목표를 성취하기 위해 자신의 행동 및 업무수행을 관리하고 조정하는 것을 말한다.

19 ④
주어진 직무에 충실하는 것은 직장 생활에서 매우 중요하고 기본적인 의무이지만, '경력관리'와는 직접적인 관련이 없다.

20 ②
경력 단계는 아래의 그림과 같이 총 5단계로 나누어볼 수 있다.

| 직업선택 | ▶ | 조직입사 | ▶ | 경력초기 | ▶ | 경력중기 | ▶ | 경력말기 |

제시된 설명은 '경력 초기'에 해당되는 내용이다.

Chapter 5

자원관리능력 (직업기초능력 E-1)

E-1. 자원관리능력

E-2. 하위능력별

가. 시간관리능력

나. 예산관리능력

다. 물적자원관리능력

라. 인적자원관리능력

자원관리능력

자원관리능력이란 직장생활에서 시간, 예산, 물적자원, 인적자원 등의 자원 가운데 무엇이 얼마나 필요한지를 확인하고, 이용 가능한 자원을 최대한 수집하여 실제 업무에 어떻게 활용할 것인지를 계획하고, 계획대로 업무 수행에 이를 할당하는 능력을 의미한다.

최근 무한경쟁시대에서는 한정된 자원을 합리적으로 이용하여 최대의 성과를 얻어야 한다. 이처럼 최소의 비용이나 희생으로 최대의 효과를 거둘 것을 목표로 하는 것이 경제원칙이다. 같은 자원을 투입하여 더 높은 성과를 내는 것이 경쟁우위의 기본이 되는 만큼 자신이 현재 보유하고 있는 자원을 적절히 관리하는 것은 매우 중요한 요소가 되는 것이다.

직업기초능력으로서의 자원관리능력은 시간관리능력, 예산관리능력, 물적자원관리능력, 인적자원관리능력으로 구분될 수 있다.

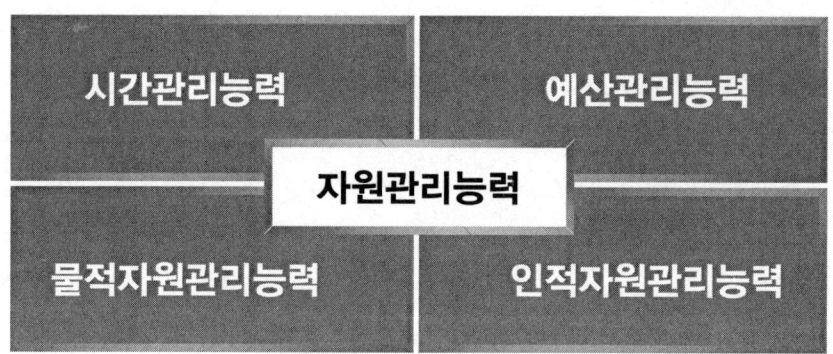

 # 자원

자원(資源)이라는 것은 사전적으로 인간생활에 도움이 되는 자연계의 일부라는 말로 표현된다. 하지만 오늘날 우리는 자연자원만을 자원이라고 하지 않는다.

기업의 입장에서 자원은 무엇보다 중요하다. 기업 경영은 경영 목적, 인적 자원, 자금, 전략의 4가지 요소로 구성된다.

경영 목적은 기업이 나아가야 할 방향과 목적으로, 기업 전체가 공유하는 비전, 가치, 방침 등으로 표현된다.

인적 자원은 기업의 경영 목적을 달성하기 위한 조직 구성원으로, 그들의 역량과 직무 수행에 기초하여 기업경영이 이루어지기 때문에 인적 자원의 선발, 배치 및 활용이 매우 중요하다. 자금은 기업 경영 활동에 필요한 돈을 의미하며, 기업의 경영 목표를 달성하는데 필요한 활동은 자금에 의해 수행되고, 확보되는 자금의 정도에 따라 기업 경영의 방향과 범위가 정해지게 된다.

✎ 자원의 유형

자원의 유형으로서 시간, 돈, 인적자원, 물적자원이 가지는 공통점은 유한성이다. 한 사람이나 조직에게 주어진 시간은 제한되기 마련이며, 정해진 시간을 어떻게 활용하느냐가 더욱 중요하다. 돈과 물적자원 역시 제한적일 수밖에 없으며, 인적자원도 제한된 사람들을 활용할 수밖에 없는 제한성을 가지고 있다. 이러한 자원의 유한성으로 인해 자원을 효과적으로 확보하고, 유지하고, 활용하느냐의 자원관리는 매우 중요하다고 할 수 있다.

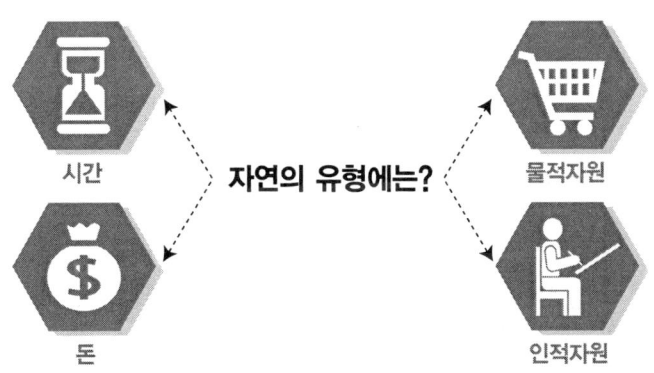

따라서 자원관리능력으로서 시간관리능력, 예산관리능력, 물적자원관리능력, 인적자원관리능력은 모든 사람에게 매우 중요한 직업기초능력이요 필수적인 능력이 되는 것이다.

✎ 자원낭비의 요인

우리가 활용할 수 있는 자원을 헛되이 낭비하는 요인들은 자원의 유형이나 개인에 따라 매우 다양하게 나타나지만, 크게 4가지로 구분해 볼 수 있다.

비계획적 행동

계획적인 사람들의 경우 자신의 목표치가 있어 이를 만족시키려고 노력하는 반면, 비계획적인 사람은 목표치가 없기 때문에 얼마나 낭비하는지 조차 파악 하지 못한다.

편리성 추구

• 편리성 추구라는 것은 자원을 활용하는데 있어서 너무 편한 방향으로 활용하는 것을 의미한다.

자원에 대한 인식 부재

• 시간이 중요한 자원이라는 것을 의식하지 못한 다. 자원이라고 하면 물적자원에 국한되어 생각하는 사람들이 있다. 이러한 경우 무의식적으로 중요한 자원을 낭비하게 되는 것이다.

노하우 부족

이것은 자원관리에 대한 경험이나 노하우가 부족한 경우를 말한다. 하지만 이러한 사람들은 자원관리에 실패하지만 그 경험을 통해 노하우를 축적해나갈 수 있으며, 별도의 학습을 통해서도 극복이 가능하다.

✍ 자원관리의 과정

자원을 적절하게 관리하기 위해서는 기본적으로 4단계의 자원관리 과정을 거쳐야 한다.

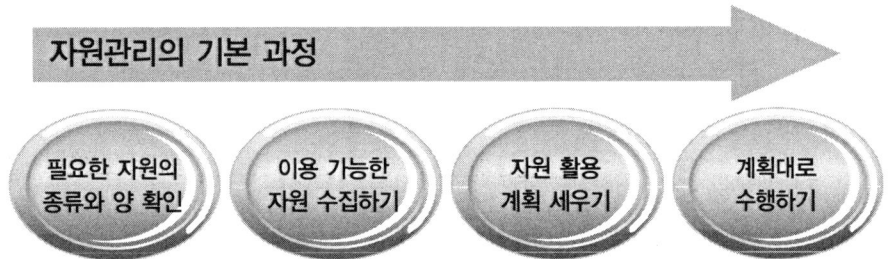

필요한 자원의 종류와 양 확인

- 업무를 추진하는데 있어서 어떤 자원이 필요하며, 또 얼마만큼 필요한지를 파악하는 단계이다.
- 자원의 종류에는 크게 시간, 예산, 물적자원, 인적자원으로 나누어지지만 실제 업무 수행에 서는 이보다 더 구체적으로 나눌 필요가 있다. 구체적으로 어떤 활동을 할 것이며, 이 활동 에 어느 정도의 시간, 돈, 물적·인적자원이 필요한지를 파악한다.

이용 가능한 자원 수집하기

- 필요한 자원의 종류와 양을 파악하였다면, 실제 상황에서 그 자원을 확보하여야 한다.

자원 활용 계획 세우기

- 필요한 자원을 확보하였다면 그 자원을 실제 필요한 업무에 할당하여 계획을 세워야 한다.

계획대로 수행하기

- 업무 추진의 단계로서 계획에 맞게 업무를 수행해야 하는 단계이다. 많은 사람들이 계획은 별도이며, 그때그때 상황에 맞춰서 하자는 생각을 많이 가지고 있다. 물론 계획에 얽매일 필 요는 없지만 최대한 계획대로 수행하는 것이 바람직하다. 불가피하게 수정해야 하는 경우는 전체 계획에 미칠 수 있는 영향을 고려하여야 할 것이다.

5. 1 시간관리능력 (하위모듈 E-2-가)

학습목표

직장생활에서 필요한 시간을 확인하고, 확보하여 업무 수행에 이를 할당하는 능력을 기를 수 있다.

…▸ 시간의 특성과 의미를 설명할 수 있다.
…▸ 시간관리의 중요성을 설명할 수 있다.
…▸ 시간낭비 요인을 제거하여 시간을 확보할 수 있다.
…▸ 효과적으로 시간계획을 세울 수 있다.

✎ 시간관리능력

시간관리능력은 기업활동에서 필요한 시간자원을 파악하고, 사용할 수 있는 시간자원을 최대한 확보하여 실제 업무에 어떻게 활용할 것인지에 대한 시간계획을 수립하고, 이에 따라 시간을 효율적으로 활용하여 관리하는 능력을 의미한다.

오늘날 우리는 무한 경쟁사회에 살고 있으며, 이는 누가 더 빨리 일을 해낼 수 있는지, 한정된 시간에 얼마나 많은 일을 할 수 있는지가 중요하게 여겨지고 있으므로 시간관리능력의 향성은 필수적이다.

✎ 시간

우리는 하루가 24시간이며, 한 주가 168시간이라는 것을 알고 있다. 또한 그 시간이 아무런 경고 없이 흘러가는 것처럼 보이고, 실제로 주어진 시간보다 훨씬 짧은 것처럼 느껴지기도 한다는 것을 알고 있다.

굳이 '시간은 상대적인 것이다' 라는 것을 이해하기 위해서 의도적으로 물리학 이론을 공부할 필요는 없다. 마감시간에 직면했을 때의 시간은 우리는 무감각하게 만드는 지루한 강의 때보다 시계바늘이 더 빠른 속도로 재깍거리는 것처럼 보인다. 하루하루가 빠르게 진행되는 현대사회에서 1시간이라는 개념은 60분보다 더 짧은 것처럼 느껴진다.

✎ 시간의 특성

우리에게 늘 부족하기만 해 보이는 시간은 몇 가지특성을 가지고 있다.

- 첫째, 시간은 매일 주어지는 기적이다. 우리에게는 매일 24시간이라는 황금과 같은 선물이 주어진다. 미리 그것을 사용할 수는 없다. 그러나 다음 시간, 내주, 내달, 내년은 당신을 위해 반드시 기다리고 있으며 끊임없이 주어진다.

- 둘째, 시간은 똑같은 속도로 흐른다. 어떤 때는 시간이 빠르게 가는 것 같이 느껴지고 어떤 때는 느리게 가는 것 같이 느껴지지만, 사실 시간은 일정한 속도로 진행하는 것이다.

- 셋째, 시간의 흐름은 멈추게 할 수 없다. 이런 면에서 시간은 무지막지한 힘을 가지고 있다. 시간은 전혀 융통성이 없는 것이다.

- 넷째, 시간은 꾸거나 저축할 수 없다. 자기의 시간만을 가지고 있을 뿐이며, 그 때 그때 주어지는 시간을 써야만 한다. 당신의 시간통장에 매일 24시간이 온라인으로 입금된다. 그러나 신기하게도 0시만 되면 다 회수해 버린다. 이런 기가 막힐 일이 어디 있는가.

- 다섯째, 시간은 사용하게 따라 가치가 달라진다. 모든 자원이 그렇듯이 시간이란 자원도 잘 사용하면 무한한 이익을, 잘못 사용하면 엄청난 손해를 가져다준다. 이런 면에서 같은 인생을 살면서도, 만 원짜리 인생, 백만 원짜리 인생, 일억 원짜리 인생이 될 수 있는가 하면 적자 인생도 생겨날 수 있는 것이다.

- 여섯째, 시간은 시절에 따라 밀도도 틀리고 가치도 다르다. 인생에도 황금기가 있으며 하루에도 골든아워가 있다.

✎ 기업의 시간

이러한 시간은 개인에 있어서도 중요하지만 기업의 입장에서 매우 중요한 요소임에 틀림없다. 시시각각 변해가는 현대사회에서 기업은 일을 수행하는데 있어 소요되는 시간을 줄이기 위해 많은 노력을 기울이고 있다. 기업의 입장에서 시간의 단축으로 인해 볼 수 있는 효과는 다음 그림과 같다.

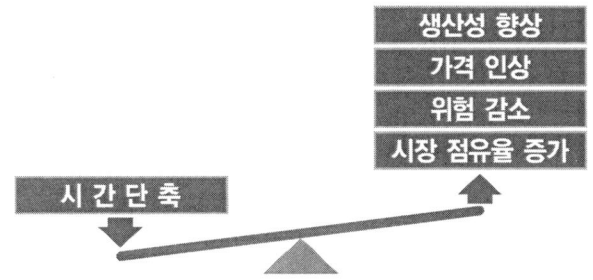

시간관리의 목적

시간관리는 개인이 처해진 상황이나 목표뿐만 아니라 인생관, 행복감의 크기도 각각 다르고 원하는 것도 다르기 때문에 개별적인 것이다. 자신이 진정 원하는 것이 무엇인지에 따라 그것을 중심으로 생활을 설계하는 것이 효율적인 시간관리를 위해 좋은 방법이 될 수 있다. 그리고 이를 위해 새로운 기술을 익히고 잘못된 습관을 바로 잡으면서 자신에게 맞는 시간관리를 찾아내는 것이다.

시간관리의 효과

우리가 시간관리를 해야 하는 진정한 이유는 시간의 통제가 아니라 시간을 효과적으로 관리함으로써 삶의 여러 가지 문제를 개선하는데 있다. 그 중 스트레스 관리, 균형적인 삶, 생상성 향상, 목표 성취가 대표적인 예이다.

스트레스가 줄어든다.
균형적인 삶을 살 수 있다.
생산성을 높일 수 있다.
내가 바라던 목표를 달성할 수 있다.

기업(직장인)에서의 시간

직장을 다니는 많은 사람들의 경우 매우 바쁜 하루 일과를 보내고 있다. 하지만 대부분 사람들이 자신의 노력에 비해서 결과에 만족하지 못하고 있을 것이다. 이것은 같은 일을 수행하더라도 더 많은 시간이 소요되며, 이로 인해 매우 바쁘게 움직이게 되는 것이다. 수행 시간이 많이 소요된다는 것은 그 작업을 하는데 있어서 시간을 낭비하는 요인이 있다는 것을 의미한다.

직장에서 발생하는 시간낭비 요인들

1) 목적이 불명확하다.	16) 극기심의 결여
2) 우선순위가 없이 일을 한다.	17) 일을 끝내지 않고 남겨둔다.
3) 여러 가지 일을 한 번에 많이 다룬다.	18) 소음이나 주의를 흩트리는 경우
4) 장래의 일에 도움이 되지 않는 일을 한다.	19) 긴 회의
5) 1일 계획이 불충분하다.	20) 회의나 타협에 대한 준비 불충분
6) 게으른 성격, 책상 위는 항상 번잡하다.	21) 커뮤니케이션 부족 또는 결여
7) 서류정리를 하거나 서류를 숙독한다.	22) 잡담이 많다.
8) 부적당한 파일링시스템	23) 통지문서가 많다.
9) 메모, 전화번호를 찾는 시간이 걸리는 편이다.	24) 메모 회람이 많다.
10) 일에 대한 의욕부족, 무관심	25) 일을 느긋하게 하는 성격
11) 조정부족, 팀워크의 부족	26) 모든 것에 대해 사실을 알고 싶어 한다.
12) 전화를 너무 많이 한다.	27) 기다리는 시간이 많다.
13) 예정외의 방문자가 많다.	28) 초조하고 성질이 급하다.
14) No라고 말하지 못하는 성격	29) 권한위양을 충분히 하지 않고 있다.
15) 불완전한 정보, 정보의 지연	30) 권한위양한 일에 대한 부적절한 관리

✎ 효과적인 시간계획

'시간에 대한 계획 없이 시작한 날은 혼돈으로 끝난다' 는 말이 있다. 이는 자신에게 주어진 시간에 대해 적절한 계획을 가지고 시작함으로써 더욱 효과적으로 일을 할 수 있다는 말이다. 계획은 모든 시간관리에 있어서 가장 기본이 되는 것이다. 시간 관리를 다른 말로 표현하자면 계획이다.

좋은 계획은 수많은 시간을 절약한다. 일하기 전에 30분만이라도 미리 생각하고 계획할 시간을 갖는다면 잘못된 방향으로 가는 수 시간 혹은 몇 날의 시간을 건질 수 있다.

시간계획

시간계획이란 시간이라고 하는 자원을 최대한 활용하기 위하여

- 가장 많이 반복되는 일에 가장 많은 시간을 분배하고,
- 최단시간에 최선의 목표를 달성하는 것을 의미한다.

구분	내용
S(Specific) 구체적으로	• 목표를 구체적으로 작성한다. • (예) 나는 토익점수 700점을 넘을 것이다.
M(Measurable) 측정 가능하도록	• 수치화, 객관화시켜서 측정이 가능한 척도를 세운다. • (예) 나는 2시간 안에 10페이지 분량의 보고서를 작성한다.
A(Action-oriented) 행동 지향적으로	• 사고 및 생각에 그치는 것이 아닌 행동을 중심으로 목표를 세운다. • (예) 부모님을 생각하는 자식(×), 매일 아침 부모님에게 전화 드리기(O)
R(Realistic) 현실성 있게	• 실현 가능한 목표를 세운다. • (예) 하루 만에 5개 국어 마스터(×), 1년 안에 토익 700점 넘기기(O)
T(Time limited) 시간적 제약이 있게	• 목표를 설정함에 있어 제한 시간을 둔다. • (예) 오늘 안에, 이번 주 까지, 이번 달까지 등

일반적으로 효과적인 시간계획을 작성하기 위해서는 다음과 같은 순서를 따른다.

• 명확한 목표 설정하기

한정된 시간을 효율적으로 활용하기 위해서는 먼저 분명한 목표가 필요하다. 목표를 명확하게 설정하는 것은 시간관리의 첫걸음이라고 할 수 있다.

• 일의 우선순위 정하기

일반적으로 일은 중요성과 긴급성으로 구분하는 경향이 있다. 이를 바탕으로 시간관리 매트릭스를 만들어 일의 우선순위를 결정한다.

⋯➔ 긴급하고 중요한 일   ⋯➔ 긴급하면서 중요하지 않은 일

⋯➔ 긴급하지 않으면서 중요한 일   ⋯➔ 긴급하지 않으면서 중요하지 않은 일

• 예상 소요시간 결정하기

우선순위가 결정되고 나면 각각의 할 일에 소요되는 예상시간을 결정하는 것이 필요하다.

• 시간 계획서 작성하기

앞서 도출한 할 일의 우선순위와 소요 시간을 바탕으로 시간 계획서를 작성한다. 개인의 성향에 따라 달력, 다이어리, 일정관리 소프트웨어, 스마트폰 등 다양한 도구를 활용한다.

자기의 시간을 잘 계획하면 할수록 일이나 개인적 측면에서 자기의 이상을 달성할 수 있는 시간을 창출할 수 있다. 이러한 시간계획을 위한 기본 원리는 60 : 40의 Rule이다. 이는 자신에게 주어진 시간 중 60%는 계획된 행동을 하여야 한다는 것을 의미한다.

계획된 행동(60%)	계획외의 행동(20%)	자발적 행동(20%)

◄─────────────── 총 시간 ───────────────►

5.2 예산관리능력 (하위모듈 E-2-나)

1
2
3
4
Chapter 5
6
7
8
9
10

 학습목표

직장생활에서 필요한 예산을 확인하고, 확보하여 업무수행에 이를 할당할 능력을 기른다.

- ···▶ 예산관리의 개념과 중요성에 대해 설명할 수 있다.
- ···▶ 예산의 구성요소를 설명할 수 있다.
- ···▶ 효과적인 방법으로 예산을 수립할 수 있다.
- ···▶ 업무 수행 과정에서 적절하게 예산을 관리할 수 있다.

✎ 예산관리능력

예산관리능력은 기업활동에서 필요한 예산을 파악하고, 사용할 수 있는 예산을 최대한 확보하여 실제 업무를 어떻게 집행할 것인지에 대한 예산계획을 수립하고, 이에 따른 예산을 효율적으로 집행하여 관리하는 능력을 의미한다. 한정된 예산을 효율적으로 사용하여 최대한의 성과를 낼 수 있느냐가 중요하게 여겨지는 만큼 예산관리능력은 모든 직장인에게 필수적으로 요구된다.

✎ 예산관리

예산은 사전적 의미로 보았을 때, 필요한 비용을 미리 헤아려 계산하는 것 혹은 그 비용을 의미한다. 넓은 범위에서 민간기업 · 공공단체 및 기타 조직체는 물론이고 개인의 수입 · 지출에 관한 것도 포함된다.

개인이나 기업에 있어서 대부분의 활동에는 예산이 필요하기 마련이다. 대부분 한 개인이나 기업이 활용할 수 있는 예산은 한정되어 있기 때문에 정해진 예산을 얼마나 효율적으로 사용하느냐는 중요한 문제이다.

예산관리능력은 이용 가능한 예산을 확인하고, 어떻게 사용할 것인지 계획하여 계획대로 사용하는 능력을 의미하며, 최소의 비용으로 최대의 효과를 얻기 위해 요구되는 능력이다.

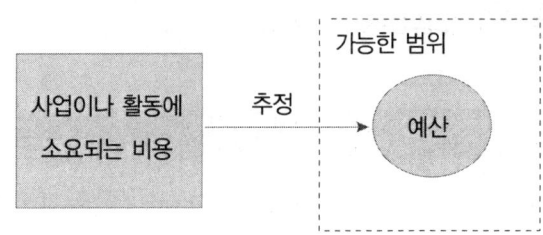

✎ 예산관리의 필요성

우리가 예산관리를 하지 않으면 안 되는 이유는 예산의 유한성에서 비롯된다. 하나의 사업이나 활동을 하기 위해 필요한 비용을 미리 계산하는 것을 예산이라 할 수 있지만, 대부분의 경우 정해진 예산 범위 내에서 그 계획을 세우게 되는 것이다.

예산은 소요되는 비용보다 너무 적거나 과하게 책정되어서는 안 된다. 비용과 실제 비용의 gap을 줄이고, 비슷한 상태가 가장 이상적인 상태라고 할 수 있다.

✎ 예산의 구성요소

예산의 구성요소는 일반적으로 직접비용과 간접비용으로 구분되게 된다. 따라서 직접비용과 간접비용에 대한 이해는 매우 중요한 것이며 자세히 살펴볼 필요가 있다.

직접비용(Direct Cost)는 간접비에 상대되는 용어로서, 제품 또는 서비스를 창출하기위해 직접 소비된 것으로 여겨지는 비용을 말한다. 이러한 직접비는 재료비, 원료와 장비, 시설, 인건비 등으로 구분된다. 다음은 직장생활에서 프로젝트를 수행하는데 일반적으로 소요되는 직접비의 항목을 나타낸 것이다.

간접비용(Indirect Cost)은 과제를 수행하기 위해 소비된 비용 중에서 직접비용을 제외한 비용으로 생산에 직접 관련되지 않은 비용을 말한다.

- 간접비용의 경우 과제에 따라 매우 다양하며, 과제가 수행되는 상황에 따라서도 다양하게 나타날 수 있다. 많은 사람들이 이처럼 간접비용을 정확하게 예측하지 못해 어려움을 겪는 경우가 많이 있다. 간접비용의 예로는 보험료, 건물관리비, 광고비, 통신비, 사무비품비, 각종 공과금 등을 들 수 있다.

✎ 효과적인 예산수립

예산수립의 경험이 있는 사람들은 계속해서 추가되는 항목에 의해 어려움을 겪은 경험이 있을 것이다. 항목이 추가되다보면 앞서 계획한 항목의 비용을 조절해야 하는 경우가 발생하기 때문이다. 이처럼 과제를 추진하고자 하는데 있어서 다양한 활동이 뒤따르며, 이를 정확하게 예측한 다음 우선순위를 결정하고 비용을 적절히 배정하는 것이 올바른 단계이다.

필요한 과업 및 활동 구명 ➡ 우선순위 결정 ➡ 예산 배정

✎ 예산의 관리 및 통제

예산에 대한 계획을 제대로 세워놓았지만, 실제 집행하는 과정에서 이를 적절히 관리하지 못하여 곤란을 겪은 사람들이 많을 것이다. 이처럼 예산을 집행과정에서 적절히 관리 및 통제하는 것이 매우 중요하다고 할 수 있다.

이는 사업과 같은 큰 단위만이 해당되는 것이 아니라 직장인의 경우 월급, 용돈 등 개인적인 단위에서도 마찬가지이다.

또한 요즘 들어 생활비를 관리하기 위해 가계부를 작성하는 사람들도 많이 늘어나고 있다. 가계부는 한 달에 정해진 생활비에서 자신이 지출하는 항목은 어떤 것이 있으며, 얼마만큼의 금액을 지출하는지를 매일 기록함으로써 자신의 생활비 지출을 적절하게 관리해 주는 역할을 한다.

그 외 직장에서의 과제나 프로젝트 수행 상에서 예산을 관리하기 위해서도 역시 수시로 예산 사용을 얼마만큼 했는지를 알아볼 수 있도록 정리하는 것이 필요하다. 관리자는 월 단위로 실행예산 대비 사용실적에 대한 워크시트를 작성함으로써 예산을 관리할 수 있다. 이러한 시트를 예산 집행 실적이라고 할 수 있으며, 그 양식은 저마다 다양하게 사용할 수 있지만 대표적인 예로 다음과 같이 작성할 수 있다.

예산 집행 실적						
항목	배정액	당월 실적	누적 실적	잔액	사용률(%)	비고
합계						

이처럼 예산 계획에 차질이 없도록 집행하기 위해서는 무엇보다 예산 집행 내역과 계획을 지속적으로 비교·검토하는 것이 중요하다. 예산 집행에 대한 지속적인 관심 없이는 아무런 일도 계획대로 이룰 수 없기 때문이다. 또한 위에서 제시한 다양한 방법을 숙지하여 활용함으로써 효과적인 예산관리가 될 수 있을 것이다.

5.3 물적자원관리능력 (하위모듈 E-2-다)

Chapter 1
2
3
4
Chapter 5
6
7
8
9
10

 학습목표

기업활동에서 필요한 물적자원을 확인하고, 확보하여 업무 수행에 이를 할
당하는 능력을 기를 수 있다.

⋯▸ 물적자원의 종류와 관리의 중요성을 설명할 수 있다.
⋯▸ 물적자원 활용의 방해요인을 설명할 수 있다.
⋯▸ 효과적인 물적자원관리 과정을 설명할 수 있다.
⋯▸ 다양한 기법을 활용하여 물적자원을 관리할 수 있다.

✎ 물적자원관리능력

물적자원관리능력은 기업활동에서 필요한 물적자원을 파악하고, 사용할 수 있는 물적자원을
최대한 확보하여 실제 업무에 어떻게 활용할 것인지에 대한 계획을 수립하고, 이에 따른 물적
자원을 효율적으로 관리하는 능력을 말한다.

산업고도화와 함께 매우 다양한 물적자원들이 활용되고 있으며, 이를 필요한 시기와 장소에
물적자원을 활용하는 것은 매우 중요하다.
모든 자원이 마찬가지겠지만 물적자원의 경우 적재적소에 활용되어야 그 가치가 나타난다. 정
말 필요한 시기에 물적자원을 확보하지 못하면 사업이나 활동에 큰 차질을 빚게 마련이다.

✎ 물적자원과 물적자원관리

우리가 활용할 수 있는 물적자원은 매우 다양하며, 세상에 존재하는 모든 물체는 이에 포함된
다. 하지만 물적자원을 크게 나누어 보았을 때 자연자원과 인공자원으로 나눌 수 있다.
자연자원의 경우 자연 상태에 있는 그대로의 자원을 말하는 것으로 석유, 석탄, 나무 등을 가
리킨다. 반면 인공자원의 경우 사람들이 인위적으로 가공하여 만든 물적자원으로 시설이나 장
비 등이 포함된다고 할 수 있다.

자연자원
석탄 석유 등의 자연상태 그대로의 자원

석유   석탄

인공자원
시설 및 장비 등 인위적으로 가공한 자원

시설   장비

이러한 물적자원을 얼마나 확보하고 활용할 수 있느냐가 큰 경쟁력이 된다. 국가의 입장에 있어서도 자국에서 생산되지 않는 물품이 있으면 다른 나라로부터 수입을 하게 되고, 이러한 물품으로 인해 양국 간의 교류에서 비교우위가 가려지게 된다. 이러한 상황에서 자신이 보유하고 있는 자원을 얼마나 잘 관리하고 활용하느냐 등 물적자원관리는 매우 중요하다고 할 수 있다.

누구나 한번쯤은 자신이 필요한 물건이 없어서 어려움을 겪은 경험이 있을 것이다. 자신이 필요한 물건이 항상 대기하고 있는 것이 아니기 때문이다. 또한 이미 보유하고 있는 물건을 관리하지 않아 분실 및 훼손되었을 경우 같은 물건을 다시 구입해야 하기 때문에 경제적 손실뿐만 아니라 더 나아가 과제나 사업의 실패를 부를 수 있다.

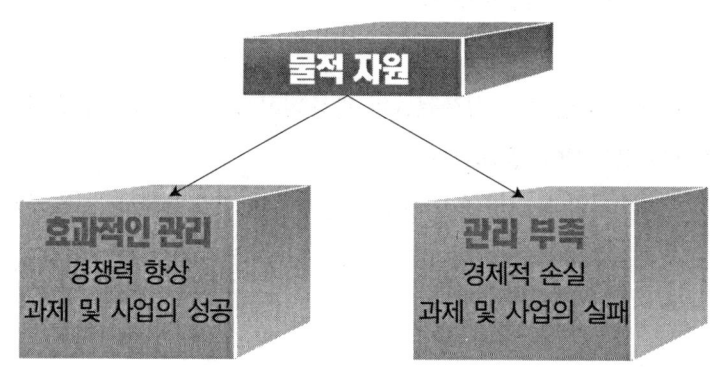

물적 자원

효과적인 관리
경쟁력 향상
과제 및 사업의 성공

관리 부족
경제적 손실
과제 및 사업의 실패

✎ 물적자원관리의 방해요인

물적자원을 적절하게 이용하지 못하는 것은 다양한 원인에 의해 발생할 수 있다.
그 중에서 보유하고 있던 적절하게 활용하지 못하게 하는 방해요인은 3가지 유형으로 살펴볼 수 있다. 보관 장소를 파악하지 못하는 경우, 물품이 훼손된 경우, 물품을 분실한 경우로 나누어 볼 수 있다.

보관 장소를 파악하지 못하는 경우

이는 일반적으로 사람들이 많이 저지르는 실수 중에 하나이다. 한번 활용한 물건을 앞으로 다시 활용할 것이라는 생각 없이 아무 곳에나 놓아두는 경향이 있다. 그렇게 정리하지 않고 아무렇게나 물품을 보관하게 되면, 추후에 다시 그 물건이 필요로 할 때 물품을 찾기 어려워지는 경우가 많이 있다. 또한 물적자원이 필요한 상황에 적시에 공급이 되지 않고 시간이 지체하게 되면 아무런 효과도 거둘 수 없게 된다.

훼손된 경우

물적자원의 경우 계속해서 사용할 수 있는 것은 없다. 사용할 수 있는 기간이 대부분 한정되어 있기 때문이다. 그래서 우리는 보유하고 있는 물건을 적절히 관리하여 고장이나 훼손되지 않도록 하여야 한다.

분실한 경우

기존에 보유하고 있던 물적자원을 분실한 경우는 보관 장소를 파악하지 못한 경우와 비슷하다고 할 수 있다. 하지만 차이점으로는 분실한 경우는 다시 구입하지 않으면 향후 활용할 수 없지만, 단지 보관 장소를 파악하지 못한 경우는 물품의 위치를 파악한다면 향후에 다시 활용할 수 있다는 것이다.

그 외 물적자원에 대한 관리가 소홀하게 되는 경우는 분명한 목적 없이 물건을 구입한 경우에 발생할 수 있다. 이 물품이 정말 필요함에 따라 구입한 물품의 경우 활용도가 높아 관리에 좀 더 신경을 쓰게 되지만, 그렇지 않은 경우에는 관리에 소홀해지기 마련이다.

따라서 물적자원의 경우 구입 과정에서 활용 및 구입의 목적을 명확하게 하는 것이 필요하다. 또한 구입한 물품을 분실 및 훼손되지 않게 관리하는 것이 중요하며, 적절한 장소에 보관하여 물품이 필요할 때 적재적소에 활용될 수 있도록 하는 것이 중요할 것이다.

✎ 효과적인 물적자원관리 과정

물품의 효과적인 관리를 위해서는 적절한 과정을 거쳐야만 한다. 물품을 마구잡이 식으로 보관하게 되면 필요한 물품을 찾는 것 또한 어려워질뿐더러 물건의 훼손이나 분실의 우려가 있을 수 있다. 따라서 적절한 과정을 거쳐 물품을 구분하여 보관하고 관리하는 것이 효과적이라고 할 수 있다. 효과적인 물적자원관리 과정은 다음 그림과 같이 나타낼 수 있다.

사용 물품과 보관 물품의 구분	동일 및 유사 물품으로의 분류	물품 특성에 맞는 보관 장소 선정
• 반복작업 방지 • 물품활용의 편리성	• 동일성의 원칙 • 유사성의 원칙	• 물품의 현상 • 물품의 소재

✎ 물적자원관리 방법

• 바코드(bar code)란 문자나 숫자를 흑과 백의 막대모양 기호로 조합한 것으로, 컴퓨터가 판독하기 쉽고 데이터를 빠르게 입력하기 위하여 쓰인다. 이것은 광학식 마크판독장치로 자동판독되어 입력된다. 세계상품코드(UPC: universal product code)를 따르는 상품의 종류를 나타내거나, 슈퍼마켓 등에서 매출정보의 관리(POS: point of sales system) 등에 이용된다. 가격은 별도로 표시되며 도서분류, 신분증명서 등에도 이용된다.

• 바코드 원리는 자신의 물품을 기호화하여 관리하는 것을 의미한다. 이러한 점을 개인의 사적인 물품관리에도 적용하여 활용한다면 효과적으로 관리할 수 있다. 기호화의 예는 다음과 같다.

대분류	중분류	소분류	비고
책(A)	소설책(A-1)	A-1-1. 가시고기	• 2000년에 책구입 • 책의 일부분이 파손됨.
	소설책(A-2)	A-1-2. 남장소매치기 소녀	
	소설책(A-3)	A-1-3. 태백산맥	
	소설책(A-4)		

• 기호화된 물품 목록을 작성함으로써 자신이 현재 보유하고 있는 물품의 종류를 파악할 수 있으며, 또한 기호를 통해 물품의 위치를 쉽게 파악할 수 있는 장점이 있다. 그리고 물품의 구입 및 상태를 정리해둠으로써 물품을 관리하는데 관심을 기울일 수 있는 역할을 수행할 수 있다. 여기서 대분류, 중분류, 소분류는 앞서 살펴본 동일성의 원칙과 유사성원 원칙을 기반으로 분류하여 기호를 부여하는 것을 뜻한다.

5.4 인적자원관리능력 (하위모듈 E-2-라)

학습목표

기업활동에서 필요한 인적자원을 확인하고, 확보하여 업무 수행에 이를 할 당하는 능력을 기를 수 있다.

···▶ 인적자원의 개념과 의미를 설명할 수 있다.
···▶ 인적자원관리의 중요성을 설명할 수 있다.
···▶ 개인 차원에서의 인적자원관리 방법을 설명할 수 있다.
···▶ 팀 작업에서의 인적자원관리 방법을 설명할 수 있다.

✎ 인적자원관리능력

인적자원관리능력은 기업활동에서 필요한 인적자원(근로자의 기술, 능력, 업무 등)을 파악하고, 동원할 수 있는 인적자원을 최대한 확보하여 실제 업무에 어떻게 배치할 것인지에 대한 예산계획을 수립하고, 이에 따른 인적자원을 효율적으로 배치하여 관리하는 능력을 말한다.
무형의 자산이라고 할 수 있는 인적자원에 대한 관리는 기업 및 개인 차원에서도 경쟁력을 갖추기 위한 결정적인 역할을 한다.

예산관리능력과 더불어 최근에는 무형의 자산이라고 할 수 있는 인적자원에 대한 관리가 점차 중요해지고 있다. 성공적인 기업은 역량 있는 구성원들을 채용하고, 지속적인 능력 개발을 위해 힘쓰는 것처럼 기업뿐만 아니라 개인적인 차원에서도 주위의 사람들에 대한 인적자원 관리가 중요한 능력으로 부각되고 있다.

✎ 인적자원

인적자원은 바로 사람을 말하는 것이다. 즉 주위에 있는 모든 사람들이 하나의 중요한 자원으로 인식되어가고 있는 것이다. 이는 조직차원뿐만 아니라 개인에게 있어서도 매우 중요하다. 조직차원의 인적자원은 조직에 고용된 사람을 말하는 것으로, 조직의 리더나 관리자들은 인적

자원의 중요성을 인식하고 있다.

✎ 기업에 있어서의 인적자원

기업은 목적을 달성하기 위하여 필요한 인적자원을 조달, 확보, 유지, 개발하여 경영조직내에서 구성원들이 능력을 최고로 발휘하게 해야 한다. 또한 근로자 스스로가 자기만족을 얻게 하는 동시에 경영 목적을 효율적으로 달성하게 하는 등 사용자와 근로자 간의 협력체계가 이루어지도록 관리해야 한다. 이러한 관리활동을 인적자원관리라고 한다.

효율적이고 합리적인 인사관리를 하기 위해서는 다음과 같은 원칙이 필요하다.

- 적재적소 배치의 원리 : 해당 직무 수행에 가장 적합한 인재를 배치하여야 한다.
- 공정 보상의 원칙 : 근로자의 인권을 존중하고 공헌도에 따라 노동의 대가를 공정하게 지급해야 한다.
- 공정 인사의 원칙 : 직무 배당, 승진, 상벌, 근무 성적의 평가, 임금 등을 공정하게 처리해야 한다.
- 종업원 안정의 원칙 : 직장에서 신분이 보장되고 계속해서 근무할 수 있다는 믿음을 갖게 하여 근로자가 안정된 회사생활을 할 수 있도록 해야 한다.
- 창의력 계발의 원칙 : 근로자가 창의력을 발휘할 수 있도록 새로운 제안, 건의 등의 기회를 마련하고, 적절한 보상을 하여 인센티브를 제공하여야 한다.
- 단결의 원칙 : 직장 내에서 구성원들이 소외감을 갖지 않도록 배려하고, 서로 유대감을 가지고 협동, 단결하는 체제를 이루도록 한다.

✎ 개인차원에서 인적자원관리

개인차원에서 인적자원이라는 것은 인맥(人脈)이라는 것이다. 인맥은 사전적 의미로 정계, 재계, 학계 따위에서 형성된 사람들의 유대 관계라고 하지만 이에 국한하지 않고 모든 개인에게 적용되는 개념이다. 자신이 알고 있거나 관계를 형성하고 있는 사람들을 나타내는 것이다. 일반적으로 사람들의 기본적인 인맥을 살펴보면 가족, 친구, 직장동료 등으로 나누어 질 수 있다.

이는 자신과 직접적인 관계에 있는 사람들로 대부분의 사람들이 이러한 인맥을 가지고 있으며, 이러한 사람들을 핵심인맥이라고 표현할 수 있다. 하지만 인맥에는 핵심인맥뿐만 아니라 그 사람들로부터 알게 된 사람, 그리고 우연한 자리에서 서로 알게 된 사람 등 매우 다양한 파생인맥이 존재하게 된다. 또한 파생인맥에서 계속해서 파생이 되어서 한 사람의 인맥은 수 없이 넓어지게 된다.

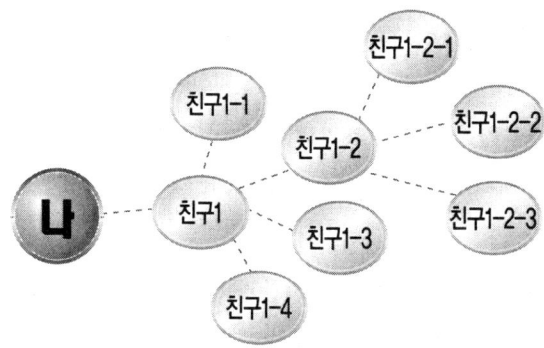

이와 같은 핵심 인맥과 파생 인맥에 대한 관리가 개인적 차원에서의 인적자원관리라 할 수 있겠다. 개인들이 인맥을 활용할 경우 각종 정보의 획득, 참신한 아이디어와 해결책 도출, 유사시 필요한 도움을 받을 수 있다는 장점이 있다. 또한 취업, 승진, 창업, 고객 확보 차원에서 인맥은 결정적인 역할을 한다.

각종 정보의 획득	정보의 소스 획득
나 자신을 알 수 있음	인생의 탄력이 생김
나의 사업을 시작할 수 있음	참신한 아이디어 획득
유사시 도움 됨	

✎ 인적자원관리의 역할

대부분의 일은 사람, 즉 개인이나 인간관계에 의해 이루어진다. 따라서 자신의 인맥은 일을 수행하는데 있어서 매우 중요한 역할을 하게 된다. 자신의 일을 수행하는데 자신의 인맥을 얼마나 활용하느냐는 개인의 능력 이상의 성과를 가져오게 할 수 있다. 이처럼 자기 자신의 인맥을 활용하면 일을 수행하는데 다양한 효과를 얻을 수 있을 뿐만 아니라 나 자신의 생활에도 영향을 미칠 수 있다.

기업체의 경우 조직의 성과에 인적자원에 대한 관리는 큰 영향을 미친다고 할 수 있다. 이는 기업에 있어서 인적자원의 특성에서 비롯되며, 그 특성으로 능동성, 개발가능성, 전략적 자원으로 나누어 살펴볼 수 있다.

- 능동성이라는 것은 예산과 물적자원은 성과에 기여하는 정도에 있어서 이들 자원 자체의 양과 질에 의해 지배됨으로써 수동적인 성격을 지니고 있다. 그러나 이에 비해 인적자원으로부터의 성과는 인적자원의 욕구와 동기, 태도와 행동 그리고 만족감 여하에 따라 결정되고, 인적자원의 행동동기와 만족감은 경영관리에 의해 조건화된다. 따라서 인적자원은 능동적이고 반응적인 성격을 지니고 있으며, 이를 잘 관리하는 것이 기업의 성과를 높이는 일이 될 것이다.
- 개발가능성의 경우 인적자원은 자연적인 성장과 성숙은 물론, 오랜 기간 동안에 걸쳐서 개발될 수 있는 많은 잠재능력과 자질을 보유하고 있다는 것이다. 인적자원에 대한 개발가능성은 환경변화와 이에 따른 조직변화가 심할수록 현대조직의 인적자원관리에서 차지하는 중요성이 더욱 커진다.
- 전략적 중요성의 경우 조직의 성과는 인적자원, 물적자원 등을 효과적이고 능률적으로 활용하는데 달려있으며, 이러한 자원을 활용하는 것이 바로 사람, 즉 인적자원이기 때문에 다른 어느 자원보다도 전략적 중요성이 강조되는 것을 의미한다.

이와 같이 현대 사회에서 개인 및 조직차원에서 인적자원관리는 매우 중요한 일 중에 하나이다. 따라서 자신의 인맥을 잘 관리할 수 있는 능력을 함양하는 것이 필요하며, 또한 협동 작업이 많은 지금 자신의 팀 및 조직의 인적자원을 관리하는 능력도 겸비하는 것이 필요할 것이다.

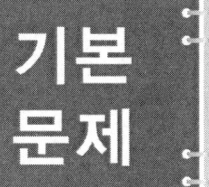 기본 문제

01 다음 자료에 대한 옳은 설명을 〈보기〉에서 고른 것은?

> A기업과 B기업의 사업 분야는 유사하다. A기업과 B기업이 합병하면 시너지 효과가 생겨 A기업에게 B기업의 가치는 실제 가치의 1.5배가 되므로 A기업은 B기업을 인수할 의향이 있다.
>
> A기업은 'B기업의 주주가 이미 자기 기업의 실제 가치를 정확히 알고 있다'는 사실을 파악하고 있다. 그러나 A기업은 B기업의 실제 가치가 정확히 얼마인지는 아직 모르고 단지 각각 1/3의 확률로 0원, 1만 원, 2만 원 중 하나일 것으로만 추측하고 있다.
>
> A기업은 인수를 통해 이득을 극대화하고자 한다. B기업의 주주는 ㉠A기업이 제시한 인수 금액이 자사의 실제 가치보다 크거나 같으면 인수에 동의한다.

> 〈보기〉 ㄱ. ㉠이 1만 원 이고 B기업의 실제 가치가 2만 원이면 인수가 성사된다.
>   ㄴ. ㉠이 1만 원 이면 A기업이 생각하는 인수 확률은 2/3이다.
>   ㄷ. ㉠이 1만 원 이면 A기업이 기대하는 이득은 0.5만 원 이다.
>   ㄹ. A기업이 합리적이라면 B기업의 실제 가치가 얼마든지 ㉠은 0원이다.

① ㄱ, ㄴ ② ㄱ, ㄷ
③ ㄴ, ㄷ ④ ㄴ, ㄹ
⑤ ㄷ, ㄹ

[2~3] 다음 글을 읽고 물음에 답하시오.

> (가) 클래식 기타 애호가인 문석은 유명 기타리스트인 고석호의 독주회 일반석 표를 30,000원에 예매했다. 그런데 뒤늦게 문석은 그날 주희와 약속이 있다는 것을 깨달았다. 예매는 취소가 가능한데 규정상 5,000원의 수수료를 물고 25,000원만 돌려 받을 수 있다. 문석은 약속을 미룰 수도 있었지만, 주희와 만나기로 하고 예매를 취소했다.
> (나) 그런데 문석이 예매를 취소한 후 미희가 그 독주회의 70,000원짜리 로열석 표를 공짜로 두 장 얻었다며 보러 가자고 제의했다. 이에 문석은 주희와의 약속을 깨고 미희와 독주회를 보러 가기로 했다. 단, 문석이 일반석에서 독주회를 볼 때의 효용은 v1, 주희와의 약속을 지킬 때의 효용은 v2이다.

02 (가)에 근거한 옳은 추론을 〈보기〉에서 고른 것은?

〈보기〉 ㄱ. 25,000원 $\leq$ v1 $\leq$ 30,000원   ㄴ. v1 $\geq$ 30,000원
     ㄷ. v2 $\geq$ v1 − 25,000원   ㄹ. v2 $\geq$ 25,000원

① ㄱ, ㄷ   ② ㄱ, ㄹ
③ ㄴ, ㄷ   ④ ㄴ, ㄹ
⑤ ㄷ, ㄹ

03 위 자료에 대한 설명으로 옳은 것은?

① 문석이 로열석에서 독주회를 볼 때 느끼는 효용은 v2 이상이다.
② 문석이 로열석에서 독주회를 볼 때 느끼는 효용은 70,000원 이상이다.
③ 로열석의 가격이 45,000원이었다면 문석은 일반석이 아닌 로열석을 예매했을 것이다.
④ 문석은 이미 예매를 취소하고 주희와의 약속을 지키기로 하였으므로 약속을 깬 문석의 행동은 합리적이지 않다.
⑤ 문석이 일반적으로 예매할 때 지불한 돈 30,000원은 매몰 비용이므로 주희와의 약속을 지킬지를 결정할 때에는 고려할 필요가 없다.

04 다음 자료에 대한 설명으로 옳은 것은?

양지마을에서 케이블TV 서비스와 인터넷 서비스를 독점 판매하는 '양지유선방송'은 이윤을 극대화하는 판매 방법을 모색하고 있다. 인터넷 서비스 제공을 위해 고객당 5만 원의 비용이, 케이블TV 서비스 제공을 위해 고객당 10만 원의 비용이 소요된다. 양지유선방송은 두 서비스를 분리해서 판매하거나 묶어서 하나의 상품으로 판매할 수 있다. 양지마을에는 노년층과 청년층이 각각 10명씩 있는데 노년층과 청년층이 각각의 서비스에 대해 지불할 의사가 있는 최대 금액은 다음 표와 같다.

	인터넷	케이블 TV
청년층	50만원	15만원
노년층	20만원	40만원

① 분리 판매할 때는 인터넷과 케이블TV에 각각 20명과 10명이 가입할 것이다.
② 분리 판매할 때 인터넷과 케이블TV 가입 가격은 각각 50만원과 15만원이다.
③ 양지유선방송의 이윤은 묶음 판매하든지 분리 판매하든지 차이가 없다.
④ 분리 판매에 비해 묶음 판매할 때 청년층 후생은 증가하나 노년층 후생은 변화 없다.
⑤ 양지유선방송 이윤과 주민 후생을 고려하면 묶음 판매를 금지하는 것이 바람직하다.

05 다음 자료에서 왓슨 의원이 취할 전략으로 적절한 것은?

> 고담시의회는 현재 자연녹지인 시유지를 어떻게 개발할지 결정해야 한다. 홈즈의원은 시유지에 염색공단을 설치하자는 대안1을 발의했다.
>
> 한편, 자연녹지인 현재 상태를 유지하는 것이 바람직하다고 생각하는 왓슨의원은 대안1로 결정되는 것을 막고 현재 상태를 유지하기 위한 전략을 고민하고 있다.
>
> 만일 왓슨의원이 대안2를 발의하면 다음의 순서로 최종안이 결정된다.
> 1단계: 대안1과 대안2 중 다수결 투표로 개발안 결정
> 2단계: 1단계에서 결정된 개발안과 현상유지안 중 다수결 투표로 최종안 결정
>
> 반면, 왓슨의원이 대안2를 발의하지 않으면 대안1과 현상유지안 중 다수결 투표로 최종안이 결정된다.
>
> 시의회는 아래와 같은 선호를 지니는 21명의 의원으로 구성되어 있다. 단, A > B는 A를 B보다 선호함을 의미한다.
> • 현상유지 > 생태공원 > 자전거도로 > 아파트단지 > 염색공단 > 풍력발전소 (7명)
> • 염색공단 > 풍력발전소 > 아파트단지 > 현상유지 > 자전거도로 > 생태공원 (5명)
> • 생태공원 > 풍력발전소 > 아파트단지 > 염색공단 > 현상유지 > 자전거도로 (5명)
> • 풍력발전소 > 염색공단 > 자전거도로 > 아파트단지 > 생태공원 > 현상유지 (4명)

① 풍력발전소를 대안으로 제시한다.　　② 아파트단지를 대안으로 제시한다.
③ 자전거도로를 대안으로 제시한다.　　④ 생태공원을 대안으로 제시한다.
⑤ 대안 2를 제시하지 않는다.

[6~7] 다음 글을 읽고 물음에 답하시오.

> (가) 기대이윤은 모든 상황에 대해 각 상황이 일어날 확률과 그 상황에서의 이윤을 곱한 것을 모두 더하여 구한다. 예를 들어, 동전의 앞면과 뒷면이 나올 확률이 모두 0.5라고 하자. 이때 동전의 앞면이 나오면 10원을 받고 뒷면이 나오면 5원을 잃는 게임에서의 기대이윤은 0.5×10원+0.5×(−5원)=2.5원이다.
>
> (나) 추신성은 1년 후에 121만원을 지급하는 (주)티라 채권을 100만원에 매입할지 동일한 금액으로 이자율 10%인 국채를 매입할지 고민하고 있다. (주)티라는 정상적인 경우에는 약속한 금액을 전부 상환할 수 있지만, 부도가 날 경우에는 약속한 금액 중에서 11만원만 상환할 수 있다. 반면, 국채는 어떤 경우라도 원금과 이자가 확실히 보장된다. 추신성은 (주)티라가 발행한 채권에 투자할 경우에는 투자 위험을 제거하기 위해서 일정 수준의 보험료를 내면 1년 후 (주)티라가 약속한 금액 전체를 보장받는 보험을 (주)아라보험과 계약할 것을 고려하고 있다. 한편, (주)아라보험은 기대이윤이 0 이상일 때 계약을 체결한다.

06 추신성이 (주)티라 발행 채권을 매입하기로 결정했다면 현재 시점에서 채권 투자에 따른 위험 제거를 위해 지불할 의사가 있는 최대 보험료는 얼마인가?

① 8만 원　　　　　　　　　　② 9만 원
③ 10만 원　　　　　　　　　④ 11만 원
⑤ 12만 원

07 (주)아라보험이 추신성과 보험계약을 체결할 때 손해를 보지 않으려면 1년 동안 (주)티라가 부도가 날 확률은 최대 얼마 이하이어야 하는가?

① 8%　　　② 9%　　　③ 10%　　　④ 11%　　　⑤ 12%

08 다음 자료에 대한 설명으로 옳지 않은 것은?

> 동건국에서는 코난조선과 포비자동차가 각각 연 50톤의 CO_2를 배출하고 있다. 정부는 연 CO_2 배출량 20% 감축을 위해 다음의 두 방안을 고려 중이다.
> (가) 두 기업에 CO_2 배출량을 각각 연 10톤씩 감축하라고 명령한다.
> (나) 한 장당 CO_2를 1톤씩 배출할 수 있는 배출권을 각 기업에 40장씩 배부하고 이를 시장에서 거래하게 한다. 단, 코난조선과 포비자동차의 감축 비용은 각각 100원/톤과 200원/톤이며 정부는 이를 정확히 알지 못한다.

① (나)가 시행되면 포비자동차는 CO_2 배출량을 줄이지 않을 것이다.
② (나)가 시행되면 코난조선은 배출권 거래를 통해 2,000원보다 많은 이득을 올릴 수 있다.
③ (나)는 (가)보다 전체적인 CO_2 감축 비용을 1,000원 더 줄일 수 있다.
④ 만약 두 기업의 감축 비용이 동일하다면, 전체적인 CO_2 감축 비용에서 (가)와 (나)는 차이가 없다.
⑤ 정부가 각 기업의 감축 비용을 정확히 알지 못하기 때문에 (나)와 같은 배출권 거래 방식이 (가)와 같은 직접규제 방식보다 우월하다.

09 다음 자료를 바탕으로 한 옳은 추론을 〈보기〉에서 고른 것은?

> 매달 혈당 측정기 1,500개를 생산할 수 있는 설비를 갖추고 있는 갑은 현재 국내 시장에서 매달 1,000대의 혈당 측정기를 개당 2만원에 판매하고 있다. 그런데 수출업자 을이 갑에게 찾아와 수출용으로 매달 500대의 혈당 측정기를 대당 3만원에 팔 것을 제안하였다. 갑이 매달 1,000대 생산할 때의 대당 평균 비용은 1만 원이다. 1,000대보다 많이 생산할 경우, 추가적으로 생산되는 혈당 측정기의 개당 평균 비용은 x만 원이다. 단, $x > 1$이다. 혈당 측정기의 국내 가격은 2만원으로 주어져 있다. 갑은 다음 세 가지 중 하나를 택하려 한다.
> 　　A : 을의 제안을 거절한다.
> 　　B : 1,000대를 생산해 500대는 국내 시장에, 500대는 을에게 판다.
> 　　C : 1,500대를 생산해 1,000대는 국내 시장에, 500대는 을에게 판다.

> 〈보기〉　ㄱ. A가 최선의 선택이 될 수도 있다.
> 　　　　ㄴ. $x > 3$이라면 A와 C 중에서는 A가 더 좋다.
> 　　　　ㄷ. C를 택할 경우 대당 평균 비용은 감소한다.
> 　　　　ㄹ. 을이 갑에게 제안하는 가격은 B와 C 사이의 선택에 영향을 주지 않는다.

① ㄱ, ㄴ　　　② ㄱ, ㄷ　　　③ ㄴ, ㄷ　　　④ ㄴ, ㄹ　　　⑤ ㄷ, ㄹ

10 다음 자료의 밑줄 친 뉴스를 듣고 발가락양말 생산에 투입되는 시간에 대해 영희가 취할 선택으로 옳은 것은?

> 판매 수입을 극대화하려는 영희는 매일 6시간 동안 발가락양말과 면장갑을 만들어 팔고 있다. 아래 표는 발가락양말과 면장갑을 생산하는 데 투입되는 시간에 따른 생산량의 변화를 보여준다.

발가락양말		면장갑	
투입 시간	생산량	투입 시간	생산량
0	0	0	0
1	15	1	10
2	28	2	18
3	38	3	24
4	46	4	28
5	51	5	30
6	54	6	31

> 오늘은 발가락양말과 면장갑의 시장가격이 각각 천원이었다. 영희는 저녁에 TV를 보다가 발가락양말이 무좀 예방에 매우 효과적이라는 연구결과가 새로 발표되면서 내일부터 발가락양말 가격이 두 배로 오를 것이라는 뉴스를 접하였다.

① 1시간 늘린다.   ② 2시간 늘린다.
③ 3시간 늘린다.   ④ 두 배로 늘린다.
⑤ 1시간 줄인다.

11 다음 중 틀린 것은?
① 필요한 자원의 종류와 양인 구체적으로 확인해야 한다.
② 필요한 만큼의 자원만 확보하면 된다.
③ 자원 활용 계획을 세우는데 우선순위를 고려한다.
④ 가능하면 계획대로 수행한다.

12 다음 중 시간자원의 특징이 아닌 것은?
① 시간은 매일 주어진다.
② 시간의 흐름은 멈추게 할 수 없다.
③ 시간은 가치가 똑같다.
④ 시간은 똑같은 속도로 흐른다.

13 다음 중 직장에서의 시간낭비 요인이 아닌 것은?
① 불명확한 목적을 가진 긴 회의
② 많은 통지문서
③ 기다리는 시간
④ 점심시간

14 명함에 메모를 해두면 좋은 정보가 아닌 것은?
① 만난 날자와 장소 및 용건
② 상대의 업무내용 및 취미
③ 상대방의 거주지 및 기타 연락처
④ 만나서 먹었던 음식

15 자원관리능력에 대한 설명으로 옳지 않은 것은?
① 한 가지 유형의 자원이 없다면 다른 자원으로 대체하면 된다.
② 예산관리능력은 최소의 비용으로 최대의 효과를 얻기 위해 요구되는 능력이다.
③ 자원은 기업 활동을 위해 사용되는 모든 시간, 예산, 물적·인적 자원을 의미한다.
④ 인적자원관리는 모집, 선발, 훈련과 개발, 성과 평가, 보상 관리의 과정으로 이루어진다.

16 기업 활동을 위해 사용되는 자원의 요소로 적절하지 않은 것은?
① 시간　　　　　　　　　② 예산
③ 회사의 연혁　　　　　　④ 인적자원

17 〈보기〉는 자원을 효과적으로 활용하기 위해 일반적인 과정을 나열한 것이다. 순서대로 바르게 나열한 것은?

〈보기〉 가. 실제 이용가능한 자원 수집 및 확보　　다. 확보한 자원에 대한 활용계획 수립
　　　　나. 자원활용계획에 따라 확보한 자원 활용　　라. 요구되는 자원의 종류와 양 확인

① 가→나→다→라　　　　　② 나→가→다→라
③ 나→가→라→다　　　　　④ 라→가→다→나

18 〈보기〉에서 시간의 특성으로 적절한 것을 모두 고른 것은

〈보기〉	ㄱ. 매일 주어진다.	ㄹ. 빌리거나 저축할 수 없다.
	ㄴ. 멈추게 할 수 없다.	ㅁ. 어떻게 사용하든지 가치는 똑같다.
	ㄷ. 똑같은 속도로 흐른다.	

① ㄱ, ㄴ
② ㄱ, ㄴ, ㄷ
③ ㄴ, ㄷ, ㄹ
④ ㄱ, ㄴ, ㄷ, ㄹ

19 〈보기〉는 효과적인 시간계획을 작성하기 위한 과정을 나열한 것이다. 순서대로 바르게 나열한 것은?

〈보기〉	가. 명확한 목표를 설정하기	다. 예상 소요시간 결정하기
	나. 일의 우선순위 정하기	라. 시간 계획서 작성하기

① 가→나→다→라
② 나→가→다→라
③ 나→가→라→다
④ 다→라→가→나

20 시간관리능력에 대한 설명으로 옳지 않은 것은?

① 예산을 수립하고 집행하는 모든 일이 예산관리이다.
② 예산은 일반적으로 직접비용과 간접비용으로 구분된다.
③ 최소의 비용으로 최대의 효과를 얻기 위해 요구되는 능력이다.
④ 예산관리에서 중요한 점은 무조건 적은 비용을 들여야 한다는 것이다.

적중
예상문제 Chapter **05** 자원관리능력

01 다음은 국내에서 흥행에 성공한 영화에 출연했던 주연배우들의 출연료 계약에 대한 예시다. 배우들과 이 같은 계약을 체결한 영화 제작사의 입장과 가장 거리가 먼 것은?

> 계약 1 : 주연배우 A는 기본 출연료 외에 국내 수익의 5%에 해당 인센티브 계약을 통해 수억 원대의 보너스를 받았다.
> 계약 2 : 주연배우 B는 인센티브 계약을 맺지 않는 대신 배우 A에 비해 높은 고정 출연료를 받았다. 이 때문에 B는 영화 흥행에도 불구하고 추가 보너스를 받지 못했다.

① 계약 1이 계약 2에 비해 위험이 적을 것으로 평가된다.
② 계약 1이 계약 2에 비해 흥행 실패시 제작비 부담을 줄일 수 있다.
③ 계약 1이 계약 2에 비해 손익분기점을 달성하기가 쉬운 것으로 평가된다.
④ 계약 1이 계약 2에 비해 흥행 성공시 유리하다.
⑤ 흥행의 불확실성이 커질수록 계약 1이 계약 2에 비하여 유리 하다.

02 A회사에서 나온 페인트와 B회사에서 나온 페인트가 있다. 둘은 각각 용량이 다른데, 76개의 물건에 페인트칠을 하려면 A회사, B회사의 페인트는 각각 4통, 3통이 필요하고, 98개의 물건에 페인트칠을 하려면 5통, 4통이 필요하다. 이때 A회사에서 나온 페인트 1통과 B회사에서 나온 페인트 1통으로는 몇 개의 물건을 칠할 수 있는가?

① 20개   ② 22개   ③ 24개   ④ 26개

03 어떤 기업이 신규 사업 진출을 위해 여러 가지 투자방안을 검토하고 있다. 이처럼 신규사업 투자분석을 하면서 현금흐름을 추정할 때 포함시켜야 할 항목끼리 올바르게 짝지어진 것은?

> ㉠ 차입금에 대한 이자비용 지급   ㉡ 영업을 시작하기 위해 원재료 구입
> ㉢ 공실이던 건물을 신규 투자안을 위해 사용   ㉣ 신규 사업의 타당성 검증을 위해 시장조사비 지출
> ㉤ 초코아이스크림의 신규생산으로 기존에 판매하던 딸기 아이스크림의 매출 감소분

① ㉠, ㉡, ㉢   ② ㉠, ㉢, ㉣
③ ㉠, ㉣, ㉤   ④ ㉡, ㉢, ㉤
⑤ ㉡, ㉣, ㉤

04   재무제표분석에서 사용되는 재무비율에 대한 설명 중 타당한 것을 모두 고르면?

> ㉠ 기업 경영성과를 나타내는 수익성 비율 중 하나인 자기자본이익률(ROE)은 보통주 및 우선주 등 주식
>   발행을 통해 출자된 모든 자본이 얼마나 효율적으로 운용되었는지를 나타내는 재무비율이다.
> ㉡ 장기채무의 변제 능력을 측정하는 레버리지비율 중 하나인 부채비율이 높을수록 채권자 투자 위험이 증
>   가한다고 볼 수 있다.
> ㉢ 단기 채무 변제능력을 측정하는 유동비율은 기업의 연중 유동성을 측정하는 지표로써 유동비율이 높을
>   수록 기업 경영이 효율적이라고 판단할 수 있다.
> ㉣ 자산의 효율적 이용을 평가하는 자사효율성비율 중 하나인 총자산 회전율은 자산 한 단위의 이용이 기
>   업에 가져오는 매출액을 나타내는 재무비율로 총자산회전율이 높을수록 자산이 효율적으로 이용된다고
>   판단할 수 있다.

① ㉠, ㉡   ② ㉡, ㉣
③ ㉢, ㉣   ④ ㉠, ㉡, ㉢
⑤ ㉡, ㉢, ㉣

05   A회사는 10분에 5개의 인형을 만들고, B회사는 1시간에 1대의 인형 뽑는 기계를 만든다. 이
     두 회사가 40시간 동안 일을 하면 최대 몇 대의 인형이 들어있는 인형 뽑는 기계를 완성할 수
     있는가?(단, 인형 뽑는 기계 하나에는 적어도 40개의 인형이 들어가야 한다.)

① 30대   ② 35대   ③ 40대   ④ 45대

06   다음 상황에서 (주)AB가 최소 사내대체가격을 결정하기 위하여 필요한 중요한 정보가 아닌 것은?

> (주)AB 는 아파트용 창문을 생산·판매 하는 회사로 창틀을 생산하는 A부문과 유리를 창틀에 부착하여 창
> 문을 완성하는 B부문으로 구성되어 있다. A부분과 B부문은 이익책임단위로 평가되며, 이를 위하여 A부문
> 이 생산하고 B부분에서 소비되는 창틀에 대한 최소 사내대체가격을 책정하고자 한다.

① A부문이 생산한 창틀의 생산능력   ② A부문이 생산한 창틀의 위부시장 판매가격
③ A부문이 생산한 창틀의 고정제조원가   ④ A부문이 생산한 창틀의 변동제조원가
⑤ A부분이 생산한 창틀의 외부시장 수요

07 다음은 투자 부문의 단기적 성과평가에 사용하는 측정방법에 관한 설명이다. 타당한 설명을 모두 고르면?

⊙ 투자수익률은 투자자본을 각 투자 부문이 얼마나 효과적으로 사용했는지 표시하기 위하여 투자자본 대비 이익의 비율로 계산한다.
ⓛ 잔여이익의 계산은 투자자본의 최소필수자본비용을 포함하고, 이로 인해 투자 부문 경영자의 의사결정이 기업 전체의 이익에 반하는 경우가 발생할 수 있다.
ⓒ 경제적 부가가치는 투자자본의 크기 결정에 있어서 단기부채를 고려하여 가중평균세후자본비용을 책정하여 계산된다.

① ⊙
② ⊙, ⓛ
③ ⓛ, ⓒ
④ ⊙, ⓒ
⑤ ⊙, ⓛ, ⓒ

08 다음 중 효율적 해외 생산 및 조달과 관련하여 가장 적절하지 않은 것은?

① 국가별 소비자 선호도의 차이가 거의 없는 제품에 대해서는 공장을 소수 지역에 집중시키는 것이 좋다.
② 제품의 부피와 무게 대비 가격이 높을수록 공장을 여러지역에 분산시키는 것이 좋다.
③ 무역장벽이 높은 산업에서는 시장이 큰 나라를 중심으로 현지에 공장을 분산시키는 것이 좋다.
④ 중장기적으로 환율 변동에 따른 위험이 크지 않다면 가급적 공장을 소수 지역에 집중시키는 것이 좋다.
⑤ 유연생산시스템(Flexible Manufacturing System)을 구축하여 생산라인을 유연하게 변경할 수 있다면 공장을 소수 지역에 집중시키는 것이 좋다.

09 한가람공업사는 3년 전부터 미국 자동차업체에 자동차부품을 납품하고 있다. 미국 구매회사는 지난 3년간 양호한 거래실적을 바탕으로 보다 긴밀한 동반자 관계가 되기를 바란다면서 한가람공업사에 자신들이 추진하는 전사적 품질관리(total quality management) 프로그램에 동참해 달라는 의사를 전달해 왔다. 다음 중 전사적 품질관리 프로그램을 규정하는 가장 핵심적인 사항은 무엇인가?

① 조직구성원의 만족도
② 조직구성원의 자부심
③ 지속적인 개선
④ 비전 있는 리더십
⑤ 조직구성원에 대한 동기 부여

10 시그마, 무결점(zero defects)운동 등 품질에 대한 기업들의 관심이 높아지고 있다. 이러한 품질경영에 대표적인 사례로 전사적품질관리(total quality management)운동을 들 수 있는데, 다음 중 이 운동을 성공적으로 이행할 원칙은?

① 팀워크와 권한 위임을 강화한다.　　　② 불량률 0% 달성을 위해 노력한다.
③ 모든 제조 과정에서 두 번씩 점검한다.　④ 품질검사에 따로 인력을 두지 않는다.
⑤ 품질에 있어서는 기술이 핵심이 되어야 한다.

11 다음 중 기업의 현금흐름표 상에서 현금흐름을 증가시킬 수 있는 활동이 아닌 것은?

① 자사주 매입　　　　　　　　　　　② 재고 감소
③ 외상매입금 계정 증가　　　　　　　④ 외상매출금 계정 감소
⑤ 단기차입금 계정 증가

12 재개발 지역인 용산에서 발생한 철거민 폭력농성 사건을 계기로 상가권리금에 대한 논쟁도 뜨거워지고 있다. 철거되는 점포 상인의 입장을 옹호하는 쪽에서는 상가 권리금에도 개발이익의 일정 부분을 보상해야 한다고 주장하는 반면 반대하는 측에서는 상가 권리금을 집주인이 보장할 수 없다는 주장을 굽히지 않고 있다. 다음의 양쪽 주장을 읽고 각 주장들이 근거하고 있는 명시적 혹은 암묵적 전제들을 추정한 보기 중 사실과 다른 것을 고르시오.

> 주장 1 : 권리금은 상인이 쌓아올린 가치이다. 상인의 땀과 노력, 구체적으로는 인테리어 등 시설투자에 대한 비용과 영업에 대한 노하우, 오랜 시간 고객 관리에 쏟은 열정의 총화가 바로 권리금이다. 이런 유무형의 가치에 대해 재개발 이익의 일정 지분을 보상하는 것은 당연하다. 하루아침에 이를 몰수당하는 것은 상인의 존재를 중시하는 시장경제 원칙에도 맞지 않는다. 그러므로 당연히 보상받아야 한다.
>
> 주장 2 : 상가 권리금은 우리나라에만 있는 원시적 제도이다. 권리금은 상인이 점포를 양도할 때 주인이 아닌 상인들 간에 수수 하는 것이다. 권리금은 영업이 계속되는 동안만 의미가 있기 때문에 상인은 계약기간 내에 회수 가능한 권리금을 감안하고 점포를 경영해야 한다. 받지도 않은 권리금을 건물 주인이 보상하도록 한다면 이는 소유권을 제한하게 되고 결과적으로 임대차 계약 체계를 붕괴시킨다.

① 주장 2는 권리금의 존재는 임대료에 대한 평가제도가 낙후된 결과라고 본다.
② 주장 1은 권리금은 상가 건물에 대한 청구권적 성격을 갖는다고 전제한다.
③ 주장 1은 개발 이익에 대한 상인의 법적 지분을 인정해야 한다고 본다.
④ 주장 2는 입주 상인에 대한 보상은 주인의 소유권을 침해한다고 본다.
⑤ 주장 1은 권리금이 높아야 시장경제 제도가 성숙한다고 본다.

(13~14) 다음 글을 읽고 물음에 답하시오.

> 어떤 섬에 열 명의 주민이 살고 있다고 하자. 주민들은 각자 자신의 배를 이용하여 육지를 왕래하고 있는데, 정부는 이 섬과 육지를 연결하는 다리의 건설을 고려하고 있다. 다리가 건설되더라도 주민들은 다리를 사용하지 않고 여전히 자신의 배를 사용하여 육지에 갈 수 있다. 이 열 명의 주민 이외에는 다리를 사용할 사람이 전혀 없으며 각 주민이 다리의 사용료로 내려고 하는 금액은 100만원, 200만원, 300만원, 400만원, 500만원, 600만원, 700만원, 800만원, 900만원, 1,000만원이라고 하자. 이런 사용료는 다리를 건설할 때 한 번에 지불하여야 한다고 가정하고, 한 번 지불하면 평생 다리를 사용할 수 있는 반면, 다리 건설 시에 지불하지 않으면 평생 다리를 사용할 수 없다고 해 보자. 만일 다리의 사용료가 650만원으로 책정되면 주민들 중 4명만 다리를 사용하고 나머지 6명은 배를 이용하여 육지와 왕래할 것이다. 다리의 건설비용은 4,000만원이라고 가정해 보자. 일단 건설된 다리는 추가적인 유지비용이 전혀 들지 않는다.

13 이때 정부가 사용료로 거둘 수 있는 최대의 금액을 얼마인가? 이때 정부는 얼마의 흑자 또는 얼마의 적자를 보게 될 것인가?

① 2,000만원, 2,000만원 적자　　　　② 3,000만원, 1,000만원 적자
③ 4,000만원, 적자 없음　　　　　　　④ 5,000만원, 1,000만원 흑자
⑤ 5,500만원, 1,500만원 흑자

14 위의 상황에서 정부가 사용료를 전혀 받지 않고 다리를 건설하는 것은 효율적 행위인가 아니면 비효율적인 행위인가? 다리를 건설하는 경우에 사회적인 순 잉여가 얼마나 증가 또는 감소하는지 계산해 보시오.

① 비효율적, 순잉여 2,000만원 감소　　② 비효율적, 순잉여 1,000만원 감소
③ 효율적, 순잉여 변화 없음　　　　　④ 효율적, 순잉여 1,000만원 증가
⑤ 효율적, 순잉여 1,500만원 증가

15 자사주 매입(stock repurchase)에 대한 다음의 설명 중 틀린 것은?

① 순이익이 일시적으로 증가할 경우 자사주를 매입하면 배당의 효과를 가져 올 수 있다.
② 주식의 가격이 높아지는 효과를 가져 온다.
③ 자사주 매입은 그 기업의 주식이 과소평가되어 있다는 긍정적 신호(signal)가 될 수도 있다.
④ 자사주를 매입하면 부채비율이 낮아져서 자본구조가 개선된다.
⑤ 잉여현금흐름(free cash flow)이 많은 기업이 주주가치를 높이는 방법 중 하나이다.

16 네 명의 생산자와 네 명의 소비자가 있는 경제를 생각해 보자. 4명의 생산자는 각기 최대 1개의 물건을 생산하고 그 생산비용은 아래와 같으며, 네 명의 소비자는 각기 최대 1개의 물건을 구매하고 최대한으로 지불할 용의가 있는 금액은 아래와 같다.

생산자	생산비용	소비자	지불용의
A	400원	갑	900원
B	500원	을	750원
C	600원	병	550원
D	700원	정	350원

시장 균형이 될 수 있는 가격과 판매량의 조합은 다음 중 무엇인가?

① 가격 400원, 판매량 3개   ② 가격 550원, 판매량 3개
③ 가격 620원, 판매량 2개   ④ 가격 750원, 판매량 1개
⑤ 가격 900원, 판매량 4개

17 정호는 자신이 소유한 빌딩을 이용하여 새로운 사업을 시작하려고 한다. 새로운 사업이 시작되면 이 사업으로 인해 매월 발생하는 총수입은 3,500만 원이고 총비용은 2,000만 원이다. 정호가 새로운 사업을 포기하면 회사에 취직해서 500만원의 월급여를 받을 수 있고 빌딩은 세를 주어서 월 1,200만원의 추가수입을 올릴 수 있다. 이와 같은 상황에서 정호의 합리적인 선택은 다음 중 어떤 것인가?

① 새로운 사업을 시작한다.
② 새로운 사업을 포기한다.
③ 급여가 2,300만원을 초과하는 경우에만 사업을 포기한다.
④ 어떠한 선택을 하든지 정호로서는 상관이 없다.
⑤ 위의 정보만으로는 합리적 선택을 내릴 수 없다.

18 다음은 당기에 배당금의 선언이나 지급이 없었던 A 주식회사의 회계자료이다. 이를 바탕으로 당기순이익을 계산하면 얼마인가. 보기에서 고르시오.

기초 자산 ₩800	기초 자본 ₩500	기중 유상증자 ₩300
기말 자산 ₩900	기말 자본 ₩800	

① ₩0   ② ₩100
③ ₩200   ④ ₩300
⑤ ₩500

19 다른 사항에 변화가 없을 경우 다음 거래 중 추가적인 자금 차입이 필요하지 않을 것이 가장
    확실한 것은?

① 대규모 건설 공사의 수주   ② 처분 손실을 발생시키는 부동산 매각
③ 발행한 전환 사채의 만기일 도래   ④ 해외 자회사의 유상증자 결의
⑤ 해외 보유 유전에서 추가 매장량 확인

20 지금 서울시가 강남과 강북을 잇는 모노레일 사업을 하기 위해 비용 – 편익 분석을 한다고 하
    자. 다음 중 이 비용 – 편익 분석에 포함되어야 할 항목이 아닌 것은?

① 통근시간 절감에 따른 편익   ② 모노레일 완공 후 유지 비용
③ 모노레일 공사 시 소요되는 노동비용   ④ 모노레일 공사 중 고용 창출에 따른 편익
⑤ 교통 혼잡이 줄고 교통사고 사망자 감소에 따른 편익

 기본문제

01 ④

이 문항은 기업의 인수·합병 과정에서 정보의 비대칭성으로 발생할 수 있는 문제를 제시한다. A기업이 1만 원을 인수 가격으로 제시하면 B기업은 자사 가치가 0원이거나 1만 원일 경우에만 인수에 동의하고, 2만 원일 경우에는 인수에 동의하지 않는다. 따라서 A기업이 생각하는 인수 확률은 $\frac{2}{3}$ 이고 A기업이 기대하는 이득은 $\frac{1}{3} \times (0 \times 1.5 - 1) + \frac{1}{3} \times (1 \times 1.5 - 1) = -\frac{1}{6}$ 만 원이다.

마찬가지로 A기업이 2만 원을 인수 가격으로 제시해도 기대할 수 있는 이득은 음(−)임을 알 수 있다. 따라서 A기업은 인수 가격으로 0원을 제시하는 것이 합리적이며 이때 인수로 기대할 수 있는 이득도 0원이다.

02 ③

우선 문석이 일반석 표를 30,000원에 예매한 것으로부터 'v1 ≧ 30,000원'임을 알 수 있다. 한편, 문석이 독주회를 가면 v1의 효용을 얻고 주희와의 약속을 지키면 v2와 환불금액 25,000원을 얻는데 문석은 후자를 택했으므로 'v1 ≦ v2 + 25,000원'임을 알 수 있다.

03 ①

문석이 주희와의 약속을 지킬 경우 얻는 효용은 v2인데 문석은 이를 포기하고 로열석에서 독주회를 보기로 했으므로 ①은 맞다. ②와 ③은 주어진 정보로부터 맞는지 틀리는지 판단할 수 없다. 일반석 예매를 위해 지불한 30,000원 중 25,000원은 환불이 가능하므로 ⑤는 옳지 않다.

04 ④

묶음 판매와 관련한 기업의 전략 및 기업의 이윤과 소비자 후생의 변화를 묻는 문제이다. 분리 판매를 할 경우, 양지유선방송은 낮은 가격을 제시하여 노년층과 청년층 모두에게 서비스를 판매하기보다는 높은 가격을 제시하여 한 유형의 소비자만 각각의 서비스에 가입하게 하는 것이 바람직하다. 즉, 인터넷 서비스에 50만 원, 케이블TV 서비스에 40만 원을 제시하고 노년층은 케이블TV 서비스만을, 청년층은 인터넷 서비스만을 구입하게 하여 이윤을 극대화할 수 있다. 이때 양지유선방송의 이윤은 (50−5)×10+(40−10)×10=750만 원이 된다. 반면, 묶음 판매를 할 경우에는 묶음 서비스의 가격을 60만 원으로 하여 노년층과 청년층 모두를 서비스에 가입하게 할 때 이윤이 극대화되며, 이때의 이윤은 (60−15)×20=900만 원이 된다. 따라서 묶음 서비스를 판매하는 것이 양지유선방송의 이윤을 높이는 방안이다. 묶음 판매의 경우 노년층은 분리 판매의 경우와 같이 지불의사가 있는 최대금액을 지불하므로 후생의 변화가 없지만 청년층은 지불의사가 있는 최대금액인 65만 원보다 낮은 가격으로 서비스에 가입할 수 있으므로 분리 서비스를 구매할 때보다 후생이 증가하게 된다.

05 ④

사람들의 선호관계를 알고 있을 때 이를 활용하여 자신이 원하는 대안이 채택되도록 전략을 설계하는 문항이다. 왓슨 의원은 현재와 같이 자연녹지 상태를 유지하고 싶어하지만, 아무런 대안도 제시하지 않으면 다수결 투표에서 14 대 7로 염색공단이 최종안으로 결정될 것이다. 반면, 생태공원을 대안으로 발의하면 1단계에서 12 대 9로 생태공원이 개발안으로 채택되고, 2단계에서 12 대 9로 현상유지안이 최종안으로 결정된다. ①, ③과 같이 풍력발전소나 자전거도로를 대안으로 발의하면 1단계에서 염색공단이 개발안으로 채택되어 결국 염색공단이 최종안으로 결정될 것이며, ②와 같이 아파트단지를 대안으로 제시하면 1단계에서 아파트단지가 개발안으로 채택되고 2단계에서 아파트단지안이 최종안으로 결정된다.

06 ③

추신성이 국채에 투자하면 1년 후 원리금은 확실하게 110만 원이 된다. 반면, (주)티라 채권을 구입하면 1년 후 원리금은 (주)티라의 부도 여부에 따라 달라진다. 이때 추신성이 (주)아라보험에 보험료(β)를 내고 보험계약을 매입함으로써 (주)티라 채권 투자에 따른 위험을 제거할 수 있다. 추신성이 (주)아라보험에 낼 의사가 있는

보험료는 (주)티라 채권에 투자해서 얻을 수 있는 원리금이 국채에 투자해서 1년 후에 받게 되는 원리금과 크거나 같은 수준, 즉 '121−(1+0.10)×β≧100×(1+0.10)'에서 결정된다. 이를 풀면 β≦10만 원이며 따라서 최대 보험료는 10만 원이다.

07 ③

추신성이 지불 의사가 있는 최대 보험료는 10만 원이므로 현재 시점에서 (주)아라보험의 최대 수익은 10만 원이다. 만약 1년 후 정상적인 경우라면 (주)티라가 원리금을 모두 변제할 수 있으므로 (주)아라보험은 추신성에게 보험금을 지급하지 않아도 되지만, (주)티라가 부도 나면 (주)아라보험은 원리금(121만원)에서 상환액(11만원)만큼을 제외한 110만 원을 추신성에게 보험금으로 지급해야 한다. 1년 후 (주)티라가 부도날 확률을 p라고 하면 (주)아라 보험의 1년 후의 기대이윤은 '10×(1+0.10)−[p×110+(1−p)×0]'이 된다. 이때 (주)아라보험이 추신성과 보험계약을 체결하기 위해서는 이 기대이윤이 0 이상이어야만 한다. 이 조건을 만족하는 p는 10% 이하이므로 (주)티라가 부도날 확률이 10%를 초과하면 (주)아라보험은 손해를 보게 되므로 추신성과 보험계약을 체결하지 않을 것이다.

08 ②

(가)가 시행되면 코난조선과 포비자동차가 연 10톤씩 CO_2 배출량을 감축한다. 이때 코난조선과 포비자동차가 부담하는 감축 비용은 각각 1,000원과 2,000원이 되므로, 전체적으로 3,000원의 CO_2 감축 비용이 발생한다. (나)가 시행되더라도 전체적으로 연 20톤의 CO_2 배출이 감축되는 것은 (가)와 동일하다. 그러나 코난조선과 포비자동차의 CO_2 감축 비용이 다르기 때문에 두 기업은 배출권을 거래할 인센티브를 지닌다. 코난조선이 연 10톤의 CO_2를 감축하는데 1,000원이 들지만 포비자동차가 동일한 양의 CO_2를 감축하는 데에는 2,000원이 든다. 따라서 배출권 거래가 없다면 포비자동차가 감축해야 했을 연 10톤의 CO_2를 코난조선이 대신 감축하고, 그에 대한 대가로 포비자동차가 코난조선에서 10장의 배출권을 1,000원 ~ 2,000원 사이의 값으로 매입한다면, 코난조선과 포비자동차는 모두 이득을 보게 된다. 따라서 (나)가 시행되면 코난조선만이 연 20톤의 CO_2를 감축하고(①), 그 대신 0원 ~ 1,000원 사이의 이득(= 10장의 배출권 판매수입−연 10톤의 CO_2 감축비용)을 얻게 된다(②). (나)에서는 감축 비용이 낮은 코난조선이 총 2,000원의 감축 비용을 들여 연 20톤의 CO_2를 모두 감축하므로 (가)에 비해 전체적인 CO_2 감축 비용이 1,000원 절감될 수 있다(③). 만약 두 기업의 감축 비용이 동일하다면, (나)가 시행되더라도 두 회사가 배출권을 거래할 인센티브는

존재하지 않고 각자 연 10톤의 CO_2를 감축할 것이므로, 전체적인 CO_2 감축 비용에서 (가)와 (나)의 차이는 없다(④). 물론 정부가 각 기업의 감축 비용을 정확히 안다면, 전체적인 CO_2 감축 비용의 측면에서 (가)와 같은 직접규제 방식을 통해서도 (나)와 동일한 결과를 얻을 수 있다. 즉, 코난조선에게 연 20톤의 CO_2를 감축하라고 명령하면 된다. 따라서 정부가 각 기업의 감축 비용을 정확히 알지 못한다는 점은 (나)와 같은 배출권 거래 방식이 (가)와 같은 직접규제 방식보다 우월할 수 있는 중요한 이유가 된다(⑤).

09 ④

ㄱ. B가 A보다 항상 우월하므로 A는 최선의 선택이 될 수 없다.

ㄴ. $x>3$이면 A와 C 중에서 A가 더 좋다.

ㄷ. $x>1$이므로 C를 택하면 대당 평균 비용은 상승한다.

ㄹ. 갑이 을에게 판매하여 얻는 수익은 B와 C에 공통으로 들어가므로 B와 C 사이의 선택에 영향을 주지 않는다. B와 C 사이의 선택에 영향을 주는 것은 X이다.

10 ①

판매수입을 극대화하기 위해서는 발가락양말 생산에 1시간을 추가로 투입할 때 추가되는 판매수입과 면장갑 생산에 1시간을 추가로 투입할 때 추가되는 판매수입이 같아지도록 6시간을 배분해야 한다. 따라서 발가락양말과 면장갑의 시장가격이 천원으로 동일할 경우 발가락양말 생산에 4시간, 면장갑 생산에 2시간을 배분하면 판매수입이 극대화된다.(46+18=64로 가장 많다.) 반면 발가락양말의 시장가격이 면장갑 시장가격의 두 배가 되면 발가락양말 생산에 5시간, 면장갑 생산에 1시간을 배분하는 것이 판매수입을 극대화하는 시간 배분이다.(51×2+10=112로 가장 많다.)

11 ②

자원을 확보하는데 있어 중요한 것은 실제 수행 상에서의 차이 발생에 대비하여 여유 있게 확보하는 것이 효과적이다.

12 ③

시간의 가치는 어떻게 활용하느냐에 따라서 달라질 수 있다. 예를 들어 같은 시간에 많은 일을 한 사람과 적게 한 사람의 시간은 가치가 다를 것이다.

13 ④

점심시간은 직장에서의 시간낭비 요인이라 볼 수 없다. 점심시간은 당연히 할당되어야 하는 시간이며, 시간계

획을 세우는데 있어서도 반드시 포함되어야 하는 시간
이다.

14 ④
만나서 먹었던 음식과 같은 중요하지 않은 정보는 명
함에 기입할 필요가 없으며, 상대방과 관련된 정보를
기입하여야 한다.

15 ①
시간, 예산, 물적·인적 자원 중 어느 하나라도 확보되
지 않는다면 효율적인 일을 진행하기 어려우며, 한 가
지 유형의 자원이 없다면 다른 유형의 자원 확보도 어
려울 수 있다.

16 ③
자원은 기업활동을 위해 사용되는 기업 내의 모든 시
간, 예산, 물적·인적 자원을 의미한다.

17 ④
자원확인(요구되는 자원의 종류와 양 확인) → 자원확
보(실제 이용가능한 자원 수집 및 확보) → 자원활용계
획 수립(확보한 자원에 대한 활용계획 수립) → 자원활
용(자원활용계획에 따라 확보한 자원 활용)

18 ④
〈시간의 특성〉
1. 시간은 매일 주어지는 기적이다.
2. 시간은 똑같은 속도로 흐른다.
3. 시간의 흐름은 멈추게 할 수 없다.
4. 시간은 빌리거나 저축할 수 없다.
5. 시간은 어떻게 사용하느냐에 따라 가치가 달라진다.

19 ①
일반적으로 효과적인 시간계획을 작성하기 위해서는
다음과 같은 순서를 따른다.
① 명확한 목표를 설정하기
② 일의 우선순위 정하기
③ 예상 소요시간 결정하기
④ 시간 계획서 작성하기

20 ④
예산 관리에서 중요한 점은 무조건 적은 비용을 들이
는 것이 좋은 점은 아니다. 예를 들어, 한 기업에서 제
품을 개발한다고 할 때 개발 비용을 실제보다 높게 책
정하면 그 제품은 경쟁력을 잃게 되고, 반대로 낮게 책
정하면 적자가 발생하게 된다. 결국 개발 책정 비용과
실제 비용의 차이를 줄이고, 비슷한 상태가 가장 이상
적인 상태라고 할 수 있다.

 적중예상문제

01 ④
기업의 영업레버리지 효과에 대한 문제다. 영업레버리
지 효과란 기업의 총원가 중 고정원가가 차지하는 비
중이 이익에 미치는 영향을 평가하는 지표로 공헌이익
을 세전이익으로 나누어 측정한다. 영업레버리지는 고
정원가가 총원가에서 차지하는 비중이 높을수록 높게
평가되며, 영업레버리지가 높을 경우에는 판매량의 변
화에 따른 이익의 변화도 고정원가의 존재 때문에 높
게 된다. 즉, 판매량이 낮은 경우에는 영업레버리지가
높을수록 이익이 낮거나 손실이 크게 된다. 또한 영업
레버리지가 높을 경우에는 손익분기점도 고정원가의
존재 때문에 높아지는 경향이 있다.

02 ②
A회사, B회사가 페인트 1통으로 칠할 수 있는 물건의
수를 각각 x, y 라고 하면
$4x + 3y = 76 \cdots (i)$
$5x + 4y = 98 \cdots (ii)$
(i)×4−(ii)×3을 하여 식을 정리하면
∴ $x = 10$, $y = 12$
따라서 $x + y = 22$이다.

03 ④
현금흐름을 추정할 때 포함시켜야 할 항목으로는 잠식
비용, 기회비용, 추가적 운전자본 투자액 등이 있다. 고
려하지 말아야 할 항목으로는 매몰비용, 이자비용 등이
있다.
차입금에 대한 이자비용 지급은 금융비용으로 투자안
을 평가할 때 현금흐름을 자본비용으로 할인해 투자가
치를 추정하므로 금융비용을 현금유출로 포함하게 되
면 비용의 이중계산이 될 수 있다. 영업을 위한 원재료
구입은 추가적인 운전자본투자액이다. 공실이던 건물
사용은 실질적인 현금유출은 발생시키지 않지만 그 자
원을 해당 투자안이 아닌 다른 투자안에 사용할 경우
얻게 되는 이득의 손실분, 기회비용으로 고려해야 한다.
시장조사비는 매몰비용을 의미하는 것으로 과거에 발
생인 비용으로 현재 시점의 투자안 채택 여부에 영향
을 줄 수 없는 비용이다. 신규 투자 때문에 기존 현금
흐름이 감소하는 경우 잠식비용이 된다.

Chapter 1
Chapter 2
Chapter 3
Chapter 4
Chapter 5
Chapter 6
7
Chapter 8
Chapter 9
Chapter 10

기회비용과 매몰비용

기회비용은 어떠한 활동을 함으로써 포기해야 하는 다른 활동 가운데에서 최선의 활동 가치로, 즉 포기한 것 중에서는 최선이나 선택 가능했던 활동 중에서는 차선이라는 뜻이다. 반대로 매몰비용은 이미 지출되어 회수할 수 없는 비용으로 합리적 선택을 위해서는 고려되어서는 안 될 비용이다. 즉 기회비용은 '할 수 있었던 것의 가치'라는 점이고 선택에 따라 포기한 가치는 반드시 그 선택의 기로에 섰던 순간에 선택할 수 있었던 것이어야 한다. 선택 과정에서 변화하지 않고 항상 그대로 존재하는 비용을 '매몰비용'이라고 부른다. 선택에 영향을 주지 않으니 당연히 매몰비용은 기회비용에서 제외해야 한다.

04 ②

자기자본이익률은 보통주 소유자에 의해 출자된 자본의 효율적 이용을 측정하는 척도로 당기순이익에서 우선주 배당을 제외한 금액을 우선주를 제외한 평균 자기자본으로 나누어 계산하게 된다. 총자산회전율은 매출액을 평균 총자산으로 나누어 측정하며, 총자산이 효율적으로 수익 창출에 기여했는지 여부를 나타낸다. 부채비율은 장단기 부채 상환능력을 측정하는 지표로 투자위험을 평가하는 지표로 자주 사용된다. 유동비율이 높을수록 지불능력이 커진다. 하지만 유동성이 크면 클수록 반드시 좋은것은 아니다. 유동성이 필요 이상으로 크다는 것은 이부분 만큼을 다른 곳에 투자하여 수익을 올릴 수 있는 기회를 상실하고 있다는 것을 의미하기 때문이다.

05 ①

A회사는 10분에 5개의 인형을 만들므로 1시간에 30개의 인형을 만든다. 따라서 40시간에 인형은 1,200개를 만들고 인형 뽑는 기계는 40대를 만든다. 기계 하나당 적어도 40개의 인형이 들어가야 하므로 최대 30대의 인형이 들어있는 기계를 만들 수 있다.

06 ③

기업 규모가 커지면서 부문별 성과평가의 중요성도 커진다. 이와 관련해 판매 부문을 이익책임단위로 평가하기 위해 사내대체를 매출로 인식하게 되는데 이때 중요한 것이 사내대체가격의 결정이다. 사내대체가격을 결정하는 방법은 시장가격 기준, 원가 기준, 협상 등 여러 가지가 있으나 어떠한 기준을 적용하더라도 기본적으로 알아야 하는 기준이 최소 사내대체가격이다. 판매 부문이 사내대체와 관련한 제품을 생산할 충분한 여유생산능력을 보유한 경우에는 사내대체와 관련한 기회원가는 존재하지 않는다. 따라서 판매 부문의 생산

능력과 외부시장 수요를 비교하여 생산능력이 외부시장 수조를 충족시키고 추가적인 사내대체를 충족하기 위한 여유생산능력이 있는지 확인해야 한다.
생산량과 관계없이 일정하게 발생하는 고정제조원가는 최소 사내대체가격결정과 관련하여 중요한 결정 요인이 되지 않는다.

07 ④

기업의 투자 부문(Investment Center)별 단기 성과평가에 사용 가능한 지표는 투자수익률(Return on Investment), 잔여이익(Residual Income), 경제적 부가가치(Bconomic Value Added) 등이 있다. 투자수익률은 '이익/투자자본'으로 계산되며, 투자자본이 얼마나 효과적으로 운용되었는지 나타낸다. 그러나 투자수익률은 계산식에서 투자자본의 자본비용을 직접적으로 고려하지 않기 때문에 경영자가 의사결정 시 투자자본의 자본비용이 아닌 투자 부문의 현재투자수익률을 평가기준으로 사용하는 문제를 발생시킬 수 있다. 잔여이익은 '이익─(투자자본X최소필수자본비용)'으로 계산되므로 최소필수자본비용이 계산에 포함돼 있어 위에 설명한 투자수익률과 같은 문제는 발생하지 않는다.
경제적 부가가치는 '세후이익─(투자자본X가중평균세후자본비용)'으로 계산되며, 특히 다른 평가지표와는 달리 투자자본의 결정 시 총자산에서(이자 미발생) 단기부채를 차감하여 계산한다.

08 ②

기업은 제품, 기술, 국가(진출 대상국) 특성에 따라 해외 생산 및 조달 여부를 결정해야 한다. 특히 자국 중심으로 특정 지역에 국한하여 소수의 대규모생산기지를 둘 것인지, 상대적으로 작은 규모의 생산기지를 전 세계 다수지역에 둘 것인지는 전략적으로 중요한 의사결정 사항이다.
일반적으로, 국가별 소비자 기호가 유사하거나, 혹 다르더라도 유연생산시스템 기술을 활용할 수 있거나, 환율 변동 가능성이 낮은 경우에는 소수의 큰 공장을 설립하여 전 세계 시장에 공급하는 것이 유리하다.
반면 관세 및 비관세 장벽에 의한 무역 규제가 심하면 수출에 의한 매출 확대에 큰 장애가 되기 때문에 현지에 공장을 설립할 필요성이 커진다. 정보통신기기나 고급 의류와 같이 제품 단위당 부피나 무게 대비 가격이 높은 제품은 품질 관리가 중요하고 단위당 수송비도 낮기 때문에 소수의 집중화된 생산기지에서 전 세계시장의 수요를 충족시키는 것이 더 유리한 경우가 많다.

09 ③

전사적 품질관리(total quality management) 운동은 일본 전자회사와 자동차회사들의 월등한 품질에 자극

받은 미국 회사들이 1980년대에 시작했다. 그 출발은 제품 생산 과정에 초점을 맞춘 것이었으나 시간이 지나면서 비단 제품 생산만이 아니라 고객 기대에 미치지 못하는 모든 비즈니스 프로세스에 대한 개선운동으로 범위가 넓어졌고, 오늘날에도 글로벌 기업의 조직운영에서 빼놓을 수 없는 중요한 위치를 차지하고 있다. 각 산업 분야와 기업 상황에 따라 다양한 전사적 품질관리 프로그램운동이 있으나, '조직구성원이 주도하는(employee-driven), 고객을 위한(customer-centered), 지속적인 개선을 위한 노력(continuous improvement)'이라는 핵심적인 요소들을 공유하고 있다.

10 ①

전사적 품질관리운동은 6시그마, 무결점, 품질관리 프로그램 등 다양한 방법론으로 발전했다. 이 운동의 핵심 성공 원칙은 다음의 네 가지로 요약할 수 있다.
첫째, 처음부터 제대로 잘해서 추가적인 비용이 드는 재작업이나 제품 리콜을 사전에 제거한다. 둘째, 고객과 조직구성원들에게서 듣고 배우도록 한다. 셋째, 지속적인 개선 노력이 일상적인 업무가 되도록 한다. 넷째, 팀워크, 신뢰, 상호존중을 쌓도록 한다.
이 네 가지 원칙에서 볼 수 있듯이 이 운동의 결정적인 요소는 기술보다는 사람이다.

11 ①

현금흐름표는 기업의 현금 유입과 유출 내용을 나타내는 표다. 현금흐름표는 영업활동, 투자활동, 재무활동으로 나누어 현금의 유입과 지출을 표시한 후 여기에 기초 현금을 더해 기말 현금을 산출하는 형식으로 표시한다. 자사주 매입은 주식시장에서 자사주를 사들이는 것이므로 현금이 유출된다.

12 ⑤

권리금은 재산권에서 핵심적인 논쟁거리 중 하나이다. 평범한 점포라면 권리금도 없지만 좋은 점포의 권리금은 자연스레 높게 형성된다. 이 문제에서 [주장 1]은 권리금의 정당성을 주장하고 있다. 그 논거로 영업 노하우에 대한 보상을 받아야 한다는 것이다. 개발 이익에 대한 상인의 법적 지분도 권리금도 받아야 할 이유 중 하나로 들고 있다. 이에 반해 [주장 2]는 권리금도 우리나라 재산권 제도에 남아 있는 전근대적인 유물로 이런 관행은 시장에서 퇴출시켜야 한다고 주장한다. 특히 상인과 상인 간 거래인데도 불구하고 주인인 보상을 해야 한다면 이는 소유권 자체의 붕괴를 가져온다고 지적한다. ⑤에서 권리금이 높아야 시장제도가 성숙해진다는 논리를 찾을 수 없다. 다만[주장 1]은 재개발 이익의 일정 지분을 상인도 받아야 할 권리가 있다고 얘기하고 있을 뿐이다.

13 ②

사용료를 500만원 또는 600만원으로 정할 때 각각 6명(500만원~1,000만원 내는 주인), 5명(600만원~1,000만원 내는 주인)이 다리를 이용할 것이다. 따라서 거둘 수 있는 최대 사용료는 3,000만원이다. 다리 건설비용은 4,000만원이므로 1,000만원 적자를 본다.

14 ⑤

다리를 건설한 후 모든 주민들에게 무료로 이용토록 할 경우 주민들이 얻는 총 잉여는 주민 각자가 지불할 수 있는 금액의 합계인 5,500만원이다. 여기서 다리 건설비용을 제외하면 1,500만원이 순잉여라고 할 수 있다. 즉 다리를 건설하지 않을 때보다 1,500만원의 잉여가 늘어난다.

15 ④

자사주 매입이란 기업이 자기의 재산으로 자기가 발행한 주식을 다시 취득해 회사가 보유하거나 소각하는 것을 말한다. 기업은 증시를 통해 자금을 조달 하지만 자사주 매입이라는 수단으로 자금을 증시에 내보내기도 한다. 자사주를 매입하는 이유로 주가를 높게 유지하기 위한 목적이 가장 흔하다. 또 경영권 방어를 위해 자사주를 매입하는 경우도 있다. 자사주는 자본의 차감 항목으로 표시된다. 따라서 자사주를 매입하면 현금이 나가고 자본이 줄어들게 되므로 부채비율이 높아진다.

16 ③

시장가격은 생산비용보다는 높고 소비자가 지불할 수 준보다는 낮게 형성된다. 이러한 조건에 맞는 균형 가격은 600원~750원 사이이고, 620원일 경우 갑, 을 두명이 구매할 수 있다.

17 ②

정호가 새로운 사업을 시작하면 매월 총수입에서 투자 비용을 뺀 만큼, 즉 1,500만원의 이익을 거두게 된다. 정호가 새로운 사업을 포기하면 회사에 취직해 500만 원의 월급과 월 1,200만원의 임대수입 등 총 1,700만 원의 이익을 얻는다. 상식적으로 봐서 당연히 합리적인 선택은 더 많은 수익을 올릴 수 있게 회사에 취직하는 것이다.
만약 정호가 새로운 사업을 시작한다면 기회비용은 얼마일까. 정호가 새로운 사업 대신 포기해야 하는 수입, 즉 500만원의 월급과 월 1,200만원의 임대수입이 새로운 사업에 대한 기회비용이다. 회계상으로만 따지면 새로운 사업을 시작해도 월 1,500만원의 이익을 거두지만 투자비용(2,000만원)뿐 아니라 기회비용(1,700만원)까지 따지면 오히려 200만원 적자가 된다. 합리적 선택을 위해서는 실제 지출하지 않았다 해도 비용의

성격을 갖고 있는 기회비용까지 모두 비용에 포함시켜
생각해야 한다.

18 ①

배당금 지급이 없으므로 당기순이익 전체가 이익잉여
금으로 자본에 추가된다. 따라서 당기순이익은 '기말자
본 – 기초자본 – 유상증자'이다. ₩800 – ₩500 –
₩300 = ₩0
자산=부채+자본이고 당기순이익+기초자본+추가출자
(유상증자)=기말자본
그리고 유상증자란 주식을 발행함으로써 주식의 증가
와 함께 회사의 자산이 실질적으로 증가하게 되는 것
을 말한다.

19 ②

대규모 건설 공사를 수주하거나 해외 보유 유전에서
추가 매장량을 확인했다면 공사를 하거나 추가 작업을
하기 위해 자금이 필요하다. 발행한 전환사채의 만기가
도래할 때는 전환사채를 보유한 투자자가 이를 주식으
로 전환하면 자금이 필요치 않겠지만 현재 주가가 전
환사채 행사가격보다 낮다면 전환사채를 상환 받으려
할 것이다. 자회사가 유상증자를 결의할 때도 유상증자
에 참여한다면 자금이 필요하다. 부동산을 처분할 때는
현재 부동산가격이 장부가격보다 낮아 처분손실이 발
생하더라도 현금이 유입된다.

20 ④

일반적으로 어떤 사업을 시작하거나 투자를 할 때 미
리 얼마만큼의 이익을 거둘 수 있을지를 예상하고, 거
기에 드는 비용과 비교해 이익이 비용보다 많을 때 투
자를 한다. 이를 비용—편익 분석이라고 한다. 공공사업
에서는 사업에 소요되는 비용과 그 사업으로 인한 개
선 효과를 계산한다. 공사에서의 고용 창출은 노동비용
에 포함돼야 한다. 즉 비용 항목이다.

Chapter 6
대인관계능력 (직업기초능력 F-1)

대인관계능력

직업기초능력으로서의 대인관계능력이란 직장생활에서 협조적인 관계를 유지하고 조직구성원들에게 도움을 줄 수 있으며 조직내부 및 외부의 갈등을 원만히 해결하고 고객의 요구를 충족시켜줄 수 있는 능력을 의미한다.

직업인이 조직 내에서 조직구성원으로서 원만한 관계를 유지하여 자신의 역할을 충실히 수행하기 위해서는 대인관계능력의 함양이 필수적이다. 직장생활을 하다 보면 많은 사람들을 만나고, 또 함께 일을 하게 된다. 그리고 요즘 같이 일의 규모가 커진 실정에 혼자서 어떤 일을 하기란 매우 힘들다. 그러므로 대인간의 관계를 원활히 유지하고, 개발하는 능력은 실로 중요하게 여겨지고 있다.

✎ 직장에서의 대인관계

직장에서는 상사와 부하의 관계처럼 수직적 리더십만 있는 것이 아니다. 수평적으로 나와 동료와의 관계가 있다. 내가 팀원으로서 팀 내에서 제대로 역할을 수행해내고 팀워크를 잘 하며 동료들을 배려하고 어떻게 도와주는가에 따라 팀의 성과가 좌우되는 것이 직장이다. 따라서 수평적 동료관계를 잘 유지하는 것이 매우 중요하다.

✎ 대인관계의 구성요소

대인관계의 출발은 의사소통이다. 의사소통능력은 직업기초능력 제1장에서 충분히 학습한 바 있다. 대인관계를 구성하는 3가지 요소는 소통능력, 공감능력, 자아확장력이다.

소통능력은 공유하는 것이며, 함께 나누는 것이다. 소통능력이란 자기표현을 정확히 하고 자기가 원하는 바를 타인에게 명확히 심어줄 수 있는 능력을 말한다.

공감능력은 다른 사람의 심리나 감정 상태를 잘 읽어낼 수 있는 능력이다.

자아확장력이란 자기 자신이 다른 사람과 접속되어 있다고 느끼는 정도를 말한다.

6.1 팀워크능력 (하위모듈 F-2-가)

학습목표

직장생활에서 다른 구성원들과 목표를 공유하고 원만한 관계를 유지하며, 자신의 역할을 이해하고 책임감 있게 업무를 수행하는 능력을 기를 수 있다.

··· 팀워크의 의미를 설명할 수 있다.
··· 효과적인 팀의 특성을 설명할 수 있다.
··· 멤버십의 의미를 설명할 수 있다.
··· 직장생활에서 팀워크를 촉진시키기 위한 방법을 활용할 수 있다.

✎ 팀워크능력

현대와 같이 경쟁이 치열한 환경에서 팀워크를 개발하고 지속시키는 일은 매우 중요하다. 실제로 조직이 생존에 급급해할지 또는 여유롭게 성장과 발전을 구가할지 여부는 팀을 효과적으로 운영하는데 달려 있다.

이 때 모든 구성원이 조직의 주인으로서 사고하고 결정을 내리는 것은 매우 중요한 요건이다. 팀원 각자는 자신을 유용한 자원이라고 인식하고 고품질 팀을 창조하기 위해 팀워크능력 향상이 필수적이다.

✎ 팀워크의 정의

팀워크란 팀 구성원이 공동의 목적을 달성하기 위하여 상호관계성을 가지고 협력하여 업무를 수행하는 것을 말한다.

Teamwork = Team + Work

팀워크란 2명 이상의 사람이 어떠한 공동의 목표를 공유해 함께 힘을 합해 활동하는 것을 말하며, 협동(協同)을 말한다.

✎ 직장에서의 팀워크

팀워크는 소수의 무리뿐만 아니라 조직 내에서 매우 중요한 요소 중 하나이다. 특히 오늘날 대다수의 기업들이 업무의 효율성과 최대의 시너지효과를 불러일으키기 위해 가벼운 팀제로 조직을 운영하는 경우가 많다. 팀 내 개개인의 팀워크 역량은 기업 및 조직의 성과에 미치는 영향이 매우 크다.

위기와 불안감을 함께 공유하고 이를 같이 극복할 수 있는 팀워크 역량을 개발하고 이를 극복하는 리더십을 개발하는 것은 핵심인재가 갖추어야 할 필수역량인 것이다.

✎ 팀의 발전 단계

팀의 발전 과정은 형성기, 격동기, 규범기, 성취기의 네 단계로 이루어진다(Bruce Tuckman).
- 1단계 : 형성기(Forming)
  리더에게 의지하고, 인정받기를 원하고, 다른 팀원들을 신뢰할 수 있는지 확인하고 싶어한다.
- 2단계 : 격동기(Storming)
  경쟁과 마찰이 일어난다. 경쟁심과 적대감이 나타난다.
- 3단계 : 규범기(Norming)
  인간관계의 응집력이 발생하고, 공동체 형성과 팀의 문제해결에 집중한다.
- 4단계 : 성취기(Performing)
  진정한 상호의존성 달성

〉〉〉 리더십과 멤버십

리더십과 멤버십은 서로 다른 개념이며 각기 별도의 역할을 가지고 있다. 그러나 두 개념은 독립적인 관계가 아니라 상호 보완적이며 필수적인 존재이다. 조직이 성공을 거두려면 양자가 최고의 기량을 발휘해야만 한다. 즉, 리더십을 잘 발휘하는 탁월한 리더와 멤버십을 잘 발휘하는 탁월한 멤버, 둘 다 있어야만 한다.

멤버십이란 조직의 구성원으로서 자격과 지위를 갖는 것으로 훌륭한 멤버십은 팔로우어십의 역할을 충실하게, 잘 수행하는 것이다. 결국 멤버십과 팔로우어십은 같은 개념으로 볼 수 있다. 팔로우어십이란 리더를 따르는 것으로, 따르는 사람들은 헌신, 전문성, 용기, 정직하고 현명한 평가 능력이 있어야 한다.

✎ 멤버십의 유형

멤버십 유형을 나누는 두 가지 축은 마인드를 나타내는 독립적 사고 축과 행동을 나타내는 적극적 실천 축으로 나누어진다. 이에 따라 멤버십 유형은 수동형, 실무형, 소외형, 순응형 등으로 구분할 수 있다.

소외형, 순응형, 실무형, 수동형 이외에 별도로 주도형이 우리가 추구하는 유형이라 할 수 있다. 주도형은 모범형이라고도 하며, 주도형 멤버란 '조직과 팀의 목적달성을 위해 독립적/혁신적으로 사고하고, 역할을 적극적으로 실천하는 사람이다.

이 주도형 멤버가 가지는 기본 특성을 두 가지 측면에서 설명하면, 첫째, 독립적/혁신적 사고 측면에서 스스로 생각하고 건설적 비판을 하며, 자기 나름의 개성이 있고 혁신적이며 창조적인 특성을 가진다. 둘째, 적극적 참여와 실천 측면에서 솔선수범하고 주인의식을 가지고 있으며, 적극적으로 참여하고 자발적이며, 기대이상의 성과를 내려고 노력하는 특성을 가진다.

구분	소외형	순응형	실무형	수동형	주도형
자아상	• 자립적인 사람 • 일부러 반대의견 제시 • 조직의 양심	• 기쁜 마음으로 과업수행 • 팀플레이를 함 • 리더나 조직을 믿고 헌신함	• 조직의 운영방침에 민감 • 사건을 균형 잡힌시각으로 봄 • 규정과 규칙에 따라 행동함	• 판단, 사고를 리더에 의존 • 지시가 있어야 행동	
동료/리더의 시각	• 냉소적 • 부정적 • 고집이 셈	• 아이디어가 없음 • 인기 없는 일은 하지 않음 • 조직을 위해 자신과 자족의 요구를 양보함	• 개인의 이익을 극대화하기 위한 흥정에 능함 • 적당한 열의와 평범한 수완으로 업무 수행	• 하는 일이 없음 • 제 몫을 하지 못함 • 업무 수행에는 감독이 반드시 필요	‖
조직에 대한 자신의 느낌	• 자신을 인정 안해줌 • 적절한 보상이 없음 • 불공정하고 문제가 있음	• 기존 질서를 따르는 것이 중요 • 리더의 의견을 거스르는 것은 어려운 일임 • 획일적인 태도 행동에 익숙함	• 규정준수를 강조 • 명령과 계획의 빈번한 변경 • 리더와 부하간의 비인간적 풍토	• 조직이 나의 아이디어를 원치 않음 • 노력과 공헌을 해도 아무 소용이 없음	

〉〉〉 팀워크 촉진방법

팀을 생산적으로 만들기 위해서는 많은 노력이 필요하다. 특히 팀워크를 촉진시키는 것은 매우 중요한데, 그를 위해서는 동료 피드백 장려하기, 갈등 해결하기, 창의력 조성을 위해 협력하기, 참여적으로 의사결정하기 등이 필요하다. 자세한 내용은 다음과 같다.

동료 피드백 장려하기

팀 목표를 달성하도록 팀원을 고무시키는 환경 조성을 위해서는 동료 피드백이 필요하다. 긍정이든 부정이든, 피드백이 없다면 팀원들은 개선을 이루거나 탁월한 성과를 내고자 하는 노력을 게을리 하게 된다.

다음은 동료 피드백을 장려하는데 도움이 되는 4단계 과정이다.

> 1 단계 : 명확하고 간명한 목표와 우선순위를 설정하라
> 2 단계 : 행동과 수행을 관찰하라
> 3 단계 : 즉각적인 피드백을 제공하라
> 4 단계 : 뛰어난 수행에 대해 인정해 줘라

갈등을 해결하기

성공적으로 운영되는 팀은 갈등 해결에 능숙하다. 효과적인 갈등 관리로 혼란과 내분을 방지하고 팀 진전과정에서의 방해요소를 미리 없앤다. 활력에 찬 팀은 의견의 불일치를 바로바로 해소하는 방법을 배우게 된다. 그렇지 않으면, 갈등은 시간이 지남에 따라 증폭되고, 팀 풍토는 허약해질 것이다.

참여적으로 의사결정하기

결정을 내릴 수 있다는 것은 임파워먼트를 발휘한다는 것을 의미한다. 그리고 자신있게 미래를 만들어 갈 수 있는 기회가 제공되었음을 뜻한다. 훌륭한 결정이 되기 위해서는 고려해야 할 2가지 측면이 있다. 하나는 결정의 질이며, 다른 하나는 구성원의 동참이다.

결정의 질

양질의 결정은 올바른 추론에 의해 뒷받침되는 논리적인 결정이다. 양질의 결정을 내리기 위해서는 다음의 질문들을 고려해야 한다.

• 쟁점의 모든 측면을 다루었는가?
• 모든 팀원과 협의 하였는가?
• 추가 정보나 조언을 얻기 위해 팀 외부와 협의할 필요가 있는가?

구성원 동참

• 모든 팀원의 지지를 받는 결정은 팀원의 동참을 이끌어낸다. 결정에 대해 팀원들의 찬동을 얻기 위해서는 다음의 질문을 고려해야 한다.
  – 모든 팀원이 결정에 동의하는가?
  – 팀원들은 결정을 실행함에 있어서 각자의 역할을 이해하고 있는가?
  – 팀원들은 결정을 열성적으로 실행하고자 하는가?

✎ 팀워크 개발 3요소

신뢰 쌓기

팀워크를 개발하기 위해서 가장 중요한 것은 팀원 간의 신뢰를 쌓아가는 것이다. 신뢰란 인간관계 속에서 이해된다. 상대방이 나를 억지로 신뢰하게 할 수 없으며, 나의 노력과 행동을 통하여 신뢰가 형성될 수 있다.

신뢰를 조성하면 자기와 상대방이 서로 깊이 알게 되고, 상대방과 대인관계를 할 때 자신감을 갖게 된다. 즉, 상대방과 신뢰를 조성하는 것이야말로 팀워크와 대인관계 성공의 근본이 된다.

참여하기

팀원 간에 서로를 존중하고 협력하여 성취감을 맛보게 될 때 성숙한 팀원으로서 뿌듯한 보람을 느끼게 된다. 서로를 위하여 팀의 속성과 팀 개발 단계에 대하여 이해하고 팀의 여러 활동에 참여하여야 할 것이다.

성과내기

신뢰를 쌓고 조직에 동참하였으면 궁극적인 목적은 성과를 내는 것이다. 팀의 성과를 내기 위해서는 조직의 업무 수행방법, 조직의 목표, 행동방식 등에 대하여 잘 알고 팀워크 정신을 발휘하여야 한다.

6.2 리더십능력 (하위모듈 F-2-나)

학습목표

직장생활 중 조직구성원들의 업무향상에 도움을 주며 동기화시킬 수 있고, 조직의 목표 및 비전을 제시할 수 있는 능력을 기른다.

> ⋯ 리더십의 의미를 설명할 수 있다.
> ⋯ 리더십의 유형을 구분할 수 있다.
> ⋯ 직장생활에서 조직구성원의 동기를 부여할 수 있는 방법을 활용할 수 있다.
> ⋯ 코칭으로 리더십 역량을 강화할 수 있는 방법을 설명할 수 있다.
> ⋯ 임파워먼트의 의미를 설명할 수 있다.
> ⋯ 직장생활에서 주도적으로 변화를 이끌 수 있다.

✎ 리더십능력

리더십이 신비롭고 무언가 특별한 것이라는 생각은 잘못된 것이다. 리더십은 카리스마와 아무 관련이 없으며, 타고난 성격과도 무관하다. 또한 선택받은 소수만이 가질 수 있는 특권도 아니다. 조직을 둘러싸고 있는 다양한 기능들을 효율적으로 다루기 위한 것이 관리이다. 반면, 리더십은 변화에 대처하는 것이다. 특히 최근과 같이 급변하는 환경에서는 리더십능력의 함양은 필수적이다.

》〉 리더십

리더십에 대해 정확히 규정된 정의는 없다. 이것을 이해하는 것이 효과적인 리더가 되는데 있어 첫 번째 단계라고 할 수 있다. 리더십에 대한 몇몇 일반적인 정의나 개념에는 다음과 같은 것들이 있다.

> 1. 조직성원들로 하여금 조직목표를 위해 자발적으로 노력하도록 영향을 주는 행위
> 2. 목표 달성을 위하여 어떤 사람이 다른 사람에게 영향을 주는 행위
> 3. 어떤 주어진 상황 내에서 목표 달성을 위해 개인 또는 집단에 영향력을 행사하는 과정
> 4. 자신의 주장을 소신 있게 나타내고 다른 사람들을 격려하는 힘

'리더'라고 하면 은연 중 그 대답 속에 다소 어떤 직위가 있어야 한다고도 생각할 수 있다. 그러나 리더는 반드시 직위를 수반하는 것은 아니다. 직급에 따라 요구하는 리더십 역량이 다소 다를 뿐이다. 전 조직원이 각자의 위치에서 리더십으로 무장할 때 그 조직은 매우 강하며 밝은 미래를 가질 수 있을 것이다.

따라서 우리는 리더십을 다음과 같이 정의를 내려 볼 수 있을 것이다.

> 리더십이란 조직의 공통된 목적을 달성하기 위하여 개인이 조직원들에게 영향을 미치는 과정이다.

〉〉〉 리더(Leader)와 관리자(Manager)

일류 리더는 매니지먼트의 기술에 리더의 능력을 부가가치로 첨가하여 가지고 있는 사람이라고 생각한다.

다소 단순한 대비를 해보면, 리더와 관리자의 최대의 차이점은 비전이 있고 없음에 있다. 그리고 관리자의 역할이 자원을 관리 · 분배하고, 당면한 문제를 해결하는 것이라면 리더는 비전을 선명하게 구축하고, 그 비전이 팀 멤버의 협력 아래 실현되도록 환경을 만들어 주는 것이다.

리 더	관 리 자
• 새로운 상황 창조자	• 상황에 수동적
• 혁신지향적	• 유지지향적
• 내일에 초점을	• 오늘에 초점을
• 사람의 마음에 불을 지핀다	• 사람을 관리한다
• 사람을 중시	• 체제나 기구를 중시
• 정신적	• 기계적
• 계산된 리스크를 취한다	• 리스크를 회피한다
• '무엇을 할까'를 생각한다	• '어떻게 할까'를 생각한다

〉〉〉 리더십 유형

독재자 유형

당신은 지금까지 살아오면서 강력한 독재자를 접해본 경험이 있을 것이다. 정치학에서 그 어원이 비롯된 것과 같이, 독재형은 정책의사결정과 대부분의 핵심정보를 그들 스스로에게만 국한하여 소유하고 고수하려는 경향이 있다. 전형적인 독재자 유형의 특징은 다음과 같다.

독재자 유형의 특징

... **질문은 금지**

독재자는 집단의 규칙 하에 지배자로 군림하고, 동료에게는 그의 권위에 대한 도전이나 반항 없이 순응하도록 요구하며, 개개인들에게는 주어진 업무만을 묵묵히 수행 할 것을 기대한다.

... **모든 정보는 내 것**

독재자는 '지식(정보)이 권력의 힘'이라고 믿는다. 이러한 까닭으로 대부분의 구성원들과 조직에 대한 핵심정보를 혼자 독점하고 유지하려고 애쓰며, 다른 구성원들에게는 기본적 수준의 정보만을 제공한다.

... **실수를 용납하지 않음**

독재자 유형은 언제 어디서나 가장 최고의 질적 수준을 요구한다. 실수는 결코 용납 되지 않으며, 한번의 실수는 곧 해고로 이어지거나 다른 형태의 징계로 이어진다.

민주주의에 근접한 유형

민주주의에 근접한 유형의 리더십은 독재자 유형의 리더십보다 관대한 편이다. 리더는 그룹에 정보를 잘 전달하려고 노력하고, 전체 그룹의 구성원 모두를 목표방향 설정에 참여하게 함으로써 구성원들에게 확신을 심어주려고 노력한다.

 민주주의에 근접한 유형의 특징

... **참여**

리더는 팀원들이 한 사람도 소외됨이 없이 동등하다는 것을 확신시킴으로써 비즈니스의 모든 방면에 종사하도록 한다.

... **토론의 장려**

리더는 경쟁과 토론의 가치를 인식하여야 하며, 팀이 나아갈 새로운 방향의 설정에 팀원들을 참여시켜야 한다.

... **거부권**

'민주주의에 근접한'이라는 말에서 알 수 있듯이, 이 유형의 리더들이 비록 민주주 의적이긴 하지만 최종 결정권은 리더에게만 있다.

파트너십 유형

파트너십은 이전까지 논의한 리더십 형태와는 전혀 다른 형태의 리더십이다. 독재자 유형과 민주주의에 근접한 유형은 리더와 집단 구성원 사이에 명확한 구분이 있다. 하지만 파트너십에서는 그러한 구분이 희미하고, 리더가 조직에서 한 구성원이 되기도한다. 파트너십 유형의 특징은 다음과 같다.

파트너십 유형의 특징

···→ **평등**
리더는 조직 구성원들 중 한 명 일 뿐이다. 그는 물론 다른 조직 구성원들보다 경험이 더 풍부하겠지만 다른 구성원들보다 더 비중 있게 대우받아서는 안 된다.

···→ **집단의 비전**
집단의 모든 구성원들은 의사결정 및 팀의 방향을 설정하는데 참여한다.

···→ **책임 공유**
집단의 모든 구성원들은 집단의 행동의 성과 및 결과에 대해 책임을 공유한다.

변혁적 유형

변혁적 리더는 개개인과 팀이 유지해온 이제까지의 업무수행 상태를 뛰어넘으려 한다. 변혁적 리더는 전체 조직이나 팀원들에게 변화를 가져오는 원동력이다. 변혁적 유형의 특징은 아래와 같다.

변혁적 유형의 특징

···→ **카리스마**
변혁적 리더는 조직에 명확한 비전을 제시하고, 집단 구성원들에게 그 비전을 쉽게 전달할 수 있다.

···→ **자기 확신**
변혁적 리더는 뛰어난 사업수완 그리고 어떠한 의사결정이 조직에 긍정적으로 영향을 미치는지 예견할 수 있는 능력을 지니고 있다.

···→ **존경심과 충성심**
변혁적 리더는 개개인에게 시간을 할애하여 그들 스스로가 중요한 존재임을 깨닫게 하고, 존경심과 충성심을 불어넣는다.

···→ **풍부한 칭찬**
변혁적 리더는 구성원이나 팀이 직무를 완벽히 수행했을 때 칭찬을 아끼지 않는다. 사람들로 하여금 한 가지 일에 대한 성공이 미래의 여러 도전을 극복할 수 있는 자극제가 될 수 있다는 것을 깨닫게 한다.

···→ **감화**
변혁적 리더는 사범이 되어 구성원들이 도저히 해낼 수 없다고 생각하는 일들을 구성원들로 하여금 할 수 있도록 자극을 주고 도움을 주는 일을 수행한다.

✎ 좋은 리더십(서번트 리더십)

좋은 리더십이란 다른 사람의 마음을 변화시켜 행동을 바꾸고 목표를 달성하게 하는 능력이라고 쉽게 설명할 수 있다. 진정한 리더십은 사랑을 베풀고 상대가 일을 잘하고 성과를 낼 수 있도록 하인처럼 궂은 일을 맡아서 처리해 주거나 일을 잘할 수 있게 뒷받침을 해줌으로써 구성원들의 마음을 움직이는 것이다. 이것을 서번트(Servent) 리더십이라고 한다.

내부 고객인 아래 직원(부하)에게 서비스를 잘하는 '윗사람'이란, 리더로서의 리더십 중 '서번트 리더십(Servant Leadership)'을 말한다. 서번트는 '하인, 봉사자, 섬기는 사람'을 말하며, 서번트 리더십은 '먼저 다른 사람을 섬기는 가운데 그들에게 영향력을 발휘하는 리더십 스타일'을 말한다.
그린리프는 서번트 리더십, 즉 섬기는 리더의 특징을 다음과 같이 10가지를 제시하였다.

 섬기는 리더의 특징 10가지

1. 남의 말을 잘 듣는다.(listening)
2. 남에게 동정심을 갖는다.(empathy)
3. 남을 치유한다.(healing)
4. 깨닫는다.(awareness)
5. 설득한다.(persuation)
6. 개념화 능력이 뛰어나다.(conceptualization)
7. 예지능력이 있다.(foresight)
8. 청지기(stewardship)로서의 삶을 산다. 청지기란 다른 사람의 물건을 위탁을 받아 관리하는 사람을 말한다.
9. 다른 사람을 성장시키는 데 몰두한다.(committment to the growth of people)
10. 공동체를 형성한다.(building community)

✎ 참여리더십

참여적 리더십이란 리더가 부하에게 정보를 요구하고 그들의 아이디어를 공유하며, 의사결정 과정에서 부하들과 정보자료 등을 많이 활용하여 부하들의 의견을 의사결정에 많이 반영시키는 형태의 리더십을 말한다. 즉, 조직의 구성원들을 조직 운영의 과정

속에서 적극적인 참여를 유도하고, 그들의 의견을 의사결정에 충분히 반영시키면서 동기부여를 일으키며, 발전적인 변화를 가져오게 하는 형태의 리더십을 말한다.

코칭(Coaching)

미국의 세계 최대 글로벌 코치양성전문기관인 CCU(Corporate Coach University)는 코칭을 아래와 같이 정의하고 있다. "코칭은 코치와 발전하려고 하는 의지가 있는 개인이 잠재능력을 최대한 개발하고, 발견 프로세스를 통해 목표설정, 전략적인 행동, 그리고 매우 뛰어난 결과의 성취를 가능하게 해주는 강력하면서도 협력적인 관계이다."

즉, 코칭이란 코치가 코칭을 받는 사람에게 직업적 또는 개인적인 성과를 향상시키고, 삶의 질을 높이는 데 도움을 주는 지속적인 파트너십이다. 코치는 경청하고 관찰하는 데 있어서 고도로 훈련을 받은 사람이며, 개개인의 특성에 맞게 그들의 필요에 접근해가는 방법에 숙련된 사람들이다. 코치는 사람들이 스스로 전략과 해결책을 도출하도록 한다.

〉〉〉 코칭의 중요성

최근 코칭과 코칭의 기업문화가 이슈가 되고 있다. 이를 개인적 차원과 조직의 차원으로 나누어 간단히 살펴보면, 개인적 차원은 코치와 코치 받는 사람은 파트너십을 통해 새로운 시각으로 가능성을 창조해냄으로 성과를 낸다.
코치 받는 사람이 자신의 목표를 설정하도록 함으로써 조직의 목표에 끌려간다는 느낌대신 스스로 성취감을 느끼고, 이에 대한 성공 경험을 통해 자신감을 배양하도록 한다.
또한 지속적인 자기 개발을 통해 성공을 이룬다.

〉〉〉 코칭의 3가지 중요한 철학

 제1철학 — 모든 사람에게는 무한한 가능성이 있다.

 제2철학 — 그 사람에게 필요한 해답은 모두 그 사람 내부에 있다.

 제3철학 — 해답을 찾기 위해서는 파트너가 필요하다.

>>> 코칭의 특징 및 장단점

코칭은 일반 대화와 다르다. 코칭대화는 일반 대화와 세 가지 면에서 다르다고 볼 수있다.

첫째, 철저히 코칭의 철학에 바탕을 둔다. 코칭대화의 의도는 상대방의 성장과 성과의 향상이라는 두 축을 항상 염두에 두고 있다.

둘째, 코칭대화는 구조화된 대화이다. 이것이 일반적인 친한 친구와의 대화와 다른 점이다. 구조와 방향성을 가지고 있는 대화이기에 성과에 직접적인 영향을 미치게 된다.

셋째, 핵심 대화기술인 경청과 질문, 메시징, 인정 및 축하 기술이 잘 조화된 대화와 커뮤니케이션의 예술이라고 할 수 있다.

코칭의 특징

- 코칭은 역동적이며 함께 히는 과정으로 행동변화에 중점을 둔다.
- 코칭은 스스로 문제를 발견하고 해결하도록 한다.
- 코칭은 양방향이다.
- 코칭은 업무에 대한 지식이 없는 사람들을 가르친다.
- 코칭은 업무지식은 가지고 있으나 업무수행이 불확실한 사람들을 지도하고 안내한다.
- 코칭은 업무지식은 우수하나 그 방법에 동기가 필요한 사람들을 격려해 나간다.

코칭의 장점

- 업무수행 성과에 직접적으로 관련되어 있다.
- 코치와 학습자의 동시 성장이 가능하다.
- 상하 간에 커뮤니케이션 능력을 향상시킬 수 있다.
- 일대일로 지도하므로 교육 효과가 높다.

코칭의 단점

- 교육의 성패가 코치의 능력에 지나치게 좌우된다.
- 일대일 방식이므로 코치의 시간이 많이 소요되며 노동집약적이다.
- 매일의 코칭은 학습자에게도 부담이 될 수 있다.
- 코치와 학습자간의 계약관계는 학습에 지장을 줄 수도 있다.

>>> 코칭의 역할

후원자(Sponsor)

성과가 뛰어난 직원을 공인해주는 역할 이외에도 그 직원이 조직 내의 중요한 정보, 의사결정자 및 다른 사람들과 접촉할 수 있도록 해준다. 후원자는 직원들이 개인적인 성장과 경력상 목표를 달성하는데 도움이 되는 업무가 무엇인지 결정하는 것을 도와주는 사람이다.

멘토(Mentor)

직원의 자기계발 프로세스에 관여하며 어떤 분야에서 존경 받는 조언자이며 또한 기업의 정치적 역학관계에 대처하는 방법 및 영향력을 행사해서 파워를 형성하는 방법도 알고 있는 사람이다.

평가자(Appraiser)

직원들이 자신의 강점, 개발이 필요한 부분, 관심, 경력 상의 목표 등을 평가하는 일을 돕는다. 평가자는 특정 상황 하에서 직원의 성과를 관찰하여 적절한 피드백이나 지원을 하기로 직원과 약속한 사람이다.

역할모델(Role Model)

역할모델은 말한 바를 행동으로 보여 주는 역할을 수행하면서 직원들의 기업문화에 적합한 리더십 유형을 보여준다.

교사(Teacher)

직원들이 자신의 업무를 효과적으로 수행할 수 있도록 업무상 비전, 가치, 전략, 서비스 및 제품, 고객 등에 관한 정보를 제공하는 중요한 역할을 한다.

>>> 코칭의 기본원칙

관리는 만병통치약이 아니다.
권한을 위임한다.
훌륭한 코치는 뛰어난 경청자이다.
목표를 정하는 것이 가장 중요하다.

>>> 코칭의 5단계

1단계	그룹코칭 목적의 명확한 설명
2단계	사례 청취 및 감상
3단계	상담원들 스스로 개선점 도출
4단계	동의하는 개선방안 마련
5단계	코칭 마무리

Follow UP

✎ 임파워먼트(권한위임)

리더십의 핵심 개념 중 하나는 '임파워먼트(Empowerment)', 즉 '권한 위임'이라고 할 수 있다. 직원들에게 일정 권한을 위임함으로서 훨씬 수월하게 성공의 목표를 이룰 수 있을 뿐더러 존경받는 리더로 거듭날 수 있다.

임파워먼트(Empowerment)란 '조직성원들을 신뢰하고, 그들의 잠재력을 믿으며, 그 잠재력의 개발을 통해 High Performance 조직이 되도록 하는 일련의 행위'로 정의할 수 있다.

>>> 임파워먼트의 이점

성공적인 리더들은 단순한 임파워먼트를 해주거나 시행시키지 않는다. 대신 그들은 임파워먼트가 성장할 수 있는 여건을 조성한다. 리더와 그를 따르는 사람들 모두에 의해 임파워먼트가 일어날 수 있는 문화가 조성되면, 임파워먼트는 조직의 모든 사람들로부터 시너지적이고 창조적인 에너지를 끌어낸다. 임파워먼트를 하면 생산성이 향상되고 사람들의 좋은 기회에 대한 큰 기대를 하게 되며 진보적이고 성공적인 조직을 만들 수 있게 되는데, 임파워먼트가 잘 되어 High Performance조직이 되면 다음과 같은 이점이 나타난다.

임파워먼트의 이점

가. '나는 매우 중요한 일을 하고 있으며, 이 일은 다른 사람이 하는 일보다 훨씬 중요한 일이다' 라는 자신의 일에 대한 주인의식과 자긍심을 가지게 된다.

나. 일의 과정과 결과에 나의 영향력이 크게 작용했다.

다. 나는 정말로 도전하고 있고 나는 계속해서 성장하고 있다.

라. 우리 조직에서는 아이디어가 존중되고 있다.

마. 내가 하는 일은 항상 재미가 있다.

바. 우리 조직의 구성원들은 모두 대단한 사람들이며, 다 같이 협력해서 승리하고 있다.

》》》 임파워먼트 충족 기준

진정한 임파워먼트는 혁신성과 자발성을 이끌어 내고 조직 전체의 목적에 헌신하도록 유도함으로써 방향감과 질서의식을 실제로 창출하게 한다. 대부분의 조직에 있어서 장기적으로 효과성을 극대화하려면 임파워먼트를 극대화해야 하는데, 진정한 임파워먼트를 위해서는 다음의 3가지 기준이 반드시 충족되어야 한다.

임파워먼트 충족 3가지 기준

1. 여건의 조성
   : 임파워먼트는 사람들이 자유롭게 참여하고 기여할 수 있는 일련의 여건들을 조성하는 것이다. 그것은 사람들에게 행해지는 어떤 행동이 아니다.

2. 재능과 에너지의 극대화
   : 임파워먼트는 사람들의 재능과 욕망을 최대한으로 활용할 뿐만 아니라 더 나아가 확대할 수 있도록 하는 것이다.

3. 명확하고 의미있는 목적에 초점
   : 임파워먼트는 사람들이 분명하고 의미 있는 목적과 사명을 위해 최대의 노력을 발휘하도록 해 주는 것이다.

》》》 임파워먼트의 여건

리더는 임파워먼트 환경이 가져다주는 혜택과 임파워먼트 환경을 갖춘다는 것이 의미하는 바를 잘 알고 있어야 한다. 임파워먼트 환경에서는 사람들의 에너지, 창의성, 동기 및 잠재능력이 최대한 발휘되는 경향이 있다. 반 임파워먼트 환경은 사람들이 현상을 유지하고 순응하게 만드는 경향이 있다. 높은 성과를 내는 임파워먼트 환경의 특징에는 다음과 같은 것들이 포함된다.

임파워먼트 환경의 특징

1. 도전적이고 흥미있는 일
2. 학습과 성장의 기회
3. 높은 성과와 지속적인 개선을 가져오는 요인들에 대한 통제
4. 성과에 대한 지식
5. 긍정적인 인간관계
6. 개인들이 공헌하며 만족한다는 느낌
7. 상부로부터의 지원

〉〉〉 임파워먼트의 장애요인

리더는 임파워먼트의 여건을 마련하는 일 외에 임파워먼트에 장애가 되는 요인들에 대해서도 알고 있어야 하는 바, 4가지 차원과 관련된 장애요인들을 살펴보면 다음과 같다.

임파워먼트의 장애요인

1. **개인 차원**
   : 주어진 일을 해내는 역량의 결여, 동기의 결여, 결의의 부족, 책임감 부족, 의존성

2. **대인 차원**
   : 다른사람과의 성실성 결여, 약속 불이행, 성과를 제한하는 조직의 규범, 갈등처리 능력 부족, 승패의 태도

3. **관리 차원**
   : 통제적 리더십 스타일, 효과적 리더십 발휘 능력 결여, 경험 부족, 정책 및 기획의 실행 능력 결여, 비전의 효과적 전달능력 결여

4. **조직 차원**
   : 공감대 형성이 없는 구조와 시스템, 제한된 정책과 절차

✎ 변화관리

인생은 일련의 변화의 과정이다. 그 중에서도 질풍노도의 청소년기를 지나면서 학업과 입시, 진학, 구직과 취업, 스트레스, 질병 등 우리의 삶에 수많은 변화 상황을 맞이하면서 살아간다. 현대 비즈니스의 특징은 끊임없이 변하고 유동적이라는 점이다. 따라서 변화관리는 리더에게 있어서 매우 중요한 자질로 부각되었다. 변화를 관리하는 기술을 연마하는 데는 여러 가지

방법이 있다. 특히 리더는 열린 커뮤니케이션, 역지사지의 자세, 신뢰감 형성, 긍정적인 자세, 직원의 의견을 받아들이고 그들에게 창조적으로 권한을 위임하는 방법 등에 관심을 기울여야 한다.

》》 변화관리 1단계 : 변화를 이해하기

리더는 변화에 대처하려는 직원들을 어떻게 도울 것인가를 고민하기에 앞서, 변화와 관련한 몇 가지 공통 기반을 마련하고 변화 과정에 어떤 것들이 있는지를 파악해야 한다. 먼저 변화의 실상을 정확하게 파악한 다음, 익숙했던 것들을 버리는 데서 오는 감정과 심리적 상태를 어떻게 다룰 것인가에 대해 심사숙고해야 한다. 변화관리에서 변화를 다루는 방법만큼 중요한 것은 없다.

변화관리 1단계

1. 변화가 왜 필요한가?
: 직업 세계에서 현재의 자리에 안정적으로 머물러 있겠다는 생각은 환상에 가깝다고 할 수 있다. 변화는 더디게 일어날 수도 있으며, 그날그날의 변화를 일일이 알아차릴 수는 없지만, 변화가 일어나고 있다는 사실만은 부인할 수 없다. 변화는 발전을 더욱 가속화한다. 일체의 변화 없이 시간만 흘러간다면 인생이 얼마나 따분하고 재미없겠는가?

2. 무엇이 변화를 일으키는가?
: 믿을 수 없을 정도로 과학기술이 발전하면서 세계적으로 경쟁이 치열해지고 있다. 이러한 경쟁에서 살아남도록 외부에서 자극을 주는 것으로부터 변화는 시작된다. 변화는 가히 역동적이다. 조직 내부에서는 위에서 아래로 이루어지며, 지위고하를 막론하고 모두에게 영향을 미친다.

3. 변화는 모두 좋은 것인가?
: 한마디로 말하면 그렇지 않다. 변화를 단행하기 전에는 반드시 현재의 상황을 면밀히 검토해보아야 한다. 불완전한 생각이나 형편 없는 판단, 실행에 옮기기 전에 다른 사항을 충분히 검토해야 할 필요성 등에 대해 확실히 알게 될 것이다. 이렇게 단계적으로 진행해가면 섣부르게 변화를 서둘러 실패를 초래하는 위험을 막을 수 있으며, 직원들이 변화를 자신의 일처럼 생각하게 된다.

》》 변화관리 2단계 : 변화를 인식하라

변화가 일어나면 모든 직원들이 눈치를 채기 마련이다. 이들은 변화에 대한 소문이 돌거나 변화 내용에 대한 설명도 하기도 전에 그것을 알아차린다. 불확실하고 의심스러운 분위기가 조성되면 직원들은 두려움과 스트레스에 시달리며, 사기는 땅으로 떨어진다. 그러므로 리더가 할 수 있는 최고의 결정은 직원들에게 변화와 관련된 상세한 정보를 제공하는 것이다.

무엇보다 직원들 자신이 변화를 직접 주도하고 있다는 마음이 들도록 이끌어야 한다. 사람은 누구나 자신의 능력을 발휘하는데 도움이 되는 아이디어 및 변화에 열정적으로 대응한다. 다음은 변화에 저항하는 직원들을 성공적으로 이끄는데 도움이 되는 방법들이다.

 변화관리 2단계

1. 개방적인 분위기를 조성한다.
: 직원들에게 되도록 많은 사실을 알려준다. 직원들이 거리낌 없이 질문하게 하고, 이에 솔직하게 답변하도록 한다.

2. 객관적인 자세를 유지한다.
: 가능한 객관적인 자세로 업무에 임한다. 변화를 수행하는 것이 힘들더라도 변화가 필요한 이유를 직원들이 명확히 알도록 한다. 변화의 유익성을 밝힐 수 있는 객관적인 수치 및 사례를 직원들에게 직접 확인시킬 필요가 있다.

3. 직원들의 감정을 세심하게 살핀다.
: 사람은 본능적으로 안정을 추구하기 때문에 자신의 안전을 해칠 것으로 생각되는 것들은 거부하려는 성향이 있다. 따라서 변화가 이루어지면 자신에게 매우 도움이 될 만한 이익이 생기는 한편, 자신이 중요하게 여기는 것을 잃거나 포기해야 할 수도 있다는 점을 직원들에게 알려야 한다.

4. 변화의 긍정적인 면을 강조한다.
: 직원들이 변화의 긍정적인 측면을 인식하도록 돕는다. 또한 변화를 긍정적으로 받아들이는 방법을 찾도록 용기를 준다. 변화의 잠재적인 문제점을 최소화하고 긍정적인 면을 최대한 드러냄으로써, 직원들 스스로 변화가 주는 긍정적인 영향을 깨닫게 한다.

5. 변화에 적응할 시간을 준다.
: 기존의 방식에 변화의 요소를 접목하는 방식도 효과적이다. 이전 방식에 새로운 것을 접목함으로써, 직원들에게 적응하는 시간을 충분히 주는 것이 중요하다. 기존의 업무를 바탕으로 직원들이 새로운 것에 집중하도록 자극하며, 긍정적인 목표들을 달성하도록 이끌어내는 것이 중요하다.

〉〉〉 변화관리 3단계 : 변화를 수용하라

직원들은 리더가 자신들이 모르는 것을 알려주는 한편 긍정적이고 신뢰하는 태도로 대한다고 느낄 때, 리더의 방식을 신뢰하며 따른다. 그러므로 리더는 왜 변화가 일어나야 하는지를 직원들에게 상세하게 설명하고, 변화를 위한 직원들의 노력에 아낌없이 지원해야 한다.

부정적인 행동을 보이는 직원은 개별 면담을 통해, 늘 관심 있게 지켜보고 있다는 사실과 언제든지 대화를 나눌 수 있다는 점을 주지시킨다. 자신에게 관심을 가져주고 고민을 말할 수 있다는 사실에 직원들은 마음이 편해질 것이다.

변화에 스스로 대처하려는 직원들에게도 도움을 주어야 한다. 이런 직원들에게는 '인간은 자기 실현적 예언자'라는 점을 인식시키면 좋다. 자기 자신에게 긍정적인 말을 함으로써 성공을 불러오는 경우도 많기 때문이다. 스스로 동기를 부여하도록 '나는 할 수 있다'와 같은 신념이 담긴 말을 들려준다면, 변화와 성공의 가능성이 더욱 높아진다.

무엇보다도 직원들과 수시로 커뮤니케이션하는 것이 중요하다. 정기적인 회의를 하고, 변화에 대한 직원들의 반응을 계속 주지한다. 규모에 관계없이 변화는 적어도 부서의 한두 직원에게 영향을 미치게 마련이다. 시간을 내어 변화와 관련해 자주 논의하고, 직원들이 자신의 생각이나 제안을 직접 말할 수 있는 분위기를 만드는데 최선을 다하는 것이 중요하다.

6.3 갈등관리능력 (하위모듈 F-2-다)

 학습목표

직장생활에서 조직구성원 사이에 갈등이 발생하였을 경우 이를 원만히 조절하는 능력을 기를 수 있다.

⋯→ 갈등의 의미를 설명할 수 있다.
⋯→ 갈등의 유형을 구분할 수 있다.
⋯→ 직장생활에서 발생한 갈등의 해결방법을 도출할 수 있다.
⋯→ 직장생활에서 발생한 갈등을 윈-윈 갈등 관리법으로 해결할 수 있다.

✎ 갈등관리능력

목표를 달성하기 위해 노력하는 조직이라면 갈등은 항상 일어나게 마련이다. 갈등이 해결되지 않고 방치된다면 조직의 발전을 저해할 수 있지만, 잘 관리한다면 합리적인 의사결정을 이끌어 낼 수 있다.

갈등의 원인을 파악하고, 갈등의 영향을 받은 조직원들과 함께 문제를 능동적으로 해결하기 위해서는 갈등관리능력의 함양이 필수적이다.

〉〉〉 갈등

갈등(Conflict)의 어원은 라틴어의 코피레게(Configere)인데, 이것은 '함께'라는 의미인 콘(Con)과 '충돌이나 다툼'을 의미하는 피레게(Figere)가 합쳐진 합성어로 개인이나 집단 간에 서로 충돌한다는 뜻을 가지고 있다. 일반적으로 조직을 구성하는 개인과 집단, 조직 간에 잠재적 혹은 현재적으로 대립하고 마찰하는 사회적·심리적 상태를 말한다.

갈등이란 의견 차이가 생기기 때문에 발생하게 된다. 그러나 이러한 결과가 항상 부정적인 것만은 아니다. 목표를 달성하기 위해 노력하는 조직이라면 갈등은 항상 일어나기 마련이다. 갈등은 새로운 해결책을 만들어 주는 기회를 제공한다. 중요한 것은 갈등에 어떻게 반응하느냐 하는 것이다.

갈등의 단서

당신은 우선 조직 내에 갈등이 존재하는지를 파악하고 깨닫는 일이 중요하다. 다음은 갈등을 파악하는데 도움이 되는 몇 가지 단서들이다.

갈등의 단서

1. 지나치게 감정적으로 논평과 제안을 한다.
2. 타인의 의견발표가 끝나기도 전에 타인의 의견에 대해 공격한다.
3. 핵심을 이해하지 못한데 대해 서로 비난한다.
4. 편을 가르고 타협하기를 거부한다.
5. 개인적인 수준에서 미묘한 방식으로 서로를 공격한다.

갈등을 증폭시키는 원인

갈등을 관리하고 해소하는 방법을 보다 잘 이해하기 위해서는 갈등을 증폭시키는 원인이 무엇인지 알 필요가 있다. 다음에 세 가지의 일반적인 원인이 제시되어 있다.

갈등의 원인

1. 적대적 행동
   - 팀원들은 '승 · 패의 경기'를 시작한다.
   - 팀원들은 문제를 해결하기 보다는 '승리하기'를 원한다.
2. 입장 고수
   - 팀원들은 공동의 목표를 달성할 필요성을 느끼지 않는다.
   - 팀원들은 각자의 입장만을 고수하고, 의사소통의 폭을 줄이며, 서로 접촉하는 것을 꺼린다.
3. 감정적 관여
   - 팀원들은 자신의 입장에 감정적으로 묶인다.

갈등의 두 가지 쟁점

모든 갈등에는 두 가지 쟁점들이 교차한다. 주된 갈등이 어떤 일을 하는 방법에 기인한 것이라고 할지라도, 자존심을 위협하거나 질투를 유발하는 것과 같은 감정적인 문제들이 갈등의 강도를 높일 수 있다.

핵심 문제	감정적 문제
• 역할 모호성 • 방법에 대한 불일치 • 절차에 대한 불일치 • 책임에 대한 불일치 • 가치에 대한 불일치 • 사실에 대한 불일치	• 공존할 수 없는 개인적 스타일 • 통제나 권력 확보를 위한 싸움 • 자존심에 대한 위협 • 질투 • 분노

갈등의 두 가지 유형

• 갈등에는 두 가지 유형이 있다. 두 가지를 명확히 구별하고 그 유형들을 각기 독립적으로 다루면, 문제를 훨씬 수월하게 해결할 수 있다.

첫 번째 유형은 불필요한 갈등이다. 개개인이 저마다 문제를 다르게 인식하거나 정보가 부족한 경우, 편견 때문에 발생한 의견 불일치로 적대적 감정이 생길 때 불필요한 갈등이 일어난다.

두 번째 유형은 해결할 수 있는 갈등이다. 목표와 욕망, 가치, 문제를 바라보는 시각과 이해하는 시각이 다를 경우에 일어날 수 있는 갈등이다. 이러한 갈등은 상대를 먼저 이해하고, 서로가 원하는 것을 만족시켜주면 저절로 해결된다.

불필요한 갈등발생상황

• 근심걱정, 스트레스, 분노 등의 부정적인 감정
• 잘못 이해하거나 부족한 정보 등, 전달이 불분명한 커뮤니케이션
• 편견, 변화에 대한 저항, 항상 해오던 방식에 대한 거부감 등에서 나오는 의견 불일치

〉〉〉 갈등의 과정

갈등은 다음과 같은 몇 가지 단계를 거치면서 진행된다.

• 1단계 : 의견불일치

인간은 다른 사람들과 부딪히면서 살아가게 되는데, 서로 생각이나 신념, 가치관이 다르고 성격도 다르기 때문에 다른 사람들과 의견의 불일치를 가져온다.

• 2단계 : 대결 국면

의견불일치가 해소되지 않으면 대결 국면으로 빠져들게 된다. 이제 새로운 해결점을 찾아야 한다.

- 3단계 : 격화 국면

  상대방에 대하여 더욱 적대적인 현상으로 발전해 나간다. 이제 의견일치는 물건너 가고 설득을 통해 문제를 해결하려고 하기보다는 강압적, 위협적인 방법을 쓰려고 하며, 극단적인 경우에는 언어폭력이나 신체적인 폭행으로까지 번지기도 한다.
- 4단계 : 진정 국면

  계속되는 논쟁과 긴장이 귀중한 시간과 에너지만 낭비하고 이러한 상태가 무한정 유지될 수 없다는 것을 느끼고 점차 흥분과 불안이 가라앉고 이성과 이해의 원상태로 돌아가려 한다.
- 5단계 : 갈등의 해소

  갈등의 당사자들은 문제를 해결하지 않고는 자신들의 목표를 달성하기 어렵다는 것을 알게 된다. 어떻게 해서든 서로 일치시키려고 한다.

〉〉〉 갈등의 해결

- 갈등을 성공적으로 해결하기 위해서는 쟁점의 양 측면을 모두 이해해야 한다. 내성적이거나 자신을 표현하는데 서투른 팀원을 격려해주는 것이 중요하며, 이해된 부분을 검토하고 누가 옳고 그른지에 대해 논쟁하는 일은 피하는 것이 좋다.

  또한, 갈등이 사람들의 수행에 어떻게 영향을 미치는지를 토의해 보는 것이 좋다. 느낌이나 성격이 아니라 사실이나 행동에 초점을 두어야 한다.

  '비난'의 행동은 감정을 야기시켜서 사람들이 이에 주목하게 만든다. 비난을 피하기 위해 조직원들이 차이점보다는 유사점을 파악하도록 도움을 주는 것이 필요하다. 유사점을 강조하면 갈등의 당사자들이 공통의 토대 위에서 만날 수 있게 된 다. 차이점이 있다면 차이의 본질에 대해 이해하는 것이 필요하다.

✎ 갈등해결의 5가지 유형

회피형(Avoiding)

자신과 상대방에 대한 관심이 모두 낮은 경우로서, 살등 상황에 대하여 상황이 나아질때까지 문제를 덮어두거나 위협적인 상황을 피하고자 하는 경우를 말한다. 나도 지고 너도 지는 방법(I lose – You lose)이다.

경쟁형(Competing)

자신에 대한 관심은 높고 상대방에 대한 관심은 낮은 경우로서, 나는 이기고 너는 지는 방법(I win – You lose)이다. 이 방법은 제로섬(Zero sum)게임이다.

수용형(Accomodating)

자신에 대한 관심은 낮고 상대방에 대한 관심은 높은 경우로서 나는 지고 너는 이기는 방법(I lose – You win)이다.

타협형(Compromising)

자신에 대한 관심과 상대방에 대한 관심이 중간정도인 경우로서, 서로가 받아들일 수 있는 결정을 하기 위하여 타협적으로 주고받는 방식(Give and Take)을 말한다.

통합형(Integrating)

협력형이라고도 한다. 자신은 물론 상대방에 대한 관심이 모두 높은 경우로서 나도 이기고 너도 이기는 방법(I win – You win)이다. 문제해결을 위하여 서로 간에 정보를 교환하면서 모두의 목표를 달성할 수 있는 윈윈 해법을 찾는다.

✎ 조직의 갈등 다루기

조직의 갈등을 다루는 가장 생산적인 접근방식은 갈등이 발생하기 전에 그 잠재력을 줄이는 조치를 취하는 것이다. 간단히 소개하면 다음과 같다.

조직의 갈등 다루기

- 근심걱정, 스트레스, 분노 등의 부정적인 감정
- 잘못 이해하거나 부족한 정보 등, 전달이 불분명한 커뮤니케이션
- 편견, 변화에 대한 저항, 항상 해오던 방식에 대한 거부감 등에서 나오는 의견 불일치

6.4 협상능력 (하위모듈 F-2-라)

학습목표

직장생활에서 협상 가능한 목표를 세우고 상황에 맞는 협상전략을 선택하여 다른 사람과 협상하는 능력을 기를 수 있다.

⋯▶ 협상의 의미를 설명할 수 있다.
⋯▶ 협상의 과정을 설명할 수 있다.
⋯▶ 직장생활에서 적절한 협상전략을 활용할 수 있다.
⋯▶ 직장생활에서 적절하게 상대방을 설득하는 방법을 활용할 수 있다.

✎ 협상능력

협상(Negotiation)이란 갈등상태에 있는 이해당사자들이 대화와 논쟁을 통해서 서로를 설득하여 문제를 해결하려는 정보전달과정이자 의사결정과정이라고 정리할 수 있다.

근대에 들어와서 생겨난 '협상하다(negotiate)'라는 단어의 고전적이면서도 기이한 본뜻을 해석해보면, '협상하다(negotiate)'라는 동사는 라틴어 'egtir'에 뿌리를 두고 있다. 여가를 뜻하는 'ir'이라는 어근에 부정의 의미를 지닌 'eg'가 붙어 '여가가 아니다'라는 의미를 담고 있다. 라틴어의 근본적인 의미만으로 따지면 '협상'이라는 단어에서 '즐거움'이라는 요소를 찾기는 사실 어렵다.

협상은 시공간을 초월하여 끊임없이 발생하고 있으며, 가정에서, 회사에서, 정부에서 또는 국가에서 어느 시간, 어느 공간에서도 협상은 전개될 수 있다. 특히 상사와 부하사이에서 끊임없이 의사결정을 해야 하는 직업인에게 협상능력의 함양은 필수적이다.

✎ 협상의 의미

협상의 의미는 크게 의사소통 차원, 갈등해결 차원, 지식과 노력 차원, 의사결정차원, 교섭 차원에서 살펴볼 수 있다.

의사소통 차원에서 볼 때, 협상이란

이해당사자들이 자신들의 욕구를 충족시키기 위해 상대방으로부터 최선의 것을 얻어내기 위해 상대방을 설득하는 커뮤니케이션 과정이다. 즉 협상이란 자신이 얻고자 하는 것 때문에 다른 사람들 또는 집단들과 갈등상태에 있을 때 그 사람들 또는 집단들을 설득하여 자신이 원하는 것을 쟁취하기 위한 일련의 커뮤니케이션 과정이라고 할 수 있다.

갈등해결차원에서 볼 때, 협상이란

갈등관계에 있는 이해당사자들이 대화를 통해서 갈등을 해결하고자 하는 상호작용과정이다. 즉 협상이란 개인, 조직, 또는 국가가 가지고 있는 갈등의 문제를 해결하기 위해서 갈등관계에 있는 이해당사자들이 대화를 통해서 상반되는 이익은 조정하고 공통되는 이익은 증진시키는 상호작용과정이라 할 수 있다.

지식과 노력 차원에서 볼 때, 협상이란

우리가 얻고자 하는 것을 가진 사람의 호의를 쟁취하기 위한 것에 관한 지식이며 노력의 분야이다. 즉 협상이란 승진, 돈, 안전, 자유, 사랑, 지위, 명예, 정의, 애정 등 우리가 얻고자 원하는 것을 어떻게 다른 사람들보다 더 우월한 지위를 점유하면서 얻을 수 있을 것인가 등에 관련된 지식이며 노력의 장이라고 할 수 있다.

의사결정차원에서 볼 때, 협상이란

둘 이상의 이해당사자들이 여러 대안들 가운데서 이해당사자들 모두가 수용 가능한 대안을 찾기 위한 의사결정과정이라고도 볼 수 있고, 협상이란 공통적인 이익을 추구하나 서로 입장의 충돌 때문에 이해당사자들 모두에게 수용 가능한 이익의 조합을 찾으려는 개인, 조직, 또는 국가의 상호작용과정이라고도 볼 수 있다.

참여자들의 공통적인 의사결정을 필요로 하는 교섭관점에서 볼 때, 협상이란

선호가 서로 다른 협상 당사자들이 합의에 도달하기 위해 공동으로 의사결정하는 과정이라고 할 수 있다.

협상에 관한 이러한 주장들을 종합하여 볼 때, 협상(negotiation)이란

갈등상태에 있는 이해당사자들이 대화와 논쟁을 통해서 서로를 설득하여 문제를 해결하려는 정보전달과정이자 의사결정과정이다.

〉〉〉 협상의 과정 모델

협상과정을 아래 그림과 같이 협상시작, 상호이해, 실질이해, 해결방안, 합의문서 등의 5단계로 구분할 수 있다.

Chapter 1
Chapter 2
Chapter 3
Chapter 4
Chapter 5
Chapter 6
Chapter 7
Chapter 8
Chapter 9
Chapter 10

협상 시작	• 협상당사자들 사이에 상호 친근감 쌓음 • 간접적인 방법으로 협상의사를 전달함 • 상대방의 협상의지를 확인함 • 협상진행을 위한 체제를 짬

↓

상호 이해	• 갈등문서의 진행상황과 현재의 상황을 점검함 • 적극적으로 경청하고 자기주장을 제시함 • 협상을 위한 협상대상 안건을 결정함

↓

실질 이해	• 겉으로 주장하는 것과 실제로 원하는 것 구분하여 실제로 원하는 것을 찾아 냄 • 분할과 통합 기법을 활용하여 이해관계를 분석함

↓

해결 대안	• 협상 안건마다 대안들을 평가함 • 개발한 대안들을 평가함 • 최선의 대안에 대해서 합의하고 선택함 • 대안 이행을 위한 실행계획을 수립함

↓

합의 문서	• 합의문을 작성함 • 합의문상의 합의내용, 용어 등을 재점검함 • 합의문에 서명함

또한 협상과정을 협상진행단계를 중심으로 협상 전단계, 협상진행단계, 협상 후단계의 순서로 진행된다고 볼 수도 있다. 협상 전단계는 협상을 진행하기 위한 준비단계이고, 협상진행단계는 협상이 실제로 진행되는 단계이며, 협상 후단계는 합의된 내용을 집행하는 단계이다. 이러한 협상과정은 아래와 같은 단계와 내용으로 설명할 수 있다.

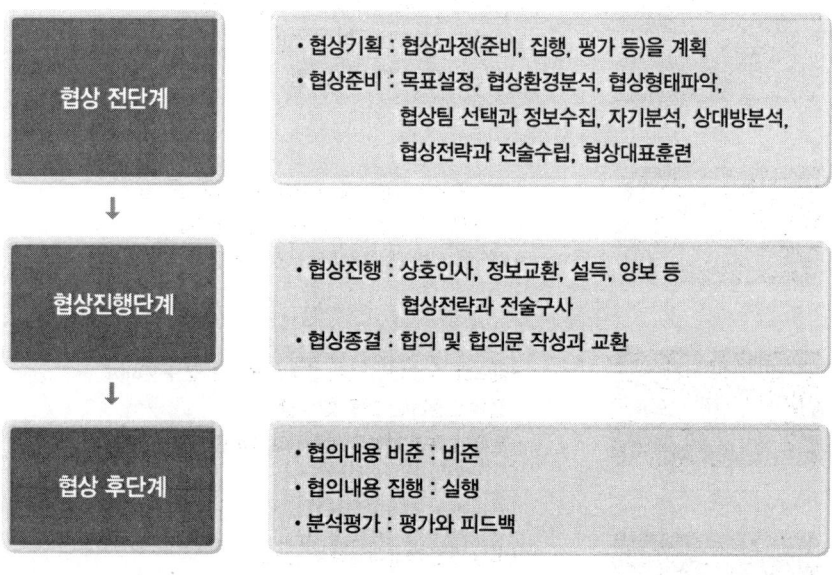

협상 전단계	• 협상기획 : 협상과정(준비, 집행, 평가 등)을 계획
	• 협상준비 : 목표설정, 협상환경분석, 협상형태파악,
	  협상팀 선택과 정보수집, 자기분석, 상대방분석,
	  협상전략과 전술수립, 협상대표훈련

협상진행단계	• 협상진행 : 상호인사, 정보교환, 설득, 양보 등 협상전략과 전술구사 • 협상종결 : 합의 및 합의문 작성과 교환
협상 후단계	• 협의내용 비준 : 비준 • 협의내용 집행 : 실행 • 분석평가 : 평가와 피드백

>>> 협상전략

협상에 사용될 전략으로서 협상전략의 형태는 다양하다. 협상 당사자는 자신의 목적과 상대방의 목적 그리고 상황적 요인에 따라서 다양하게 협상전략을 구사할 수 있다.

대체로 협상전략의 형태로는 문제해결전략, 양보전략, 무행동전략, 경쟁전략 등으로 구분 할 수 있다. 이 중 문제해결전략은 협력전략에, 양보전략은 유화전략에, 무행동전략은 회피전략에, 경쟁전략은 강압전략에 해당한다고 할 수 있다.

협력전략

협력전략(cooperative strategy)은 협상 참여자들이 협동과 통합으로 문제를 해결하고자 하는 협력적 문제해결전략이다. 문제를 해결하는 합의에 이르기 위해서 협상 당사자들이 서로 협력하는 것이다.

협력적 문제해결은 "Win-Win"전략의 정신을 가지고 있다. 즉 나도 잘되고, 상대방도 잘

되어, 우리 모두가 잘되는 전략인 "Win, You Win, We Win"전략이다.

따라서 협상 당사자들은 자신들의 목적이나 우선순위에 대한 정보를 서로 교환하여 이를 통합하여 문제를 해결하고자 노력한다. 자신이 가지고 있는 것 가운데서 우선 순위가 낮은 것에 대해서는 상대방에게 양보하는 협력적 과정을 통해서 문제해결을 위한 합의에 이르게 된다.

유화전략

유화전략(smoothing strategy)은 양보전략이며, 순응전략이며, 화해전략이며, 수용전략이며, 굴복전략이다. 상대방이 제시하는 것을 일방적으로 수용하여 협상의 가능성을 높이려는 전략이다.

상대방의 욕구와 주장에 자신의 욕구와 주장을 조정하고 순응시켜 굴복한다.

유화전략은 "Lose-Win"전략이다. 즉, 당신의 승리를 위해서 나는 손해를 보아도 괜찮다는 전략인 "Lose, You Win"전략이다.

회피전략

- 회피전략(avoiding strategy)은 무행동전략이며, 협상으로부터 철수하는 철수전략이다. 협상을 피하거나 잠정적으로 중단하거나 철수하는 전략이다.
- 회피전략은 "Lose-Lose"전략이다. 즉 나도 손해보고 상대방도 피해를 입게 되어 모두가 손해를 보게 되는 전략인 "Lose, You Lose, We Lose"전략이다.

강압전략

- 강압전략(forcing strategy)은 공격적 전략이며 경쟁전략이다. 자신이 상대방보다 힘에 있어서 우위를 점유하고 있을 때 자신의 이익을 극대화를 위한 공격적 전략이다. 상대방의 주장을 무시하고 자신의 힘으로 일방적으로 밀어붙여 상대방에게 자신의 입장을 강요하는 전략이다.
- 강압전략은 "Win-Lose"전략이다. 즉 내가 승리하기 위해서 당신은 희생되어야 한다는 전략인 "Win, You Lose"전략이다. 이로 인해 영합(zero-sum)적인 결과가 산출 될 수 있다.

>>> 설득의 전략

See-Feel-Change 전략

'See'전략은 시각화하고 직접 보게 하여 이해시키는 전략이며, 'Feel'전략은 스스로가 느끼게 하여 감동시키는 전략이며, 'Change'전략은 변화시켜 설득에 성공한다는 전략이다.

상대방 이해 전략

협상상대방을 설득하기 위해서는 설득에 장애가 되는 요인들을 척결해야 한다. 협상전략에 있어서 상대방 이해란 협상과정상의 갈등해결을 위해서 상대방에 대한 이해가 선행되어 있으면 갈등해결이 용이하다는 것이다.

호혜관계 형성 전략

호혜관계란 협상당사자간에 어떤 혜택들을 주고받은 관계가 형성되어 있으면 그 협상과정상의 갈등해결에 용이하다는 것이다.

예컨대 부처 간에 도움을 받으면 도움을 주어야 한다는 것이다. 이는 빚은 갚아야 한다거나 약속은 지켜야 한다는 것과 같은 사회적 의무에 관한 교육과 학습의 영향이다. 관리자와 부하간의 호의에 있어서, 이 호의에는 부하가 원했던 원치 안 했던 관계없이 모든 호의가 이에 해당된다. 따라서 부하를 일단 빚진 상태로 만들면 된다.

헌신과 일관성 전략

헌신과 일관성이란 협상당사자간에 기대하는 바에 일관성 있게 헌신적으로 부응하여 행동하게 되면 협상과정상의 갈등해결이 용이하다는 것이다.

이는 일종의 습관 같은 것으로 반복하다가 보면 존재하지 않는 것도 존재하는 것처럼 착각해서 생기게 된다.

사회적 입증 전략

사회적 입증이란 어떤 과학적인 논리보다도 동료나 사람들의 행동에 의해서 상대방설득을 진행하는 것이 협상과정상의 갈등해결이 더 쉽다는 것이다.

광고에서 말하는 소위 '입 소문'을 통해서 설득하는 것이 광고를 내보내서 설득하는 것보다 더 효과가 있다는 것이다.

연결 전략

연결이란 협상과정상의 갈등상태가 발생했을 때 그 갈등 문제와 갈등관리자를 연결하는 것이 아니라 그 갈등을 야기한 사람과 관리자를 연결하면 갈등해결이 용이해진다는 것이다. 연결이란 제품(예컨대 정부정책)과 자신을 연결하는 것이 아니라 그 제품을 판매(예컨대 집행)하는 사람과 자신을 연결한다는 것이다. 따라서 어떤 정책을 집행할 때 그 정책에 이해관계를 가진 집단들에게 우호적인 사람으로 하여금 집행하게 되면 그 정책으로 인해 발생하는 갈등을 용이하게 해결할 수 있다는 것이다.

권위 전략

권위란 직위나 전문성, 외모 등을 이용하면 협상과정상의 갈등해결에 도움이 될 수 있다는 것이다.

설득기술에 있어서 권위란 직위, 전문성, 외모 등에 의한 기술이다. 사람들은 자신보다 더 높은 직위, 더 많은 지식을 가지고 있다고 느끼는 사람으로부터 설득 당하기가 쉽다. 계장의 말씀보다 국장의 말씀에 더 권위가 있고 설득력이 높다. 비전문가보다 전문가의 말에 더 동조하게 된다. 전문성이 있는 사람이 그렇지 않은 사람보다 더 권위가 설득력이 있다.

희소성 해결 전략

희소성이란 인적, 물적 자원 등의 희소성을 해결하는 것이 협상과정상의 갈등해결에 용이하다는 것이다.

그러나 이 희소성의 문제는 그 희소한 것을 강력히 소유하고자 하는 사람 또는 집단들의 소유욕이 있을 때에 한해서 통용된다. 즉 아무리 자원이 희소하더라도 그것을 소유하고자 하는 사람이 없으면 그 희소성으로 인해서 갈등이 야기되지 않는다는 것이다.

반항심 극복 전략

반항심이란 협상과정상의 갈등관리를 위해서 자신의 행동을 통제하려는 상대방에게 반항한다는 것에 관련된 것이다.

로미오와 줄리엣 효과는 희소성과 반항심리를 잘 묘사하고 있다. 부모들의 '하지 마라'라는 반대가 연인들로 하여금 반항심리를 불러 일으켜 더 깊은 사랑을 하게 만든다. 부모들의 반대가 심화되면 될 수록 로미오와 줄리엣에게 희소성이 더욱 강화되고 반항심을 더욱 자극하여 더 깊은 사랑에 빠지게 만들고 결국엔 자살로 이어진다는 것이다.

6.5 고객서비스능력 (하위모듈 F-2-마)

> ### 학습목표
>
> 직장생활에서 고객서비스에 대한 이해를 바탕으로 실제 현장에서 다양한 고객에 대처할 수 있으며, 고객만족을 이끌어낼 수 있는 능력을 기른다.
>
> ⋯▸ 고객서비스의 의미를 설명할 수 있다.
> ⋯▸ 고객의 불만 표현 유형을 알고 대응방안을 마련할 수 있다.
> ⋯▸ 직장생활에서 불만처리 프로세스에 따라 고객의 불만을 처리할 수 있다.
> ⋯▸ 직장생활에서 고객만족 조사를 활용할 수 있다.

✎ 고객서비스

오늘날 많은 기업들이 고객서비스를 주요 경쟁우위 수단으로 간주하고 고객만족헌장이나 고객서비스헌장을 제정, 그 실천을 위해 노력하고 있다.

서비스는 인간관계의 기본이요, 기업경영의 핵심요소이다. 요즘 고객들은 기업에 대한 만족의 조건으로 서비스를 매우 중요하게 생각한다. 그러므로 고객서비스는 기업의 생존을 위해 필수적이라고 할 수 있다. 고객서비스란 다양한 고객의 요구를 파악하고, 대응법을 마련하여 고객에게 양질의 서비스를 제공하는 것을 의미한다.

고객중심 기업의 일반적 특성

- 내부고객, 외부고객 모두를 중요시 한다.
- 고객 만족에 중점을 둔다.
- 고객이 정보, 제품, 서비스 등에 쉽게 접근할 수 있도록 한다.
- 보다 나은 서비스를 제공할 수 있도록 하는 기업정책을 수립한다.
- 기업의 전반적 관리시스템이 고객서비스 업무를 지원한다.
- 기업이 실행한 서비스에 대해 계속적인 재평가를 실시함으로써 고객에게 양질의 서비스를 제공하도록 서비스 자체를 끊임없이 변화시키고 업그레이드한다.

고객서비스를 통해서 기업의 성장을 이루는 과정은 우선 고품위의 고객서비스를 제공하면 고객은 감동을 받고, 이로 인해 회사에 대한 충성도, 즉 애착이 생기게 된다. 이로 인해 기업에 대한 선호도가 고객들 사이에 높아져 성장과 이익을 달성할 수 있는 것이다.

✎ 고객만족경영

기업의 경영과 마케팅활동에 있어서 고객만족(CS: Customer Satifaction)이라는 용어는 이제 너무나 일상적이며 지극히 당연한 개념으로 등장하였다. '고객만족이란 고객의 요구(Needs)를 기대이상으로 충족시키는 것'이라는 정도는 시장에서의 공급자인 기업뿐만 아니라 수요자인 소비자도 너무나 잘 알고 있는 평범한 상식의 개념이 되었다.

즉, 고객만족(CS)관리란 공급자가 고객에게 제품이나 서비스를 제공하고 고객의 기대를 충족시켜 그 제품이나 서비스에 대한 선호도가 지속되도록 하는 관리(Management)를 말한다.

"고객만족이란 고객에게 단순한 가치나 효용을 제공하는 것을 넘어 만족을 주는 것을 의미한다."

만족과 불만족의 기준은 "고객의 기대"
• 고객의 기대(대) > 실제 재화 / 서비스 ⋯ 고객불만
• 고객의 기대(중) = 실제 재화 / 서비스 ⋯ 고객만족
• 고객의 기대(소) < 실제 재화 / 서비스 ⋯ 고객감동

>>> 고객만족의 요소

본원적 요소 ＋ 부가적 요소 ＋ ? ＝ 고객만족

고객만족의 본원적인 요소는 고객이 돈을 내는 이유를 가지는 요소인 회계시스템, 정보/자료의 제공 등이며, 부가적인 요소는 본원적인 것을 요구하고, 부가적으로 기대하는 요소인 사용자 매뉴얼, 사용자 검색 등이 있다.

부가적 요소가 중요해지면서 서비스 활동에 대한 관심도 커지고 있다. 기업이 생산하는 제품에는 하드웨어, 소프트웨어, 중간재, 서비스 등이 있다. 서비스는 그 자체가 하나의 제품인 경우도 있는가 하면 다른 제품의 가치를 실현하는데 도움을 주는 측면을 지니고 있다.

>>> 고객불만 처리

불만고객

보통 기업을 상대로 불만을 표현하고 해결을 요구하는 고객이 불만고객이라 정의한다. 시대가 변화함에 따라 고객의 욕구가 높아지고, 서비스 경쟁이 또한 치열해져 고객은 조금만 마음이 상해도 회사를 이용하지 않는다. 고객 불만의 시작은 아주 사소한 일로 시작된다.

불평고객이 중요한 이유

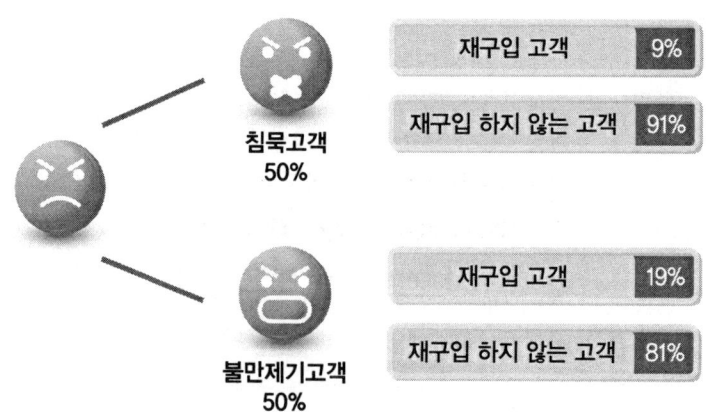

침묵고객 50%

| 재구입 고객 | 9% |
| 재구입 하지 않는 고객 | 91% |

불만제기고객 50%

| 재구입 고객 | 19% |
| 재구입 하지 않는 고객 | 81% |

＊고객 유지율을 증가 시켜 매출 증대의 효과를 가져다준다.

불평고객이 중요한 이유

- 불만족한 고객 대부분은 불평하지 않는다. 불평하는 고객은 사업자를 도와주려는 생각에서 불평을 하는 경우가 많다. 따라서 고객의 불평을 감사하게 생각해야 한다.
- 고객의 불평은 종종 거친 말로 표현된다. 그러나 그것은 꼭 불만의 내용이 공격적이기 때문에 그런 것은 아니다.
- 대부분의 불평고객은 단지 기업이 자신의 불평을 경청하고, 잘못된 내용을 설명하고 제대로 고치겠다고 약속하면서 사과하기를 원한다.
- 미리 들을 준비를 하고 침착하게 긍정적으로 고객을 대하며, 대부분의 불평은 빠르게 큰 고통 없이 해결된다.

고객의 불만유형 및 대응방법

고객을 다루기 위해서는 고객의 유형을 알아야 한다. 회사의 제품이나 서비스에 만족하는 고객이 있는가 하면, 만족하지 못하는 고객이 있다. 고객서비스 능력을 향상시키기 위해서는 불만족한 고객을 다룰 줄 아는 것이 매우 중요하다.

불만족한 고객은 불만을 표현하는 방식이 매우 다양하다.

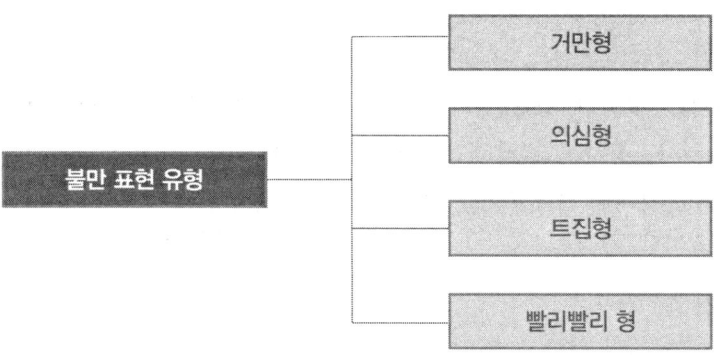

거만형은 자신의 과시욕을 드러내고 싶어 하는 사람으로, 보통 제품을 폄하하는 사람들이 많이 있다. 의심형은 직원의 설명이나 제품의 품질에 대해 의심을 많이 하는 사람이고, 트집형은 사소한 것으로 트집을 잡는 까다로운 고객을 말한다. 빨리빨리형은 성격이 급하고, 확신 있는 말이 아니면 잘 믿지 않는 고객을 말한다.

✎ 불만고객응대의 기본 원칙

피뢰침의 원칙

고객은 나에게 개인적인 감정이 있어서 화를 내는 것이 아니다. 일처리에 대한 불만으로 복잡한 규정과 제도에 대해 항의하는 것이다. 이것을 명확히 알고 관점을 가져야 한다.

고객이 화를 내고 거친 언어를 사용한다고 해서 그것을 나에게 화내는 것이라고 생각해 버린다면 누구든지 감정적인 동요를 일으킬 수밖에 없다.

불만고객의 상담자도 피뢰침과 같이 직접 불만 섞인 다양한 고객들을 맞이하여 몸으로 흡수하고 회사나 제도에 반영한 후 다시 땅속으로 흘려보내야 한다. 이런 피뢰침과 같은 역할을 성실히 수행함으로써 회사와 조직은 상처를 입지 않고 내용을 충만히 할 수 있을 것이다.

책임 공감의 원칙

고객의 비난과 불만이 나를 향한 것이 아니라고 하여 고객의 불만족에 대해서 책임이 전혀 없다는 말은 아니다. 우리는 조직구성원의 일원으로서 내가 한 행동의 결과이든 다른 사람의 일처리 결과이든 고객의 불만족에 대한 책임을 같이 져야만 한다.

감정통제의 원칙

직업이라는 의미는 생계의 수단이자 자기 자신을 실현할 수 있는 방법이라는 의미이다. 사람을 만나고 의사소통하고 결정하고 집행하는 것이 직업이라면 사람과의 만남에서 오는 부담감을 극복하고 자신의 감정까지도 통제할 수도 있어야 한다.

언어절제의 원칙

우리가 상대방에게 말을 많이 하고 표현할 때 스트레스가 풀리는지 아니면 상대방의 이야기를 계속 듣고만 있을 때 스트레스가 풀리는지를 생각해보자. 당연히 상대방에게 자신을 표현할 때 스트레스가 풀리게 된다. 이것 또한 배설의 원리 중 하나로, 자신의 묵은 감정의 응어리 들을 터뜨려 배설하는 것이야 말로 자신의 건강한 감정을 되살리는 길이 된다.

역지사지의 원칙

우리가 역지사지의 원칙을 예측해야 하는 이유는 단 두 가지이다.

첫 번째, 고객 상담의 과정에서 누차 밝혔듯이 누구도 그 사람의 입장이 되어보지 않고서는 그의 마음을 알 수 없다는 것이다. 고객을 이해하기 위해서는 반드시 그의 입장에서 문제를 바라보아야 한다.

두 번째, 우리는 우리에게 관심을 갖는 사람에게 관심을 갖듯이 고객 또한 자신에게 관심을 가져주는 사람에게 관심을 가져주기 때문이다.

결국 불만고객응대의 5가지 원칙의 핵심은 '나는 사람을 만나고 있다.'는 사실을 시종 일관 잊어버리지 말자는데 있다.

〉〉〉 고객불만처리 프로세스

고객 불만 처리 프로세스는 8단계로 나누어질 수 있는데, 이는 아래의 그림과 같다.

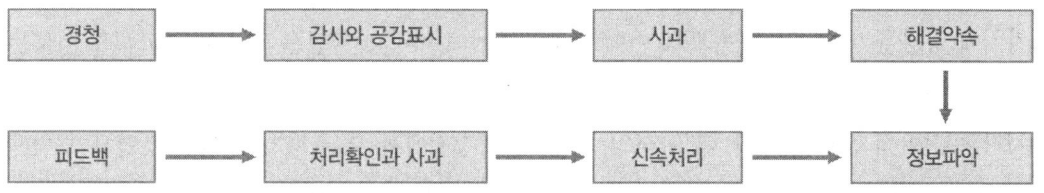

✎ 고객만족도(고객만족지수 : CSI)

고객만족도란 고객의 만족도를 측정하여 시간경과에 따라 비교할 수 있도록 한 것으로 고객의 다양한 욕구에 대하여 고객이 기대한 만큼 기업이 어느 정도 충족시키고 있는가를 객관적인 평가를 통해 지표화한 것이다.

따라서 산출된 고객만족지수는 일정한 시간적 간격을 두고 정기적으로 조사하여 시계열적으로 관리되고 있으므로 만족지수 산출의 접근은 매우 중요하다.

고객만족도 조사의 목적 및 필요성

- 일반적으로 CSI를 측정하는 목적은
  - 고객만족도의 수준을 파악하고
  - 시계열 변동의 원인을 관리함으로써
  - 수익성과 밀접한 관계가 있는 고객 유지율을 유지, 제고시키는데 있다.
  - 또한 제품 및 서비스 품질을 개선하기 위한 기업내부의 프로세스 개선을 도모하려는데 있다.

>>> **고객만족도 측정 3가지 원칙**

– 첫째, 계속성의 원칙 : 고객의 만족도를 과거 현재 미래와 비교할 수 있어야 한다.

– 둘째, 정량성의 원칙 : 항목별로 정량적 비교가 가능하도록 조사하는 것이 중요하다.

– 셋째, 정확성의 원칙 : 정확한 조사와 정확한 해석을 실시한다.

>>> **고객만족 측정 모형**

ACSI(American Customer Satisfacton Index)

미시간 대학의 클라스 포넬(Claes Fornell)이 개발한 지표이다.

고객만족의 선행변수로 지각된 전반적인 품질과 고객의 기대가 지각된 가치에 영향을 미쳐 고객만족으로 이어지기 때문에 소비자의 불만은 감소하고 고객충성도는 증가한다는 것이다.

이 모형의 핵심은 고객만족의 선행변수로 지각된 전반적인 품질과 고객의 기대가 지각된 가치에 영향을 미쳐 고객만족으로 이어지기 때문에 소비자의 불만은 감소하고 고객충 성도는 증가한다는 것이다.

지각된 전반적 품질은 시장 내 고객의 최근 소비 경험에서 오는 평가로 이를 측정하기 위해 고객화, 신뢰도, 전반적인 품질 평가의 세 가지 구성요소를 측정한다.

NCSI(National Customer Satisfaction Index)

국가고객만족도(NCSI)는 한국생산성본부와 미시간대학(University of Michigan이 공동으로 ACSI를 기반으로 개발하였다.

국가고객만족도는 최종 소비자에게 판매되는 제품 및 서비스에 대해 해당 제품을 직접 사용한 경험이 있는 고객이 직접 평가한 만족수준의 정도를 모델링에 근거해 측정 계량화한 지표이다.

고객만족도지수의 원조(元祖)는 미국이다. 우리나라 기업의 제품과 서비스를 평가 대상으로 하는 국가고객만족도지수(NCSI)는 미국 기업이 평가 대상인 미국고객만족도지수(American Customer Satisfaction Index · ACSI)를 참고해 만든 것이다.

KCSI(Korean Customer Satisfaction Index)

우리나라 산업의 상품과 서비스에 대한 고객들의 만족 정도를 수치로 나타낸 지수를 말한다. 한국능률협회컨설팅이 1992년부터 매년 발표하며, 해외의 고객만족도를 참조해 자체적으로 만든 이 지수는 경제의 양적 성장을 나타내는 국민총생산(GNP)이나 국내총생산(GDP) 등의 생산성 지표와는 달리 국가 산업의 질적 성장을 평가하는 지표로 사용된다.

이 지수는 우리나라 전체 산업의 만족수준을 나타내는 한국산업의 고객만족지수, 이를 구성하는 각 산업부문 고객만족지수, 개별산업 고객만족지수, 개별기업 고객만족지수 등 총 4개의 계층구조로 되어 있다.

KSQI – 한국능률협회컨설팅(KMAC)

기업의 서비스를 고객에게 제공하는 콜센터 등에 대한 품질 수준을 매년 평가해 지수화한 것을 뜻한다. 조사는 보통 콜센터의 업무에 대한 사전 준비, 서비스, 사후 관리 등 세단계로 하며, 평가 항목은 통화 연결, 고객 맞이, 상담 태도, 업무 능력, 종료 태도 등 다섯 가지로 나뉜다. 각 항목을 백분율로 환산해 100점 만점 기준으로 산출한다.

KS-SQI – 한국표준협회(KSA)

한국표준협회(KSA)와 서울대학교 경영연구소가 대한민국 서비스산업과 소비자의 특성을 반영해 공동 개발한 것이다. 이는 기업의 제품을 구매해 본 소비자들이 서비스 품질에 대해 만족한 정도를 조사한 종합지표라고 할 수 있다. KS-SQI는 서비스 산업만을 대상으로 2000년 이후 매년 정기적으로 조사, 발표하고 있다.

NPS(Net Promoter Score : 순 추천 고객지수)

베인앤컨설팅과 프레드 라이켈트(Frederick F. Reichheld)는 쉽고 간단하면서도 기업의 미래 성장을 가늠해볼 수 있는 순 추천고객지수(NPS; Net Promoter Score)를 고안해냈다. NPS란 어떤 기업이 충성도(로열티) 높은 고객을 얼마나 보유하고 있는지를 측정하는 지표이다. 순 추천고객지수는 소비자에게 "우리 기업 또는 브랜드를 친구나 동료에게 추천하겠습니까?"라는 질문에서 출발한다.

추천고객일수록 비추천고객에 비해 더 많이, 더 자주 구매를 하며, 자신이 만족을 주변에 적극적으로 퍼트리는 충성고객이 되어, 기업의 이익실현에 기여하게 된다는 것이다.

기본문제

Chapter **06** 대인관계능력

01 다음 대인관계능력의 정의 중 빈칸에 알맞은 답의 묶음으로 된 것은?

> 대인관계능력이란 직장생활에서 협조적인관계를 유지하고, 조직구성원들에게 도움을 줄 수있으며, 조직내·외부의 (가)를 원만히 해결하고 고객의 (나)를 충족시켜 줄 수 있는 능력이다.

① 갈등 – 목표   ② 갈등 – 요구
③ 과제 – 요구   ④ 과제 – 목표

02 다음 중 효과적인 팀의 특성에 대한 설명으로 적절하지 않은 것은?

① 명확하게 기술된 팀의 사명과 목표를 가져야 한다.
② 모든 팀원의 역할과 책임을 명확히 규정한다.
③ 모든 팀원은 팀리더의 역량과 의견을 존중하고 따라야 한다.
④ 팀원들간에 개방적인 의사소통을 하고 객관적인 의사결정을 내린다.

03 다음 중 팀워크를 촉진하기 위한 노력으로 적절하지 않은 것은?

① 동료에 대한 피드백 강화   ② 팀장주도의 의사결정
③ 팀원간의 갈등 해결   ④ 협력을 통한 창의력 조성

04 다음 중 리더십의 설명으로 적절하지 않은 것은?

① 상사의 권한으로 하급자를 지휘 감독하는 활동
② 자신의 주장을 소신있게 나타내고 다른 사람들을 격려하는 힘
③ 목표 달성을 위해 어떤 사람이 다른 사람에게 영향을 주는 행위
④ 조직의 목표 달성을 위해 개인이 조직원들에게 영향력을 행사하는 과정

05 조직원의 동기부여와 관련한 설명으로 적절하지 않은 것은?

① 조직원들의 잠재력을 지속적으로 발휘하도록 하기 위해서는 금전적 보상이나 승진, 스톡옵션 같은 외적인 동기부여가 가장 효과적이다.
② 창의적 문제해결법은 조직원이 자신의 실수나 잘못에 대해 스스로 책임지도록 동기부여 하는 것을 의미한다.
③ 공포분위기조성과 같은 부정적인 동기부여는 단기적인 효과는 거둘 수 있지만 장기적으로는 한계상황을 초래할 수 있다.
④ 긍정적 강화는 목표 달성을 높이 하여 조직원에게 곧바로 보상하는 것을 의미하며 효과적인 동기부여방법이 된다.

06 갈등관리와 관련한 설명으로 적절하지 않은 것은?

① 조직내 갈등은 새로운 해결책을 만들어 주는 기회가 될 수 있다.
② 조직의 갈등은 낮을수록 높은 직무성과를 나타낸다.
③ 갈등수준이 너무 높으면 조직 내부에 혼란과 분열이 발생한다.
④ 팀원들이 승패의 경기를 시작하게 되면 갈등증폭의 원인이 된다.

07 다음 중 갈등해결유형에 대한 설명으로 적절한 것은?

① 회피형은 자신에 대한 관심은 높고 상대방에 대한 관심은 낮은 경우를 말한다.
② 경쟁형은 자신에 대한 관심과 상대방에 대한 관심이 중간 정도인 경우를 말한다.
③ 수용형은 자신과 상대방에 대한 관심이 모두 낮은 경우를 말한다.
④ 통합형은 자신은 물론 상대방에 대한 관심이 모두 높은 경우를 말한다.

08 다음 중 협상전략에 대한 설명으로 적절하지 않은 것은?

① 협력전략은 협상당사자들이 자신들의 목적이나 우선순위에 대한 정보를 서로 교환하여 이를 통합적으로 문제를 해결하고자 할 때 사용한다.
② 유화전략은 자신의 주장을 견지하면서 자신과 상대방의 주장을 절충하여 서로 양보하고자 할 때 사용한다.
③ 회피전략은 상대방에게 돌아갈 결과나 자신에게 돌아올 결과에 대하여 전혀 관심을 가지지 않을 때 사용한다.
④ 강압전략은 자신의 주장을 상대방에게 확실하게 제시하고 일방적인 양보를 얻어내는 전략이다.

09 협상의 설득전략 중 어떤 과학적인 논리보다 동료나 사람들의 행동에 의해서 상대방 설득을 진행하는 전략은?

① See-Feel-Change 전략   ② 상대방 이해전략
③ 연결전략   ④ 사회적 입증전략

10 다음 중 고객불만처리 프로세스가 바르게 제시 된 것은?

① 경청 – 공감표시 – 사과 – 해결약속 – 신속처리 – 처리확인 – 피드백
② 공감표시 – 사과 – 경청 – 해결약속 – 신속처리 – 피드백 – 처리확인
③ 경청 – 공감표시 – 사과 – 해결약속 – 신속처리 – 피드백 – 처리확인
④ 공감표시 – 사과 – 경청 – 헤결약속 – 신속처리 – 처리확인 – 피드백

11 인간관계에 있어서 가장 중요한 것은 무엇인가?

① 어떻게 행동하느냐 하는 것   ② 피상적인 인간관계 기법
③ 외적 성격 위주의 사고   ④ 자신의 사람됨, 깊은 내면

12 다음중 팀웍에 대한 설명으로 적절하지 않은 것은?

① 팀웍이란 팀 구성원이 공동의 목적을 달성하기 위해 상호 관계성을 가지고 협력하여 일을 해 나가는 것을 의미한다.
② 팀웍이란 사람들로 하여금 집단에 머물도록 느기께끔 만들고, 그 집단의 멤버로서 계속 남아 있기를 원하게 만드는 힘을 의미한다.
③ 팀웍의 유형은 보통 세 가지 기제 즉, 협력, 통제, 자율을 통해 구분된다.
④ 효과적인 팀웍을 형성하기 위해서는 명확한 팀 비전과 목표설정을 공유하여야 한다.

13 다음 중 리더십에 대한 설명으로 적절하지 않은 것은?

① 조직성원들로 하여금 조직목표를 위해 자발적으로 노력하도록 영향을 주는 행위
② 자신의 주장을 소신 있게 나타내고 다른 사람들을 격려하는 힘
③ 모든 조직구성원들에게 요구되는 역량
④ 상사가 하급자에게 발휘하는 형태만을 의미함

14 다음 중 리더에 대한 설명으로 적절하지 않은 것은?

① 새로운 상황 창조자
② 혁신지향적
③ 계산된 리스크를 취함
④ '무엇을 할까'보다는 '어떻게 할까'에 초점을 맞춤

15 '동기 부여'와 관련된 설명으로 적절하지 않은 것은?

① 목표달성을 높이 평가하여 조직원에게 곧바로 보상하는 행위를 긍정적 강화라고 한다.
② 단기적인 관점에서 보면 공포 분위기로 인해 직원들이 일을 적극적으로 할 수 도 있지만, 장기적으로는 공포감 조성이 오히려 해가 될 수 있다.
③ 조직원들을 동기부여하기 위해서는 조직원 스스로 조직의 일원임을 느끼도록 일깨워주는 것이 가장 좋다.
④ 조직원들을 지속적으로 동기부여하기 위해 가장 좋은 방법은 금전적인 보상이나 편익, 승진 등의 외적인 동기유발이다.

16 '코칭'과 관련된 설명으로 적절하지 않은 것은?

① 코칭은 직원들이 업무를 수월하게 진행하고 그 성과에 대해 제대로 보상받을 수 있도록 돕는 커뮤니케이션 수단이다.
② 코칭은 모든 사람을 팀에 관여하도록 하고, 프로젝트 또는 업무를 훌륭하게 수행하도록 하는데 기여한다.
③ 코칭활동은 다른 사람들을 지도하는 측면보다 이끌어주고 영향을 미치는데 중점을 둔다.
④ 코칭은 명령을 내리거나 지시를 내리는 것보다 적은 시간이 걸린다.

17 '임파워먼트(권한위임)'와 관련된 설명으로 적절하지 않은 것은?

① 권한위임과 업무위임은 다른 의미를 지닌다.
② 임파워먼트 환경에서는 사람들이 현상을 유지하고 순응하게 만드는 경향이 있다.
③ 성공적인 임파워먼트를 위해서는 권한 위임의 한계를 명확하게 하여야 한다.
④ 임파워먼트에 장애가 되는 요인은 개인, 대인, 관리, 조직의 4가지 차원에서 생각해볼 수 있다.

18 '변화관리'와 관련된 설명으로 적절하지 않은 것은?

① 조직내부에서 변화는 위에서 아래로 이루어지며, 지위고하를 막론하고 모두에게 영향을 미친다.
② 조직에서 일어나는 변화는 모두 바람직한 것이다.
③ 변화에 저항하는 직원들을 성공적으로 이끌기 위해 개방적인 분위기를 조성하는 것이 한 가지 방법이 될 수 있다.
④ 일반적인 변화관리 3단계는 변화를 이해하기, 변화를 인식하기, 변화를 수용하기이다.

19 갈등의 두 가지 쟁점 중, 핵심문제에 대한 설명으로 적절하지 않은 것은?

① 역할 모호성
② 책임에 대한 불일치
③ 통제나 권력확보를 위한 싸움
④ 목표에 대한 불일치

20 다음 중 고객중심 기업의 특징이 아닌 것은?

① 고객 만족에 중점을 둔다.
② 고객이 정보, 제품, 서비스 등에 쉽게 접근할 수 있도록 한다.
③ 기업이 실행한 서비스에 대한 평가는 한번만 실시한다.
④ 보다 나은 서비스를 제공할 수 있도록 기업정책을 수립한다.

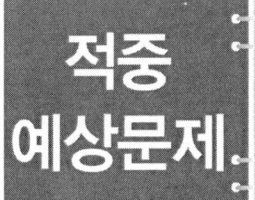

Chapter **06** 대인관계능력

[1 ~ 2] 두 사람이 나누는 대화를 잘 읽고, 내용에 해당되는 리더십 유형을 고르시오.

01

A : K부장님은 어떤 분이셔?
B : K부장님은 부하직원들의 생각을 듣기보다는 자신의 생각에 도전이나 반항 없이 순응하도록 요구하시지. 이에 따라 부하 직원들은 자신에게 주어진 업무만을 묵묵히 수행하며, 조직에 대한 정보를 잘 알지 못해.

① 독재자유형
② 민주주의에 근접한 유형
③ 파트너십 유형
④ 변혁적 유형

02

A : 이번에 기획팀으로 이동한다며?
B : 맞아. 입사할 때부터 원하던 부서라서 가슴이 설레.
A : 축하해.
B : 자네 기획팀에서 근무한 적 있지? 기획팀장님에 대해서 알려줘.
A : 기획팀장님은 아침마다 정규 직원 회의를 개최하시지. 직원 회의에서 팀장님은 그 날의 협의 내용에 대한 개요 자료를 부하 직원들에게 나누어주지. 그러면, 직원들은 자신의 의견을 제시하거나 완전히 새로운 안을 제시할 수도 있어.
이 경우, 팀장님은 부하 직원들의 생각에 동의하거나 거부권을 행사하시지.

① 독재자유형
② 민주주의에 근접한 유형
③ 파트너십 유형
④ 변혁적 유형

03 다음은 두 사람이 직장 동료 최대리에 대해 대화를 나눈 내용이다. 이 대화에 따르면 양대리는 어떤 유형의 멤버십을 가지고 있는가?

> A : 양대리 말이야. 매사에 왜 그리 냉소적이고 부정적이야?
> B : 맞아. 고집이 센 것도 문제야.

① 소외형   ② 순응형
③ 실무형   ④ 수동형

04 다음은 두 팀장이 주고 받은 대화이다. 대화 내용은 Bruce Tuckman이 제시한 팀의 발전 과정들 중 어디에 해당되는가?

> A : 요즘 팀 분위기 어때?
> B : 팀원들 관계에 응집력이 커지고 있어. 팀원 전체의 기여에 대해 더 잘 이해하고 인정하는 분위기이지. 공동체 형성과 팀의 문제해결에 더욱 집중하기 시작했어. 다른 팀원들과 의견이 엇갈릴 때는 개인적인 사심 또는 고집을 버리고 적극적으로 논의하며, 리더십이 공유되면서 파벌도 사라졌지.
> A : 듣던 중 반가운 소리네. 팀원들이 서로를 알게 되고 파악하기 시작하면 신뢰수준이 향상되고, 이는 단결력을 심화시켜 줄 거야. 팀원들은 상호간의 마찰을 해결함에서 얻는 만족감과 공동체의식을 경험하기 시작하기도 하지. 이 단계에서도 가장 중요한 기능은 팀원간의 의사소통이야. 솔직하게 감정과 생각을 나누고, 서로간에 피드백을 주고 요청하며, 과제와 관련된 대처사항들을 체계적으로 조사하기 시작하면서 창의력과 생산성이 왕성해질 거야.

① 형성기   ② 격동기
③ 규범기   ④ 성취기

05 최근에 코칭 기법을 리더들에게 교육하는 기업들이 크게 늘고 있다. 코칭은 경청, 질문, 피드백으로 이루어지는데, 특히, 팔로워로부터 문제에 대한 해답을 이끌어내는 '효과적인 질문'은 매우 중요하다. 다음 중 코칭에서의 효과적인 질문으로 적절하지 않은 것은?

① 이번에 성과가 저조했던 원인에 대한 말씀 잘 들었습니다. 다음 분기에 성과를 올리기 위해서는 어떻게 하면 좋을까요?
② 지난 분기 업무 실적이 좋지 않았던 거 잘 아시죠? 앞으로 최선을 다 하실 거죠?
③ 동료와의 갈등으로 그 동안 많이 힘드셨겠네요. 앞으로 이와 같은 문제가 다시 발생하지 않도록 하려면 스스로 어떤 노력을 기울여야 할까요?
④ 최근 들어 지각이 잦네요. 이러한 상황이 자신이나 팀에 어떤 영향을 줄 것이라고 생각 하시나요?

06 감정은행계좌란 인간관계에서 구축하는 신뢰의 정도를 은유적으로 표현한 것이다. 만약 우리가 다른사람의 입장을 먼저 이해하고 배려하며, 친절하고 정직하게 약속을 지킨다면 우리는 감정을 적립하는 셈이 된다. 반대의 경우에는 계좌에서 인출을 하는 것이 된다. 다음 중 감정은행계좌를 인출한 사례는?

① 동아리에서 12명의 단원이 설악산에 캠핑을 갔다. 저녁 무렵에 목적지에 도착하자 할 일이 많아졌다. 짐을 옮기고 텐트를 쳐야 하고, 식사와 여흥준비도 해야 했다. 이런 일에 늘 앞장 서는 사람은 철수였다. 철수는 부지런히 짐을 나르고 땀을 흘리며 텐트를 치고 식사를 준비 하였다.

② P치과의원장은 의술이 뛰어날 뿐만 아니라 마음씨가 따뜻하고 사려심이 깊은 사람이다. 그가 입사한지 얼마 안 되는 L간호사와 주고받는 대화이다. "L간호사, 우리 병원에 온 지 얼마나 됐지?" "3개월 되었습니다." "그렇게밖에 되지 않았는데 정말 놀랍게 잘하네. 아주 마음먹고 잘해보겠다고 결심을 한모양이지? 난 L간호사가 우리병원에 와 준 것이 너무 자랑스러워."

③ 퇴근을 하려는데, 문자가 도착하였다. 직장 동료 K가 보낸 것이었다. 문자에는 "지난 번 업무 협조를 제대로 해드리지 못한 것에 대해 진심으로 사과 드려요. 제 일이 바쁘다는 핑계로 소홀히 하였는데, 마음이 계속 편치 않네요. 다음부터는 적극적으로 업무 협조하겠 습니다. 좋은 하루 되세요."

④ 직장동료H는 업무상의 문제로 나와 자주 갈등을 빚곤 한다. 처음에는 H가 "제 잘못 이었습니다."라는 식으로 사과를 하여 좋은 관계를 유지해 왔다. 하지만 같은 일이 반복 되면서 그가 사과를 하더라도 이제는 별로 신뢰가 가지 않는다.

07 귀하는 공기업의 팀장이다. 최근 팀원들이 아래와 같은 모습을 보이고 있다.

> 미라의 업무속도가 점점 나빠지고 있다. 그녀는 업무에 눈곱만큼도 관심이 없는 것 같고, 업무 자체를 지겨워하는 것처럼 보인다.
>
> 상택은 부서에서 최고의 성과를 올리는 영업사원으로 명성이 자자하지만, 서류작업을 정시에 마친 적이 한번도 없다. 그가 서류작업을 지체하기 때문에 팀전체의 생산성에 차질이 빚어지고 있다.
>
> 기용은 2년간 당신의 부하직원으로 일했는데, 업무능력이 대단히 뛰어났다. 최근 들어 당신은 그에게 회사뉴스레터를 새로 디자인하라고 지시했는데, 결과물은 의외로 좋지 않았다. 깔끔하지 못했고 아마추어 분위기가 심하게 났다.

이 상황에서 다음 중 귀하가 취해야 하는 대책으로 적절하지 않은 것은?

① 코칭을 한다.
② 새로운 도전의 기회를 부여한다.
③ 지속적으로 교육한다.
④ 면담을 통해 경고를 한다.

08 영업팀장인 귀하는 이번 주말 워크숍에서 팀원들과 아래와 같은 게임을 진행하려고 한다.

[게임명 : 팝콘 먹여주기]

1. 활동: 참가자들이 짝을 지어 둘 다 눈가리개를 한 채로 서로에게 스푼을 이용하여 팝콘을 먹여 주는 활동

2. 목적: 참가자들은 서로 협동하는 방법을 배우고, 재미있는 방법으로 의사소통 기술을 강화시킨다.

3. 사용시기 및 조건
   가. 팀원들이 여유를 가지고 집중 할 필요가 있을 때
   나. 팀원들이 문제를 해결하는데 있어 창의적이지 못할 때
   다. 느슨해진 팀분위기를 위해 재미와 웃음을 가질 필요가 있을 때

4. 게임방법
   가. 서로 짝을 짓는다.
   나. 눈가리개와 스푼, 팝콘을 나누어 갖는다. (스푼 대신 포크사용 가능)
   다. 두사람 모두 눈을 가린채로 한 사람이 파트너에게 한번에 10개의 팝콘을 스푼에 얹어 먹여준다.
   라. 성공하면, 역할을 바꾸어서 되풀이 한다.

5. 활동후 평가
   가. 눈가리개를 착용했을 때 어떤 기분이 들었는가?(긴장됐다, 혼란스러웠다 등)
   나. 서로 먹여주려고 했을 때 무슨일이 발생했는가?
      (팝콘이 스푼에서 떨어졌어요, 스푼이 내 코를 찔렀어요 등)

6. 활동을 위한 팁
   가. 팝콘 알레르기가 있는 사람은 다른 먹을거리를 요구한다.
   나. 눈가리개를 정확히 착용한다.

7. 준비물
   가. 참가자 1인당 눈가리개 1개
   나. 참가자 1인당 스푼 1개
   다. 팀당 비닐봉지 1개
   라. 팝콘

이 게임을 통해 귀하가 강화하려고 하는 것은 다음 중 어느 것인가?

① 리더십   ② 팀워크
③ 창의적 사고력   ④ 논리적 사고력

[9 ~ 10] 아래는 갈등이 발생된 상황이다. 각 문제에 제시된 사례를 잘 읽고, 갈등 해결 방법들 중 어느 유형에 해당되는지 고르시오.

09

S병원에서 외과전문의로 일하고 있는 K박사는 골절과외상에 대한 수많은 수술을 집도하면서 권위 있는 전문의사로 정평이 나있다. 그 명성을 듣고 최근 환자들이 몰려 들어 입원실이 부족할 지경이고 수술에 필요한 몰핀, 주사바늘, 수술가위 등의 재료와 의료기구가 부족하여 자재과에 열흘 전에 주문해 놓았지만 아직 입고되지 않아 두 차례나 독촉한 상태이다. 자재과를 책임지고 있는 L과장은 난감해하고 있다. 자재창고의 공간이 부족할 뿐만 아니라 각 부서별로 자재주문이 들어온 순서대로 처리하도록 규정되어 있기 때문에 K박사의 구매주문보다 빠른 주문이 아직 다섯가지나 있다. L과장이 월요일 총무부회의를 마치고 왼쪽에서 붐비는 병원 로비로 걸어 나오는데, 오른쪽 복도 끝에서 K박사가 오고 있는 것 같았다. 병원 로비로 걸어나오던 L과장은 멈칫하며 순간 어쩌나하다가 오른쪽 복도로 가지 않고 K박사를 피해서 북쪽 다른 복도를 이용하여 돌아서 자재과로 갔다.

① 회피형 (avoiding) ② 경쟁형 (competing)
③ 수용형 (accommodating) ④ 통합형 (intergrating)

10

K박사의 다급한 부탁을 받고 L과장은 환자들에게 불편을 주지 않고 수술을 받을 수 있도록 하는 것이 병원이미지와 발전에 매우 중요하다는 인식을 공감하였다. 그래서 L과장은 M총무부장과 상의한 결과 외과의 긴급상황을 원장에게 보고하여 재가를 받아서 처리해보자는 답변을 받았다. 그래서 K박사는 수술환자대기 상태와 자재부족의 실태를 자세히 작성하여 결재를 받게 되었다. 비록 이틀이 걸렸지만 외과K박사와 자재과 L과장이 모두 만족하는 원원의 결과를 얻을 수 있었다.

① 회피형 (avoiding) ② 경쟁형 (competing)
③ 수용형 (accommodating) ④ 통합형 (intergrating)

11 이번 정기 인사에서 영업2팀의 팀장이 된 귀하는 팀원들과의 면담을 통해 현재 팀이 아래와 같은 상황에 있다는 것을 알게 되었다.

조직 내에서 서로 다른 생각, 신념, 가치관, 성격 등에 의해 일상적으로 일어나는 단계이다. 상대방에 대한 오해가 사라지면 더 좋은 관계로 발전할 수 있겠지만, 방치하면 대결이 일어나는 심각한 국면을 맞게 될 수도 있다.

영업2팀은 다음 중 어떤 국면에 위치해 있는가?

① 의견 불일치 국면 ② 대결 국면
③ 격화 국면 ④ 진정 국면

12 대기업영업부장인 귀하는 기존의 재고를 처리할 목적으로 업체T와 협상중이다. 그러나 T는 자금부족을 이유로 이를 거절하였다. 그러나 귀하는 자신의 회사에서 물품을 제공하지 않으면 업체T는 매우 곤란한 지경에 빠진다는 사실을 알고 있었기에, 앞으로 T와 거래하지 않을 것이라는 엄포를 놓았다. 이에 따라 귀하는 성공적으로 협상을 이끌어 낼 수 있었다. 다음 중 귀하가 사용한 협상 전략은?

① 협력전략   ② 유화전략
③ 회피전략   ④ 강압전략

13 귀하는 가전 매장에 근무하는 신입사원으로, 최근에 노트북을 사기 위해 매장을 찾은 고객을 맞이하게 되었다. 귀하는 최선을 다해 친절하게 설명을 해 주었지만, 이 고객은 귀하의 말을 믿지 않고, 계속 의심을 품었다. 다음 중 귀하가 이 고객에게 해줄 수 있는 가장 적절한 멘트는?

① "손님께서 지적하신 사항이 맞습니다. 저도 그렇게 생각하고 있습니다만, 죄송하게도 이번에는 그 서비스를 제공해드릴 수 없습니다. 다른 고객님들께도 제공해 드리지 못하고 있습니다."
② "VVIP 고객님이신 것을 알아 뵙지 못해 정말로 죄송합니다. 이런 대단한 손님을 모시게 된 것을 영광으로 생각합니다."
③ "제품에 대해 자세한 설명이 들어 있는 매뉴얼을 가지고 왔습니다."
④ "알겠습니다. 바로 준비해 드리겠습니다."

14 두사람의 대화를 잘 읽고, 질문하는 내용에 답을 고르시오.

> 귀하 : 철수씨, 좋은아침입니다. 당신이 작성한 지난달 보고서를 검토해 보았는데, 수집한 데이터와 최종보고서에 아무래도 문제가 있는 것 같습니다. 이 문제에 대한 의견이나 해결방안이 있습니까?
> 철수 : 연구를 바탕으로 한 설문지 내용이 포괄적입니다. 전체보고서에 설문내용을 반영하는 과정에서 적절하게 조정하지 못한 것 같습니다.
> 귀하 : 물론 그런 일이 일어날 수도 있습니다. 하지만 철수씨의 보고서는 고객들의 구매결정 뿐아니라, 철수씨 부서의 다른 직원들이 영향을 받는다는 사실을 알고 있습니까?
> 철수 : 예, 죄송합니다. 미처 그 생각은 하지 못했습니다. 보고서가 정확하지 않으면 비즈니스를 망칠뿐 아니라 고객으로부터 신뢰를 잃고 말 것입니다. 이런 일이 벌어질 것이라고는 미처 생각하지 못 했습니다.
> 귀하 : 보고서를 정확하게 작성하는 일이 얼마나 중요한 것인가를 지금이라도 이해하셔서 정말 다행입니다. 철수씨의 업무가 얼마나 중요한지, 그리고 그것이 전체 부서의 성공에 어떠한 영향을 미치는지에 대해서 자세히 살펴봅시다. 어떤 문제가 가장 어렵다고 생각하십니까?
> 철수 : 질문들이 구체적인 작업유형에 맞지 않고, 다른 기준에 의해 평가되고 있다는 느낌입니다.
> 귀하 : 지금까지의 경험에 비추어 볼때, 어떤 문제들을 바꿔야 해결에 도움이 될 것 같습니까?
> 철수 : 특별한 상황에서 사용할 수 있는 단계별 인터뷰 절차를 비롯해, 보고서형식을 바꾸는 것이 좋을 것 같습니다. 포괄적인 보고서형식에 결론을 결합한다면 훨씬 정확한 최종보고서를 작성할 수 있을 것 같습니다.

Chapter 1

Chapter 2

Chapter 3

Chapter 4

Chapter 5

Chapter 6

Chapter 7

Chapter 8

Chapter 9

Chapter 10

귀하 : 철수씨가 문제의 중요성을 충분히 이해하고 있어 정말 다행입니다. 그렇다면 이와 같은 새로운 방법을 실현하는데 도움이 될 만한 계획을 세워봅시다. 매주 진행된 상황에 관한 보고서를 제출해 주었으면 합니다. 그리고 많은 질문을 해서 우리가 하고 있는 일을 완전히 이해할 수 있었으면 하는 바람이 간절합니다.

다음 중 귀하가 활용하고 있는 리더십 기술은?

① 컨설팅   ② 트레이닝
③ 권한위임   ④ 코칭

---

15 고객서비스팀에 근무하고 있는 귀하는 최근 신입사원들을 대상으로 교육을 진행해 달라는 요청을 받았다. 교육 자료를 만들기 위해 귀하는 아래와 같은 메모를 작성하였다.

- 고객이 원하는 것을 알고 있다고 생각함   • 적절한 측정프로세스 없이 조사를 시작함
- 비전문가로부터 도움을 얻음   • 포괄적인 가치만을 질문함
- 중요도 척도를 오용함
- 모든 고객들이 동일한 수준의 서비스를 원하고 필요하다고 가정함

귀하가 교육에서 다루려고 하는 주제는 다음 중 어느 것인가?

① 아마추어와 프로의 차이
② 고객 만족을 측정하는데 있어서 많은 사람들이 범할 수 있는 오류들
③ 진실의 순간(MOT)이 잘못 적용된 사례들
④ 고객 불만족의 원인이 되는 상황들

---

16 다음 중 팀이 비효율적이고 문제가 있을 때 나타나는 징후들과 관계가 없는 것은?

① 불평불만 증가   ② 냉담과 전반적인 관심 부족
③ 팀원들간의 상호 이해   ④ 리더에 대한 높은 의존도

---

17 아래 상황은 리더 K가 부하 직원인 철수씨를 변화시킨 과정이다.

〈상황A〉
리더 K는 철수에게 지난 몇 달 동안의 판매수치를 정리해 달라고 요청했다.
또한 데이터베이스를 업데이트하고, 회계부서에서 받은 수치를 반영해서 새로운 보고서를 만들라는 지시를 내렸다. 그런데 철수는 전혀 열의를 보이지 않은 채 업무를 처리했다. 리더 K는 그가 업무에 관심을

보이지 않는 이유가 무엇인지, 판매개선에 필요한 아이디어를 왜 생각해 내지 못하는지 이상하게 생각했다.

〈상황B〉
리더 K는 철수에게 지난 몇 달간의 판매수치를 정리해 달라고 요청했다. 그는 정확하게 업무를 처리했지만, 눈에 띌 정도로 열의 없이 업무를 처리했다. 리더 K는 그와 함께 판매수치를 자세하게 살핀 다음, 판매향상에 도움이 될 만한 마케팅계획을 개발하도록 그를 격려했다. 철수는 비로소 막중한 책임감을 느끼고, 새로 맡은 프로젝트에 대해 책임감을 갖는 한편 자신의 판단에 따라 효과적인 해결책을 만들었다.

리더 K가 〈상황A〉에서 〈상황B〉로 변화를 이끄는데 결정적인 기여를 한 것은 다음 중 무엇 때문인가?

① Empowerment   ② Membership
③ 역량 개발   ④ Consulting

18   리더 M은 최근 교육을 통해 임파워먼트에 장애가 되는 요인들이 있다는 것을 알게 되었고, 이에 대해 대처를 하려고 한다. 다음 중 리더 M이 대처해야 하는 요인들과 가장 거리가 먼 것은?

① 주어진 일을 해내는 역량과 동기의 결여
② 성과를 제한하는 조직의 규범
③ 개방적인 리더십 스타일
④ 공감대 형성이 없는 구조와 시스템

19   신임 과장 교육을 받게 된 K는 사전에 교육 자료를 이메일로 받아보게 되었다. 교육 자료에는 아래와 같은 내용이 들어 있었다.

1. 우리의 생각을 명확히 할 '5가지행동의 선택'에 관한 질문을 활용하라
  가. 우리가 이 변화를 활용해야 할 이유는 무엇인가?
  나. 이 변화는 언제 일어날 것인가?
  다. 어떻게 이 변화를 다룰 것인가?
  라. 다른 사람에게 이 변화는 무엇을 의미하는가?
  마. 이 변화는 어떤 사람에게 영향을 미치는가?

2. 변화에 대처하는 속도를 높여라
  늦은 반응은 기업과 개인의 경력에 도움이 되지 않는다. 불필요한 절차와 과정을 생략하라.

3. 신속히 의사결정을 하라
  '망설이면 뒤쳐진다'라는 말이 요즘처럼 실감나는 때는 없다. 정확한 정보를 수집하고 능력을 최대한 발휘해 수집한 정보를 현실과 업무에 적용해라.

4. 업무를 혁신해라
뒤처지지 않으려면 변화에 따라 끊임없이 조직을 혁신하고 업무를 재편해야 한다.

5. 자기 자신을 책임져라
우리는 스스로 자신의 경력, 자기개발, 업무혁신, 사기를 관리해야 한다. 누구도 변화에서 자유롭지 않다. 새로운 기술을 습득하고 남보다 열심히 변화에 적응하려는 노력을 기울이며 새로운 역할과 기회에 준비를 해야한다.

6. 상황을 올바로 파악해 제어할 수 있고 타협할 수 있는 부분을 정해라
소귀에 경읽기식으로 변화를 인정하지 않느라 시간을 허비해서는 안 된다. 또 현실적으로 변화할 수 있는 것과 그렇지 못한 것들을 구별 할 수 있는 지혜를 가져야한다.

7. 가치를 추구해라
변화에 대처하면서 손실보다 기여를 많이 하도록 노력해라. 변화를 회피하면서 현재 지위를 유지하려 하지 말고 기여할 부분이 무엇인지 생각하는 것이다. 즉, 필요한 변화를 위해 기여할 부분을 찾아 행동하라.

8. 고객서비스기법을 연마해라
항후 고객의 요구가 어떠할지 미리 예상하고, 고객의 변화를 면밀히 관찰하면서 고객의 의견을 수렴해야 한다.

9. 빠른 변화속에서 자신을 재충전할 시간과 장소를 마련해라
이러한 재충전은 해변을 거닐거나 정원을 가꾸기, 친구와 차 마시기, 독서하기 등 다양한 방법으로 자신을 재충전 할 기회를 가져야 한다.

10. 스트레스를 해소하라
일할 때와 쉬어야 할때를 분명히 구분하고, 적당한 휴식을 통해 쌓인 스트레스와 피로를 해소하고 관리 할 수 있어야 한다. 아무리 체력이 좋아도 쉬지 않고 일만 하는 사람은 결국 건강문제가 생기고, 일의 능률과 효율성도 떨어지게 된다.

11. 의사소통을 통해 목표와 역할, 직원에 대한 기대를 명확히해라
우리뿐만 아니라 직원들도 변화에 적절히 대처할 필요가 있다. 회사직원들이 변화때문에 스트레스를 받고 있다면 회사자체가 위험에 처한다. 약점을 아는만큼 경쟁력이 높아진다.

12. 주변환경의 변화에 주목하라
새로운 추세나 행동양식의 변화가 무엇인지 세심하게 살펴야 한다. 무엇이 변하고 있는지 그 징후를 포착해야 한다. 새로운 추세를 파악하면 그 추세를 활용할 기회가 생긴다.

K는 다음 중 어떤 교육을 받게 되는가?

① 리더십   ② 커뮤니케이션
③ 건강 관리   ④ 변화 관리

20 모든 갈등에는 두 가지 쟁점, 즉, 핵심 문제와 감정적인 문제가 있다. 다음 중 핵심 문제에 해당되는 것은?

① 공존할 수 없는 개인적 스타일   ② 책임에 대한 불일치
③ 자존심에 대한 위협   ④ 통제나 권력 확보를 위한 싸움

Chapter 06 정답 및 해설

 기본문제

01 ②

대인관계능력이란 직장생활에서 협조적인 관계를 유지하고, 조직구성원들에게 업무상의 도움을 줄 수 있으며, 조직내부 및 외부의 (갈등)을 해결하고, 고객의 (요구)를 충족시켜 줄 수 있는 능력을 포괄하는 개념이다.

02 ③

효과적인 팀이 갖는 특성은 다음과 같다. 팀의 사명과 목표의 명확한 기술, 팀원의 역할과 책임관계명료화, 팀원 간의 개방적인 의사소통, 합의에 의한 객관적 의사결정체제, 유연하고 창조적인 운영, 목표 달성을 위한 결과에 초점을 맞추는 노력, 잘 규정된 팀의 조직화, 팀원 각자의 역량과 강점활용, 리더십역량의 공유와 팀원 간의 상호지원체제, 팀원의 적극적 참여와 열정에 의한 팀 풍토 발전, 상호 신뢰를 바탕으로 한 의견불일치의 건설적 해결, 팀 자체의 운영방식과 효과성에 대한 지속적 점검과 평가 등

03 ②

팀워크를 촉진하기 위한 노력으로는 동료에 대한 피드백장려, 팀원 간의 갈등해결, 참여적 의사결정, 협력을 통한 창의적 창의력 조성 등을 들 수 있다. 보기②의 팀장주도의 의사결정은 팀원의 임파워먼트 발휘와 참여적 의사결정을 저해하게 된다.

04 ①

리더십에 대하여 명확히 규정된 정의는 없지만, 일반적인 정의나 개념은 다음과 같다.

- 자신의 주장을 소신 있게 나타내고 다른 사람들을 격려하는 힘
- 목표 달성을 위해 어떤 사람이 다른 사람에게 영향을 주는 행위

- 조직의 목표 달성을 위해 개인이 조직원들에게 영향력을 행사하는 과정
- 어떤 주어진 상황에서 목표 달성을 위해 개인 또는 집단에 영향력을 행사하는 과정

보기①의 상사가 하급자를 지휘 감독하는 활동은 리더십의 개념으로 적절하지 못하다. 리더십은 과거에는 상사가 하급자에게 발휘하는 수직적 형태를 띠었지만, 오늘날에는 하급자와 상급자, 동료에게까지 전방위적으로 발휘되는 리더십으로서 조직의 목표 달성을 위해 개인이나 집단에게 영향을 주는 행위로 정의되고 있다.

05 ①

조직원들의 잠재력을 지속적으로 발휘하도록 하기 위해서는 금전적 보상이나 승진, 편익제공, 스톡옵션과 같은 외적인 동기부여방식 그 이상을 제공해야 한다. 즉, 돈이나 편익 등 비본질적인 요인이 아닌 자기 내면의 순수한 욕구에 의해 동기를 부여받을 수 있도록 하는 것이 효과적이다. 긍정적 강화법 활용, 새로운 도전기회 부여, 창의적인 문제해결법 등이 대표적인 방법이다. 따라서 보기①의 설명은 부적절하다.

06 ②

목표 달성을 위해 노력하는 팀이라면 갈등은 항상 있게 마련이다. 갈등은 항상 부정적인 것만은 아니다. 조직 내 갈등은 새로운 해결책을 만들어 주는 기회가 될 수 있다. 조직의 갈등은 없거나 너무 낮으면 조직원들의 의욕이 상실되고 환경변화에 대한 적응력도 떨어지고 조직성과는 낮아지게 된다. 또 갈등수준이 너무 높으면 조직 내부에 혼란과 분열이 생기고 조직성과는 낮아지게 된다. 갈등수준이 적정할 때는 조직 내부적으로 생동감이 넘치고 변화지향적이며 문제해결능력이 발휘 된다. 팀원들이 승패의 경기를 시작하고 문제해결보다 승리하기를 원하면 적대적 행동이 유발되고, 이는 갈등의 증폭의 원인이 된다.

Chapter 1
Chapter 2
3
Chapter 4
Chapter 5
Chapter 6
7
8
Chapter 9
Chapter 10

07 ④

갈등해결의 유형은 5가지로 구분된다. 회피형은 자신과 상대방에 대한 관심이 모두 낮은 경우를 말한다. 경쟁형은 자신에 대한 관심은 높고 상대방에 대한 관심은 낮은 경우를 말한다. 수용형은 자신에 대한 관심은 낮고 상대방에 대한 관심은 높은 경우를 말한다. 타협형은 자신에 대한 관심과 상대방에 대한 관심이 중간정도인 경우를 말한다. 마지막으로 통합형은 자신은 물론 상대방에 대한 관심이 모두 높은 경우를 말한다.

08 ②

협상전략은 크게 협력전략, 유화전략, 회피전략, 강압전략으로 구분되며, 보기②의 유화전략은 양보전략, 순응전략, 굴복전략이라고도 하며, 협상으로 인해 돌아올 결과보다는 상대방과의 인간관계 유지를 선호하여 상대방과 충돌을 피하고자 상대방의 주장에 대하여 자신의 욕구와 주장을 순응시켜 양보하고 굴복하는 전략을 말한다.

09 ④

협상의 설득전략 중 어떤 과학적인 논리보다 동료나 사람들의 행동에 의해서 상대방 설득을 진행하는 전략은 '사회적 입증전략'이라 한다.
See-Feel-Change 전략은 직접 보게 하여(See) 이해시키고, 스스로 느끼게 하여(Feel) 감동시키며, 변화시켜(Change) 설득하는 전략이다. 상대방 이해전략은 상대방에 대한 이해를 우선하여 갈등해결을 도모하는 전략이다. 연결전략은 협상과정에서 갈등이 발생할 때 그 갈등을 야기한 사람과 관리자를 직접 연결하여 갈등해결을 도모하는 전략이다.

10 ①

경청 - 공감표시 - 사과 - 해결약속 - 신속처리 - 처리확인 - 피드백 순이다.

11 ④

인간관계를 형성할 때 가장 중요한 것은 무엇을 말하느냐, 어떻게 행동하느냐 하는 것 보다는 우리의 사람됨. 대인관계에 있어서 기법이나 기술은 내면으로부터 자연스럽게 나오는 것이어야 함. 인간관계의 출발점은 자신의 내면임

12 ②

팀웍이란 팀 구성원이 공동의 목적을 달성하기 위하여 상호관계성을 가지고 협력하여 일을 해 나가는 것을 의미한다. 팀웍의 유형은 협력, 통제, 자율의 세가지 기제에 따라 구분할 수 있으며, 효과적인 팀은 명확한 비전과 목표를 공유한다. 보기 중 ②는 사람들로 하여금 집단에 머물도록 하고 계속 남아 있기를 원하게 만드는 힘으로서 응집력에 대한 설명이다.

13 ④

리더십의 발휘 구도는 산업사회에서 정보사회로 바뀌면서 수직적 구조에서 전방위적 구조의 형태로 바뀌었다. 과거에는 상사가 하급자에게 리더십을 발휘하는 형태만을 리더십으로 보았으나, 오늘날은 리더십이 전방위적으로 발휘된다. 즉, 상사가 하급자에게 발휘하는 형태 뿐만 아니라 동료나 상사에게까지도 발휘해야 되는 형태를 띤다.

14 ④

리더와 관리자는 다른 개념이다. 보기 중 ④번은 관리자에 대한 설명으로서, 리더는 '어떻게 할까'에 초점을 맞추기 보다는 '무엇을 할까'에 주안점을 둔다.

15 ④

외적인 동기유발제는 일시적으로 효과를 낼 수 있으며, 단기간에 좋은 결과를 가져오고 사기를 끌어올릴 수 있지만, 그 효과는 오래가지 못한다. 조직원들이 지속적으로 자신의 잠재력을 발휘하도록 만들기 위해서는 외적인 동기유발 그 이상의 것을 제공해야 한다.

16 ③

코칭은 명령을 내리거나 지시를 내리는 것보다 많은 시간이 걸리고 인내가 필요한 활동이다. 하지만 코칭이 이루어졌을 때 팀 전체가 실현하는 결과는 이루 헤아릴 수 없을 정도로 엄청나다.

17 ②

반임파워먼트 환경에서 사람들은 현상을 유지하고 순응하려는 경향을 보이며, 임파워먼트 환경에서는 사람들의 에너지, 창의성, 동기 및 잠재능력이 최대한 발휘되는 경향을 보인다.

18 ②

조직에서 일어나는 변화가 모두 바람직한 것은 아니다. 변화를 단행하기 전에는 반드시 현재의 상황을 면밀히 검토해야 한다. 불완전한 생각이나 형편 없는 판단, 실행에 옮기기 전에 다른 사항을 충분히 검토해야 할 필요성 등에 대해 확실히 알게 될 것이다. 이렇게

단계적으로 진행해가면 섣부르게 변화를 서둘러 실패를 초래하는 위험을 막을 수 있으며, 직원들이 변화를 자신의 일처럼 생각하게 된다.

19 ③

핵심문제에는 역할 모호성, 방법에 대한 불일치, 목표에 대한 불일치, 절차에 대한 불일치, 책임에 대한 불일치, 가치에 대한 불일치, 사실에 대한 불일치 등이 있다. 보기 중 ③은 핵심문제가 아니라 감정적 문제에 대한 설명이다.

20 ③

고객중심 기업은 기업이 실행한 서비스에 대해 계속적인 재평가를 실시함으로써 고객에게 양질의 서비스를 제공하도록 서비스 자체를 끊임없이 변화시키고 업그레이드 한다.

적중예상문제

01 ①

독재형은 정책의사결정과 대부분의 핵심정보를 그들 스스로에게만 국한하여 소유하고 고수하려는 경향이 있다. 독재자유형은 특히 집단이 통제가 없이 방만한 상태에 있을 때 혹은 가시적인 성과물이 보이지 않을 때 사용한다면 효과적일 수 있다. 이러한 경우 독재자 유형의 리더는 팀원에게 업무를 공정히 나누어 주고, 그들 스스로가 결과에 대한 책임을 져야 한다는 것을 일깨울 수 있다.

02 ②

민주주의에 근접한 유형의 리더이다. 민주주의에 근접한 유형의 리더십은 독재자유형의 리더십보다 관대한 편이다. 리더는 그룹에 정보를 잘 전달하려고 노력하고, 전체 그룹의 구성원 모두를 목표방향 설정에 참여하게 함으로써 구성원들에게 확신을 심어주려고 노력한다. 민주주의에 근접한 방식은 당신이 혁신적이고 탁월한 부하직원들을 거느리고 있고, 또 그러한 방향을 계속적으로 지향할 때 가장 효과적이다. 기발하고 엄청난 아이디어를 가졌다고 할지라도, 양적인 것이 항상 질적인 것까지 수반하는 것은 아니다. 리더에게는 옳고 그름을 결정할 책임이 있다.

03 ①

위의 사례는 동료나 리더의 시각으로 봤을 때의 멤버십

유형과 관련된 것으로, 이를 기준으로 한 네 가지 유형은 다음과 같다.

동료/리더의 시각

• 소외형 : 냉소적
　　　　　부정적
　　　　　고집이 셈
• 순응형 : 아이디어가 없음
　　　　　인기 없는 일은 하지 않음
　　　　　조직을 위해 자신과 가족의 요구를 양보함
• 실무형 : 개인의 이익을 극대화하기 위한 흥정에 능함
　　　　　적당한 열의와 평범한 수완으로 업무 수행
• 수동형 : 하는 일이 없음
　　　　　제 몫을 하지 못함
　　　　　업무 수행에는 감독이 반드시 필요

04 ③

팀의 발전 과정은 형성기, 격동기, 규범기, 성취기의 네 단계로 이루어지는데, 대화 내용은 ③번 규범기와 관련된 내용이다.

• 형성기(forming) : 팀원들은 안전하고 예측할 수 있는 행동에 대한 안내와 지침이 필요하기 때문에 리더에게 상당히 의지한다. 팀원들을 팀에서 인정 받기를 원하며, 다른 팀원들을 신뢰할 수 있는지 확인하고 싶어한다. 그들은 팀에 대한 기대를 형성하면서 팀원들 사이의 유사성과 논쟁을 피하기 위해 단순하게 유지되며, 심각한 주제들과 생각들에 대한 논의는 회피된다. 팀원들은 서로에게 뿐만 아니라 과제에 몰두하기 위해 노력한다. 논의는 주로 과제의 범위를 정하고, 그것에 접근하는 방법에 집중하여 이루어진다. 여기서 다음 단계로 성장하기 위해 팀원들은 비위협적인 주제에 안주할 생각을 접고 마찰의 가능성을 각오해야 한다.

• 격동기 : 격동기 단계의 특징은 경쟁과 마찰이다. 팀원들이 과제를 수행하기 위해 체계를 갖추게 되면서 필연적으로 마찰이 일어난다. 개인은 그룹의 기준과 기대에 맞추기 위해 고집을 꺾고, 그들의 아이디어, 태도, 감정, 믿음이 어우러지게 해야 한다. 팀원 간의 마찰이 그룹의 문제로 표면화될 수 있고 아닐 수도 있지만, 그것은 존재하기 마련이다. 어떤 일에 대한 책임을 누가 질 것인지, 규칙은 무엇인지, 보상체계는 어떠한지, 그리고 평가기준은 어떻게 되는지에 대한 질문들이 제기될 것이다. 따라서 리더십, 구조, 권한, 권위에 대한 문제 전반에 걸쳐서 경쟁심과 적대감이 나타난다. 다음 단계로 전진하기 위해 팀원들은 시험과 검증의 자세에서 문제해결의 자세로 바꿀 수 있는 길을 찾아야 한다. 그렇게 될 수 있도록 돕는 가장 효과적인 도구는 효과적으로 경청하고 의사소통을 할 수 있는 능력이다.

- 성취기 : 모든 팀들이 성취기 단계에 이르는 것은 아니다. 팀원들이 이 지점으로 전진하기 위해 그들의 역량과 인간관계의 깊이를 확장함으로써 진정한 상호의존성을 달성할 수 있어야 한다. 동등한 효율성을 발휘하는 팀 또는 총체적인 단위로서 독립적으로 일할 수 있도록 말이다. 그들의 역할과 권한들이 팀과 팀원 개개인들의 변화욕구에 역동적으로 따라주어야 한다. 이것이 가장 생산적인 팀의 모습이 될 것이다. 팀원들이 스스로 책임을 지게 되고, 전체의 인정을 받으려는 욕구는 더 이상 중요하게 생각되지 않는다. 팀원들은 대단히 과제지향적이자 인간지향적이며, 조화를 이루고 사기충천하며, 팀으로서의 충성심을 보여준다. 전체적인 목표는 문제해결과 일을 통한 생산성이며, 이는 팀이 이룰 수 있는 최적의 단계로 이끌어진다.

05 ②

코칭은 경청 –〉 질문 –〉 피드백으로 이루어진다. 이 중 효과적인 질문은 상대방으로 하여금 직접 문제를 해결할 수 있도록 유도하는 과정이다. 코칭에서는 '열린 질문'을 사용한다. 열린 질문이란 상대방이 생각을 하여야 답을 할 수 있는 질문이다. 'Yes'나 'No'같은 단답형 답변을 유도하는 질문은 적절하지 않다.

06 ④

①번부터 ③번까지는 감정은행계좌에 적립한 경우에 해당된다. 인출한 사례는 ④번 뿐이다.

07 ④

보기에서 제시된 상황들은 모든 리더들이 자주 겪는 상황으로 조직에게 부정적인 결과를 초래하게 된다. 그 이유야 어떻든 위와 같은 상황들을 해결하고, 조직원들이 지속적으로 자신의 잠재력을 발휘하도록 하고, 성과를 내도록 하기 위해서는 '동기 부여'가 필요하다. 리더는 조직원들이 금전적인 보상이나 편익, 승진에 의해서만 동기를 부여 받을 것이라는 단순한 생각으로 그들을 대해서는 안 된다. 물론 이러한 외적인 동기유발제가 일시적으로 효과를 낼 수도 있다. 하지만 인간관계에서 이러한 전술은 전혀 먹혀 들지 않는다. 이 같은 보상이 단기간에 좋은 결과를 가져오고 직원들의 사기를 끌어올릴 수 있지만, 그 효과는 오래가지 못한다. 즉 금전적인 보상이나 스톡옵션 등의 외적인 동기유발제는 조직원들에게 멋진 혜택일 수 있지만, 그들이 지속적으로 최선을 다하도록 동기를 부여 하는 데는 충분하지 않다는 뜻이다. 조직원들이 지속적으로 자신의 잠재력을 발휘하도록 만들기 위해서는 외적인 동기유발제 그 이상을 제공해야 한다. 사실 모든 조직원들의 욕구를 만족시킬 수 있는 이상적인 근무환경을 만들기란 쉽지 않다. 그러나 이러한 환경이 마련된다면 조직원들은 돈이나 편익 등 비본질적인 요인이 아닌, 자기내면의 순수한 욕망에 의해 동기를 부여 받을 것이다.

효과적인 동기 부여 방법으로 긍정적 강화법 활용, 새로운 도전 기회 부여, 창의적인 문제 해결법 찾기, 철저한 책임감 무장, 코칭, 변화 관리, 지속적인 교육 등이 있다. 면담을 통한 경고는 동기 부여 방법으로서 적절치 않다.

08 ②

팀워크를 강화하기 위한 게임이다.

09 ①

①번 회피형에 해당된다. 회피형은 I lose - You lose. 자신과 상대방에 대한 관심이 모두 낮고, 문제를 회피하거나 덮어둔다.

10 ④

④번 통합형에 해당된다. 통합형 : Win–win 방식. 문제해결을 위하여 서로 간에 적극적으로 정보를 교환하면서 모두의 목표를 달성할 수 있는 해결 방법을 찾는다.

이 외에도 다음과 같은 유형들이 있다.

- 수용형 : '나는 지고 상대방은 이기는 I lose–You win' 방법을 말한다. 수용형은 자신에 대한 관심은 낮고 상대방에 대한 관심이 높다. 상대방을 위해 자신의 관심이나 요구는 희생하면서 상대방의 의지에 따르는 경향을 가지고 있다. 나머지 네 유형에 대해서도 살펴보면,
- 경쟁형 : I win - You lose. 상대방을 희생시키면서 자신의 목표를 이루기 위해 전력을 다 한다.
- 타협형 : Give and take. 결정을 내릴 때 서로가 받아들일 수 있는 대안을 타협적으로 주고 받는 방식.

11 ①

의견 불일치 국면에 대한 설명이다. 갈등 과정의 나머지 단계들은 다음과 같다.

- 대결 국면
  다른 해결점이 필요한 국면이다. 감정이 개입되어 상대방의 주장에서 문제점을 찾기 시작한다. 스스로의 입장에 대해서는 여러 가지 변명으로 옹호한다. 서로간에 양보란 없다. 자신만의 입장을 고수하려는 정도가 심화되면서,

감정적인 갈등이 급격히 높아진다.

- **격화국면**
상대방에 대하여 적대적으로 발전해 나가는 국면. 문제 해결 의지는 사라지고, 강압적, 위협적인 방법을 사용하게 되며, 언어폭력이나 신체적인 폭행 상황까지 낳게 된다. 서로에 대한 반격이 이어지게 된다.

- **진정국면**
소중한 시간과 에너지가 낭비된다는 것을 깨닫게 되어 이성적인 해결방법을 찾고자 협상이 시작되는 단계이다. 조정을 하고자 하는 제3자의 개입 등을 통해 대안이 모색되고, 문제를 해결해 나가게 된다.

- **갈등해소 국면**
진정 국면을 통해 문제가 해결이 되어 갈등이 해소되는 국면

12 ④

주어진 사례는 강압 전략에 해당된다. 협상 전략의 네 가지 형태는 다음과 같다.

- **협력 전략** : Win-Win 전략의 정신을 가지고 있음. 협상 대상자들이 협동과 통합으로 문제를 해결하고자 하는 협력적 문제해결 전략이다. 신뢰에 기반을 둔 협력을 진행해야 하므로 '신뢰적 협력 전략' 이라고도 한다.

- **유화 전략** : 'I Lose, You Win'전략이다. 상대방이 제시하는 요구 사항을 일방적으로 수용하여 협상의 가능성을 높이려는 전략이다. 상대방과의 충돌을 피하고, 우호관계를 지속하고자 할 때 사용할 수 있다.

- **회피 전략** : 'I Lose, You Lose, We Lose'전략이다. 모두가 손해를 보게 되는 무행동 전략이며, 협상 철수 전략이다. 상대방에게 돌아갈 결과나 자신에게 돌아올 결과에 대해서 전혀 관심이 없을 때 사용할 수 있다.

- **강압 전략** : 'I Win, You Lose' 전략이다. 상대방보다 힘에 있어서 우위를 점하고 있을 때 자신의 이익을 극대화하기 위한 공격적 전략이다. 상대방에 비해 자신의 힘이 강하고, 서로 간에 신뢰가 전혀 쌓여있지 않을 때, 자신의 이익을 극대화하고자 할 경우 사용할 수 있다.

13 ③

불만 표현 유형에는 거만형, 의심형, 트집형, 빨리빨리형의 네 가지가 있다. 거만형은 자신의 과시욕을 드러내고 싶어하며, 보통 제품을 폄하한다. 의심형은 직원의 설명이나 제품의 품질에 대해 의심을 많이 한다. 트집형은 사소한 것으로 트집을 잡는 까다로운 고객이다. 빨리빨리형은 성격이 급하고, 확신 있는 답변이 아니면 믿지 않는다.
제시된 사례는 의심형 고객의 사례이다. 의심형 고객에게는 분명한 증거나 근거를 제시하여 스스로 확신을 갖도록 유도하는 것이 좋다. 따라서, 이에 해당되는 것은 ③번이다.

14 ④

귀하는 철수씨에게 열린 질문을 함으로써 철수씨가 생각을 한 후 해답을 찾도록 유도하고 있고, 철수씨의 답변에 대해 피드백을 구사하고 있다. 전형적인 코칭 기법이다.

15 ②

고객만족조사는 고객서비스 향상뿐만 아니라 회사의 전체적인 호응도를 향상시키기 위해서 꼭 필요한 작업이다. 고객만족 조사의 목적은 고객의 주요 요구를 파악하여 가장 중요한 고객요구를 도출하고, 자사가 가지고 있는 자원을 토대로 경영프로세스의 개선에 활용함으로써 경쟁력을 증대시키는 것이라고 할 수 있다. 결국 기업은 수익이 증대되고 품질향상으로 인한 유형 및 무형의 가치를 창출하게 된다. 그러나, 고객만족을 측정하는데 있어서 많은 사람들이 오류를 범할 수 있는데 제시된 지문은 이러한 오류의 유형들을 정리한 것이다. 따라서, 정답은 ②번.

16 ③

팀이 비효율적이고 문제가 있을 때 나타나는 징후들은 다음과 같다.

- 생산성 하락
- 불평불만 증가
- 팀원들 간의 적대감이나 갈등
- 할당된 임무와 관계에 대한 혼동
- 결정에 대한 오해나 결정 불이행
- 냉담과 전반적인 관심 부족
- 제안과 혁신 또는 효율적인 문제해결의 부재
- 비효율적인 회의
- 리더에 대한 높은 의존도

Chapter 1
Chapter 2
Chapter 3
Chapter 4
Chapter 5
Chapter 6
Chapter 7
Chapter 8
Chapter 9
Chapter 10

17 ①

상황B에서 리더 K는 권한 위임과 업무 위임을 하였다. 효과적인 리더는 각 사람들의 능력을 발휘할 수 있도록 조직내의 임파워먼트 여건들을 창출해야 한다. 임파워먼트가 안된 환경에서는 많은 경우에 사람들의 능력이 발휘되지 못할 것이며. 임파워먼트 여건들은 사람들을 성장하게 하고. 사람들이 의미있는 목적을 성취하기 위해 그들이 가진 잠재력과 창의성을 최대한 발휘할 수 있을 것이다. 리더는 임파워먼트 환경이 가져다 주는 혜택과 임파워먼트 환경을 갖춘다는 것이 의미하는 바를 잘 알고 있어야 한다. 임파워먼트 환경에서는 직원들의 에너지. 창의성. 동기 및 잠재능력이 최대한 발휘되는 경향이 있다.

18 ③

개방적인 리더십 스타일은 임파워먼트의 장애 요소가 아니다. 통제적 리더십 스타일이 장애 요소가 된다.

19 ④

제시된 지문은 '비즈니스와 직업 세계에서 맞이하는 변화의 상황들에 대하여 효과적으로 대처하기 위한 12가지 전략'이다.

20 ②

두 가지 쟁점을 표로 정리해보면 다음과 같다.

구분	수동형
• 역할 모호성	• 공존할 수 없는
• 방법에 대한 불일치	개인적 스타일
• 목표에 대한 불일치	• 통제나 권력 확보를
• 절차에 대한 불일치	위한 싸움
• 책임에 대한 불일치	• 자존심에 대한 위협
• 가치에 대한 불일치	• 질투
• 사실에 대한 불일치	• 분노

Chapter **7**

정보능력 (직업기초능력 G-1)

정보능력

정보능력이란 업무를 수행함에 있어 기본적인 컴퓨터를 활용하여 필요한 정보를 수집, 분석, 활용하는 능력을 의미한다.

이러한 정보능력은 업무 수행에 필요한 정보를 수집, 분석, 조직, 관리, 활용하는데 있어 컴퓨터를 사용하는 컴퓨터활용능력과 업무수행에 필요한 정보를 수집하고, 분석하여 의미 있는 정보를 찾아내며, 찾아낸 정보를 업무 수행에 적절하도록 조직·관리하고 활용하는 능력인 정보처리능력으로 구성되어 있다.

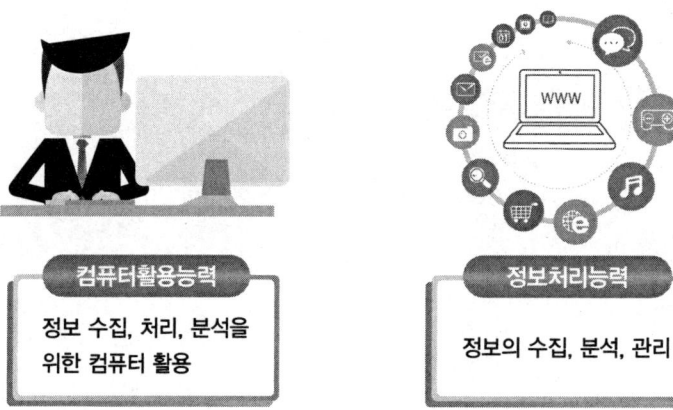

✎ 정보와 자료 및 지식의 차이점

정보는 전 세계에 산재해 있는 자료들 중에 필요한 것만을 골라내어 얻을 수도 있지만, 경우에 따라서는 전문가들의 손에 의해 자료들을 가공하고 처리해야만 '정보'로서의 가치를 얻을 수 있는 것들도 많다.

정보와 지식, 데이터의 고전적인 구분은 McDonough가 그의 책 '정보경제학'에서 시도하였다. 그는 비교적 단순한 방법으로 정보와 지식, 데이터를 구분하고 있다.

즉, 데이터는 '가치가 평가되지 않은 메시지', 정보는 '특정상황에서 평가된 데이터', 지식은 '정보가 더 넓은 시간·내용의 관계를 나타내는 것'이라고 정의하였다.

McDonough는 그 책의 많은 부분에서 정보와 지식을 교환 가능한 용어로 사용하고 있지만 일반적으로 데이터와 정보, 지식과의 관계는 '데이터 지식 정보'와 같은 포함관계로 나타낼 수 있다. 이러한 포함관계는 엘렌 켄트로의 지식삼각형에서 잘 표현되고 있다. 엘렌 켄트로는 가장 기본적인 하단부터 데이터, 정보, 지식의 순으로 삼각형을 구성하도록 표현하고 있으며, 지식 위에 특별히 지혜를 포함시키고 있다.

자료(Data)

'자료'란 정보 작성을 위하여 필요한 자료를 말하는 것으로, 이는 '아직 특정의 목적에 대하여 평가되지 않은 상태의 숫자나 문자들의 단순한 나열'을 뜻한다.

정보(Information)

'정보'란 데이터를 일정한 프로그램에 따라 컴퓨터가 처리·가공함으로써 '특정한 목적을 달성하는데 필요하거나 특정한 의미를 가진 것으로 다시 생산된 것'을 뜻한다.

지식(Knowledge)

'지식'이란 어떤 특정의 목적을 달성하기 위해 '과학적 또는 이론적으로 추상화되거나 정립되어 있는 일반화된 정보'를 뜻하는 것으로, 어떤 대상에 대하여 원리적·통일적으로 조직되어 객관적 타당성을 요구할 수 있는 판단의 체계를 제시한다.

✎ 정보의 가치

우리가 필요로 하는 정보의 가치는 여러 가지 상황에 따라서 아주 달라질 수 있다. 다시 말해 정보의 가치를 평가하는 절대적인 기준은 없다는 것이다. 즉, 정보의 가치는 우리의 요구, 사용 목적, 그것이 활용되는 시기와 장소에 따라서 다르게 평가된다.

이러한 점에서 볼 때, 정보의 가치는 다른 재화와 비슷한 성격을 갖는다. 예를 들어, 어느 학생의 신체 정보는 그 학생과 관련이 있거나 그 학생을 필요로 하는 소속 스포츠팀이나 양복점에서는 아주 유용한 가치의 정보가 될 수 있지만, 그 학생과 무관한 사람이나 집단에게 가치가 없는 정보가 될 수 있다.

적시성과 독점성은 정보의 핵심적인 특성이다. 따라서 정보는 우리가 원하는 시간에 제공되어야 하며, 원하는 시간에 제공되지 못하는 정보는 정보로서의 가치가 없어지게 될 것이다.

또한 정보는 아무리 중요한 내용이라도 공개가 되고 나면 그 가치가 급격하게 떨어지는 것이 보통이다. 따라서 정보는 공개 정보보다는 반공개 정보가, 반공개 정보보다는 비공개 정보가 더 큰 가치를 가질 수 있다. 그러나 비공개 정보는 정보의 활용이라는 면에서 경제성이 떨어지고, 공개 정보는 경쟁성이 떨어지게 된다. 따라서 정보는 공개 정보와 비공개 정보를 적절히 구성함으로써 경제성과 경쟁성을 동시에 추구해야 한다.

✎ 미래의 사회

부가가치 창출요인이 토지, 자본, 노동에서 지식 및 정보 생산 요소로 전환

지식·정보가 부가 가치 창출의 3/4을 차지할 것이다. 정보 기술(IT)산업의 주류를 이루고 있는 컴퓨터가 경제 체제에 미치는 영향은 막대하다. 컴퓨터 네트워크는 기존 경제 체제를 리히터 지진계로 표현할 때, 강도 10.5에 해당되는 지각 변동을 줄지도 모른다.

정보기술(IT) 이후 차세대 대표적인 주력 산업은 생명공학(BT)이다. 배아줄기세포를 위시해서 생명공학 발전의 주도권을 쥐는 자가 미래 사회 장악하게 될 것이다.

생명공학 못지않게 미래 산업을 끌어갈 분야는 나노(NT) 분야이며, 환경보전을 위한 기술(ET)도 독일 본에서 개최된 '04 유네스코 국제직업기술교육전문가 대회에서 Learning

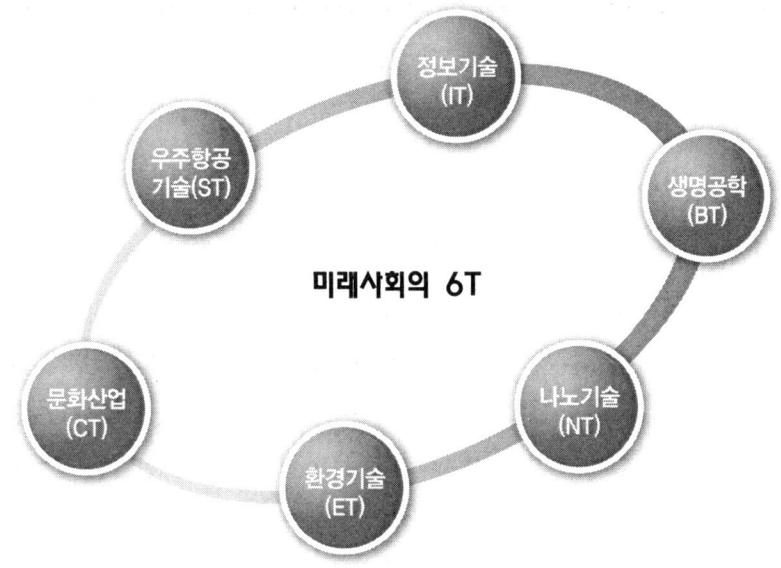

for Work, Citizenship and Sustainability, Work Skills for Sustainable Development'를 선언할 만큼 중요한 산업분야이다.

문화 산업(CT)의 대표적 예로 영화 "주라기 공원"을 국내외에 상영하고 수출 한 결과로 얻은 순이익은 우리나라 모든 자동차 회사가 일년 동안 생산·수출하여 얻은 순이익과 비슷하다고 한다. 우리나라의 경우 드라마 "겨울연가"는 19억원의 제작비가 투입되었는데 '04년말 까지 부가상품 판매액이 2000억을 넘었다.

우주항공기술(ST) 역시 새로운 삶의 세계를 개척하고 있다.

이상의 6T는 미래를 이끌어갈 주요 산업으로 토지, 노동, 자본 보다는 새로운 지식과 기술을 개발·활용·공유·저장할 수 있는 지식근로자를 요구하고 있다.

세계화의 진전

세계화는 모든 국가의 시장이 국경 없는 하나의 세계 시장으로 통합됨을 의미한다.

이때 세계 시장에는 실물 상품뿐만 아니라 노동, 자본, 기술 등의 생산 요소와 교육과 같은 서비스의 국제 교류도 모두 포함된다. 세계화의 예로는 WTO, FTA에 등에 의한 무역 개방화, 국가 간의 전자 상거래(electronic commerce: EC), 가상은행, 사이버 백화점, 사이버 대학교, 한국 기업의 외국 공장 설립, 다국적 기업의 국내설치 및 산업 연수생들의 국내산업체 근무, 외국 대학 및 학원의 국내 설치 등을 들 수 있다.

지식의 폭발적인 증가

미래사회에서는 지식 특히, 과학적 지식이 폭발적으로 증가할 것이다. 2000년 포드자동차

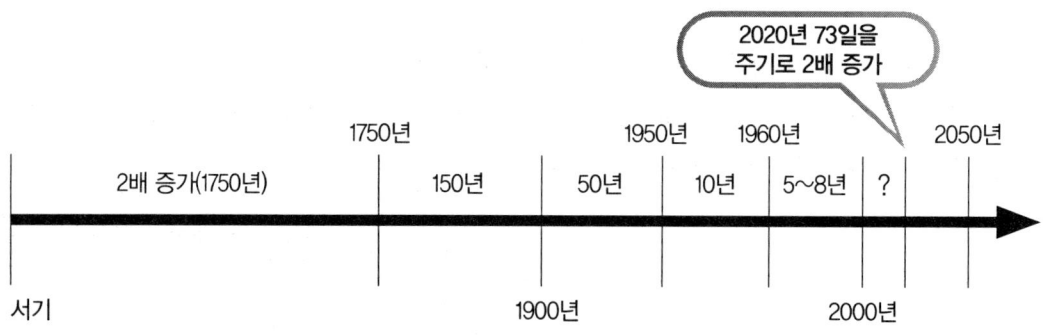

기술 담당 이사는 지식과 기술이 빠른 속도로 변하고 있기 때문에 산업 사회(포드자동차 회사)에서 공학사의 학위를 인정할 수 있는 유효 기한이 2년 정도에 불과하다고 한다. 2020년이 되면 지식은 73일을 한 주기로 2배씩 증가한다고 OECD보고서는 밝히고 있으며, 2050년경이 되면 지식이 급증하여 지금의 지식은 1% 밖에 사용할 수 없게 될 것이라고 전망하는 미래학자도 있다.

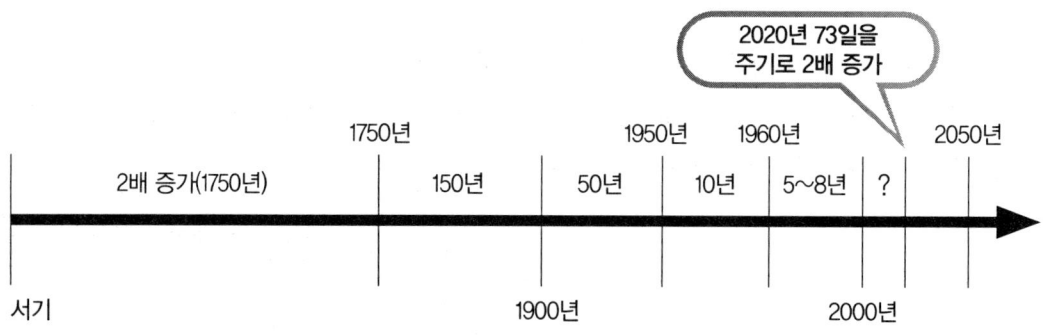

정보화 사회에서 필수적으로 해야 할 일

- 첫째, 정보검색이다. 인터넷에는 수많은 사이트가 있다. 여기서 내가 원하는 정보를 찾는 것을 정보검색, 즉 소위 말하는 인터넷서핑이라는 것이다. 인터넷에는 수많은 사이트가 있다. 그 많은 사이트에서 내가 원하는 것을 찾기란 그렇게 만만치 않다.
- 둘째, 정보관리이다. 인터넷에서 어렵게 검색하여 찾아낸 결과를 관리를 못하여 머리속에만 입력하고 컴퓨터를 끄면 잊어버리는 것은 정보관리를 못하는 것이다.
- 셋째, 정보전파이다. 이것은 정보관리를 못한 사람은 어렵다. 오로지 입을 이용해서만 전파가 가능하다. 요즘은 전자우편을 사용해서 정보를 전파하기 때문에 매우 쉽다.

정보처리과정

정보는 일정한 절차에 따라 활용하는 것이 효과적이다. 일반적으로 기획, 수집, 관리, 활용의 절차에 따라 처리된다.

정보의 기획

정보의 전략적 기획이란 정보활동의 가장 첫 단계로서 정보관리의 가장 중요한 단계이며 보통은 5W2H에 의해 기획을 한다.

5W 2H

- ⋯ WHAT(무엇을?) : 정보의 입수대상을 명확히 한다.
- ⋯ WHERE(어디에서?) : 정보의 소스(정보원)를 파악한다.
- ⋯ WHEN(언제까지) : 정보의 요구(수집)시점을 고려한다.
- ⋯ WHY(왜?) : 정보의 필요목적을 염두에 둔다.
- ⋯ WHO(누가?) : 정보활동의 주체를 확정한다.
- ⋯ HOW(어떻게) : 정보의 수집방법을 검토한다.
- ⋯ HOW MUCH(얼마나?) : 정보수집의 비용성(효용성)을 중시한다.

정보의 수집

정보의 수집은 다양한 정보원으로부터 목적에 적합한 정보를 입수하는 것이라 할 수 있다. 정보 수집의 목적에는 여러 가지가 있겠지만, 최종적으로는 '예측'을 잘하기 위해서다. 과거의 정보를 모아 연구하는 것도 결국 장래가 어떻게 될까를 예측하기 위해서다.

정보의 관리

'구슬이 서말이라도 꿰어야 보배'라는 속담이 있다. 여러 가지 채널과 갖은 노력 끝에 입수한 정보가 우리가 필요한 시점에 즉시 활용되기 위해서는 모든 정보가 차곡차곡 정리되어 있어야 한다.

정보의 관리란 수집된 다양한 형태의 정보(보통 생정보)를 어떤 문제해결이나 결론도출에 사용하기 쉬운 형태로 바꾸는 일이다. 정보를 관리할 때에는 특히 다음의 세가지를 고려하여야 한다.

정보관리의 3원칙

- ⋯ 목적성 : 사용목적을 명확히 설명해야 한다.
- ⋯ 용이성 : 쉽게 작업할 수 있어야 한다.
- ⋯ 유용성 : 즉시 사용할 수 있어야 한다.

정보의 활용

산업사회에서 문맹을 결정하는 기준이 문자에 대한 이해를 바탕으로 한다면 지식정보사회에서 문맹을 결정하는 기준은 정보활용능력에 해당한다. 정보활용능력은 정보기기에 대한 이해나 최신 정보기술이 제공하는 주요 기능, 특성에 대한 지식을 아는 능력만 포함되는 것이 아니라 정보가 필요하다는 문제 상황을 인지할 수 있는 능력, 문제 해결에 적합한 정보를 찾고 선택할 수 있는 능력, 찾은 정보를 문제해결에 적용할 수 있는 능력, 그리고 윤리의식을 가지고 합법적으로 정보를 활용할 수 있는 능력 등 다양한 능력이 기반되어야 한다.

✎ 개인정보

개인정보란 생존하는 개인에 관한 정보로서 정보에 포함되어 있는 성명, 주민등록번호 등의 사항에 의하여 개인을 식별할 수 있는 정보를 말한다. 또한, 해당 정보만으로는 특정 개인을 식별할 수 없더라도 다른 정보와 용이하게 결합하여 식별할 수 있는 것들도 모두 포함하여 개인정보라고 한다.

✎ 개인정보의 종류

최근에는 여러 가지 방법을 동원하여 개인정보를 수집하고 분석하는 마케팅 기술이 개발되고 있는 실정이므로 앞으로는 개인정보의 침해를 프라이버시 침해라는 관점에서 보다는 일종의 재산보호 차원에서 다루고 있는 추세이다. 다양한 분야에서 사용할 수 있는 개인정보에는 다음과 같은 것들이 있다.

분류	내용
일반정보	이름, 주민등록번호, 운전면허정보, 주소, 전화번호, 생년월일, 출생지, 본적지, 성별, 국적 등
가족정보	가족의 이름, 직업, 생년월일, 주민등록번호, 출생지 등
교육 및 훈련 정보	최종학력, 성적, 기술자격증/전문면허증, 이수훈련 프로그램, 서클 활동, 상벌사항, 성격/행태보고 등
병역 정보	군번 및 계급, 제대유형, 주특기, 근무부대 등
부동산 및 동산 정보	소유주택 및 토지, 자동차, 저축현황, 현금카드, 주식 및 채권, 수집품, 고가의 예술품, 보석 등
소득 정보	연봉, 소득의 원천, 소득세 지불 현황 등
기타 수익 정보	보험가입현황, 수익자, 회사의 판공비 등
신용 정보	대부상황, 저당, 신용카드, 담보설정 여부 등
고용 정보	고용주, 회사주소, 상관의 이름, 직무수행 평가 기록, 훈련기록, 상벌기록 등
법적 정보	전과기록, 구속기록, 이혼기록 등
의료 정보	가족병력기록, 과거 의료기록, 신체장애, 혈액형 등
조직 정보	노조가입, 정당가입, 클럽회원, 종교단체 활동 등
신용 및 취미 정보	흡연/음주량, 여가활동, 도박성향, 비디오 대여기록 등

✎ 개인정보 유출 방지

개인정보에 대한 보안이나 유출을 방지하기 위한 여러 가지 방법이 있을 수 있다. 다음에 소개된 방법을 잘 활용하면 최대한 개인정보의 유출을 막을 수 있을 것이다.

개인정보 유출 방지 방법

- **회원 가입 시 이용 약관을 읽어라!**
  이용 약관에 기재된 항목 중 개인정보보호와 이용자 권리에 대한 조항은 유심히 읽어야 하며, 혹 3자에게 정보를 제공할 수 있다고 명시된 부분이 있는지 재확인해야 한다.

- **이용 목적에 부합하는 정보를 요구하는지 확인하라!**
  정보를 수집할 때에는 수집 및 이용목적을 제시해야 한다. 특별한 설명 없이 학력, 결혼여부, 월급, 자동차 소유 여부 등을 요구한다면 가입여부를 재고해봐야 한다.

- **비밀번호는 정기적으로 교체하라!**
  평상시 비밀번호는 주기적으로 바꾸는 것이 좋다. 대부분의 경우 동일한 ID와 비밀번호를 몇 년씩 사용하는 경우가 많은데 이럴수록 비밀번호와 ID가 노출되기 쉽다.

- **정체불명의 사이트는 멀리하라!**
  수많은 사이트에서 경품 이벤트를 통해 회원가입을 권유하고 있다. 정체가 불분명한 사이트에서 지나치게 개인정보를 입력하면 가입여부를 다시 한 번 생각해 보는 것이 좋다.

- **가입 해지 시 정보 파기 여부를 확인하라!**
  가입만 해지해선 소용이 없다. 개인정보도 탈퇴 즉시 해지하는지 여부를 확인하자. 일부 사이트는 해지 후에도 몇 개월간 개인정보를 파기하지 않는다는 조항이 있다.

- **뻔한 비밀번호를 쓰지 말라!**
  생년월일이나 전화번호 등 남들이 쉽게 유추할 수 있는 비밀번호는 자제해야 한다. 또한 동일한 번호를 연속적으로 사용하는 것도 바람직하지 않다.

7.1 컴퓨터활용능력 (하위모듈 G-2-가)

 학습목표

직장생활에서 컴퓨터 관련이론을 이해하여 업무수행을 위해 인터넷과 소프트웨어를 활용하는 능력을 기른다.

⋯› 다양한 인터넷 서비스의 종류를 설명할 수 있다.
⋯› 인터넷을 활용하여 원하는 정보를 획득할 수 있다.
⋯› 업무에 필요한 소프트웨어를 활용할 수 있다.
⋯› 데이터베이스 구축의 필요성을 설명할 수 있다.

✎ 컴퓨터활용능력

컴퓨터활용능력은 업무 수행에 필요한 정보를 수집, 분석, 조직, 관리, 활용하는데 있어 컴퓨터를 사용하는 능력이다. 오늘날 정보화사회가 도래한 결정적인 것은 컴퓨터 기술의 발전이었다. 따라서 정보화 사회에서 남녀노소를 불문하고 컴퓨터를 통해 필요한 정보를 얻고 자신에게 잠재되어 있는 재능을 발휘할 수 있는 기회를 제공한다는 측면에서 컴퓨터활용능력의 함양은 필수적이다.

최근 인터넷은 우리의 삶 속에서 차지하는 비중이 커지고 있다. 대부분의 직장인들은 업무 수행을 위해 컴퓨터를 활용하고 있다. 그러나 인터넷 서비스를 제대로 활용하지 못하면 컴퓨터의 사용 범위는 제한적일 수밖에 없다. 우리가 업무 수행 및 일상 생활 속에서 활용하고 있는 인터넷 서비스는 전자우편, 웹메일, 웹하드, 전자상거래 등 매우 다양하다.

전자상거래

좁은 뜻으로의 전자상거래란 인터넷이라는 전자적인 매체를 통하여 상품을 사고팔거나, 재화나 용역을 거래하는 사이버 비즈니스를 뜻한다. 넓은 뜻으로의 전자상거래는 소비자와의 거래뿐만 아니라 거래와 관련된 공급자, 금융기관, 정부기관, 운송기관 등과 같이 거래에 관련되는 모든 기관과의 관련행위를 포함하는 뜻이다. 거래되는 상품에는 전자부품, 컴퓨터, 의류, 책 등과 같은 물리적 상품이 있고, 주식 정보, MP3 파일, 전자책(e-Book), 보험 정보, 재테크 정보, 소프트웨어 등과 같은 디지털 상품이 있다.

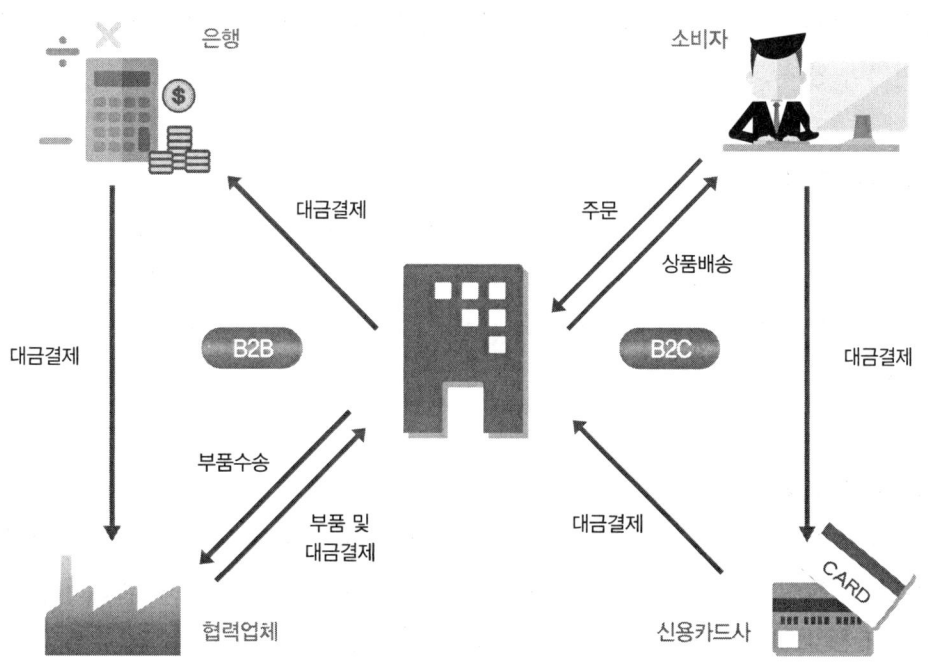

정보검색

정보검색이란 여러 곳에 분산되어 있는 수많은 정보 중에서 특정 목적에 적합한 정보만을 신속하고 정확하게 찾아내어 수집, 분류, 축적하는 과정을 뜻한다. 인터넷에는 세상 사람들이 필요로 하는 정보가 너무나 많기 때문에 잘못 하다가는 정보의 바다에 빠져서 허우적거리느라 시간만 낭비하고 원하는 것은 하나도 얻지 못하는 경우도 많이 있다.

일반적인 정보검색의 단계는 다음과 같다.

① 검색주제 선정   ② 정보원 선택
③ 검색식 작성   ④ 결과 출력

✍ 검색엔진의 유형

키워드 검색 방식

키워드 검색 방식은 찾고자 하는 정보와 관련된 핵심적인 언어인 키워드를 직접 입력하여 이를 검색 엔진에 보내어 검색 엔진이 키워드와 관련된 정보를 찾는 방식이다. 사용자 입장에서는 키워드만을 입력하여 정보 검색을 간단히 할 수 있는 장점이 있는 반면에,

키워드가 불명확하게 입력된 경우에는 검색 결과가 너무 많아 효율적인 검색이 어려울 수 있는 단점이 있다.

주제별 검색 방식

주제별 검색 방식은 인터넷상에 존재하는 웹 문서들을 주제별, 계층별로 정리하여 데이터베이스를 구축한 후 이용하는 방식이다. 사용자는 단지 자신이 원하는 정보를 찾을 때까지 상위의 주제부터 하위의 주제까지 분류되어 있는 내용을 선택하여 검색하면 원하는 정보를 발견하게 된다.

통합형 검색 방식

통합형 검색 방식의 검색은 키워드 검색 방식과 매우 유사하다. 그러나 통합형 검색방식은 키워드 검색 방식과 같이 검색 엔진 자신만의 데이터베이스를 구축하여 관리하는 방식이 아니라, 사용자가 입력하는 검색어들이 연계된 다른 검색 엔진에게 보내고, 이를 통하여 얻어진 검색 결과를 사용자에게 보여주는 방식을 사용한다.

✐ 정보 검색 연산자

하나의 단어(키워드)로 검색을 하면 검색 결과가 너무 많아져서, 이용자가 원하는 정보와 상관없는 것들이 많이 포함된다. 따라서 검색과 관련 있는 2개 이상의 단어를 연산자로 조합하여 키워드로 사용하는 것이 가장 일반적인 검색 방법이다. 연산자는 대/소문자의 구분이 없으며, 앞뒤로 반드시 공백(space)을 넣어주어야 한다. 가장 공통적으로 사용하는 연산자의 종류와 검색 조건을 비교하면 다음과 같다.

기 호	연산자	검색조건
*, &	AND	두 단어가 모두 포함된 문서를 검색 예) 인공위성 and 자동차, 인공위성 * 자동차
|	OR	두 단어가 모두 포함되거나, 두 단어 중에서 하나만 포함된 문서를 검색 예) 인공위성 or 자동차, 인공위성 | 자동차
—, !	NOT	'—'기호나 '!'기호 다음에 오는 단어는 포함하지 않는 문서를 검색 예) 인공위성 not 자동차, 인공위성 ! 자동차
~, near	인접검색	앞/뒤의 단어가 가깝게 인접해 있는 문서를 검색 예) 인공위성 near 자동차

🖊 검색엔진의 종류 및 특징

검색엔진(Search Engine)이란 인터넷상에 산재해 있는 정보를 수집한 후, 이를 체계적으로 데이터베이스로 구축하여 사용자가 원하는 정보를 쉽게 찾을 수 있도록 안내자 역할을 해주는 도와주는 웹 사이트 또는 프로그램을 뜻한다. 포털 사이트(Portal Site)란 사용자가 인터넷에서 어떤 정보를 찾으려고 할 때 가장 먼저 접속하는 사이트를 뜻한다. 포털 사이트의 가장 대표적인 예로는 구글, 네이버, 다음 등과 같은 검색사이트 와 언론매체 뉴스 사이트를 들 수 있다. 최근 대부분의 포털 사이트에서는 정보검색 뿐만 아니라 뉴스, 웹 메일, 블로그, 미니홈피, 커뮤니티 형성 등 매우 다양한 인터넷 서비스를 제공하고 있다.

🖊 업무에 필요한 소프트웨어 활용하기

워드프로세서

• 우리가 보는 책이나 신문, 잡지 등은 여러 가지 형태의 문자와 그림, 표, 그래프 등이 조화 롭게 구성되어 만들어진 것이다. 이와 같이 여러 형태의 문서를 작성, 편집, 저장, 인쇄할 수 있는 프로그램을 워드프로세서라고 한다. 워드프로세서는 글이나 그림을 입력하여 편집하고, 작업한 문서를 저장하고 인쇄할 수 있다. 워드프로세서의 주요기능은 다음과 같다.

입력기능	키보드나 마우스를 통하여 한글, 영문, 한자 등 각국의 언어, 숫자, 특수문자, 그림, 사진, 도형 등을 입력할 수 있는 기능
표시기능	입력한 내용을 표시 장치를 통해 화면에 나타내주는 기능
저장기능	입력된 내용을 저장하여 필요할 때 사용할 수 있는 기능
편집기능	문서의 내용이나 형태 등을 변경해 새롭게 문서를 꾸미는 기능
인쇄기능	작성된 문서를 프린터로 출력하는 기능

스프레드시트(엑셀)

• 스프레드시트(Spread Sheet)는 전자 계산표 또는 표 계산 프로그램으로 워드프로세서와 같이 문서를 작성하고 편집하는 기능 이외에 수치나 공식을 입력하여 그 값을 계산해 내고, 계산 결과를 차트로 표시할 수 있는 특별한 기능을 가지고 있다. 원래 스프레드시트는 미국인들이 경리, 회계 상 사용하던 일정한 형태의 계산용지를 일컫는 말로 이것을 화면 그대로 옮겨 계산식 등을 첨가한 것이 스프레드시트의 시작 이었으며, 틀린 부분만 수정해 주면 해당 부분이 자동적으로 계산되어 큰 환영을 받았다.

최초의 스프레드시트는 몇 개의 셀만을 이용해서 단순 계산만 할 수 있는 프로그램이었으나, 오늘날의 스프레드시트는 작업 능력의 향상과 함께 데이터베이스 및 그래픽 기능이 추가되고 다양한 함수를 제공해주며 통신 기능까지 갖추게 되었다.

스프레드시트 기술은 눈부시게 발전하여 파일 간을 서로 연결시켜 내용의 복사, 이동, 연산을 할 수 있으며 메모리가 허용하는 한도의 파일을 동시에 불러들여 한꺼번에 볼 수도 있다. 또한 2차원과 3차원 그래프 등 다양한 형태의 그래프를 작성할 수 있다.

스프레드 시트의 대표적 제품으로는 엑셀을 들 수 있다.

프리젠테이션

• 프리젠테이션(Presentation)은 컴퓨터나 기타 멀티미디어를 이용하여 그 속에 담겨 있는 각종 정보를 사용자 또는 대상자에게 전달하는 행위를 의미한다. 프리젠테이션 프로그램은 보고, 회의, 상담, 교육 등에서 정보를 전달하는데 널리 활용되는 것으로 파워포인트, 프리랜스 그래픽스 등이 있다.

유틸리티 프로그램

• 사용자가 컴퓨터를 좀더 쉽게 사용할 수 있도록 도와주는 소프트웨어(프로그램)를 '유틸리티 프로그램'이라고 하고 통상 줄여서 '유틸리티'라고 한다. 사용자가 컴퓨터를 사용하면서 처리하게 되는 여러 가지 작업, 예를 들면 압축해제, 바이러스 치료, 텍스트 편집, 이미지 편집 등의 일을 편리하게 할 수 있도록 도와주는 소프트웨어를 의미한다.

– 파일 압축 유틸리티

파일의 크기를 압축하거나 줄여준다. 파일을 압축하면 하드 디스크 또는 이동식 디스크의 저장용량을 적게 차지하므로 디스크의 저장 공간을 넓혀 주고, 파일을 전송하거나 내려 받을 때 걸리는 시간을 단축할 수 있다. 파일 압축 유틸리티 프로그램으로는 ALzip, Winzip 등이 있다.

– 바이러스 백신 프로그램

컴퓨터 바이러스란 컴퓨터 프로그램이나 실행 가능한 부분을 변형하여, 여기에 자기자신 또는 자신의 변형을 복제하여 컴퓨터 작동에 피해를 주는 명령어들의 조합을 뜻한다. 바이러스 백신 프로그램이란 컴퓨터 바이러스를 찾아내고 기능을 정지시키 거나 제거하여 손상된 파일을 치료하는 기능을 가진 소프트웨어를 뜻한다.

데이터베이스(DB)

대부분의 기업에서 데이터 또는 그것이 제공해주는 정보는 매우 중요한 자산이다. 매출실적, 경쟁업체의 제품과 서비스, 생산공정 등의 정보는 기업을 성공적으로 유지하는 데 효과적으로 이용될 수 있다. 그러나 많은 경우 이러한 데이터가 한 조직 내에서 부서별로 서로 다른 파일로 구성되어서 담당자만이 내용을 알고 이용하곤 했었다. 이런 경우 어떠한 정보가 다른 부서에는 알려져 있지 않고, 알고 있다고 하더라도 효율적으로 검색할 수가 없기 때문에 정보의 효용성은 매우 떨어지게 마련이다. 이러한 불편을 없애고 정보를 효과적으로 조작하고 효율적인 검색을 할 수 있게 하기 위해 데이터베이스를 이용하기 시작하였다.

데이터베이스란 파일시스템에서는 하나의 파일은 독립적이고 어떤 업무를 처리하는데 필요한 모든 정보를 가지고 있다. 파일도 데이터의 집합이므로 데이터베이스라고 볼 수도 있으나 일반적으로 데이터베이스라 함은 여러 개의 서로 연관된 파일을 의미한다. 이런 여러 개의 파일이 서로 연관되어 있으므로 사용자는 여러 개의 파일에 있는 정보를 한번에 검색해 볼 수 있다. 데이터베이스 관리시스템은 데이터와 파일, 그들의 관계 등을 생성하고, 유지하고 검색할 수 있게 해주는 소프트웨어이다. 반면에 파일관리시스템은 한번에 한 개의 파일에 대해서 생성, 유지, 검색을 할 수 있는 소프트웨어다.

7.2 정보처리능력 (하위모듈 G-2-나)

학습목표

직장생활에서 필요한 정보를 수집하고 분석하여 의미있는 정보를 찾아내며, 찾아낸 정보를 업무수행에 적절하도록 조직·관리하고 활용하는 능력을 기를 수 있다.

··· 효과적인 정보수집 방법을 설명할 수 있다.
··· 정보분석 및 가공의 중요성을 설명할 수 있다.
··· 효율적인 정보관리 방법을 설명할 수 있다.
··· 효율적인 정보활용 방법을 설명할 수 있다.

✎ 정보처리능력

정보처리능력은 직장생활에서 필요한 정보를 수집하고, 분석하여 의미있는 정보를 찾아내며, 찾아낸 정보를 업무수행에 적절하도록 조직·관리하고 활용하는 능력을 말한다.

오늘날 정보가 기하급수적으로 증가하고 있는 실정에서, 문제해결에 적합한 정보를 찾고 선택할 수 있는 능력과 찾은 정보를 문제해결에 적용할 수 있는 능력의 함양은 필수적이다. 직장인으로서 업무를 수행하는데 있어 목적에 적합한 정보를 수집하는 것은 무엇보다도 중요한 일이다. 목적에 적합한 정보를 수집한다는 것은 문제와 관련이 있는 정보에 초점을 맞춘다는 의미일 것이다. 우리는 무엇을 위해 정보를 수집하는지, 정보를 수집함으로써 얻을 수 있는 결과는 무엇인지를 명확히 설정해야만 효율적으로 정보를 수집할 수 있을 것이다.

✎ 정보의 활용

정보의 활용은 의사결정을 하거나 문제의 답을 알아내고자 할 때, 가지고 있는 정보로는 부족하여 새로운 정보가 필요하다는 상황을 인식하는 순간부터 시작된다. 지금 처한 상황을 해결하기 위해서 특정 정보가 필요하다는 것을 알아야만 정보를 찾으려는 시도를 하게 될 것이기 때문이다.

Chapter 1
Chapter 2
Chapter 3
Chapter 4
Chapter 5
Chapter 6
Chapter 7
Chapter 8
Chapter 9
Chapter 10

✎ 정보의 수집

우리는 흔히 필요한 정보를 수집할 수 있는 원천을 정보원(sources)이라 부른다. 정보원 (sources)은 정보를 수집하는 사람의 입장에서 볼 때 공개된 것은 물론이고 비공개된 것도 포함되며 수집자의 주위에 있는 유형의 객체 가운데서 발생시키는 모든것이 정보원이라 할 수 있다.

단행본, 학술지와 학술지 논문, 학술회의자료, 연구보고서, 학위논문, 특허정보, 표준 및 규격자료, 레터, 출판 전 배포자료, 신문, 잡지, 웹 정보자원 등

사전, 백과사전, 편람, 연감, 서지데이터베이스 등

이러한 정보원은 크게 1차 자료와 2차 자료로 구분할 수 있다. 1차 자료는 원래의 연구성과가 기록된 자료를 의미한다. 2차 자료는 1차 자료를 효과적으로 찾아보기 위한 자료 혹은 1차 자료에 포함되어 있는 정보를 압축·정리해서 읽기 쉬운 형태로 제공하는 자료를 의미한다. 정보원은 가급적 전문가나 이해당사자를 대상으로 하는 것이 좋으며, 구축되는 정보원은 정기적으로 관리하는 것이 중요하다. 특히 중요한 정보원에 대해서는 별도로 관리하는 것이 필요하다.

〉〉〉 효과적인 정보수집
정보는 인간력이다.
인포메이션(정보) vs 인텔리전스(지식)
선수필승(先手必勝)
머릿속에 서랍을 많이 만들자
정보수집용 하드웨어 활용

✎ 정보분석

정보분석이란 여러 정보를 상호관련지어 새로운 정보를 생성해내는 활동이다. 정보를 분석함으로서 한 개의 정보로써 불분명한 사항을 다른 정보로써 명백히 할 수 있으며, 서로 상반되거나 큰 차이가 있는 정보의 내용을 판단해서 새로운 해석을 할 수도 있다.

일반적인 정보분석의 절차는 다음과 같다.

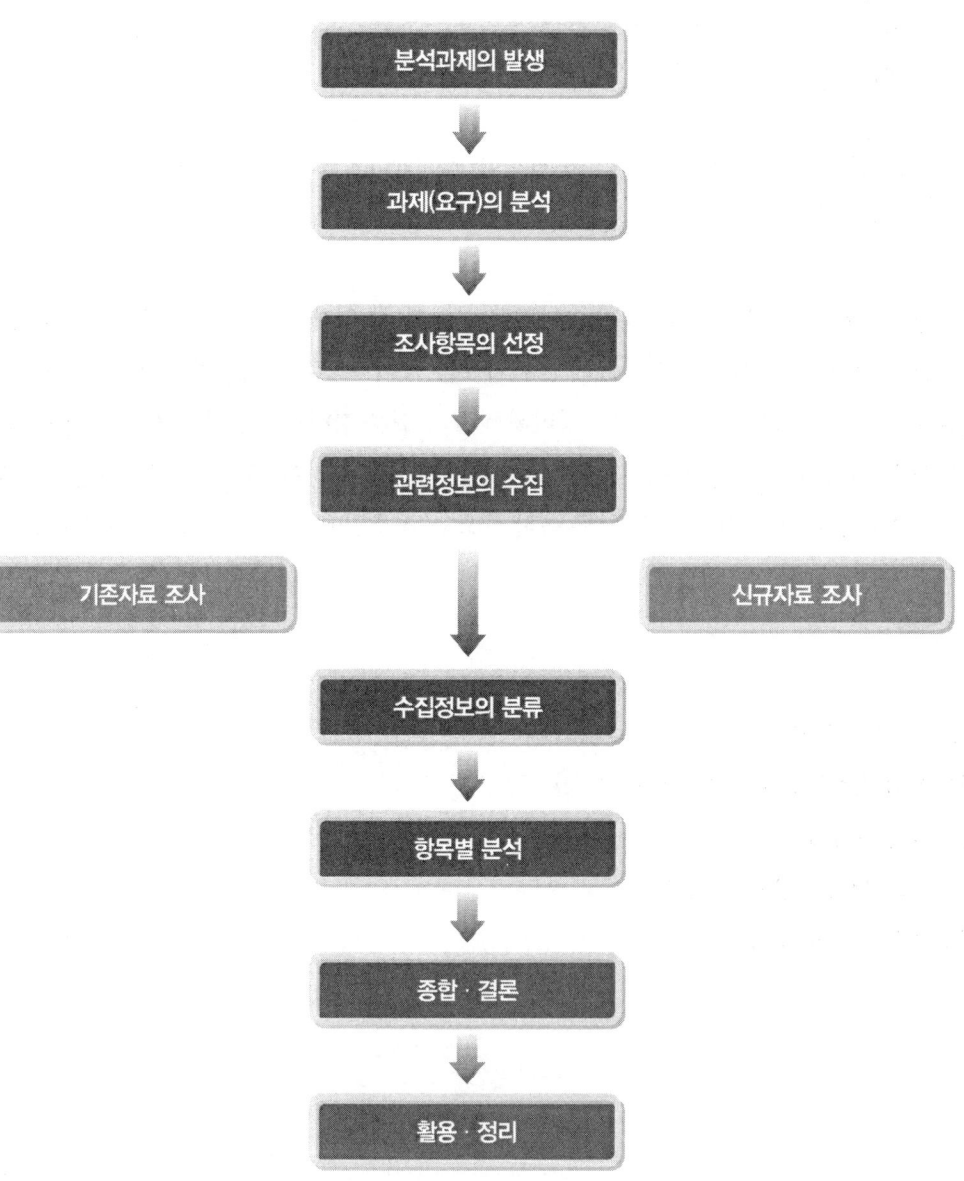

이와 함께 훌륭한 정보분석의 의미를 정확하게 이해하는 것도 매우 중요하다. 훌륭한 분석은 아래의 그림에서도 볼 수 있듯이 좋은 데이터(자료)가 있다고 해서 항상 훌륭한 분석이 되는 것은 아니다.

훌륭한 분석이란 하나의 메커니즘을 그려낼 수 있고, 동향, 미래를 예측할 수 있는 것이어야 한다. 그러나 반드시 고도의 수학적 기법을 요구하는 것만은 아니다.

이렇게 1차 정보를 분석하고 압축·가공하여 2차 정보를 작성하게 된다. 먼저 1차 정보가 포함하는 내용을 몇 개의 설정된 카테고리로 분석하여 각 카테고리의 상관관계를 확정한다. 그리고 1차 정보가 포함하는 주요 개념을 대표하는 용어(key word)를 추출하며, 이를 간결하게 서열화 및 구조화하여야 한다.

✎ 정보관리의 필요성

특히 직장인처럼 특정 업무 분야가 정해져 있다면 특정 주제 분야의 정보를 지속적으로 이용하게 될 것이다. 따라서 한번 이용했던 정보를 이용한 후에 버리는 것이 아니라 정보관리를 잘 하는 것은 정보활용의 중요한 과정에 속한다.

지식정보사회가 되면서 유통되는 정보가 점차 늘어나 개인에게 축적되는 정보가 증가하는 환경에서는 개인의 정보관리를 얼마나 잘 하는지 그 여부는 문제해결 및 새로운 지식 생산능력에 큰 영향을 미친다. 같은 정보를 필요할 때마다 찾고, 또 찾는다면 정보를 찾는데 드는 시간과 노력은 낭비이며 정보를 찾는 시간만큼 뒤처지게 된다.

목록을 이용한 정보관리

정보목록은 정보에서 중요한 항목을 찾아 기술한 후 정리하면서 만들어진다. 예를 들어 업무보고서를 쓰기 위해 책을 10권 찾았을 경우, 찾은 책을 저자, 출판일, 제목, 출판사 순으로 기술한 후 저자의 가나다순으로 배열을 한다면 10권의 책을 목록으로 만든 것이다. 이렇게 한번 목록을 만들기 시작한 다음 한글이나 워드, 엑셀 같은 프로그램을 이용해서 목록파일을 저장해 놓으면, 후에 다른 정보를 찾았을 때 저자의 가나다 순에 맞춰 추가하는 것은 간단한 일이다.

색인을 이용한 정보관리

정보 내에 포함되어 있는 키워드나 단락과 같은 세부적인 요소나 정보의 주제, 사용했던 용도로 정보를 찾고자 할 때는 목록을 가지고서 쉽게 찾을 수가 없다.

이런 문제를 해결하기 위해 주요 키워드나 주제어를 가지고 소장하고 있는 정보원을 관리하는 방식이 색인을 이용한 정보관리이다. 목록은 한 정보원에 하나만 만드는 것이지만 색인은 여러개를 추출하여 한 정보원에 여러 색인어를 부여할 수 있다.

분류를 이용한 정보관리

정보를 분류할 때는 나름대로 기준을 가지고 체계적으로 정리하는 것이 좋다. 예를 들어, 디지털 카메라로 찍은 사진 파일을 정리한다고 생각해보자. 한 번은 사진을 시간별로 폴더를 만들어 저장해놓고 다음에는 촬영장소로 폴더를 만들어 저장해놓는다면 1~2년만 지나도 이전 사진파일을 찾는 것이 쉽지 않을 것이다. 디렉토리를 만들거나 즐겨찾기 항목을 만들 때에는 몇 가지 기준을 가지고 만드는 것이 좋다.

기 준	내 용	예
시간적 기준	정보의 발생 시간별로 분류	2002년 봄, 7월 등
주제적 기준	정보의 내용에 따라 분류	정보사회, 서울대학교 등
기능적/용도별 기준	정보가 이용되는 용도나 기능에 따라 분류	참고자료용, 강의용, 보고서 작성용 등
유형적 기준	정보의 유형에 따라 분류	도서, 비디오, CD 한글파일, 파워포인트 파일 등

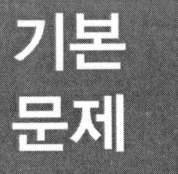 

01 다음 기사에 나타난 협연을 하기 위해 필요한 기술로 적절한 것을 〈보기〉에서 고른 것은?

> 서울의 △△문화회관에서는 국악 연주 팀이 연주를 하고, 부산의 ○○극장에서는 보컬밴드 팀이 동시에 연주를 한다. 그런데 이 공연은 별도의 연주가 아니라 한 지휘자의 지휘에 따르는 협연이다. 두 팀은 각 공연장에 설치된 화상 회의시스템을 활용하여 고화질 대형 화면과 스피커를 통해 서로의 공연 모습을 보고 연주를 들으며 하나의 작품을 만들어 청중들에게 제공한다. 하지만 지금까지는 영상이 도중에 끊기거나, 화질이 떨어져 어려움이 많았다.

[보 기]

ㄱ. 영상 압축 및 복원
ㄴ. 초고속 인터넷 통신망
ㄷ. CAD(Computer Aided Design)
ㄹ. GPS(Global Positioning System)

① ㄱ, ㄴ   ② ㄱ, ㄷ   ③ ㄴ, ㄷ   ④ ㄴ, ㄹ   ⑤ ㄷ, ㄹ

02 다음은 컴퓨터의 기억장치를 계층 구조로 나타낸 것이다. 이에 대한 설명으로 옳은 것만을 〈보기〉에서 있는 대로 고른 것은?

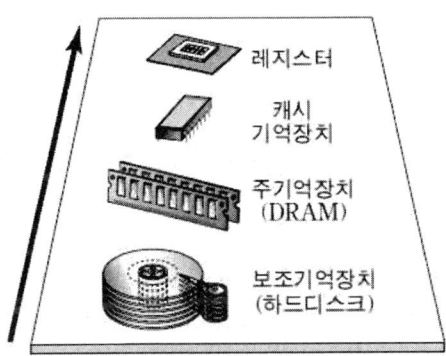

[보 기]

ㄱ. 캐시 기억장치는 주기억장치의 적은 용량을 확장하기 위해 사용된다.

ㄴ. 하드디스크에 저장된 프로그램은 실행을 위해 주기억장치로 적재된다.

ㄷ. 하드디스크의 일부는 가상 메모리 기법을 이용하면 주기억장치의 확장된 공간처럼 사용될 수 있다.

ㄹ. 화살표 방향으로 갈수록 평균 접근 속도는 빠르지만 기억용량은 줄어든다.

① ㄱ, ㄷ　　　　② ㄱ, ㄹ　　　　③ ㄴ, ㄹ　　　　④ ㄱ, ㄴ, ㄷ　　　　⑤ ㄴ, ㄷ, ㄹ

03 다음은 워드프로세서로 문서를 작성하는 화면이다. 이에 대한 설명으로 옳은 것을 〈보기〉에서 고른 것은?

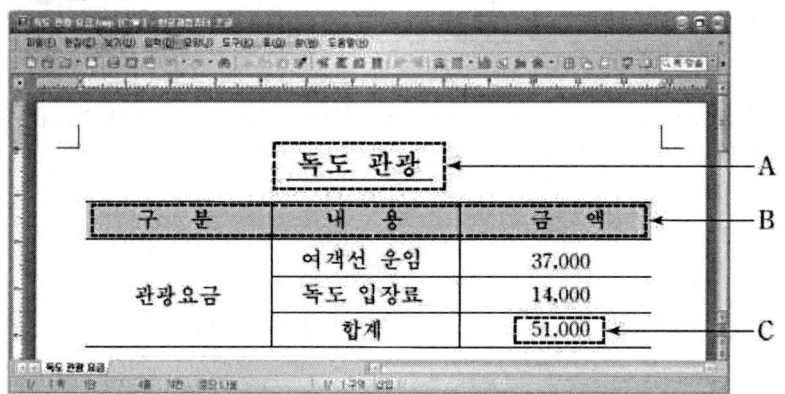

[보 기]

ㄱ. A는 [글자모양]에서 취소선을 적용하였다.

ㄴ. B는 [셀 테두리/배경]에서 배경색으로 지정할 수 있다.

ㄷ. C는 [스타일] 기능을 이용하여 합계 값을 구할 수 있다.

ㄹ. [보기]-[쪽 윤곽]이 설정된 화면이다.

① ㄱ, ㄴ　　　　② ㄱ, ㄷ　　　　③ ㄴ, ㄷ　　　　④ ㄴ, ㄹ　　　　⑤ ㄷ, ㄹ

04 다음은 [조건]에 따라 작성한 스프레드시트(엑셀) 문서이다. 이에 대한 설명으로 옳은 것을 〈보기〉에서 고른 것은?

[조 건]

• 과제1~과제5는 'O'(제출)와 'X'(미제출)로 표시하고 점수는 제출한 과제당 20점으로 계산한다.

• 판정은 과제1이 'O'이고 점수가 80이상이면 '합격', 그렇지 않으면 공백이다.

Chapter 1
Chapter 2
Chapter 3
Chapter 4
Chapter 5
Chapter 6
Chapter 7
Chapter 8
Chapter 9
Chapter 10

[조 건]

• 시험 일자, 점수, 순위, 판정은 함수를 이용한다.
• 순위는 점수를 기준으로 한다.
• [G4:I4]셀에 수식을 각각 입력한 후 [G4:I8]셀은 '자동채우기'를 실행한다.

	A	B	C	D	E	F	G	H	I
1	△△과목 과제 채점 결과								
2					시 험 일 자		2010-06-10		
3	성 명	과제1	과제2	과제3	과제4	과제5	점수	순위	판정
4	조수현	○	×	×	○	○	60	3	
5	신민지	○	×	○	○	○	80	1	합격
6	박민주	×	×	○	×	○	40	5	
7	이소라	○	×	○	×	○	60	3	
8	최정훈	×	○	○	○	○	80	1	

[보 기]

ㄱ. [G2] 셀 값은 = TODAY(2010. 6. 10)로 구할 수 있다.
ㄴ. [G4] 셀 값은 = COUNT(B4:F4, "○") * 20로 구할 수 있다.
ㄷ. [H4] 셀 값은 = RANK(G4, $G$4:$G$8)로 구할 수 있다.
ㄹ. [I4] 셀 값은 = IF(AND)(B4="○", G4>=80, "합격", " ")로 구할 수 있다.

① ㄱ, ㄴ   ② ㄱ, ㄷ   ③ ㄴ, ㄷ   ④ ㄴ, ㄹ   ⑤ ㄷ, ㄹ

05 다음은 워드프로세서로 작성한 문서이다. A~D에 대한 설명으로 옳은 것을 〈보기〉에서 고른 것은?

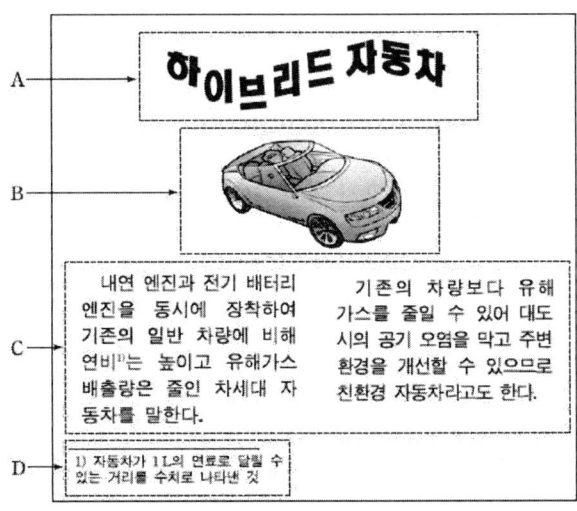

A → 하이브리드 자동차

B →

C → 내연 엔진과 전기 배터리 엔진을 동시에 장착하여 기존의 일반 차량에 비해 연비¹⁾는 높이고 유해가스 배출량은 줄인 차세대 자동차를 말한다.

기존의 차량보다 유해 가스를 줄일 수 있어 대도시의 공기 오염을 막고 주변 환경을 개선할 수 있으므로 친환경 자동차라고도 한다.

D → 1) 자동차가 1 L의 연료로 달릴 수 있는 거리를 수치로 나타낸 것

[보 기]

ㄱ. A는 '글맵시'를 이용하여 작성할 수 있다.　　ㄴ. B를 '모양 복사'하면 같은 그림을 추가할 수 있다.

ㄷ. C는 '다단'을 이용하여 작성할 수 있다.　　　　ㄹ. D는 '책갈피'를 이용하여 작성할 수 있다.

① ㄱ, ㄴ　　　　② ㄱ, ㄷ　　　　③ ㄴ, ㄷ　　　　④ ㄴ, ㄹ　　　　⑤ ㄷ, ㄹ

---

06 표는 스마트폰의 기능을 비교해 놓은 것이다. A~C에 대한 설명으로 옳은 것만을 〈보기〉에서 있는 대로 고른 것은?

	A	B	C
GPS	X	○	○
블루투스	○	X	○
와이파이	○	○	○

[보 기]

ㄱ. A, B는 무선 헤드셋을 사용할 수 있다.　　　　ㄴ. B, C는 현 위치 정보를 알아볼 수 있다.

ㄷ. A, B, C는 주변 무선중계장치(AP)를 이용하여 인터넷을 사용할 수 있다.

① ㄱ　　　　② ㄷ　　　　③ ㄱ, ㄴ　　　　④ ㄴ, ㄷ　　　　⑤ ㄱ, ㄴ, ㄷ

---

07 다음은 네트워크 관리자에게서 받은 이메일이다. (가)의 내용으로 가장 적절한 것은?

보낸 사람: 네트워크 관리자
날짜: 2010년 6월 9일 수요일 오전 09:05
받는 사람: xxx@yyy.com
제목: DDoS 공격 알림
첨부: □□□

　　귀하의 컴퓨터는 현재 ○○사를 대상으로 DDoS(분산 서비스 거부)공격을 하고 있습니다. 귀하는 이 사실을 모를 수 있겠지만, 이것은 귀하의 책임입니다. 더 이상 귀하의 컴퓨터가 공격을 하지 않도록 빠른 시간 내에 첨부된 프로그램을 실행하여 그 원인을 제거해 주십시오. 그리고 이러한 사태의 재발을 방지하기 위해 다음과 같은 조치를 취해 주시기 바랍니다.

(가)

감사합니다.

네트워크 관리자
△△네트워크 관리 서비스

① 중요한 개인 정보는 USB 메모리에 저장하십시오.

② 최신 버전의 보안 패치를 수시로 업데이트하십시오.

③ 자료실에 파일을 올릴 때에는 압축해서 용량을 줄여 주십시오.

④ 인터넷 게시판에 악성 댓글을 달거나 허위 사실을 유포하지 마십시오.

⑤ 출처가 불분명한 이메일의 첨부 파일을 먼저 저장한 후 내용을 확인하십시오.

08 **다음 중 Windows에서 사용하는 USB(Universal Serial Bus)에 대한 설명으로 옳은 것은?**

① USB는 범용 병렬 장치를 연결할 수 있게 해 주는 컴퓨터 인터페이스이다.

② 핫 플러그인(Hot Plug In) 기능은 지원하지 않으나 플러그 앤 플레이(Plug &Play)기능은 지원한다.

③ USB 3.0은 이론적으로 최대 5Gbps의 전송속도를 가지며, PC 및 연결기기, 케이블 등의 모든 USB 3.0 단자는 파랑색으로 되어 있어 이전 버전과 구분이 된다.

④ 허브를 이용하여 하나의 USB 포트에 여러 개의 주변 기기를 연결할 수 있으며, 최대 256개까지 연결할 수 있다.

⑤ 최대 64개까지 연결 가능하며, 플러그&플레이(Plug& Play) 지원가능하다.

09 **다음 중 1994년 스웨덴의 에릭슨에 의하여 최초로 개발된 근거리통신 기술로 휴대폰, PDA, 노트북과 같은 휴대 가능한 장치들 사이의 양방향 정보 전송을 목적으로 하는 것은?**

① TCP/IP   ② CDMA
③ Bluetooth   ④ USN
⑤ USB

10 **다음 중 인터넷을 이용한 FTP(File Transfer Protocol)에 관한 설명으로 옳지 않은 것은?**

① 멀리 떨어져 있는 컴퓨터로부터 파일을 전송 받거나 전송하는 서비스를 의미한다.

② 익명의 계정을 이용하여 파일을 전송할 수 있는 서버를 Anonymous FTP 서버라고 한다.

③ FTP 서버에 계정을 가지고 있는 사용자는 FTP 서버에 있는 프로그램을 다운로드 없이 실행시킬 수 있다.

④ 일반적으로 텍스트 파일의 전송을 위한 모드는 ASCII 모드이다.

⑤ 실행 파일의 전송을 위한 모드는 Binary 모드로 구분하여 수행한다.

11 정보, 자료 및 지식에 관한 옳은 설명만을 〈보기〉에서 고른 것은?

[보 기]

ㄱ. 자료와 정보 가치의 크기는 절대적이다.
ㄴ. 정보는 특정한 상황에 맞도록 평가한 의미있는 기록이다.
ㄷ. 정보는 사용하는 사람과 사용하는 시간에 따라 달라질 수 있다.
ㄹ. 지식이란 자료를 가공하여 이용 가능한 정보로 만드는 과정이다.

① ㄱ, ㄴ   ② ㄱ, ㄷ   ③ ㄴ, ㄷ   ④ ㄴ, ㄹ

12 공장 자동화(FA : Factory Automation)에 대한 설명으로 옳은 것은?

① 강의나 학습 등에 컴퓨터를 이용하는 것이다.
② 제어 시스템이나 생산 관리 등은 해당되지 않는다.
③ 각종 정보 기기와 컴퓨터 시스템이 유기적으로 연결된 구조이다.
④ 기계가 하던 자동화 시스템이 사람으로 대체해 가는 것이 목표이다.

13 전자 상거래(EC : Electronic Commerce)에 대한 옳은 설명을 〈보기〉에서 골라 바르게 짝지은 것은?

[보 기]

ㄱ. 홈 쇼핑, 홈 뱅킹, 인터넷 서점 등이 해당된다.
ㄴ. 기업의 상품이나 서비스 제공 대상은 특정 기업이나 특정 소비자만을 대상으로 한다.
ㄷ. 전자상거래가 활성화되면 기업은 물류비용이 늘어나고 소비자는 값비싼 물건을 구매하게 된다.
ㄹ. 컴퓨터나 정보통신망 등 전자화된 기술을 이용하여 기업과 소비자가 상품과 서비스를 사고 파는 것을 의미한다.

① ㄱ, ㄴ   ② ㄱ, ㄹ   ③ ㄴ, ㄷ   ④ ㄴ, ㄹ

14 컴퓨터 바이러스를 예방하는 방법으로 옳은 것을 〈보기〉에서 고른 것은?

[보 기]

ㄱ. 백신 프로그램을 설치하고 자주 업데이트한다.
ㄴ. 전자우편(E-mail)은 안전하므로 바로 열어서 확인한다.
ㄷ. 인터넷에서 자료를 받았을 때는 바이러스 검사 후에 사용한다.
ㄹ. 좋은 자료가 많은 폴더는 정보공유를 위해 무조건 서로 공유하여 사용한다.

① ㄱ, ㄴ   ② ㄱ, ㄷ   ③ ㄴ, ㄷ   ④ ㄴ, ㄹ

15 공개 자료실을 이용할 때의 네티켓으로 바르지 않는 것은?

① 음란물을 올리지 않는다.
② 공개 자료실에 등록한 자료는 가급적 압축한다.
③ 돈을 절약하기 위해 상업용 소프트웨어를 올린다.
④ 프로그램을 올릴 때에는 사전에 바이러스 감염 여부를 점검한다.

16 개인정보의 유출을 방지하기 위한 방법이 아닌 것은?

① 정체불명의 사이트는 멀리하라.
② 비밀번호는 주기적으로 교체하라.
③ 회원 가입 시 이용 약관을 읽어라.
④ 비밀번호는 기억하기 쉬운 전화번호를 사용하라.

17 전자상거래(Electronic Commerce)에 관한 설명으로 옳은 것을 〈보기〉에서 고른 것은?

[보 기]

ㄱ. 내가 겪은 경험담도 전자상거래 상품이 될 수 있다.
ㄴ. 인터넷 서점, 홈쇼핑, 홈뱅킹 등도 전자상거래 유형이다.
ㄷ. 개인이 아닌 공공기관이나 정부는 전자상거래를 할 수 없다.
ㄹ. 팩스나 전자우편 등을 이용하게 되면 전자상거래가 될 수 없다.

① ㄱ, ㄴ   ② ㄱ, ㄷ   ③ ㄴ, ㄷ   ④ ㄴ, ㄹ

18 정보를 검색할 때의 주의사항으로 옳지 않은 것은

① BBS, 뉴스그룹, 메일링 리스트 등도 사용한다.
② 키워드의 선택이 중요하고 검색어를 구체적으로 입력한다.
③ 검색 결과에 자료가 너무 많으면 결과내 재검색 기능을 사용한다.
④ 검색한 모든 자료는 신뢰할 수 있으므로 자신의 자료로 계속 사용한다.

19   데이터베이스의 필요성에 관한 옳은 설명만을 〈보기〉에서 고른 것은

[보 기]

ㄱ. 데이터의 중복과 안정성을 높인다.
ㄴ. 데이터의 양이 많아 검색이 어려워진다.
ㄷ. 프로그램의 개발이 쉽고 개발기간도 단축한다.
ㄹ. 데이터가 한곳에만 기록되어 있어 결함없는 데이터를 유지하기 어려워졌다.

① ㄱ, ㄴ   ② ㄱ, ㄷ   ③ ㄴ, ㄷ   ④ ㄴ, ㄹ

20   인터넷의 문제점(역기능)으로 옳은 것을 〈보기〉에서 고른 것은

[보 기]

ㄱ. 언어 훼손   ㄴ. 저작권 침해
ㄷ. 개인 정보 보호   ㄹ. 건전한 정보의 유통

① ㄱ, ㄴ   ② ㄱ, ㄷ   ③ ㄴ, ㄷ   ④ ㄴ, ㄹ

Chapter

07   정보능력

Chapter 1
Chapter 2
3
Chapter 4
Chapter 5
6
Chapter 7
Chapter 8
Chapter 9
10

01 다음은 두 사람이 직장 동료 최대리에 대해 대화를 나눈 내용이다. 이 대화에 따르면 양대리는 어떤 유형의 멤버십을 가지고 있는가?

① 인트라넷(Intranet)   ② 원거리 통신망(WAN)

③ 엑스트라넷(Extranet)   ④ 근거리 통신망(LAN)

⑤ 포스트(POST)

02 다음 중 옳지 않은 설명은 무엇인가?

① MP3 : 소리에 대한 사람의 청각 특성을 잘 살려 압축하는 기법으로 CD 수준의 음질을 들을 수 있는 고음질 오디오 압축 표준 형식이다.

② MIDI : 실시간으로 사운드를 보내기 위해 만들어진 압축방식으로 인터넷을 통해 데이터를 계속 받으면서 동시에 이미 다운로드 받은 데이터를 재생한다.

③ AIFF : 비압축 무손실 압축 포맷으로 Mac OS에서 표준으로 사용되는 오디오 파일형식이다.

④ WAVE : 마이크로소프트사와 IBM이 개발한 PC용 오디오 파일 형식으로 낮은 레벨의 모노에서부터 CD 수준의 스테레오에 이르기까지 다양한 수준으로 저장할 수 있다.

⑤ AVI : MS사가 개발한 Windows의 표준 동영상 파일 형식이다.

03 다음은 정보 통신 기술의 이용 사례들이다. (가)~(다)에 해당하는 기술로 적절한 것을 〈보기〉에서 고른 것은?

(가) 가입자가 원하는 시간에 인기 드라마나 영화를 선택해서 볼 수 있다.
(나) 자동차에 내비게이션을 장착하여 운전자가 원하는 목적지를 찾아갈 수 있다.
(다) 전자칩이 내장된 학생증을 가진 학생이 학교에 도착하여 태그 리더기를 지나가면 출석여부를 확인할 수 있다.

[보 기]

ㄱ. 증강현실(Augmented Reality)
ㄴ. 주문형비디오(Video On Demand)
ㄷ. 위성위치확인시스템(Global Positioning System)
ㄹ. 무선주파수인식(Radio Frequency IDentification)

	(가)	(나)	(다)		(가)	(나)	(다)
①	ㄱ	ㄷ	ㄹ	②	ㄱ	ㄹ	ㄴ
③	ㄴ	ㄱ	ㄷ	④	ㄴ	ㄷ	ㄹ
⑤	ㄷ	ㄹ	ㄴ				

04 로컬 디스크(C:)를 분석한 보고서 화면의 일부이다. (가)~(다)에 대한 설명으로 옳은 것 만을
〈보기〉에서 있는 대로 고른 것은?

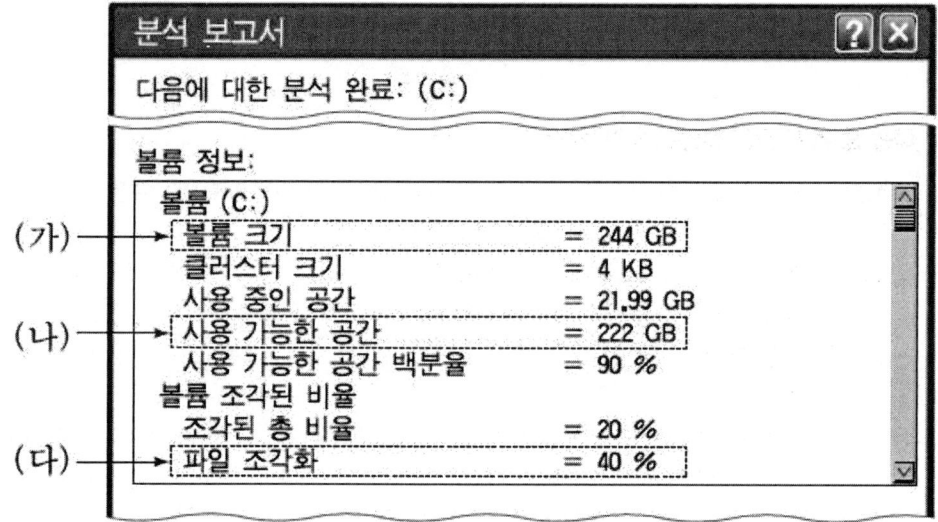

[보 기]

ㄱ. (가)는 로컬 디스크(C:)의 저장 용량이다.
ㄴ. (나)는 '디스크 정리'를 이용하여 불필요한 파일을 삭제하면 늘어날 수 있다.
ㄷ. (다)는 '디스크 조각 모음'을 이용하여 조각을 모으면 비율이 낮아질 수 있다.

① ㄱ   ② ㄷ   ③ ㄱ, ㄴ   ④ ㄴ, ㄷ   ⑤ ㄱ, ㄴ, ㄷ

05 그림은 두 종류 허브의 내부 구성도를 나타낸 것이다. (가), (나)에 대한 설명으로 옳은 것만을 〈보기〉에서 있는 대로 고른 것은?

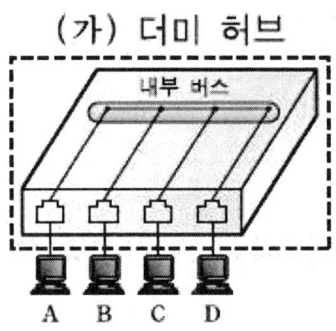
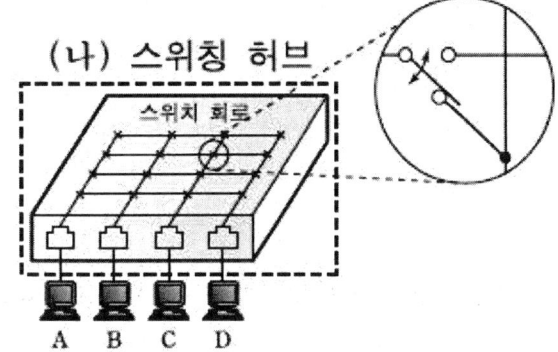

[보 기]

ㄱ. (가)에서 A가 전송한 데이터는 B~D에 전송된다.
ㄴ. (나)에서 A가 C로 데이터를 전송하는 동안에 B가 D로 데이터를 전송할 수 있다.
ㄷ. (가)와 (나)는 라우팅 기능을 제공하는 장비이다.

① ㄱ   ② ㄷ   ③ ㄱ, ㄴ   ④ ㄴ, ㄷ   ⑤ ㄱ, ㄴ, ㄷ

06 인터넷 사기 수법으로 합법적으로 소유하고 있던 사용자의 도메인을 탈취하거나 DNS(Domain Name System) 이름을 속여 사용자들이 진짜 사이트로 오인하도록 유도한 뒤 개인정보를 훔치는 신종 컴퓨터 범죄 수법은?

① 피싱(fishing)   ② 디도스(DDOS)
③ 텔렉스(telex)   ④ 파밍(pharming)
⑤ 포페이팅(forfeiting)

07 다음 중 컴퓨터에서 사용하는 일반 하드디스크에 비하여 속도가 빠르고 기계적 지연이나 에러의 확률 및 발열소음이 적으며, 소형화, 경량화할 수 있는 하드 디스크 대체 저장 장치로 옳은 것은?

① DVD   ② HDD
③ SSD   ④ ZIP
⑤ USB

08 다음 중 컴퓨터 시스템을 효율적으로 관리하기 위한 유의사항으로 적절하지 않은 것은?

① 컴퓨터를 이동하거나 부품을 교체할 경우에는 전원을 끄고 작업한다.
② 주기적으로 시스템을 재부팅하여 부품의 수명을 연장시킨다.
③ 컴퓨터를 끌 때에는 사용 중인 프로그램을 먼저 종료한다.
④ 정기적으로 시스템 최적화 프로그램을 사용하여 컴퓨터를 점검한다.
⑤ 불필요한 프로그램을 주기적으로 제어판을 통해 제거한다.

09 다음 중 컴퓨터 소프트웨어에서 셰어웨어(Shareware)에 관한 설명으로 옳은 것은?

① 정해진 금액을 지불하고 정식으로 사용하는 프로그램이다.
② 사용 기간과 일부 기능을 제한하여 정식 제품의 구입을 유도하기 위한 프로그램이다.
③ 사용 기간의 제한 없이 무료 사용과 배포가 가능한 프로그램이다.
④ ROM에 저장되며, BIOS와 관련이 있는 시스템 프로그램이다.
⑤ 매달 일정 요금을 지불해야 사용할 수 있는 프로그램을 의미한다.

10 다음 중 소프트웨어 자체에 광고를 포함하여 이를 보는 대가로 무료로 사용하는 소프트웨어는?

① 스파이웨어(Spyware)　　　　　② 애드웨어(Adware)
③ 프리웨어(Freeware)　　　　　　④ 셰어웨어(Shareware)
⑤ 오픈소스

11 다음 중 한글 Windows의 바탕화면에서 [Ctrl]+[Esc] 키를 누를 경우에 수행되는 작업으로 옳은 것은?

① 시작 메뉴가 나타난다.
② 실행 창이 종료된다.
③ 작업 중인 항목의 바로 가기 메뉴가 나타난다.
④ 창 조절 메뉴가 나타난다.
⑤ 실행되고 있는 창의 크기가 절반으로 줄어든다.

12 다음 중 엑셀의 작업 환경 설정을 위한 [Excel 옵션]의 각 메뉴에 대한 설명으로 옳지 않은 것은?

① [기본 설정]-[Excel에서 가장 많이 사용하는 옵션] : '실시간 미리 보기 사용'을 선택하면 선택 사항을 커서로 가리킬 때 해당 기능이 문서에 어떻게 영향을 주는지 결과를 미리 보여 준다.

② [수식]-[수식 작업] : '수식에 표 이름 사용'을 선택하면 데이터가 입력된 범위에 행 또는 열 레이블이 있을 경우, 이 레이블을 정의된 이름처럼 수식에 이름으로 사용할 수 있다.

③ [저장]-[통합 문서 저장] : '다음 형식으로 파일 저장'에서 통합 문서의 기본 저장 파일 형식을 지정할 수 있다.

④ [고급]-[이 통합 문서의 계산 대상] : '다른 문서에 대한 링크 업데이트'를 선택하면 워크시트와 연결된 외부 문서에 포함된 결과 값의 복사본을 저장한다.

⑤ 리본 메뉴를 최소화하거나 원래 상태로 되돌리려면 〈Ctrl+F10〉을 누른다.

13 하나 이상의 기본 테이블로 부터 유도되어 만들어 지는 가상 테이블은?

① 뷰(VIEW)
② 유리창(WINDOW)
③ 스키마(SCHEMA)
④ 도메인(DOMAIN)
⑤ 슬라이드(SLIDE)

14 다음 중 정보를 전송하기 위하여 송·수신기가 같은 상태를 유지하도록 하는 프로토콜의 기능을 의미하는 것은?

① 연결 제어
② 흐름 제어
③ 오류 제어
④ 동기화
⑤ 리피터(Repeater)

15 다음 중 셀 서식의 표시 형식 기호가 "₩#,###;-₩#,##0"으로 설정된 셀에 6345.678을 입력하였을 때의 표시 결과로 옳은 것은?

① ₩6340
② ₩6,346
③ ₩6,345
④ 6,346
⑤ -6,346

16 다음 중 엑셀의 시트 선택에 대한 설명으로 옳지 않은 것은?

> 가. 모든 시트를 한 번에 선택할 때는 시트 탭에서 마우스 오른쪽 단추를 눌러 [모든 시트 선택] 메뉴를 선택한다.
> 나. 떨어져 있는 여러 개의 시트를 선택할 때는 〈Alt〉 키를 누른 채 시트 탭을 클릭하면 된다.
> 다. 연속된 여러 개의 시트를 선택 할 때는 첫 번째 시트를 선택하고 〈Ctrl〉 키를 누른 상태에서 마지막 시트 탭을 클릭하면 된다.
> 라. 워크시트를 삽입하거나 삭제할 때 한 번에 여러 개의 시트를 대상으로 작업할 수는 없다.

① 나, 다, 라   ② 가, 나, 다
③ 가, 다, 라   ④ 가, 다
⑤ 나, 라

17 다음 중 수식의 실행 결과가 같게 나타나는 것은?

> 가. = POWER(2, 5)   나. = SUM(3, 11, 25, 0, 1, −8)
> 다. = MAX(32, −4, 0, 12, 42)   라. = INT(32.2)

① 가, 나   ② 가, 나, 다
③ 나, 다, 라   ④ 가, 나, 라
⑤ 가, 나, 다

18 다음 중 데이터 정렬 기능에 대한 설명으로 옳지 않은 것은?

① 원칙적으로 숨겨진 행이나 열에 있는 데이터는 정렬에 포함되지 않는다.
② 정렬은 기본적으로 왼쪽에서 오른쪽으로 열 단위로 정렬한다.
③ 영문자는 대/소문자를 구분하여 정렬할 수 있다.
④ 빈 셀은 오름차순/내림차순 정렬 방법에 상관없이 항상 가장 마지막으로 정렬된다.
⑤ 편집하려는 데이터가 입력되어 있는 셀을 두 번 클릭한다.

Chapter 1
Chapter 2
Chapter 3
Chapter 4
Chapter 5
Chapter 6
Chapter 7
Chapter 8
Chapter 9
Chapter 10

19 다음 중 '학번', '이름', '전화번호' 필드로 동일하게 구성되어 있는 [재학생] 테이블과 [졸업생] 테이블을 통합하여 나타내는 쿼리문으로 옳은 것은?

① Select 학번, 이름, 전화번호 From 재학생, 졸업생
　 Where 재학생. 학번 = 졸업생. 학번;

② Select 학번, 이름, 전화번호 From 재학생
　 JOIN Select 학번, 이름, 전화번호 From 졸업생;

③ Select 학번, 이름, 전화번호 From 재학생
　 OR Select 학번, 이름, 전화번호 From 졸업생;

④ Select 학번, 이름, 전화번호 From 재학생
　 UNION Select 학번, 이름, 전화번호 From 졸업생;

⑤ Select 학번, 이름, 전화번호 From 재학생
　 OUTER Select 학번, 이름, 전화번호 From 졸업생;

20 아래 워크시트에서 [B2:D6] 영역을 참조하여 [C8] 셀에 표시된 바코드에 대한 단가를 [C9] 셀에 표시하였다. 다음 중 [C9] 셀의 수식으로 옳은 것은?

	A	B	C	D
1		바코드	상품명	단가
2		351	CD	1,000
3		352	칫솔	1,500
4		353	치약	2,500
5		354	종이쪽	800
6		355	케이스	1,100
7				
8		바코드	352	
9		단가	1,500	
10				

① =VLOOKUP(C8,$B$2:$D$6,3,0)

② =HLOOKUP(C8,$B$2:$D$6,3,0)

③ =VLOOKUP($B$1:$D$6,C8,3,1)

④ =HLOOKUP($B$1:$D$6,C8,3,1)

⑤ =KLOOKUP($B$1:$D$6,C8,3,1)

Chapter 07 정답 및 해설

🚩 기본문제

01 ①

동영상을 실시간으로 전송하려면 용량이 많으므로 기본적으로 압축 및 복원기술이 필요하고 기존의 문제점이 영상끊김, 화질이었으므로 통신망도 고속이어야 한다.

02 ⑤

캐시기억장치는 CPU와 주기억장치의 속도차이를 극복하기 위해 사용하는 기억장치이다. 즉, 속도 때문에 사용하는 것이지 용량의 부족 때문에 사용하는 장치가 아니다.

03 ④

취소선을 사용하게 되면 독도관광과 같이 되고 스타일 기능은 글자의 모양, 색깔 등을 미리 지정하여 편리하게 같은 스타일을 적용시킬 때 사용한다.

04 ⑤

ㄱ. 옳게 표현하려면 =TODAY()로 하거나 =DATE (2010,6,10)으로 해야 한다.
ㄴ. COUNT함수는 숫자가 있는 셀의 숫자를 세는 것이므로 COUNTIF로 수정해야 한다.

05 ②

모양복사로는 그림 자체를 복사할 수 없다. 그림을 복사하기 위해서는 해당 그림을 선택한 후 Ctrl을 누른 상태에서 이동하거나, 복사하기(Ctrl+C)와 붙이기(Ctrl+V)를 이용한다.
- 글맵시 : 문자를 꾸미는 기능으로, 아이콘을 이용한다.
- 모양복사 : 커서 위치의 글자 모양이나 문단모양, 스타일 등을 다른 곳에 간편하게 복사
- 다단 : 문서를 여러 개의 단으로 나누어 입력하는

기능이다.
- 각주 : 본문 내용에 대한 보충 자료를 구체적으로 제시하거나, 인용한 자료의 출처 등을 밝히는 주석으로 각주 번호를 매긴 본문 쪽(페이지)의 아래에 각주 내용이 놓인다.
- 책갈피 : 문서를 편집하는 도중에 본문의 여러 곳에 표시를 해 두었다가 현재 커서의 위치에 상관없이 표시해 둔 곳으로 커서를 곧바로 이동시키는 기능이다.

06 ④

- GPS(Global Positioning System) : 인공위성을 이용하여 본 장비를 부착한 물체의 위치를 정확히 알 수 있는 시스템
- 블루투스(Bluetooth) : 휴대폰과 휴대폰 또는 휴대폰과 PC간에 사진이나 벨소리 등 파일을 전송하는 무선전송기술로 PC와 휴대폰 및 각종 디지털기기 등을 하나의 무선통신 규격으로 통일한다는 의미
- 와이파이(Wireless Fidelity:Wi-Fi) : 802.11b 무선 인터넷 표준으로 무선 데이터 전송 시스템이다. 무선중계장치(AP)를 이용하여 인터넷을 사용할 수 있다.

07 ②

DDos는 헤커의 공격 수법 중 분산 서비스 거부에 해당된다. 서비스 거부는 하나의 시스템에 대량의 메시지를 보내어 해당 시스템의 기능을 마비시키는 공격이다. 개인이 DDos의 공격으로부터 보호받기 위해서는 최신 버전의 보안 패치를 수시로 업데이트하는 것이 가장 중요하다.

08 ③

최대 127개까지 연결 가능하며, 플러그& 플레이(Plug& Play) 지원 – USB 2.0–최대 480 Mbit/초 (Hi-Speed) 속도 – 2000년 4월 출시 – USB 3.0 – Super-speed

(초당 5 기가비트, 파랑색) – 2010년 출시
그리고 핫 플러그인 기능도 지원한다. 범용 직렬 장치를
연결한다.

09 ③

• Bluetooth : 근거리 무선접속을 지원하기 위해 사용
  되는 대표적인 통신기술이다.
① TCP/IP : 인터넷 표준 프로토콜(무선표준 : WAP)
② CDMA(코드분할 다원접속) : 동일 주파수대와 동일
  시간대에 복수 개의 신호 중 순간적으로 한 개
  신호를 인지하여 기본 정보를 추출 해내는 기법
④ USN(Ubiquitous Sensor Network) : 필요한 모든
  사물에 전자태그를 부착해(Ubiquitous) 사물과
  환경을 인식하고(Sensor) 네트워크(Network)를
  통해 실시간 정보를 구축, 활용토록 하는 통신망.

10 ③

FTP(File Transfer Protocol)는 멀리 떨어져 있는
컴퓨터로부터 파일을 전송 받거나(다운로드) 전송하는
(업로드) 서비스로서 다운로드 없이 실행은 불가능하다.

11 ③

ㄱ. 자료와 정보 가치의 크기는 상대적이다.
ㄹ. 정보처리는 자료를 가공하여 이용 가능한 정보로
  만드는 과정이다.

12 ③

13 ②

ㄴ. 기업의 상품이나 서비스 제공 대상은 모든 기업과
  모든 소비자가 대상이 된다.
ㄷ. 전자상거래가 활성화되면 기업은 물류비용을
  줄이고, 소비자는 값싸고 질 좋은 제품을 집에서
  구매할 수 있게 된다.

14 ②

ㄴ. 전자우편(E-mail)도 안전하지 않으므로 미심쩍은
  전자우편은 열지 말고 즉시 삭제해야 한다.
ㄹ. 폴더를 공유하는 것은 파일을 주고받는 과정에서
  바이러스가 침투할 가능성이 높기 때문에
  바이러스를 예방하는 일에는 도움이 되지 못한다.

15 ③

비용을 지불하고 구입하는 상업용 소프트웨어를
올려서는 안된다.

16 ④

생년월일이나 전화번호 등 남들이 쉽게 유추할 수 있는
비밀번호는 사용하지 말아야 한다.

17 ①

ㄷ. 공공기관이나 정부도 전자상거래를 할 수 있다.
ㄹ. 팩스나 전자우편 등을 이용하여 전자상거래를 할 수
  있다.

18 ④

인터넷에서 검색한 정보는 잘못된 정보도 있으며
오래되고 낡은 정보도 있으므로 검색한 자료를 너무
신뢰하지 말고 자신이 원하는 자료인지를 정확하게
판단해야 한다.

19 ②

ㄴ. 한번에 여러 파일에서 데이터를 찾아내는 기능은
  원하는 검색이나 보고서 작성 등을 쉽게 할 수 있게
  해준다.
ㄹ. 데이터가 중복되지 않고 한곳에만 기록되어
  있으므로 데이터의 무결성, 즉 결함없는 데이터를
  유지하는 것이 훨씬 쉬워졌다.

20 ①

인터넷의 문제점(역기능)으로 불건전 정보의 유통, 개인
정보 유출, 사이버 성폭력, 사이버 언어폭력, 언어 훼손,
인터넷 중독, 불건전한 교제, 저작권 침해, 컴퓨터
바이러스, 해킹(hacking), 스팸 메일(spam mail) 등이
있다.

적중예상문제

01 ①

• 인트라넷(Intranet) : 기업 내부망
• 엑스트라넷(Extranet) : 기업 외부망

02 ②

해당 설명은 스트리밍기술을 말한다. MIDI는 전자악기
간의 디지털신호에 의한 통신이나 컴퓨터와 전자악기
간의 통신규약을 말하는 오디오데이터이다. 음성이나
효과음은 저장이 불가능하고, 연주정보만 저장되므로
크기가 작다. 시퀀싱작업을 통해 작성되며, 16개 이상의
악기를 동시에 연주할 수 있다.

03 ④

(가)는 VOD, (나)는 GPS, (다)는 RFID기술을 이용한 사례이다. VOD는 통신망 연결을 통하여, 사용자가 필요로 하는 영상을 원하는 시간에 제공해주는 맞춤영상정보 서비스이다. GPS는 인공위성을 이용해 위치를 탐색할 수 있는 기술이다. RFID는 전파를 이용해 먼 거리에서도 정보를 인식하는 기술로 반도체 칩이 내장된 태그(Tag), 라벨(Label), 카드(Card) 등의 저장된 데이터를 무선주파수를 이용하여 비접촉으로 읽어내는 인식시스템이다. 증강현실은 사용자가 눈으로 보는 현실세계에 가상 물체를 겹쳐 보이게 하는 기술이다. 현실세계에 실시간으로 부가정보를 갖는 가상세계를 합쳐 하나의 영상으로 보여주므로 혼합현실(Mixed Reality, MR)이라고도 한다. 현실 환경과 가상환경을 융합하는 복합형 가상현실 시스템(hybrid VR system)이다.

04 ⑤

제시된 화면은 [시작]-[보조프로그램]-[시스템도구]-[디스크조각모음]에서 분석을 클릭한 후 "보고서 보기"를 클릭했을 때 나타나는 분석보고서의 일부이다. 디스크 정리는 휴지통이나 임시 인터넷 파일들을 삭제해서 하드디스크의 사용 가능한 공간을 늘릴 수 있다. 디스크의 조각난 부팅 파일을 모아줌으로써 파일 조각화 비율을 낮추어 시스템의 속도를 향상시킬 수 있다.

05 ③

더미 허브는 하나의 단말기가 데이터 전송 시 다른 단말기는 데이터를 전송할 수 없다. 반면에 스위칭 허브는 동시에 데이터 전송이 가능하다. 허브는 집선 장치이다. 라우팅 기능을 제공하는 장비는 라우터이다.

06 ④

포페이팅은 현금을 대가로 채권을 포기하거나 양도하는 것을 말한다. 텔렉스는 전자의 자동 교환이나 인쇄 전신의 기술을 이용한 기록 통신 방식이다. 디도스는 서버가 처리할 수 있는 용량을 초과하는 정보를 한꺼번에 보내 과부하로 서버를 다운시키는 공격 방식이다. 피싱은 금융기관을 가장해 인터넷사이트에서 보안카드 일련번호를 입력하도록 요구해 금융정보를 몰래 빼가는 수법이다.

07 ③

SSD는 Solid State Drive의 영문 앞글자를 딴 약자로, 데이터를 입출력 할 수 있으면서도 기계적 지연이나 실패율이 매우 적다. 또한 외부의 충격으로 데이터가 손실되지 않으며, 발음, 소음 및 전력소모가 적고, 소형화, 경량화할 수 있는 장점이 있다.

08 ②

부품의 수명을 연장하기 위해서는 과도한 사용을 자제하고 사용 중 충격을 가하거나 하는 행위를 하지 않아야 한다. 단순히 재부팅을 한다고 하여 부품의 수명이 연장되는 것은 아님을 주의해야 한다. 또한 컴퓨터는 열이 많이 발생하므로 쿨링팬이 잘 작동 하는지 수시로 확인하여야 하며 컴퓨터 부품에 쌓인 먼지를 주기적으로 제거해야 한다.

09 ②

①번 보기는 상용 소프트웨어에 대한 설명이다. ③프리웨어는 사용기간의 제한이 없이 무료사용과 배포가 가능한 프로그램이다.

10 ②

애드웨어 : 사용기간의 제한이 없이 무료사용과 배포가 가능하나 광고를 보는 것을 전제로 사용이 허용되는 프로그램

11 ①

〈윈도우 단축키〉단축키 : 작업할 때 마우스 대신 키보드의 조합으로 명령을 실행하는 키, 바로 가기 키를 사용하여 시작 메뉴, 바탕 화면, 메뉴, 대화 상자 및 웹 페이지를 열고 닫으며 탐색할 수 있음
• 시작메뉴 나타내기 – Ctrl + Esc , 윈도우 로고키
• 실행 창 종료하기 – Alt + F4
• 작업 중인 항목의 바로가기 메뉴 – Shift + F10, 응용프로그램키
• 창 조절 메뉴 나타내기 – Alt + Space

12 ④

다른 문서에 대한 링크 업데이트 ▶ 다른 응용 프로그램에 대한 참조가 있는 수식을 계산하고 업데이트한다.
외부 연결값 저장 ▶ Excel 워크시트와 연결된 외부 문서에 포함된 값의 복사본을 저장한다. 워크시트가 외부 문서의 큰 범위에 연결되어 있어 워크시트를 여는 데 시간이 오래 걸리거나 디스크 공간이 많이 필요할 경우 외부 연결값 저장 확인란의 선택을 취소하면 워크시트를 여는 데 필요한 시간과 디스크 공간을 줄일 수 있다.

13 ①

• 뷰(VIEW) : 가상의 테이블

- 스키마(SCHEMA) : 데이터베이스에 관한 제약조건을 기술하는 것
- 도메인(Domain) : 하나의 속성이 취할 수 있는 속성 값들의 집합(범위)

14 ④

서로 같은 신호에 따라서 같은 상태로 맞추는 것을 동기화라 합니다.

15 ②

양수;음수;0;테스트 순서로 "₩#,###;−₩#,##0" 서식은 양수와 음수만을 설정한 것이다.보기 1,2,3,4는 모두 양수이므로 첫 번째 설정인 ₩#,### 을 따른다.이때 정수만 표시해야 하므로 소수 이하에서 자동 반올림 적용된다. 따라서 ₩6,346 된다.

16 ①

나. 떨어져 있는 여러 개의 시트를 선택할 때는 〈CTRL〉키를 누른 채 시트탭을 클릭하면 된다.

다. 연속된 여러 개의 시트를 선택 할 때는 첫 번째 시트를 선택하고 〈Shift〉키를 누른 상태에서 시트탭을 클릭하면 된다.

라. 워크시트 삽입 시 비연속적인 여러 개의 시트를 선택 후에 시트를 삽입할 수 없다.

17 ④

가. 2×2×2×2×2=32   나. 모두 더하면 32
다. 최대값은 42   라. 절사값 32

18 ②

정렬은 기본적으로 위에서 아래로 행단위로 정렬한다.

19 ④

UNION이 통합을 의미한다.

20 ①

[C8]셀에 352를 [B2:D6]영역의 세로방향에서 찾아야 하므로 기본적으로 VLOOKUP함수를 사용해야한다. =VLOOKUP(찾을 값, 찾을 범위를 포함한 참조영역, 찾을 열번호, 옵션) 형식이므로 '찾을 값'은 C8, '찾을 범위를 포함한 참조영역'은 B2:D6, '찾을 열번호'는 단가를 찾아야 하므로 3번째 열이 된다.

Chapter 8

기술능력 (직업기초능력 H-1)

H-1. 기술능력

H-2. 하위능력별

가. 기술이해능력

나. 기술선택능력

다. 기술적용능력

기술능력

기술능력이란 직업인으로서 일상적인 직장 생활에 요구되는 수단, 도구, 조작 등에 관한 기술적인 요소들을 이해하고, 적절한 기술을 선택하며, 적용하는 능력을 의미한다. 이러한 직업인이 직장생활에서 일상적으로 접하는 기술을 이해하고, 효율적인 기술을 선택하여 다양한 상황에 기술을 적용하기 위해서는 기본적인 기술능력의 함양은 필수적이다.

기술능력은 직장 생활에 필요한 기본적인 기술의 원리 및 절차를 이해하는 기술이해능력, 필요한 기술을 선택하는 기술선택능력, 그리고 선택한 어떤 기술을 실제 적용하는 기술적용능력으로 구성되어 있다.

기술이해능력	기술선택능력	기술적용능력
기본적인 기술의 원리, 절차 이해	필요 기술 선택	현장에서의 기술 적용

✎ 기술

기술의 의미는 거대한 산의 정상과 같아서 보는 사람의 관점에 따라 서로 다른 정의를 내릴 수 있다. 몇몇 학자들은 기술을 "물리적인 것뿐만 아니라 사회적인 것으로서 지적인 도구를 특정한 목적에 사용하는 지식체계" "인간이 주위환경에 대한 통제를 확대시키는 데 필요한 지식의 적용"등으로 정의하였다. 보다 구체적인 개념으로는 "제품이나 용역을 생산하는 원료, 생산공정, 생산방법, 자본재 등에 관한 지식의 집합체"라고 정의하기도 하였다.

기술은 노하우(know-how)와 노와이(know-why)로 나눌 수 있으며, know-how란 흔히 특허권을 수반하지 않는 과학자, 엔지니어 등이 가지고 있는 체화된 기술이다. know-why는 어떻게 기술이 성립하고 작용하는 가에 관한 원리적 측면에 중심을 둔 개념이다.

이 두 가지 지식은 획득과 전수방법에 차이가 있다.

- know-how는 경험적이고 반복적인 행위에 의해 얻어지는 것이며, 이러한 성격의 지식을 흔히 technique, 혹은 art라고 부른다.
- 반면, know-why는 이론적인 지식으로서 과학적인 탐구에 의해 얻어진다.

〉〉〉 기술의 특징

일반적으로 기술에 대한 특징은 다음과 같이 정의될 수 있다.

- 첫째, 하드웨어나 인간에 의해 만들어진 비자연적인 대상, 혹은 그 이상을 의미한다.
- 둘째, 기술은 '노하우(know-how)'를 포함한다. 즉, 기술을 설계하고, 생산하고, 사용하기 위해 필요한 정보, 기술, 절차를 갖는데 노하우(know-how)가 필요한 것이다.
- 셋째, 기술은 하드웨어를 생산하는 과정이다.
- 넷째, 기술은 인간의 능력을 확장시키기 위한 하드웨어와 그것의 활용을 뜻한다.
- 다섯째, 기술은 정의 가능한 문제를 해결하기 위해 순서화되고 이해 가능한 노력이다.

〉〉〉 기술과 과학

20세기 중엽 이후 1970년대까지는 기술이 과학의 응용이라는 인식이 지배적이었다. 즉, 과학이라는 지식이 응용되면 기술 인공물(artifacts)을 낳는다고 보는 것이었다. 그러나 1970년대 들어서는 "기술도 과학과 마찬가지로 지식이다"라는 시각으로 변화하였다. 과학과 기술의 상호작용은 지식이 사물에 응용되는 것이 아니라, 지식과 지식사이의 상호작용이라는 것이다.

✎ 기술능력

기술능력은 직업에 종사하기 위해 모든 사람들이 필요로 하는 능력이며, 이것을 넓은 의미로 확대해 보면 기술교양(technical literacy)이라는 개념으로 사용될 수 있으며, 기술교양의 개념을 보다 구체화시킨 개념으로 볼 수 있다.

일반적으로 기술교양을 지닌 사람들은,

- 기술학의 특성과 역할을 이해한다.
- 기술체계가 설계되고, 사용되고, 통제되어지는 방법을 이해한다.
- 기술과 관련된 이익을 가치화하고 위험을 평가할 수 있다.
- 기술에 의한 윤리적 딜레마에 대해 합리적으로 반응할 수 있다.

〉〉〉 기술능력의 중요성

기술능력은 인간 행위의 혁신을 가져오며, 지식의 생성능력을 포함하고, 문제 해결을 위한 도구를 개발하는 인간의 능력을 확장시킨다. 이와 같은 능력을 향상시키는 것은 기술교양의 향상을 통해 이루어질 수 있다. 기술교양을 지닌 사람은 기술적 과정과 혁신에 대해 비판적으로 조사하고 질문한다. 새로운 기술의 창조와 사용에 대한 의사결정은 인간, 사회적/환경적 이슈를 포함한다. 가치는 또한 지적 과정에 영향을 주며, 비판적 판단능력은 학생의 능력을 증가 시키는 기술을 포함한다.

〉〉〉 직업기초능력으로서의 기술능력

일반적으로 기술능력은 제조업을 비롯한 기능·기술직 종사자들에게 많이 해당될 것이라고 생각하기 쉽지만, 기술능력은 반드시 기술직 종사자에게만 해당되는 것은 아니라고 보기 때문에 기술능력을 보다 확대하여 이해하는 것이 바람직하다. 즉, 기술능력을 일반적으로 사용되는 기술교양(Technological Literacy)의 개념을 보다 구체화시킨 개념으로 보는 것이 바람직하다. 결국 기술을 사회의 모든 체계에서 필요로 하는 분야라고 이해한다면, 사회 모든 직업인이 지녀야 할 능력으로 이해할 수 있다. 이것은 모든 직업에 종사하는 사람들이 지녀야 할 직업기초능력으로서 기술능력을 지녀야 한다는 것이다.

✎ 미래에 유망한 기술

미래학자, 과학기술자, 경제학자, 정치인, 사업가 등 각 분야의 전문가들은 축적된 지식과 경험, 전문가적 직관, 초현실적 영감까지 총동원하여 미래 사회의 모습을 감지하고자 노력하고 있다. 이들은 지식산업 사회, 하이테크 사회, 정보화 사회 등 학문적 배경이나 활동 분야에 따라 다양한 용어로 미래사회를 규명하고 있다. 이러한 다양한 정의에도 불구하고 한 가지 공통점은 미래 사회가 과학기술, 혹은 첨단기술이 중심이 되는 첨단산업 사회가 될 것이라는 점이다.

전기전자정보공학분야

전기전자정보공학분야에서 유망한 기술로 전망되는 것은 지능형 로봇 분야이다.

기계공학분야

기계공학분야에서는 하이브리드 자동차 기술이 유망할 것으로 전망되고 있다.

건설환경공학분야

건설환경공학분야에서 유망한 기술로 떠오르고 있는 것은 "지속 가능한 건축 시스템기술"이다. 건축산업은 총 CO_2 배출량의 36%를 차지하며, 이중 1/3은 건물의 신축과 개·보수가 차지하고 있어 이 분야에서의 CO_2 배출량의 저감은 생산업 활동을 위축시키지 않고 효율적으로 CO_2 배출량의 감소를 구현할 수 있는 좋은 방법 중 하나이다.

화학생명공학분야

화학생명공학분야에서 유망한 기술로 떠오르고 있는 것은 재생에너지 산업이다. 재생에너지 기술 개발은 21세기 에너지, 환경 문제 해결, 에너지 자원산업의 종언과 신에너지 산업의 등장, 에너지 공급망의 국제화와 기후 변화 협약 대비 및 재생 에너지원의 경제성 제고를 위하여 필수적이다. 또한, 재생에너지 산업은 안정적 차세대 에너지 공급원이며 동시에 추출이 가능한 성장 동력 산업이다.

지속가능한 발전

지속가능한 발전(sustainable development)이라는 개념은 1970년대를 통해 기업과 정부 일각에서 인구와 산업의 발전이 무한히 계속될 수 없다는 문제를 제기하면서 등장했고, 1987년의 세계경제발전위원회(WCED)의 보고서가 "환경보호와 경제적 발전이 반드시 갈등 관계에 있는 것만은 아니다"라고 하면서 널리 퍼지게 되었다. 지속가능한 발전은 의식주만을 해결하는 상태를 바람직하다고 보지 않는다. 지금 지구의 전 인구가 선진국 수준의 풍요를 누리려면 지구에서 사용 가능한 모든 자원의 세배 이상을 소모해야 한다. 그런데 만약 그렇게 자원을 소모한다면, 그런 발전은 지속가능한 발전이 아니다. 그렇기 때문에 우리는 지속가능한 발전을 가능케 하는 기술에 대해서 관심을 가져야 한다. 지속가능한 발전을 가능케 하는 기술을 '지속가능한 기술(sustainable technology)' 이라고 정의할 수 있다.

지속가능한 기술

지속가능한 기술 중에는 풍력발전, 조력발전, 태양열 발전처럼 지금의 주된 발전기술과는 상당히 차이를 보이는 기술도 있다. 그렇지만 많은 지속가능한 기술들은 지금 우리가 가진 기술과 그 형태에서 크게 다르지 않다. 더 중요한 것은 그 기술이 디자인될 때 얼마나 더 많이 사회적, 환경적 연관에 중심을 두는 가이다.

지속가능한 기술은

- 이용 가능한 자원과 에너지를 고려하고,
- 자원이 사용되고 그것이 재생산되는 비율의 조화를 추구하며,
- 이러한 자원의 질을 생각하고,
- 자원이 생산적인 방식으로 사용되는가에 주의를 기울이는 기술이라고 할 수 있다.

즉, 지속가능한 기술은 되도록 태양 에너지와 같이 고갈되지 않는 자연 에너지를 활용하며, 낭비적인 소비 형태를 지양하고, 기술적 효용만이 아닌 환경효용(eco-efficiency)을 추구한다.

✎ 산업 재해

산업 재해란 산업 활동 중의 사고로 인해 사망하거나 부상을 당하고, 또는 유해 물질에 의한 중독 등으로 직업성 질환에 걸리거나 신체적 장애를 가져오는 것을 말한다.

우리나라 산업 안전 보건법에서는 근로자가 업무에 관계되는 건설물·설비·원재료·가스·증기·분진 등에 의하거나, 직업과 관련된 기타 업무에 의하여 사망 또는 부상하거나 질병에 걸리게 되는 것을 산업 재해로 정의하고 있다.

산업 재해의 기본적 원인

- **교육적 원인** : 안전 지식의 불충분, 안전 수칙의 오해, 경험이나 훈련의 불충분과 작업 관리자의 작업 방법의 교육 불충분, 유해 위험 작업 교육 불충분 등이 있다.
- **기술적 원인** : 건물·기계 장치의 설계 불량, 구조물의 불안정, 재료의 부적합, 생산 공정의 부적당, 점검·정비·보존의 불량 등이 있다.
- **작업 관리상 원인** : 안전 관리 조직의 결함, 안전 수칙 미제정, 작업 준비 불충분, 인원배치 및 작업 지시부적당 등이 있다.

산업 재해의 직접적 원인

- **불안전한 행동** : 위험 장소 접근, 안전 장치 기능 제거, 보호 장비의 미착용 및 잘못사용, 운전 중인 기계의 속도 조작, 기계·기구의 잘못된 사용, 위험물 취급 부주의, 불안전한 상태 방치, 불안전한 자세와 동장, 감독 및 연락 잘못 등이 있다.
- **불안전한 상태** : 시설물 자체 결함, 전기 기설물의 누전, 구조물의 불안정, 소방기구의 미확보, 안전 보호 장치결함, 복장·보호구의 결함, 시설물의 배치 및 장소 불량, 작업

환경 결함, 생산 공정의 결함, 경계 표시설비의 결함 등이 있다.

산업 재해가 개인과 기업에 끼치는 영향

- **개인에게 끼치는 영향** : 재해를 당한 본인 및 가족의 정신적·육체적 고통, 일시적 또는 영구적인 노동력 상실, 본인과 가족의 생계에 대한 막대한 손실
- **기업에 끼치는 영향** : 재해를 당한 근로자의 보상 부담, 재해를 당한 노동 인력 결손으로 인한 작업 지연, 재해로 인한 건물, 기계, 기구 등의 파손, 재해로 인한 근로 의욕 침체와 생산성 저하

산업 재해의 예방과 대책

산업 재해를 예방하기 위해서는 사고의 원인이 되는 불안전한 행동과 불안전한 상태의 유형을 이해하고, 이들을 잘 분석하여 적절한 대책을 수립해야 한다. 산업 재해의 예방 대책은 다음의 5단계로 이루어진다.

① **안전 관리 조직** : 경영자는 사업장의 안전 목표를 설정하고, 안전 관리 책임자를 선정해야 하며, 안전 관리책임자는 안전 계획을 수립하고, 이를 시행·후원· 감독해야 한다.

② **사실의 발견** : 사고 조사, 안전 점검, 현장 분석, 작업자의 제안 및 여론 조사, 관찰 및 보고서 연구, 면담 등을 통하여 사실을 발견한다.

③ **원인 분석** : 재해의 발생 장소, 재해 형태, 재해 정도, 관련 인원, 직원 감독의 적절성, 공구 및 장비의 상태 등을 정확히 분석한다.

④ **시정책의 선정** : 원인 분석을 토대로 적절한 시정책, 즉 기술적 개선, 인사 조정 및 교체, 교육, 설득, 호소, 공학적 조치 등을 선정한다.

⑤ **시정책 적용 및 뒤처리** : 안전에 대한 교육 및 훈련 실시, 안전 시설과 장비의 결함개선, 안전 감독 실시 등의 선정된 시정책을 적용한다.

불안전한 행동 방지 및 불안전한 상태 제거를 위한 방법

- **불안전한 행동 방지 방법** : 근로자의 불안전한 행동을 지적할 수 있는 안전 규칙 및 안전수칙을 제정한다. 근로자 상호간에 불안전한 행동을 지적 하여 안전에 대한 이해를 증진시킨다. 정리·정돈, 조명, 환기 등을 잘 수행하여 쾌적한 작업 환경을 조성한다.
- **불안전한 상태를 제거하는 방법** : 각종 기계·설비 등을 안전성이 보장되도록 제작하고, 항상 양호한 상태로 작동되도록 유지 관리를 철저히 해야 한다. 또한 기후, 조명, 소음, 환기, 진동 등의 환경요인을 잘 관리하여 사고 요인을 미리 제거한다.

8.1 기술이해능력 (하위모듈 H-2-가)

 학습목표

기본적인 직장 생활에 필요한 기술의 원리 및 절차를 이해하는 능력을 기를 수 있다.

⋯➡ 기술시스템이 무엇인지 설명할 수 있다.
⋯➡ 기술혁신이 무엇인지 설명할 수 있다.
⋯➡ 실패한 기술이 우리사회에 미치는 영향에 대해 설명할 수 있다.

✎ 기술이해능력

기술이해능력은 기본적인 직장생활에서 필요한 기술의 원리 및 절차를 이해하는 능력이다. 기술이해능력을 향상시키기 위해서는 기술의 개념, 관련용어, 가정, 직장 및 사회에 미치는 긍정적·부정적 영향, 유형별 기초기술, 기술과 인간, 기술과 환경 등의 관계, 기술의 선택과정에 대한 이해가 선행되어야 한다.

오늘날에는 기술 변화의 속도가 매우 빠르기 때문에 지금의 최첨단기술이 몇 년 후에는 아무 쓸모없는 기술로 될 가능성이 높다. 그렇다고 해서 빠르게 변화하는 모든 기술을 다 알고 있어야 할 필요는 없을 것이다. 오히려 미래에는 가장 기본이 되는 기술의 원리나 절차, 그리고 기술의 시스템을 알고 있는 것이 더욱 중요하게 될 것이다.

〉〉〉 기술 시스템

기술 시스템(technological system)은 현대 기술의 특성을 이해하는 데 있어서 매우 중요한 개념이다. 개별 기술이 네트워크로 결합해서 기술 시스템을 만드는 점은 과학에서는 볼 수 없는 기술의 독특한 특성이기도 하다. 기술이 발전하면서 이전에는 없던 연관이 개별 기술들 사이에서 만들어지고 있다.

기술 시스템은 인공물의 집합체만이 아니라 회사, 투자회사, 법적 제도, 정치, 과학, 자연 자원을 모두 포함하는 것이기 때문에, 기술 시스템에는 기술적인 것(the technical)과 사회적인 것(the social)이 결합해서 공존하고 있다. 이러한 의미에서 기술 시스템은 사회기술시스템(sociotechnical system)이라고 불리기도 한다.

>>> 기술 시스템의 발전 단계

기술 시스템은 다음과 같이 대략 4단계를 거쳐 발전한다.

1단계 : 발명, 개발, 혁신의 단계	기술 시스템이 탄생하고 성장
2단계 : 기술 이전의 단계	성공적인 기술이 다른지역으로 이동
3단계 : 기술 경쟁의 단계	기술 시스템 사이의 경쟁
4단계 : 기술 공고화 단계	경쟁에서 승리한 기술시스템의 관성화

>>> 기술혁신의 과정과 역할

아이디어 단계에서부터 시작하여 상업화 단계에 이르기까지 기술혁신의 전 과정이 성공적으로 수행되기 위해서는 다섯 가지 핵심적인 역할이 혁신에 참여하는 핵심 인력들에 의해 수행되어야 한다. 그 역할은 다음과 같은 아이디어 창안, 챔피언, 프로젝트 관리정보 수문장, 후원 등의 역할이다.

기술 혁신 과정	혁신 활동	필요한 자질과 능력
아이디어 창안 (idea generation)	• 아이디어를 창출하고 가능성을 검증 • 일을 수행하는 새로운 방법 고안 • 혁신적인 진보를 위한 탐색	• 각 분야의 전문지식 • 추상화의 기념화 능력 • 새로운 분야의 일을 즐김
챔피언 (entrepreneuring or championing)	• 아이디어의 전파 • 혁신을 위한 자원 확보 • 아이디어 실현을 위한 헌신	• 정력적이고 위험을 감수함 • 아이디어의 응용에 관심
프로젝트 관리 (project leading)	• 리더십 발휘 • 프로젝트의 기획 및 조직 • 프로젝트의 효과적인 진행 감독	• 의사결정 능력 • 업무 수행 방법에 대한 지식
정보 수문장 (gate keeping)	• 조직외부의 정보를 내부 구성원들에게 전달 • 조직 내 정보원 기능	• 높은 수준의 기술적 역량 • 원만한 대인 관계 능력
후원 (sponsoring coaching)	• 혁신에 대한 격려와 안내 • 불필요한 제약에서 프로젝트 보호 • 혁신에 대한 자원 획득을 지원	• 조직의 주요 의사결정에 대한 영향력

>>> 실패의 원인과 10가지 교훈

일본에서 '실패학'을 처음으로 제창했던 하타무라 요타로는 실패의 원인을 10가지로 분류하였다.

 실패의 원인 10가지

① 무지
② 부주의
③ 차례 미준수
④ 오판
⑤ 조사 · 검토부족
⑥ 조건의 변화
⑦ 기획불량
⑧ 가치관 불량
⑨ 조직운영 불량
⑩ 미지

여기서 보듯이 실패의 원인은 무수히 많은 데, 이중에는 우리가 일을 하는 과정에서 어쩔 수 없이 일어나거나 직면하는 원인이 있는 반면에, 태만이나 고의적 부정처럼 의도적인 행위에 의한 원인도 있다.

그는 또 수많은 실패 사례를 연구한 뒤에 얻어낸 '실패 관련 10가지 교훈'을 다음과 같이 제시하고 있다.

 실패 관련 10가지 교훈

① 성공은 99%의 실패로부터 얻은 교훈과 1%의 영감으로 구성된다.
② 실패는 어떻게든 감추려는 속성이 있다.
③ 방치해 놓은 실패는 성장한다.
④ 실패의 하인리히 법칙 – 엄청난 실패는 29건의 작은 실패와 300건은 실수를 저지른 뒤에 발생한다.
⑤ 실패는 전달되는 중에 항상 축소된다.
⑥ 실패를 비난, 추궁할수록 더 큰 실패를 낳는다.
⑦ 실패 정보는 모으는 것보다 고르는 것이 더 중요하다.
⑧ 실패에는 필요한 실패와 일어나선 안 될 실패가 있다.
⑨ 실패는 숨길수록 병이되고 드러낼수록 성공한다.
⑩ 좁게 보면 성공인 것이 전체로 보면 실패일 수 있다.

1 Chapter
2 Chapter
3 Chapter
4 Chapter
5 Chapter
6 Chapter
7 Chapter
Chapter 8
9 Chapter
10 Chapter

>>> 기술적 실패 또는 실패한 기술

기술적 실패에는 다양한 유형이 있고, 기술이 실패하는 데에는 다양한 이유가 있다. 실패에 다양한 유형이 있듯이 역으로 기술이 성공하는 데에도 다양한 유형이 있고 다른 이유들이 있다. 혁신적인 기술능력을 가진 사람들은 성공과 실패의 경계를 유동적인 것으로 만들어, 실패의 영역에서 성공의 영역으로 자신의 기술을 이동시킬 줄 아는 사람이다.

개개인은 연구 개발과 같이 지식을 획득하는 과정에서 항상 실패를 겪는다. 이러한 실패는 용서받을 수 있고, 오히려 바람직한 실패이다. 그렇지만 실패를 은폐하거나 과거의 실패를 반복하는 것은 어떤 의미에서도 바람직하지 않다. 특히 실패를 은폐하다보면 실패가 계속 반복될 수 있고, 이러다보면 실패는 커다란 재앙을 낳기도 한다.

✎ 미래사회의 유망기술

지능형로봇

지능형로봇은 인간과 로봇이 자연스럽게 서로를 인지하고 정서적으로 공감하며 상호 작용할 수 있는 것이다. 지능형로봇은 우리의 생활에 도움을 주는 로봇에서 더 나아가 인간과 함께 살아가는 동반자적 역할을 하게 될 것이다.

지능형로봇은 소득 2만 달러 시대를 선도할 미래 유망산업으로 발전할 것이며, 타 분야에 대한 파급 효과가 큰 첨단 기술의 복합체이다.

친환경 자동차 기술

친환경 자동차 기술은 CO_2로 인한 환경오염을 방지하고, 화석연료의 고갈에 대비하여 새로운 대체에너지원을 찾고자 하는 기술이다. 친환경 자동차 기술 중 대표적인 것은 하이브리드 기술과 연료전지 기술이다.

하이브리드 기술은 엔진과 전기모터를 상황에 따라 효율적으로 사용하는 기술이다. 연료전지는 차량에 적재된 수소와 외부 공기를 통해 유입되는 산소를 이용하여 전기에너지를 생산한다. 연료전지의 이용에 따른 배기가스는 수증기뿐이어서 오염물질을 배출하지 않는 혁신적인 장점이 있다. 그러나 수소탱크의 적재는 폭발의 위험이 있고 대량생산의 제한성 등으로 인해 약점으로 인식되고 있다.

CO_2배출량 저감의 건축 시스템 기술

건축산업은 총 CO_2배출량의 36%를 차지하며, 이중 1/3은 건물의 신축과 개·보수가 차지하고 있어 이 분야에서의 CO_2배출량의 저감은 산업 활동을 위축시키지 않고 효율적으로 CO_2배출량의 감소를 구현할 수 있는 좋은 방법의 하나이다.

CO_2배출량 저감을 위한 지속 가능한 건축 시스템 기술이란 장수명화가 가능하도록 건축물의 구조 성능이 향상되고, 리모델링이 용이하며, 건물 해체 시 구조의 재사용이 가능하여 친환경적이고 에너지 절약이 가능한 건축을 구현할 수 있는 건축 시스템 기술이다.

화학생명공학 분야 기술

'혈관 청소용 나노로봇'은 자동차 정비공이 수리를 하듯이 사람의 몸속 혈관에서 깨끗이 청소하고 손상된 부위를 수리한다.

스마트 약이라는 '나노 캡슐'은 몸 안을 헤엄치고 다니다가 특정 질병의 바이러스를 만나면 역물을 내보내 물리친다. 이것을 약물 전달 시스템이라고 한다.

2025년경에 등장하는 알약 형태의 '바이오 칩'은 가정에서도 손쉽게 의료 서비스를 받을 수 있게 한다. 이 알약을 먹게 되면 그 사람의 건강 상태를 체크해 무선으로 병원에 검사 결과를 전송하게 된다. 장기가 노화되어 더 이상 구실을 못한다고 판단되면, 자신의 줄기세포를 가지고 배양한 새 장기로 대체할 수 있게 된다.

8.2 기술선택능력 (하위모듈 H-2-나)

학습목표

기본적인 직장생활에 필요한 기술을 선택하는 능력을 기를 수 있다.

⋯⋯▶ 기술선택을 위한 의사결정을 할 수 있다.
⋯⋯▶ 벤치마킹의 특징과 중요성에 대해 설명할 수 있다.
⋯⋯▶ 매뉴얼의 특징과 중요성에 대해 설명할 수 있다.
⋯⋯▶ 지식재산권에 의한 기술의 보호에 대해 설명할 수 있다.

✎ 기술선택능력

기술선택능력은 기본적인 직장생활에 필요한 기술을 선택하는 능력이다. 기술선택능력을 향상시키기 위해서는 기술 선택의 의미와 중요성, 매뉴얼 활용방법, 벤치마킹을 이용한 기술 선택 방법, 상황에 따른 기술의 장·단점, 상황별 기술 선택과 활용에 대한 이해가 선행되어야 한다.

〉〉〉 기술선택을 위한 의사결정

기술선택이란 기업이 어떤 기술을 외부로부터 도입하거나 자체 개발하여 활용할 것인가를 결정하는 것이다. 기술을 선택하는데 따른 의사결정은 크게 다음과 같은 두 가지 방법이 있을 수 있다.

상향식 기술선택(bottom up approach)

기업 전체 차원에서 필요한 기술에 대한 체계적인 분석이나 검토 없이 연구자나 엔지니어들이 자율적으로 기술을 선택하는 것이다. 이러한 방법은 기술 개발 실무를 담당하는 기술자들의 흥미를 유발하고, 그들의 창의적인 아이디어를 활용할 수 있다는 장점이 있다.

하향식 기술선택(top down approach)

기술경영진과 기술기획담당자들에 의한 체계적인 분석을 통해 기업이 획득해야 하는 대상기술과 목표기술수준을 결정하는 것이다.

⟩⟩⟩ 기술선택의 절차

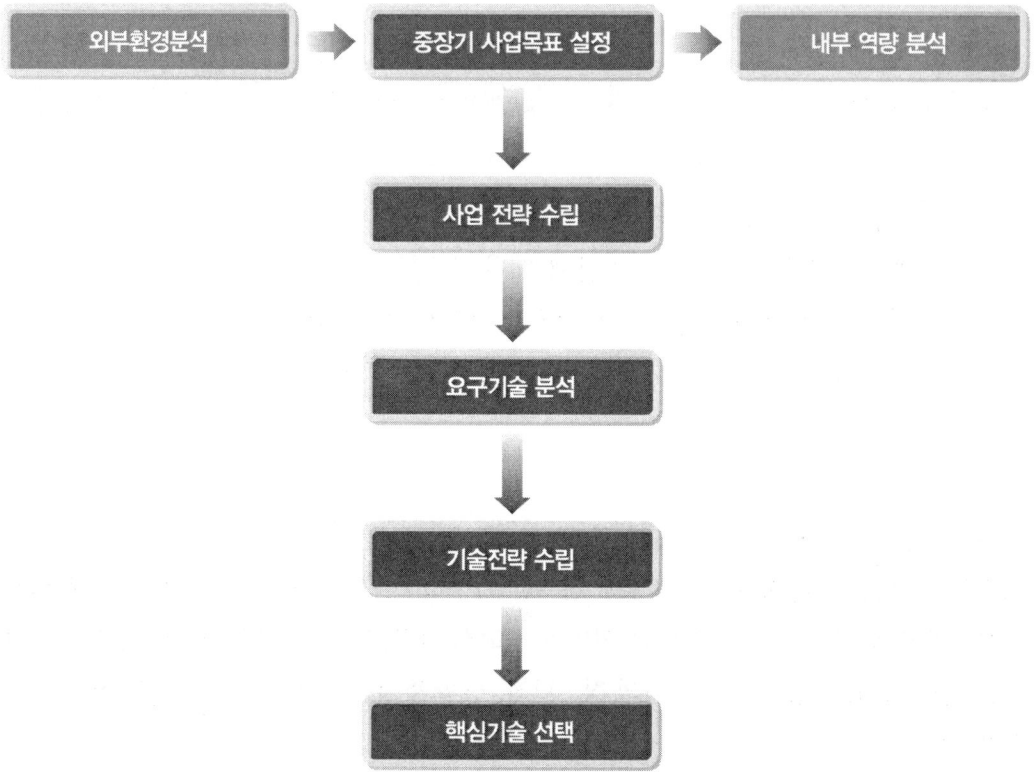

```
외부환경분석  →  중장기 사업목표 설정  →  내부 역량 분석
                      ↓
                 사업 전략 수립
                      ↓
                 요구기술 분석
                      ↓
                 기술전략 수립
                      ↓
                 핵심기술 선택
```

- 외부환경분석: 수요변화 및 경쟁자 변화, 기술 변화 등 분석
- 중장기 사업목표 설정: 기업의 장기비전, 중장기 매출목표 및 이익목표 설정
- 내부 역량 분석: 기술능력, 생산능력, 마케팅/영업능력, 재무능력 등 분석
- 사업 전략 수립: 사업 영역결정, 경쟁 우위 확보 방안 수립
- 요구기술 분석: 제품 설계/디자인 기술, 제품 생산공정, 원재료/부품 제조기술 분석
- 기술전략 수립: 기술획득 방법 결정

✎ 벤치마킹

벤치마킹이란 특정 분야에서 뛰어난 업체나 상품, 기술, 경영 방식 등을 배워 합법적으로 응용하는 것을 의미한다.

단순한 모방과는 달리 우수한 기업이나 성공한 상품, 기술, 경영 방식 등의 장점을 충분히 배우고 익힌 후 자사의 환경에 맞추어 재창조하는 것이다. 쉽게 아이디어를 얻어 새상품을 개발하거나 조직 개선을 위한 새로운 출발점의 기법으로 많이 이용된다.

》》》 벤칭마킹의 종류

• 비교대상에 따른 분류

– 내부 벤치마킹: 같은 기업 내의 다른 지역, 타 부서, 국가 간의 유사한 활용을 비교대상으로 함. 이 방법은 자료 수집이 용이하며 다각화된 우량기업의 경우 효과가 큰 반면 관점이 제한적일 수 있고 편중된 내부 시각에 대한 우려가 있다는 단점을 가지고 있음.

– 경쟁적 벤치마킹: 동일 업종에서 고객을 직접적으로 공유하는 경쟁기업을 대상으로 함. 이 방법은 경영성과와 관련된 정보 입수가 가능하며, 업무/기술에 대한 비교가 가능한 반면 윤리적인 문제가 발생할 소지가 있으며, 대상의 적대적 태도로 인해 자료 수집이 어렵다는 단점이 있음.

– 비경쟁적 벤치마킹: 제품, 서비스 및 프로세스의 단위 분야에 있어 가장 우수한 실무를 보이는 비경쟁적 기업 내의 유사 분야를 대상으로 하는 방법임. 이 방법은 혁신적인 아이디어의 창출 가능성은 높은 반면 다른 환경의 사례를 가공하지 않고 적용할 경우 효과를 보지 못할 가능성이 높음.

– 글로벌 벤치마킹: 프로세스에 있어 최고로 우수한 성과를 보유한 동일업종의 비경쟁적 기업을 대상으로 함. 접근 및 자료 수집이 용이하고 비교 가능한 업무/기술 습득이 상대적으로 용이한 반면, 문화 및 제도적인 차이로 발생 되는 효과에 대한 검토가 없을 경우, 잘못된 분석결과의 발생 가능성이 높음.

• 수행 방식에 따른 분류

– 직접적 벤치마킹: 벤치마킹 대상을 직접 방문하여 수행하는 방법. 이 방법은 필요로 하는 정확한 자료의 입수 및 조사가 가능하며 Contact Point의 확보로 벤치마킹의 이후에도 계속적으로 자료의 입수 및 조사가 가능한 장점이 있는 반면 벤치마킹수행과 관련된 비용 및 시간이 많이 소요되며 적절한 벤치마킹 대상 선정에 한계가 있다는 단점이 있음.

– 간접적 벤치마킹: 인터넷 및 문서형태의 자료를 통해서 수행하는 방법임. 이 방법은 벤치마킹 대상의 수에 제한이 없고 다양하며, 비용 또는 시간적 측면에서 상대적으로 많이 절감할 수 있다는 장점이 있는 반면 벤치마킹 결과가 피상적이며 정확한 자료의 확보가 어렵고, 특히 핵심자료의 수집이 상대적으로 어렵다는 단점이 있음.

✎ 매뉴얼

자동차의 수동식 변속기어를 영어로는 매뉴얼(manual)이라고 부른다.

사전적인 의미로 매뉴얼은 어떤 기계의 조작 방법을 설명해 놓은 사용 지침서, 즉 '사용서' '설명서' '편람' '안내서'를 의미한다. 또한 군대에서 는 '교범(敎範)'을 뜻한다.

자동차의 매뉴얼, 즉 기어는 시동을 건 뒤 1단에서 출발하는 것이 가장 좋다. 3단에서 첫 출발하려면 엔진이 멈추거나 엄청난 매연을 내고서야 겨우 전진할 수 있다.

자신의 업무, 기업도 이와 마찬가지다. 아직 3단의 속도에 이르지 않은 채 3단 기어를 먼저 넣으면 무리가 따른다. 그래서 기술혁신 전문가들은 "우리 회사는 오토매틱이니까"라고 자만하지 말 것을 경고한다. 기업경영엔 아직 오토매틱이 없기 때문에 자만하다간 회사의 엔진을 다 망치게 된다는 것이다.

〉〉〉 매뉴얼의 종류

• 제품 매뉴얼

- 사용자를 위해 제품의 특징이나 기능 설명, 사용방법과 고장 조치방법, 유지 보수 및 A/S, 폐기까지 제품에 관련된 모든 서비스에 대해 소비자가 알아야할 모든 정보를 제공하는 것.
- 제품에 대한 모든 것(제조 회사 확인부터 제품의 특징, 사용과 A/S, 폐기까지)을 명확하게 확인할 수 있어야 함.
- 제품 사용자의 유형과 사용 능력을 파악하고 혹시 모를 사용자의 오작동까지 고려하여 만들어져야 함.
- 제품의 의도된 안전한 사용과 사용 중 해야 할 일 또는 하지 말아야할 일까지 정의해야 함.
- 제품의 설계상 결함이나 위험 요소를 대변해서는 안 됨.

• 업무 매뉴얼

- 어떤 일의 진행 방식, 지켜야할 규칙, 관리상의 절차 등을 일관성 있게 여러 사람이 보고 따라할 수 있도록 표준화하여 설명하는 지침서.
- 예를 들면 프랜차이즈 점포의 경우 '편의점 운영 매뉴얼' '제품 진열 매뉴얼' 기업의 경우 '부서 운영 매뉴얼' '품질 경영 매뉴얼' 등이 있음.
- 올림픽이나 스포츠의 경우 '올림픽 운영 매뉴얼' '경기 운영 매뉴얼' 등이 있으며, 재난대비 매뉴얼인 '재난대비 국민행동 매뉴얼' 등도 있음.

✎ 지식재산권(Intellectual property)

지식재산권은 인간의 창조적 활동 또는 경험 등을 통해 창출하거나 발견한 지식·정보·기술이나 표현, 표시 그 밖에 무형적인 것으로서 재산적가치가 실현될 수 있는 지적 창작물에 부여된 권리를 말한다. 지적 소유권이라고도 한다.

지식재산권의 특징은 다음과 같다.
• 국가 산업발전 및 경쟁력을 결정짓는 '산업자본'이다.
• 눈에 보이지 않는 무형의 재산이다.
• 지식재산권을 활용한 다국적기업화가 이루어지고 있다.
• 연쇄적인 기술개발을 촉진하는계기를 마련해 주고 있다.

지식재산권은 ① 산업분야의 창작물과 관련된 산업재산권(특허권, 실용신안권, 상표권,디자인권 등) 또는 공업소유권, ② 문화예술분야의 창작물과 관련된 저작권, ③ 반도체 배치설계나 온라인디지털콘텐츠와 같이 경제·사회·문화의 변화나 과학기술의 발전에 따라 새로운 분야에서 출현하는 '신지식 재산권'으로 구분한다.

8.3 기술적용능력 (하위모듈 H-2-다)

학습목표

기본적인 직장 생활에 필요한 기술을 적용할 수 있는 능력을 기를 수 있다.

⋯ 기술적용의 의미 및 기술적용 시 고려사항에 대해 설명할 수 있다.
⋯ 기술경영자의 역할에 대해 설명할 수 있다.
⋯ 네트워크 혁명의 특징에 대해 설명할 수 있다.
⋯ 기술 융합이 어떻게 이루어지는지 설명할 수 있다.

✎ 기술적용능력

기술적용능력은 기본적인 직장생활에 필요한 기술을 실제로 적용하고 결과를 확인하는 능력이다. 기술적용능력을 향상시키기 위해서는 기술 적용의 문제점을 찾고, 기술유지와 관리방법, 새로운 기술에 대한 학습, 최신 기술의 동향 등에 대한 이해가 선행되어야 한다.

오늘날 직장인에게 있어 기술을 활용하거나 적용하는 능력은 기술을 이해하고 선택하는 능력만큼이나 중요한 활동 중의 하나이다. 직장인들은 새로운 기술의 적용을 통해 업무의 효율성을 높이기도 하고, 상과 향상에 도움이 되기도 하고, 크고 작은 위험을 사전에 예방할 수도 있다. 따라서 기술을 이해하고, 선택한 후 효율적으로 적용하는 것이 성공의 열쇠가 됨은 두 말할 필요가 없다.

✎ 기술 적용

- 선택한 기술을 그대로 적용한다.
- 선택한 기술을 그대로 적용하되, 불필요한 기술은 과감히 버리고 적용한다.
- 선택한 기술을 분석하고, 가공하여 활용한다.

우리가 기술을 적용할 때에는 선택한 기술을 어떻게 적용할 것인가에 먼저 초점을 두고 생각해야 한다.

- 먼저 선택한 기술을 그대로 적용하는 경우, 시간을 절약할 수 있고 쉽게 받아들여 적용할 수 있으며, 비용 측면에서도 절감의 효과를 거둘 수 있다. 그러나 선택한 기술이 적합하지 않은 경우, 실패로 돌아갈 수 있는 위험부담이 큰 단점이 있다.
- 둘째, 선택한 기술을 그대로 적용하되, 불필요한 기술은 과감히 버리고 적용하는 경우에도 시간을 절약할 수 있고 비용측면에서도 절감의 효과를 누릴 수 있으며, 프로세스의 효율성을 기할 수 있으나, 마찬가지로 부적절한 기술을 선택할 경우 실패로 돌아갈 수 있는 위험부담이 있으며, 과감하게 버린 기술이 과연 불필요한가에 대한 문제점이 있을 수 있다.
- 셋째, 선택한 기술을 분석하고, 가공하여 활용하는 경우, 그대로 받아들여 적용하는 것보다는 시간적인 부담이 있을 수 있지만, 자신의 직장에 대한 여건과 환경 분석 그리고 업무 프로세스의 효율성을 최대화할 수 있는 장점이 있음.

〉〉〉 기술 적용 형태

기술경영자는 일반적으로는 기술개발이 결과 지향적으로 수행되도록 유도하는 능력을 갖추어야 하고, 기술개발 과제의 세부 사항까지 파악할 수 있도록 치밀해야 하며, 기술개발 과제의 전 과정을 전체적으로 조망할 수 있는 능력을 가져야 한다고 볼 수 있다. 그러나 이러한 능력만으로는 충분하지 못하다. 사람이 중심이 되어 진행되며, 기계적인 관리보다는 조직 및 인간 행동상의 요인들이 더 중요하게 작용하기 때문이다. 기술경영자에게 필요한 능력에 대해 살펴보면 다음과 같이 정리할 수 있다.

기술경영자에게 필요한 능력

- 기술을 기업의 전반적인 전략 목표에 통합시키는 능력
- 빠르고 효과적으로 새로운 기술을 습득하고 기존의 기술에서 탈피하는 능력
- 기술을 효과적으로 평가할 수 있는 능력
- 기술 이전을 효과적으로 할 수 있는 능력
- 새로운 제품개발 시간을 단축할 수 있는 능력
- 크고 복잡하고 서로 다른 분야에 걸쳐 있는 프로젝트를 수행할 수 있는 능력
- 조직 내의 기술 이용을 수행할 수 있는 능력
- 기술 전문 인력을 운용할 수 있는 능력

기술경영자는 기술의 성격 및 이와 관련된 동향, 사업 환경 등을 이해해야 통합적인 문제 해결과 함께 기술혁신을 달성할 수 있다. 기술경영자는 기술적인 전문성을 갖추었을 때 비로써 팀원들 간의 대화를 효과적으로 이끌어 낼 수 있다.

중간급 매니저라고 할 수 있는 기술 관리자는 기술경영자와는 조금 다른 능력이 필요하다. 기술 관리자에게 요구되는 능력에는 무엇이 있는지 살펴보면 다음과 같다.

기술 관리자에게 요구되는 능력

- 시스템적인 관점
- 공학적 도구나 지원방식에 대한 이해 능력
- 기술이나 추세에 대한 이해 능력
- 기술팀을 통합할 수 있는 능력
- 기술을 운용하거나 문제 해결을 할 수 있는 능력
- 기술직과 의사소통을 할 수 있는 능력
- 혁신적인 환경을 조성할 수 있는 능력
- 기술적, 사업적, 인간적인 능력을 통합할 수 있는 능력

그 밖의 중요한 역할은 아니지만 기술적인 능력 외에 추가적으로 요구되는 것은 계획서 작성, 인력, 예산, 일정 관리 등을 포함하는 행정능력이라고 할 수 있는데, 구체적인 능력들은 다음과 같다.

구체적인 행정능력

- 다기능적인 프로그램을 계획하고 조직할 수 있는 능력
- 우수한 인력을 유인하고 확보할 수 있는 능력
- 자원을 측정하거나 협상할 수 있는 능력
- 타 조직과 협력할 수 있는 능력
- 업무의 상태, 진행 및 실적을 측정할 수 있는 능력
- 다양한 분야에 걸쳐 있는 업무를 계획할 수 있는 능력
- 정책이나 운영 절차를 이해할 수 있는 능력
- 권한 위임을 효과적으로 할 수 있는 능력
- 의사소통을 효과적으로 할 수 있는 능력

✎ 네트워크 혁명의 특징

정보통신 네트워크가 전 지구적이기 때문에 네트워크 혁명도 본질적으로 전 지구적이다. 인터넷과 미디어는 전 세계의 정보와 지식을 거대한 하나의 네트워크로 연결하고있다. 금융 자본은 밤도 없이 24시간 전 세계를 돌아다니고, 생산과 시장은 범세계적 네트워크의 이점을 쫓아 이동하고 있다. 전 세계의 사람들과 이들의 지식, 활동이 연결되면서 나의 지식과 활동이 지구 반대편에 있는 사람에게 미치는 영향의 범위와 정도가 증대되고, 반대로 지구 저쪽에서 내려진 결정이 내게 영향을 미칠 수있는 가능성도 커졌다. 이 중에는 내가 예측할 수 있고 내게 도움이 되는 것도 있지만, 그렇지 못한 것도 많다. 범세계적인 상호 영향이 보편화 되면서 사회의 위험과 개인의 불안이 증가한다.

사람과 사람이 연결되는 방식이 혁신적으로 바뀌는 네트워크 혁명의 사회는 연계와 상호의존으로 특징 지워지는 사회이다. 이러한 성숙한 사회에서는 '이타적 개인주의'라는 새로운 공동체 철학의 의미가 부각된다. 네트워크를 풍성하게 만들고 그 열매를 같이 나누는 것이 함께 사는 방식이다. 기업과 기업 사이에, 개인과 공동체 사이에, 노동자와 기업가 사이에 새로운 창조적인 긴장 관계가 만들어지는 것이다.

✎ 네트워크 혁명의 3가지 법칙

· **무어의 법칙**

컴퓨터의 파워가 18개월마다 2배씩 증가한다는 법칙. 인텔의 설립자 고든 무어(Gordon Moore)가 처음으로 주장했고, 지금까지도 들어맞고 있다.

· **메트칼피의 법칙**

네트워크의 가치는 사용자 수의 제곱에 비례한다는 법칙으로, 근거리 통신망 이더넷 (ethernet)의 창시자 로버트 메트칼피(Robert Metcalfe)에 의해 주장되었다. 네트워크에 기반한 경제활동을 하는 사람들이 특히 주목해야 할 법칙이다.

· **카오의 법칙**

창조성은 네트워크에 접속되어 있는 다양한 지수함수로 비례한다는 법칙으로 경영컨설턴트 존 카오(John Kao)가 주장한 법칙이다.

🖉 네트워크 혁명의 역기능

네트워크 혁명은 순기능만이 아니라 역기능도 수반된다. 디지털 격차(digital divide), 정보화에 따른 실업의 문제, 인터넷 게임과 채팅 중독, 범죄 및 반사회적인 사이트의 활성화, 정보기술을 이용한 감시 등이 네트워크 혁명의 대표적인 역기능들이다.

그러나 이러한 문제들을 잘 살펴보면, 이러한 문제들이 반드시 인터넷 때문에 생겼다고 보기는 힘들다. 그 전에도 정보 격차, 기술이 야기하는 실업 문제, TV 중독, 범죄자들 간의 네트워크 악용 등이 있었기 때문이다.

🖉 기술 융합

기술 융합은 사회 전반의 관심사로 확산되는 추세이다. 이러한 분위기를 결정적으로 촉발시킨 것은 2001년 12월 미국 상무부가 학계, 산업계, 행정부의 과학기술 전문가들이 참여한 워크숍을 개최하고 작성한 '인간 활동의 향상을 위한 기술의 융합(Converging Techologies for Improving Human Performance)'이라는 제목의 보고서이다.

이 보고서는 4대 핵심기술, 곧 나노기술(NT), 생명공학기술(BT), 정보기술(IT), 인지과학(Cognitive science)이 상호 의존적으로 결합되는 것(NBIC)을 융합기술(CT)이라 정의하고 기술융합으로 르네상스 정신에 다시 불을 붙일 때가 되었다고 천명하였다.

융합기술은 미래사회의 경제·사회적 다양한 수요를 충족시키기 위해 과학, 기술, 문화 등과의 창조적 융합이 강조되는 개념으로 변전되고 있다. 따라서 융합기술의 새로운 정의는 NT, BT, IT 등의 신기술간 또는 이들과 기존 산업·학문 간의 상승적 결합을 통해 새로운 창조적 가치를 창출함으로써 미래 경제와 사회·문화의 변화를 주도하는 기술이다.

🖉 4대 핵심기술의 융합

2020년까지 인간 활동의 향상을 위해 특별히 중요한 융합기술로는 다음 4가지가 언급되었다.

• 제조, 건설, 교통, 의학, 과학기술 연구에서 사용되는 새로운 범주의 물질, 장치, 시스템
• 나노 규모의 부품과 공정의 시스템을 가진 물질 중에서 가장 복잡한 생물 세포
• 유비쿼터스 및 글로벌 네트워크 요소를 통합하는 컴퓨터 및 통신시스템의 기본 원리
• 사람의 뇌와 마음의 구조와 기능

기본문제

Chapter **08** 기술능력

01 기업이 보유한 무형자산에 대한 설명으로 가장 거리가 먼 것은?

① 무형자산으로 인식되려면 식별 가능성, 자원에 대한 통제, 그리고 미래 경제적 효익 존재 등 세 가지 조건을 충족해야 한다.

② 기업 외부에서 유상으로 취득한 무형자산은 매입원가 이외의 취득과 관련한 모든 부대원가를 포함하여 취득원가를 계상한다.

③ 영업권은 영업권 창출과 관련된 부대원가 모두를 무형자산으로 계상한다.

④ 일반적으로 무형자산은 상각(amortization)을 하지만 내용연수가 불확실하거나 유한하게 추정되지 않으면 상각하지 않는다.

⑤ 무형자산을 평가할 때 원가모형이나 재평가모형을 선택하여 사용할 수 있으나 활성화한 시장이 존재하지 않을 때가 많아 대부분 원가모형을 채택한다.

02 아래 그래프는 기존 기술A의 점진적 개선과 새로운 기술B의 등장에 따른 급진적 혁신을 나타낸 것이다. 이에 대한 설명으로 가장 적절하지 않은 것은?

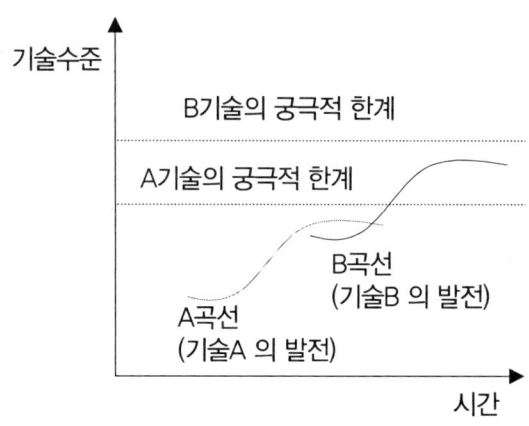

① A곡선 안에서의 상승은 점진적 연구개발을 통해 가능하며, 이는 낮은 위험과 적은 보상이라는 특징을 갖는다.

② A를 대체하는 B기술의 개발과 같은 급진적 혁신은 중소벤처기업보다 대기업에서 쉽게 이루어질 수 있다.

③ A나 B곡선 상에서는 점진적 기술혁신을 통해 성능 향상이 가능하지만 궁극적으로는 기술적 한계를 지닌다.

④ B와 같은 새로운 혁신기술은 기존 기술의 강력한 대체재가 되어 경쟁환경 변화에 중요한 변수로 작용할 수 있다.

⑤ A곡선에서 B곡선으로 이동하는 것은 급진적 연구개발을 통해 가능하며 높은 위험과 높은 보상이라는 특징을 갖는다.

03 최근 많은 기업이 전기차 개발에 큰 관심을 쏟고 있다. 글로벌자동차 회사들은 세 가지 종류의 전기차 중 무엇을 주력으로 삼을지 고민 중이다. 이 같은 상황에서 위험을 줄이고 미래 시장을 놓치지 않을 가장 합리적인 방안은?

① 기술 개발 투자비가 가장 적은 분야를 선택하여 집중

② 가장 낮은 수준의 전기차인 HEV 개발을 주력으로 선택

③ 기술을 선점하기 위해 100% 자기자본으로 PHEV 개발에 투자

④ 전기자동차를 주력으로 삼는 신흥 기업들과 전략적 제휴

⑤ 불확실성이 정리되고 기술 표준이 확립될 경우 투자 시작

04 기업의 신제품 개발 과정에 대한 설명으로 옳지 않은 것은?

① 신제품 여부를 구분하는 가장 중요한 기준은 소비자가 이전 제품과 차별성을 느끼는가하는 것이다.

② 신제품 개발 아이디어의 원천은 기업 외부적 원천보다 기술개발이나 연구개발(R&D) 활동 등 기업 내부적 원천이 더 중요하다.

③ 아이디어 창출 단계에서는 가능한 한 많은 아이디어를 찾는데 중점을 둔다면 아이디어 추출 단계에서는 성공 가능성이 높은 아이디어를 선별하는 데 그 중점을 둔다.

④ 신제품 콘셉트란 추출된 소수의 아이디어를 소비자 관점에서 언어 및 그림 등의 커뮤니케이션 수단을 통해 구체화시킨 것이다.

⑤ 시험(test) 마케팅을 위한 시장은 표준시험시장, 통제된 시험 시장, 모의시험시장 세 가지로 나눌 수 있다.

05 다음을 읽고 물음에 답하시오.

> 일반적으로 토지, 노동, 자본과 같은 생산요소는 ㉠ 법칙이 적용된다. 즉 생산요소를 증가 투입시키면 한계 생산물이 지속적으로 감소한다. 그러나 지적 자본은 ㉡ 법칙이 적용된다.
> 예를 들면, 기업의 종업원이 업무를 처리하는 과정에서 얻은 지식이나 노하우는 그것을 쓸수록 더 발전하고 새로운 노하우를 발견하는 토대가 된다. 왜냐하면 지적 자본은 제한된 자원이 아니기 때문에 기존의 지식과 경험 등에 의해 무한히 새로 개발되기 때문이다.

지식기반산업에서 특히 ㉡ 효과가 크게 나타나는 이유로 올바른 것은?

① 고객의 학습효과가 시장을 잠그는(lock-in)역할을 하기 때문에
② 제품이 사용자들의 네트워크와 호환되지 않는 경우가 많기 때문에
③ 사람들이 많이 사면 살수록 어떤 개인들의 소비를 감소시키기 때문에
④ 연구개발비 투자에 비해 엄청나게 큰 단위당 생산원가가 소요되기 때문에
⑤ 다른 사람들에게 자신이 구입한 재화를 과시할 목적으로 소비되는 경향이 있기 때문에

06 다음은 어떤 자동차를 설명하는 것인가?

> 가솔린 엔진이 주 동력원이 되고 배터리로 동작하는 모터가 보조 동력원이 되는 자동차를 말한다. 전기 모터로도 동력을 얻기 때문에 연료 사용을 줄여 배기가스를 감소시키는 장점이 있다.

① 클린 디젤차   ② 하이브리드차
③ 온라인 전기차   ④ 플러그인 자동차
⑤ 연료전지 자동차

07 집단지성(collective intelligence)과 웹2.0은 십시일반으로 조직성과를 극대화하는 정신을 나타낸다. 다음은 이와 유사성을 갖는 개념들을 제시한 것이다. 가장 거리가 먼 것은?

① 증강현실(augmented reality)
② 크라우드 소싱(crowd sourcing)
③ 오픈 이노베이션(open innovation)
④ 동등계층 생산(peer pioneer production)
⑤오픈소스 비즈니스(open source business)

08 그림은 기계 제작 주문서의 일부이다. ㉮~㉲에 대한 설명으로 옳은 것만을 〈보기〉에서 있는 대로 고른 것은?

기계 제작 주문서

◎ 품명 : 벤딩 머신(Bending machine)
◎ 요구 사항
 - ㉮ 한국산업표준에 따라 제작할 것
 - 사고 방지를 위해 ㉯ 페일 세이프(fail safe)를 반드시 부착할 것
 - ㉰ 전류가 정상적인 회로를 이탈하지 않도록 전기 기기나
  배선의 절연 상태가 양호할 것
◎ 기타
 - 작업자의 안전을 위해 ㉱ 안전 표지판을 필히 부착할 것

[보 기]

ㄱ. ㉮의 대상에는 제품의 시험 방법, 설계 기준 등이 포함된다.
ㄴ. ㉯는 기계 설비 안전 조건 중 '외형의 안전화'에 해당한다.
ㄷ. ㉰는 '누전' 현상을 의미한다.
ㄹ. ㉱는 산업안전보건법 시행규칙의 규정에 의거 제작한다.

① ㄱ, ㄴ   ② ㄱ, ㄷ   ③ ㄴ, ㄹ   ④ ㄱ, ㄷ, ㄹ   ⑤ ㄴ, ㄷ, ㄹ

09 표는 회사의 경영 현황을 조사한 내용이다. A, B 회사에 대한 설명으로 옳은 것만을 〈보기〉에서 있는 대로 고른 것은?

	A 회사	B 회사
경영 관리 조직	직계식 조직	기능식 조직
작업 조직	만능 작업 조직	유통 작업 조직
제품의 특징	고가의 제품으로 생산 수량은 적고, 완성품의 품질 수준이 매우 높아야 함	중저가의 제품으로 생산수량이 많고, 제품당 품질 검사 시간과 비용이 많이 소요됨
경영 혁신 기업	벤치마킹 경영 기법으로 생산성 향상을 도모하고 있음	정보시스템과 보안 업무를 외부의 전문기업에 아웃소싱하고 있음.

Chapter 1
Chapter 2
3
Chapter 4
Chapter 5
Chapter 6
Chapter 7
Chapter 8
Chapter 9
Chapter 10

[보 기]

ㄱ. A회사는 우수 기업의 경영 사례를 도입하여 혁신하고 있다.
ㄴ. B회사의 제품 품질 검사는 전수검사 방법이 효과적이다.
ㄷ. A회사는 B회사보다 단일 품종의 대량 생산에 유리하다.
ㄹ. A회사는 B회사보다 명령 계통이 일원화되어 있고 책임소재가 명확하지 않다.

① ㄱ   ② ㄷ   ③ ㄱ, ㄴ   ④ ㄴ, ㄷ   ⑤ ㄱ, ㄴ, ㄷ

10 다음은 녹색 경영에 대한 기사이다. 이를 통해 알 수 있는 △△기업에 대한 설명으로 옳은 것만을 〈보기〉에서 있는 대로 고른 것은?

△△ 기업은 친환경 자동차 핵심 제어기술을 개발하여 이산화탄소와 질소산화물 배출량을 획기적으로 줄였으며, 친환경기술 개발, 녹색 경영 등 기업 활동의 전반적인 환경경영 체계를 국제적으로 인정받았다. 이로 인해 CE마크를 획득하여 수출이 증대되었고 국가 녹색성장전략에 기여한 공로로 녹색경영대상을 수상했다.

[보 기]

ㄱ. 국가 차원의 탄소배출권 거래에 기여할 것이다.
ㄴ. 람사(Ramsar) 협약을 준수하기 위해 노력하였다.
ㄷ. 미국에 수출하려면 받아야 하는 인증을 획득하였다

① ㄱ   ② ㄷ   ③ ㄱ, ㄴ   ④ ㄴ, ㄷ   ⑤ ㄱ, ㄴ, ㄷ

11 다음 중 기술능력이 뛰어난 사람의 특징으로 옳지 않은 것은?

① 실질적 해결을 필요로 하는 문제를 인식한다.
② 인식된 문제를 위한 다양한 해결책을 개발하고 평가한다.
③ 실제적 문제를 해결하기 위해 지식이나 기타 자원을 선택, 최적화시키며, 적용한다.
④ 기술적 해결에 대한 문제점을 평가한다.

12 다음 중 지속 가능한 기술의 특징으로 틀린 것은?

① 이용 가능한 자원과 에너지를 고려하는 기술
② 자원이 사용되고 그것이 재생산되는 비율의 조화를 추구하는 기술
③ 석탄 에너지와 같이 고갈되는 자연 에너지를 활용하며, 낭비적인 소비 형태를 지양하고, 기술적 효용만을 추구한다.
④ 자원이 생산적인 방식으로 사용되는가에 주의를 기울이는 기술

13 다음 중 산업 재해로 볼 수 없는 것은?

① 건설 공사장에서 근로자가 추락하는 벽돌에 맞아 부상당한 경우
② 아파트 건축 현장에서 근로자가 먼지 등에 의해 질병에 걸린 경우
③ 선반 작업 시 근로자의 손이 절단된 경우
④ 근로자가 휴가 중 교통 사고에 의하여 부상당한 경우

14 산업 재해의 기본적인 원인 중 다음 보기의 예에 해당하는 것은?

[보 기]

• 건물 기계 장치의 설계 불량   • 구조 재료의 부적합
• 생산 공정의 부적당   • 점검 정비 보존의 불량

① 교육적 원인   ② 기술적 원인
③ 작업 관리상 원인   ④ 불안전한 생동

15 산업재해의 기본적인 원인 중 다음 보기의 예에 해당하는 것은? ( )

[보 기]

㉠ 안전관리 조직   ㉡ 시정책의 선정   ㉢ 사실의 발견
㉣ 원인분석   ㉤ 시정책의 적용 및 뒤처리

① ㉠ → ㉡ → ㉢ → ㉣ → ㉤   ② ㉠ → ㉢ → ㉣ → ㉡ → ㉤
③ ㉡ → ㉣ → ㉢ → ㉤ → ㉠   ④ ㉢ → ㉣ → ㉡ → ㉤ → ㉠

16 기술혁신의 특성으로 옳지 않은 것은?

① 기술혁신은 그 과정 자체가 매우 불확실하고 장기간의 시간을 필요로 한다
② 기술혁신은 노동 집약적인 활동이다.
③ 혁신 과정의 불확실성과 모호함은 기업 내에서 많은 논쟁과 갈등을 유발할 수 있다.
④ 기술혁신은 조직의 경계를 넘나드는 특성을 갖고 있다.

17 다음 중 직접적 벤치마킹의 특징으로 잘못 설명한 것은?

① 벤치마킹 대상을 직접 방문하여 수행하는 방법
② 인터넷 및 문서형태의 자료를 통해서 수행하는 방법
③ 필요로 하는 정확한 자료의 입수 및 조사가 가능
④ Contact Point의 확보로 벤치마킹 이후에도 계속적으로 자료의 입수 및 조사가 가능

18 기술을 적용하는 모습으로 가장 바람직한 것은?

① 기용: 외국 기업의 기술은 항상 좋은 것이기 때문에 있는 그대로 받아들인다.
② 현진: 항상 앞서가는 동료가 선택한 기술은 다 좋을 것이므로 따라서 선택한다.
③ 지헌: 자신의 업무 환경, 발전 가능성, 업무의 효율성 증가, 성과 향상 등에 도움을 줄 수 있는 기술인지 판단해보고 선택한다.
④ 재호: 기술을 적용할 때 불필요한 부분이 있을 수 있지만 검증된 기술이라면 그대로 받아들인다.

19 다음 중 기술관리자에게 요구되는 능력이 아닌 것은?

①기술적, 사업적, 인간적인 능력을 통합할 수 있는 능력
②기술팀을 분화할 수 있는 능력
③공학적 도구나 지원방식에 대한 이해 능력
④기술이나 추세에 대한 이해 능력

20 다음 중 네트워크 혁명의 역기능에 대한 설명으로 옳지 않은 것은?

① 디지털 격차(digital divide)
② 정보화에 따른 실업의 문제
③ 인터넷 게임과 채팅 중독
④ TV 중독

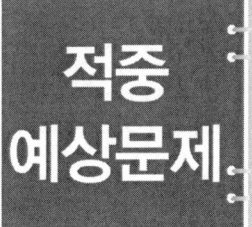 

Chapter 08 기술능력

01 그림은 플라스틱 제품의 작업 공정에 따른 유해 및 위험 요인을 나타낸 것이다. (가)~(라)에 대한 설명으로 옳은 것을 〈보기〉에서 고른 것은?

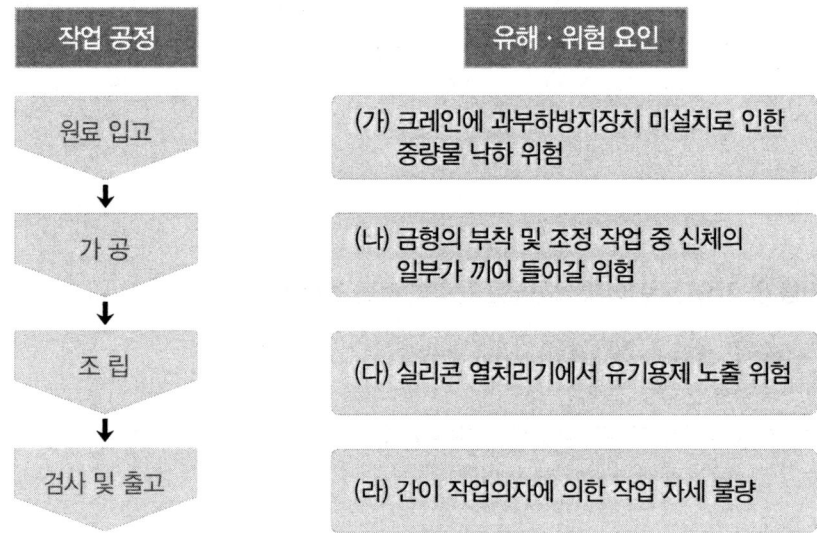

[보 기]

ㄱ. (가)에서 사고 예방을 위한 대책으로는 방호월 설치나 위험경계선 표시 등이 있다.
ㄴ. (나)로 인해 발생한 사고는 '비래'에 해당한다.
ㄷ. (다)는 호흡기 질환 및 중추 신경계 질환에 영향을 준다.
ㄹ. (라)로 인한 직업병을 예방하려면 생물학적 유해 요인을 제거해야 한다.

① ㄱ, ㄴ ② ㄱ, ㄷ ③ ㄴ, ㄷ ④ ㄴ, ㄹ ⑤ ㄷ, ㄹ

Chapter 1
Chapter 2
3
Chapter 4
Chapter 5
6
Chapter 7
Chapter 8
Chapter 9
Chapter 10

02 다음은 지식재산권의 종류별 사례이다. (가)~(다)에 대한 설명으로 옳은 것만을 〈보기〉에서 있는 대로 고른 것은?

지식 재산권	B 회사
(가)	최근 학원, 식당 등 서비스업을 나타내는 마크에 대한 권리 취득이 늘어나고 있다.
(나)	A 회사는 새로 개발한 반도체 집적 회로의 배치설계를 설정등록하여 권리를 가지고 있다.
(다)	B 방송사에서 제작한 다큐멘터리 영상물이 동남아와 유럽으로 수출되어 방송되어 있다.

[보 기]

ㄱ. (가)는 특허청에 등록되어야 권리가 발생한다.
ㄴ. (나)는 신지식재산권에 해당한다.
ㄷ. (다)에는 연극, 음반에 대한 권리도 해당된다.
ㄹ. (가)~(다)는 갱신을 통해 권리 존속기간을 연장할 수 있다.

① ㄱ, ㄴ   ② ㄱ, ㄹ   ③ ㄷ, ㄹ   ④ ㄱ, ㄴ, ㄷ   ⑤ ㄴ, ㄷ, ㄹ

03
(가) 자동차회사의 작업자가 부품을 조립하여 수송 트럭을 생산하였다.
(나) 전자회사의 작업 로봇이 전자부품을 조립하여 LED TV를 생산하였다.
(다) 물류회사의 택배기사가 수송 트럭을 이용하여 LED TV를 소비자에게 배송하였다.

[보 기]

ㄱ. (가)에서 작업자는 투입 요소에 해당한다.
ㄴ. (나)에서 조립은 변환 과정에 해당한다.
ㄷ. (다)에서 LED TV는 산출물에 해당한다.
ㄹ. (가)의 산출물이 (다)의 투입 요소로 사용되었다.

① ㄱ, ㄷ   ② ㄴ, ㄷ   ③ ㄴ, ㄹ   ④ ㄱ, ㄴ, ㄹ   ⑤ ㄱ, ㄷ, ㄹ

04 다음에서 설명하는 산업의 특징으로 옳은 것만을 〈보기〉에서 있는대로 고른 것은?

ㅇ 소자, 설계, 장비, 재료 등 전문 생산업체들로 구성되어 있고, 주요 설비 공급업자들은 웨이퍼의 가공, 검사, 조립 등에 필요한 장비를 공급한다.
ㅇ 우리나라는 최근 메모리 부문에서 세계 시장의 약 50%이상 점유하고 있으나, 비메모리 부문은 선진국과의 생산기술 격차가 큰 실정이다.

○ 우리나라는 1GB DRAM, 2GB DRAM, 4GB DRAM 등을 연속으로 개발하여 세계 기술을 선도하고 있다.

[보 기]

ㄱ. 기술 의존성과 부가가치가 높은 산업이다.

ㄴ. 초기 생산 설비에 많은 투자가 필요한 자본 집약적 산업이다.

ㄷ. 황사, 먼지 등에 민감한 미세 공정이 많아 작업장의 청정도가 중요한 산업이다.

① ㄱ   ② ㄴ   ③ ㄱ, ㄷ   ④ ㄴ, ㄷ   ⑤ ㄱ, ㄴ, ㄷ

05 다음 (가), (나)의 사례에 해당하는 생산 합리화의 원칙으로 가장 적절한 것을 〈보기〉에서 고른 것은?

(가) 차세대 전력망인 스마트그리드를 구축하는 과정에서는 부품의 호환성을 높이는 것이 우선적으로 요구된다.

(나) 기존의 4기통 엔진은 4개의 엔진 블록을 각각 제작한 후 이들을 볼트로 조립해서 만들었으나, ○○기업은 4기통 엔진 블록을 단일 주조물로 만들어 부품 수를 감소시킬 수 있었다.

[보 기]

ㄱ. 표준화   ㄴ. 단순화   ㄷ. 전문화

	(가)	(나)		(가)	(나)
①	ㄱ	ㄴ	②	ㄱ	ㄷ
③	ㄴ	ㄱ	④	ㄴ	ㄷ
⑤	ㄷ	ㄴ			

06 그림 (가), (나)는 작업의 진척 상황을 나타내는 데 사용되는 도표이다. 이에 대한 설명으로 옳은 것만을 〈보기〉에서 있는 대로 고른 것은?

[보 기]

ㄱ. (가)에서 ⓐ~ⓘ작업을 모두 완료하는 데 21시간이 소요된다.

ㄴ. (나)에서 B작업이 1시간 지연되면 전체 완료 시간이 1시간 지연된다.

ㄷ. (나)에서 모든 작업의 완료 시간은 최장작업경로(A‑C‑D‑E‑G)에 의해 결정된다.

① ㄱ   ② ㄴ   ③ ㄱ, ㄷ   ④ ㄴ, ㄷ   ⑤ ㄱ, ㄴ, ㄷ

Chapter 1
Chapter 2
Chapter 3
Chapter 4
Chapter 5
6
Chapter 7
Chapter 8
Chapter 9
10

	(가)	(나)

(가)

작업	시간(시) 작업명	0	3	6	9	12	15	18	21
ⓐ	프레스	■							
ⓑ	판금		■						
ⓒ	용접			■					
ⓓ	연마				■				
ⓔ	도장						■		
ⓕ	조립							■	

(나)

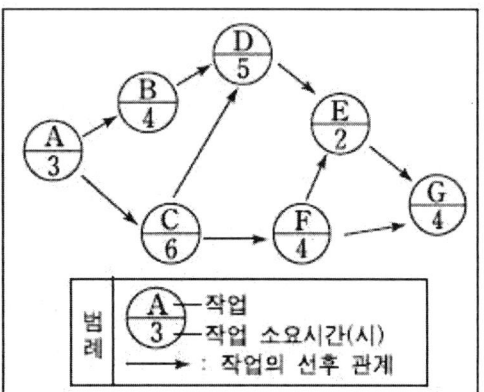

07 그림은 특허청이 공개한 등록공보의 일부이다. 이에 대한 설명으로 옳은 것만을 〈보기〉에서 있는 대로 고른 것은?

대한민국특허청(KR)
등록공보(B1)

- 중 략 -

특허권자 : (주)○○자동차
　　　　　서울시 서초구 양재동 □□번지
발 명 자 : 홍 길 동
　　　　　경기도 수원시 장안구 정자동 △△번지
대 리 인 : 이 몽 룡
심 사 관 : 김 철 수

자동차의 핸드폰 수납용 트레이

(요약) 본 발명은 자동차의 핸드폰 수납용 트레이에 관한 것으로….

[보 기]

ㄱ. 홍길동에게 산업 재산권의 모든 권리가 귀속된다.
ㄴ. 특허권을 취득함과 동시에 실용신안권도 취득된다.
ㄷ. ㈜○○자동차는 등록을 통해 획득한 지적 재산권에 대해 국민의 독점적 권리를 확보할 수 있다.

① ㄱ　　　　② ㄷ　　　　③ ㄱ, ㄴ　　　　④ ㄴ, ㄷ　　　　⑤ ㄱ, ㄴ, ㄷ

08 그림은 재해 보고서의 일부이다. 이에 대한 설명으로 옳은 것만을 〈보기〉에서 있는 대로 고른 것은?

◎ 재 해 보 고 서 ◎

사건 개요 :

　　근로자 A씨는 아연 도금 제품의 분리 작업 완료 후 이동 중 통로에 어지럽게 놓여진 슬래그 제거용 작업 도구에 발이 걸려 넘어지면서 신체 일부가 아연 용융도금조에 접촉되어 3도 화상을 입었다.

사고 원인 :

- 작업장 정리 정돈 및 안전 통로 확보 미흡
- ㉮아연 용융도금조 주변 안전망 미설치
- ㉯방열복 등 보호구 미착용

[보 기]

ㄱ. A씨의 사고 형태는 '비래'에 해당한다.
ㄴ. A씨는 산업재해보상보험법의 적용을 받을 수 있다.
ㄷ. ㉮는 하인리히(H. W. Heinrich)의 '재해연쇄모형' 중 '불안전한 상태'에 해당한다.
ㄹ. ㉯는 버드(F. E. Bird)의 '개선된 재해연쇄모형' 중 '기본원인'에 해당한다.

① ㄱ, ㄴ　　　② ㄴ, ㄷ　　　③ ㄷ, ㄹ　　　④ ㄱ, ㄴ, ㄹ　　　⑤ ㄱ, ㄷ, ㄹ

09 휴대폰 카메라 화면을 통해 주위 건물을 관찰할 때 건물에 입주한 음식점이나 커피숍의 정보가 화면에 뜬다. 이 같은 현상을 가장 적절하게 표현하는 용어는?

① 삼중융합　　　　　　　② 증강현실
③ 유비쿼터스　　　　　　④ 웹 2.0 혁명
⑤ 디지털 컨버전스

10 아래 보기의 '이것'은 무엇에 대한 설명인가?

> • 이것은 제품을 생산하거나 판매하지 않으면서 특허만을 매입해 로열티나 소송 합의금 등을 챙기는 회사로, 인텔렉추얼 벤처스 등 세계적으로 220여개가 활동하고 있다.
> • 삼성전자와 LG전자는 이것에 맞서기 위해 미국의 특허방어펀드인 RPX(Rational Patent)에 가입하였다.

① patent troll   ② patent holder
③ patent invader   ④ patent attacker
⑤ patent interference

11 그림은 생활 폐기물의 발생에서 최종처리까지의 과정을 나타낸 것이다. (가)~(다)에 해당하는 사례로 옳은 것을 〈보기〉에서 고른 것은?

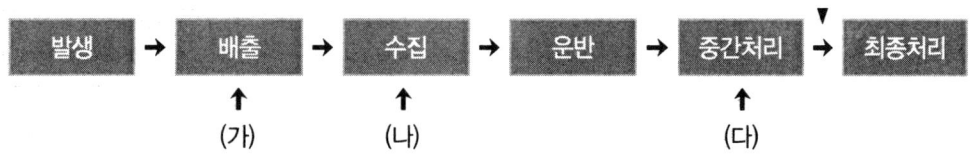

[보 기]

ㄱ. 재활용 비율을 높여 쓰레기량을 최소화하였다.
ㄴ. 재활용 비율을 높일 수 있도록 분리시설을 설치하였다.
ㄷ. 지정된 장소에 차단막을 깔고 쓰레기와 흙을 교대로 매립하였다.
ㄹ. 유기물질을 미생물에 의해 분해시켜 이용 가능한 비료로 전환하였다.

	(가)	(나)	(다)
①	ㄱ	ㄴ	ㄹ
③	ㄴ	ㄷ	ㄱ

	(가)	(나)	(다)
②	ㄱ	ㄷ	ㄹ
④	ㄴ	ㄹ	ㄷ

12 그래프는 ○○기업이 A공정에 새로운 작업자를 투입한 후의 불량률을 나타낸 것이다. 이 그래프에 나타나 있는 문제점을 개선하기 위한 조치로 적절한 것을 〈보기〉에서 모두 고르면?

[A 공정 작업자의 불량률]

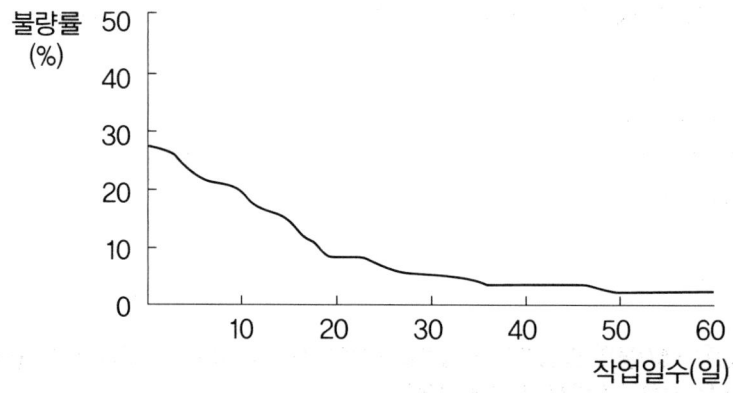

[보 기]

ㄱ. 작업공정을 주기적으로 바꾼다.　　　ㄴ. 숙련된 작업자를 작업에 투입한다.
ㄷ. 작업자에게 일정 기간 휴가를 준다.　　ㄹ. 사전에 직무 교육을 시키고 작업에 투입한다.

① ㄱ, ㄴ　　　　② ㄱ, ㄹ　　　　③ ㄴ, ㄷ　　　　④ ㄴ, ㄹ

13 다음 (가) 단계에서 시행하기에 적절한 기업의 사고 예방 활동으로 가장 적절한 것은?

① 경영자가 안전 관리 책임자를 임명한다.
② 근로자의 안전 교육과 훈련 방법을 개선한다.
③ 안전 사고 예방을 위한 회의와 토론회를 개최한다.
④ 안전 점검을 통해 시설물의 위험 요소를 파악한다.

14 다음은 품질 관리도를 나타낸 것이다. (가)와 (나)에 대한 설명으로 가장 적절한 것은?

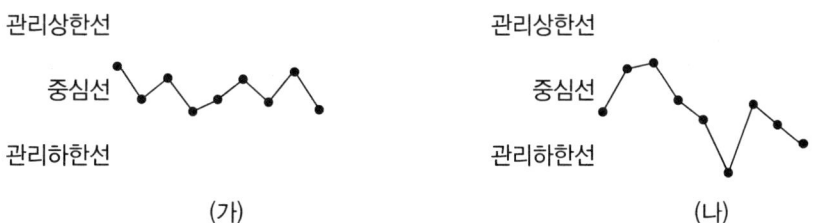

① (가)는 중심선 아래에 점이 더 많이 분포되어 있으므로 원인 조사가 필요하다.
② (가)는 각 점이 중심선을 기준으로 위아래로 분포되어 있으므로 집중적인 관리가 필요하다.
③ (나)는 한 점이 관리하한선 아래에 있으므로 원인 조사가 필요하다.
④ (나)는 두 점이 중심선 위에 분포되어 있으므로 원인 조사가 필요하다.

15 그림은 기업에서 제품 생산을 계획하는 과정이다. 판매 예측 과정에서 고려해야 할 내용을 〈보기〉에서 고른 것은?

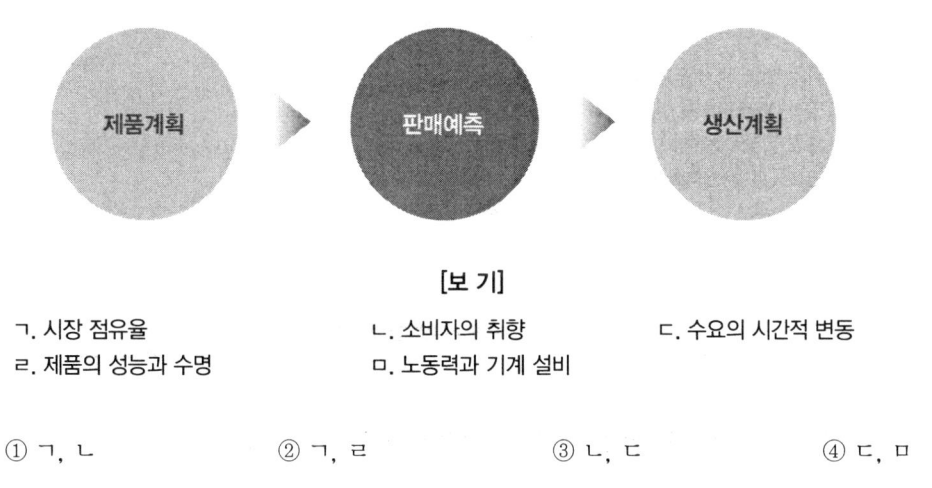

[보 기]

ㄱ. 시장 점유율   ㄴ. 소비자의 취향   ㄷ. 수요의 시간적 변동
ㄹ. 제품의 성능과 수명   ㅁ. 노동력과 기계 설비

① ㄱ, ㄴ   ② ㄱ, ㄹ   ③ ㄴ, ㄷ   ④ ㄷ, ㅁ

16 다음과 같은 사고의 직접적인 원인을 바르게 짝지은 것은?

아파트 건설 공사 중 35층 높이에서 타워크레인의 줄이 끊어지면서 승강기 통로 제작용 철제 거푸집이 1층 바닥으로 떨어졌다. 이 사고로 거푸집 안에서 거푸집 고정핀 제거 작업을 하던 근로자 3명이 숨졌다.
사고 조사 결과, 무게 5톤이 넘는 거푸집을 타워크레인에 매달 경우에는 4개의 로프를 사용해야 하는데 2개의 로프만 연결한 결과, 거푸집의 무게 때문에 로프가 끊어져 일어난 것으로 드러났다.

불완전한 행동	불완전한 상태
① 위험물 취급 부주의	보호구의 결함
② 보호구의 잘못 사용	생산 공정의 결함
③ 불완전한 속도 조작	물체 배치의 결함
④ 불완전한 상태 방치	작업 환경의 결함

17 그림과 같은 보호구 착용 효과를 〈보기〉에서 고르면?

 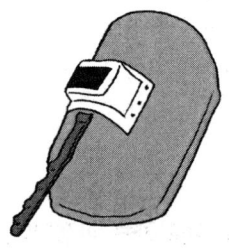 

[보 기]

ㄱ. 협착과 전도 사고를 예방할 수 있다.
ㄴ. 충돌과 비래 사고를 예방할 수 있다.
ㄷ. 호흡기 질환 예방이나 눈을 보호할 수 있다.
ㄹ. 물리적 · 화학적 위험 인자로부터 재해를 예방할 수 있다.

① ㄱ, ㄴ   ② ㄱ, ㄷ   ③ ㄴ, ㄷ   ④ ㄷ, ㄹ

18 다음 뉴스의 ㉠~㉢을 재해의 예방 원칙과 바르게 짝지은 것은?

앵   커 : 오늘 오후 페인트를 생산하는 한 중소기업에서 불이 나서 많은 피해가 발생했습니다. 강기자!
강기자 : 네, ㉠안전수칙만 준수했어도 화재가 일어나지 않았을 텐데……. 안타깝습니다.
소방관 : ㉡원료 보관 창고에서 용접 작업을 하다가 인화 물질에 불꽃이 튀어 불이 난 것으로 추정됩니다.
앵   커 : 네, 빨리 사고를 수습하고, ㉢앞으로 다시는 이런 일이 발생하지 않도록 산업 안전 관리를 강화
          하는 방안을 마련해야 하겠습니다.

Chapter 1

Chapter 2

Chapter 3

Chapter 4

Chapter 5

Chapter 6

Chapter 7

Chapter 8

Chapter 9

Chapter 10

	㉠	㉡	㉢
①	예방 가능	손실 우연	원인 계기
②	예방 가능	원인 계기	대책 선정
③	손실 우연	원인 계기	대책 선정
④	손실 우연	예방 가능	원인 계기

19 〈보기〉에 제시된 산업 사회의 발달 과정을 순서대로 바르게 나열한 것은?

[보 기]

ㄱ. 장인이 도제를 두고 생산 활동을 하였다.
ㄴ. 청동을 제련하여 실용적인 농경 도구를 만들었다.
ㄷ. 산업용 기계의 발명으로 대량 생산이 가능하게 되었다.
ㄹ. 공장제 수공업의 등장으로 시장 생산이 가능하게 되었다.

① ㄱ - ㄴ - ㄷ - ㄹ 　　　② ㄴ - ㄱ - ㄷ - ㄹ
③ ㄴ - ㄱ - ㄹ - ㄷ 　　　④ ㄹ - ㄱ - ㄴ - ㄷ

20 밑줄 친 내용에 대한 설명으로 바르게 짝지은 것은?

최근 한 의류업체가 소비시장 동향을 살펴본 결과, ㉠ 빠른 유행에 따른 패션 변화와 실용적이고 편안함을 추구하려고 하는 경향이 확산되고 있다. 또한, ㉡ 다양한 기능을 가진 제품이 새롭게 의류 시장을 주도하고 있다.

	㉠	㉡
①	유연생산체제	업계의 디자인 설계 강화
②	다품종 소량 생산 체계	업계의 디자인 설계 강화
③	유연생산체제	생산의 자동화
④	다품종 소량 생산 체계	생산의 자동화

Chapter 08 | 정답 및 해설

기본문제

01 ③

기업이 보유한 자산 중 물리적 실체는 없지만 미래 경제적 효익이 존재하며 이러한 미래 경제적 효익을 가져다 주는 비화폐성 자산을 배타적으로 확보·통제할수 있고, 식별 가능한 자산은 무형자산 으로 분류한다. 영업권을 제외한 산업재산권, 라이선스, 프랜차이즈, 개발비, 임차권리금, 지적재산권 등 대부분 무형자산은 식별 가능하다.

무형자산 취득원가는 자산 취득에 직접 지출한 원가와 해당 자산을 본래 의도한 목적으로 사용 가능하게 하기 위해 지출한 부대원가 모두를 합하여 결정된다. 그러나 브랜드 이미지나 영업을 통하여 확보한 고객 명단 등 기업 내부에서 창출된 영업권은 지출된 원가(취득원가)를 신뢰성 있게 측정할 수 없고 기업이 통제하고 있는 식별 가능한 자원이 아니기 때문에 무형자산으로 인식하지 않는다.

> **· 특허 괴물(patent troll)**
> 제조 등의 생산 활동보다는 특허권의 행사를 통해 이익을 취하는 기업. 이 기업들은 먼저 특허를 매입한 후 소송 합의금, 로열티 등을 통해 수익을 얻는 데에만 치중한다. 전 세계에 300여 개 이상의 특허 괴물이 있으며 인텔렉추얼벤처스(IV), 인터디지털, 램버스, 스팬션 등이 악명을 떨치고 있다. 최근 외국계 특허괴물(patent troll)들이 최근 수익성이 좋은 한국 기업들을 표적으로 삼아 소송을 제기하면서 주목을 받았다.

02 ②

급진적 연구개발은 특정 사업목적을 달성하기 위해 큰 위험부담을 감수하고 기업 내부 또는 외부에서 새로운 지식을 창안하는 것을 뜻한다. 실패에 수반될 수 있는 높은 위험을 감수해야 하나 성공했을 경우 높은 보상을 받는 특징이 있다. 새로운 시도를 하는 데 있어 인력, 시스템, 파트너 등 사업의 유연성에서 뛰어난 벤처 및 중소기업이 상대적으로 급진적 연구개발에 유리한 특성을 갖고 있다.

03 ④

친환경 기술이 점차 모든 산업에 주요 이슈로 부상하면서 자동차 산업에서도 환경 친화적인 전기자동차가 큰 관심을 받고 있다. 저속에는 전기 배터리를, 고속에는 가솔린을 사용하는 HEV(하이브리드차), 구동 방식은 HEV와 유사하나 배터리를 재충전해 다시 쓸 수 있는 PHEV(플러그인 하이브리드차), 100% 전기의 힘만으로 고속 장거리 주행이 가능한 BEV(배터리 전기차). 그러나 전기차 개발에 관심이 높아질수록 세 가지 중 어느 것을 주력으로 할지 자동차 회사의 선택도 어려워지고 있다. 이런 상황에서 글로벌 자동차 기업들은 어떤 전략을 펼쳐야 하는가?

미래를 위한 큰 투자가 실패하게 되면 기업은 큰 부담을 안기 때문에 기업의 투자의사 결정에는 치밀한 전략적 사고가 필요하다. 일반적으로 기업은 투자의사 결정 때 여러 대안을 검토한 후 가장 높은 수익을 내는 방안을 선택한다. 확실성이 높으면 선택과 집중이 가장 좋은 선택이고 의사 결정도 어렵지 않다. 그러나 불확실성이 높은 경우 의사 결정이 쉽지 않다. 예상치 못했던 기술이나 제품이 산업 표준으로 부상할 수도 있다. 만약 대비하지 않은 기술이 산업 표준이 된다면 기업은 시장에서 순식간에 뒤쳐질 수 있다.

이처럼 전기차나 IT 분야 등 산업 환경의 불확실성이 높으면 기업은 리스크가 높은 단독 투자나 인수·합병(M&A)보다는 지분 출자나 전략적 제휴와 같이 상대적으로 낮은 수준의 관여부터 시작해가는 '리얼 옵션(real option)' 형태의 단계적 전략을 고려할 필요가 있다. 즉, 리얼 옵션은 하나의 대안을 선택해 투자하는 것이 아니라 복수의 대안에 소규모로 투자하는 것을 말한다. 기업은 대안마다 최소한의 역량과 기술을 확보하면서 시장 흐름에 뒤처지지 않도록 해야 한다.

따라서 전기차 개발 시 위험을 줄이고 미래 시장을 놓치지 않을 합리적인 전략은 우선 전기자동차를 주력으로 삼는 신흥 기업이나 전기차에서 가장 핵심인 배터리제조기업과 전략적 제휴를 강화하는 것이다. 이는 기존 자동차 회사들이 100% 자기자본만으로 전기차 개발에 뛰어들면 리스크가 매우 크지만 신흥 기업과 함께 개발할 때 리스크를 나누면서 미래 시장 선점 경쟁에서도 뒤처지지 않는 효과를 기대할 수 있기 때문이다.

04 ②

신제품 개발 과정은 아이디어 창출(creation), 아이디어 추출(screening), 제품 콘셉트 개발 및 테스트, 마케팅 전략 수립, 사업성 분석, 제품 개발, 시험(test) 마케팅, 신제품 출시 8단계로 이루어진다. 기업이 새 상품을 내놓더라도 소비자가 물리적·화학적 속성, 상징성 및 부수적 서비스를 기준으로 이전 제품과의 차별성을 느끼지 못한다면 신제품이라고 할 수 없다.

신제품 여부를 구분하는 가장 중요한 기준은 소비자가 어떻게 생각하느냐에 달려 있는 것이다. 신제품 개발의 아이디어 원천은 내부적 원천과 외부적 원천으로 나눌 수 있는데, 두 원천 모두 중요하다.

기업 내부의 기술 개발 및 연구개발(R&D) 활동을 통해서 아이디어가 제공될 뿐 아니라 CEO로부터 영업사원까지 각 층 모두 아이디어 원천이 될 수 있다. 기업 외부의 아이디어 원천으로는 고객, 경쟁업체, 유통업체, 공급업자 등이 있다.

05 ①

지식기반산업에서 수확체증의 현상이 발생하는 이유는 제품이 사용자들의 네트워크와 호환되어야 하는 경우가 대부분이고, 단위당 생산원가에 비해 연구개발비가 많이 발생하기 때문이다. 또한 한 번 학습된 고객은 경쟁자의 제품을 사용하기 위해 다시 학습하지 않으려 해서 전환비용을 발생시킨다.

㉠은 수확체강의 법칙, ㉡수확체증의 법칙이다.

06 ②

하이브리드차는 내연기관과 전기 모터가 함께 쓰여 동력을 얻는다.

07 ①

집단지성은 다수가 서로 협력·경쟁을 통해 자연스럽게 도출해내H와 같은 지적 능력의 결과를 말한다. 이와 유사한 개념으로는 크라우드 소싱, 오픈 이노베이션,

동등계층 생산, 오픈소스 비즈니스가 있다. 그러나 증강현실은 가상의 그래픽 또는 데이터가 실제 세계와 함께 겹쳐져서 현실감을 나타내는 혁신적인 기술을 말하는 것으로 집단지성과는 거리가 멀다.

08 ④

㉮의 한국산업표준은 제품과 가공기술에 인증을 해준다. 제품에는 품질식별이 용이하지 아니하여 소비자 보호를 위하여 규격에 맞는 것임을 표시할 필요가 있는 광공업품, 원자재에 해당하는 것으로서 다른 산업에 미치는 영향이 큰 광공업품, 독과점 품목/가격변동 등으로 현저한 품질저하가 우려되는 광공업품이 있다. 가공기술에는 규격에 정하여진 기술수준에 도달한 가공기술, 해당 가공기술을 사용함으로써 품질 또는 생산성향상이 가능한 가공기술이 있다. 보기 ㄱ의 경우 제품의 시험방법, 설계 기준도 한국산업표준에 포함된다. ㉯의 페일세이프는 기계나 부품에 고장이나 기능불량이 생겨도 항상 안전하게 작동하는 구조와 기능을 의미한다. 보기 ㄴ에서 페일세이프는 외형의 안전화가 아닌 기능의 안전화에 해당된다. ㉰의 전류가 정상적인 회로를 이탈하는 것을 누전이라고 한다. ㉱의 안전 표지판은 산업안전보건법 시행규칙의 안전·보건 표지의 종류와 형태(제6조 제1항 관련)에 의거하여 제작한다.

09 ①

A회사는 벤치마킹 경영 기법을 이용한다 에서 우수 기업의 경영 사례를 도입하여 혁신하고 있는 것을 알 수 있으므로 보기 ㄱ은 올바르다. B회사에서는 제품 특성으로 중저가의 제품으로 생산 수량이 많고, 제품당 품질 검사 시간과 비용이 많이 소요되므로 샘플링 검사법이 적당하지만 전수검사는 효과적이지 않다. 보기 ㄷ에서 단일 품종의 대량생산에 적합한 회사는 유동작업방식을 사용하고 있는 B회사가 적합하다. 보기 ㄹ의 설명 중 명령 계통이 일원화되어 있고 책임 소재가 명확한 조직은 직계식 조직의 설명으로 A회사가 직계식 조직을 사용하고 있기 때문에 보기 ㄹ은 올바른 설명이 아니다.

10 ①

보기 ㄱ에서 탄소배출권 거래에 기여한다는 의미는 다음의 내용 중 '친환경 자동차 핵심 제어기술을 개발하여 이산화탄소와 질소산화물 배출량을 획기적으로 줄였으며'에서 알 수 있다. 보기 ㄴ의 람사 (Ramsar) 협약은 습지와 물새서식지 보호에 관한 대표적인 국제환경협약으로 다음의 내용에서는 나와

있지 않다. CE마크는 유럽 연합 안전, 환경 인증 마크로 유럽 연합의 회원국의 규격을 통합한 반드시 부착해야 하는 인증 마크이다. 그러므로 보기 ㄷ의 미국에 수출하려면 받아야 하는 인증은 올바르지 않다.

11 ④

기술능력이 뛰어난 사람은 실질적 해결을 필요로 하는 문제를 인식하며, 인식된 문제를 위한 다양한 해결책을 개발하고 평가하며, 실제적 문제를 해결하기 위해 지식이나 기타 자원을 선택, 최적화시키며, 적용하며, 주어진 한계 속에서 제한된 자원을 가지고 일하나 기술적 해결에 대한 효과성을 평가하지 문제점을 평가하는 것은 아니다.

12 ③

지속가능한 기술의 특징은 이용 가능한 자원과 에너지를 고려하고, 자원이 사용되고 그것이 재생산되는 비율을 조화를 추구하며, 자원의 질을 생각하고, 자원이 생산적인 방식으로 사용되는 가에 주의를 기울이는 기술이다. 또한 태양에너지와 같이 고갈되지 않는 자연에너지를 활용하는 기술이기 때문에 석탄에너지와 같은 고갈되는 자연 에너지를 활용하는 것을 옳지 못한 표현이다.

13 ④

산업안전 보건법에서는 근로자가 업무에 관계되는 건설물, 설비, 원재료, 가스, 증기, 분진 등에 의하거나, 직업과 관련된 기타 업무에 의하여 사망 또는 부상하거나 질병에 걸리게 되는 것을 산업재해로 정의하고 있다.

14 ②

산업재해의 기본적 원인 중 기술적 원인은 물적 요소들의 관리 소홀로 발생한다.

15 ②

16 ②

기술혁신의 특성은 그 과정자체가 매우 불확실하고 장기간의 시간을 필요로 하며 지식집약적인 활동이다. 또한 혁신과정의 불확실성과 모호함은 기업 내에서 많은 논쟁과 갈등을 유발할 수 있으며, 조직의 경계를 넘나드는 특성을 갖고 있다.

17 ②

인터넷 및 문서형태의 자료를 통해서 수행하는 방법은

간접적 벤치마킹에 해당하는 방법임.

18 ③

아무리 앞선 기술이라고 할지라도 자신의 업무환경, 발전가능성, 효용성 증가, 성과 향상 등에 도움을 주지 못하면 좋은 기술이라고 할 수 없다. 선진 기술이라고 할지라도 반드시 자신이 활용할 수 있도록 개선하여 활용해야 한다.

19 ②

해설 : 기술경영자는 기술팀을 분화하는 것이 아니라 통합할 수 있는 능력이 있어야 한다.

20 ④

네트워크 혁명의 대표적인 역기능으로는 디지털 격차(digital divide), 정보화에 따른 실업의 문제, 인터넷 게임과 채팅 중독, 범죄 및 반사회적인 사이트의 활성화, 정보기술을 이용한 감시 등을 들 수 있다. 그러나 TV 중독과 같은 문제점은 네트워크 혁명 이전부터 있었던 문제점이다.

🚩 적중예상문제

01 ②

(가)의 경우 크레인에 의한 중량물 낙하 위험이 있을 경우 방호울 설치나 위험 경계선 표시를 하여 사람들의 접근을 막아 사고를 미연에 예방할 수 있는 효과를 가져올 수 있다. (나)의 신체의 일부가 끼여 들어갈 위험은 사고의 종류 중 협착으로 보기 ㄴ의 비래는 올바르지 않다. 비래란 날아오는 물건이 부딪혔을 경우이다. (다)의 유기 용제 노출에서 유기 용제란 탄소를 함유하고 있는 유기 화합물로 다른 물질의 성질을 변화시키지 않고 녹일 수 있는 물질로, 유기 용제에 노출되면 마취작용, 눈, 코, 점막 자극, 호흡기 질환, 중추 신경계 질환을 유발할 수 있다. (라)의 '간이 작업 의자에 의한 작업 자세 불량'은 작업 환경의 유해 요인 중 인간공학적 요인에 해당되므로 보기 ㄹ의 생물학적 유해 요인은 올바르지 않다.

02 ④

지식 재산권은 산업재산권, 저작권, 신지식재산권으로 나눌 수 있고, 산업재산권에는 특허, 실용신안, 디자인, 상표권이 있다. 신지식재산권에는 반도체 배치 설계, 생명 공학, 식물 신품종에 인정해주는 첨단 산업 재산권, 컴퓨터 프로그램, 데이터베이스, 디지털콘텐츠에 인정해주는 산업 저작권, 영업 비밀, 멀티미디어, 뉴미디어에 인정해주는 정보 재산권이 있다. (가)에서 '마크에 대한 권리'는 상표권에 대한 설명으로 상표권은 특허청에 등록되어야 권리가 발생한다. (나)의 '반도체 집적 회로의 배치 설계'는 신지식 재산권 중 첨단 산업 재산권에 해당된다. (다)의 방송사에서 제작한 영상물은 저작권에 해당되는 것으로 저작권에는 시, 소설, 음악, 미술, 영화, 연극, 컴퓨터 프로그램의 창작자가 가지는 권리도 포함된다. 보기 ㄹ의 갱신을 통해 권리 존속기간을 연장할 수 있는 것은 (가)인 상표권만 해당되고, 신지식 재산권과 저작권은 해당되지 않으므로 보기 ㄹ은 올바른 설명이 아니다.

03 ④

생산 관리 활동은 투입, 변환, 산출의 과정을 거친다. 투입은 노동력, 원자재, 에너지, 기계 설비이고, 변환은 계획, 통제, 조직화, 산출은 제품 및 서비스를 의미한다. (가)에서 투입은 작업자, 부품, 변환은 조립, 산출은 수송 트럭이고, (나)에서 투입은 작업 로봇, 변환은 조립, 산출은 LED TV이다. (다)에서 투입은 택배기사, 수송 트럭이고 변환은 수송, 산출은 소비자에게 배송이다. 그러므로 보기 ㄱ, ㄴ, ㄹ은 올바른 설명이고 보기 ㄷ은 틀린 설명이다.

04 ⑤

반도체 공업은 각종 기술에 대한 의존성이 높고, 부가가치가 높으며 여러 산업에 파급 효과가 큰 산업이다. 또한 각 세대별로 생산라인이 각각 설계되어 설비를 구축하게 되므로 초기 생산 설비에 많은 투자가 필요한 자본집약적인 산업이다. 반도체 생산라인에는 에어커튼을 비롯한 각종 먼지를 비롯한 미세한 물질들이 작업장에 들어오면 불량품을 유발할 수 있어 에어 샤워실과 같은 청정도 유지를 위한 각종 설비들이 설치되어 있으며, 청정도가 매우 중요한 공업이다.

05 ①

생산 합리화의 원칙에는 작업 절차를 간소하게 하는 단순화, 작업 과정을 통일하는 표준화, 작업 공정을 분업화하는 전문화가 있다. (가)의 내용 중 부품의 호환성을 높인다는 말에 표준화에 해당되고, (나)의 내용에서는 부품 수를 감소시킬 수 있다에서 단순화라는 것을 알 수 있다.

06 ③

(가)는 갠트차트, (나)는 퍼트이다.
ㄱ. (가)에서 모든 작업을 완료하는데 소요되는 시간은 21시간이다.

ㄴ. (나)에서 B작업이 1시간 지연되어도, C작업인 6시간이 끝난 후 D작업이 이루어지므로 B작업에서 4시간에서 5시간이 된다 하더라도 C작업 시간이 많기 때문에 전체 완료 시간은 변함이 없다.
ㄷ. (나) 작업의 완료 시간 작업 경로는 A-C-D-E-G에 해당된다.

07 ②

산업 재산권은 각종 산업 활동에 의해 독창적으로 발명된 진보성 있는 기술을 그 기술 발명에 따른 산업 발전에 기여한 대가로 발명자에게 일정 기간 동안 독점 행사할 수 있도록 부여한 재산권이다. 산업 재산권에는 특허, 실용신안, 디자인, 상표권이 있다.
ㄱ. 그림은 특허에 관련된 내용이므로 특허권의 모든 권리가 귀속되지, 산업 재산권의 모든 권리가 귀속되는 것은 아니다.
ㄴ. 그림에서 특허권에 관련된 내용이기 때문에 실용신안권에 해당되는 것은 아니다.
ㄷ. 특허권에 대해서는 국내의 독점적 권리를 확보할 수 있다.

08 ②

ㄱ. A씨는 작업 도구에 발이 걸려 넘어진 것으로 전도에 해당된다.
ㄴ. 작업장에서 사고가 발생하였으므로 A씨는 산업재해 보상보험법의 적용을 받을 수 있다.
ㄷ. ㉮는 재해 연쇄 모형 중 불안전한 상태에 해당된다.
ㄹ. ㉯는 버드의 개선된 재해연쇄모형 중 기본 원인이 아닌 직접원인에 해당된다.

09 ②

증강현실(增强現實: Augmented Reality)은 주목 받는 새로운 IT 서비스다. 실제 눈으로 보이는 현실 세계의 모습에 가상의 디지털 정보를 접목해 생활 편의성을 높이는 신개념이다. 3중 융합(트라이버전스: Trivergence)은 하드웨어와 소프트웨어, 서비스의 진화가 3박자로 맞아떨어지면서 IT 패러다임의 대전환이 일어나는 현상을 말한다.

10 ①

보기에서 이것은 특허괴물(patent troll)에 관한 설명이다. 특허괴물은 개인이나 기업에서 보유하고 있는 특허를 매입한 뒤, 자신들이 보유하고 있는 '특허'를 침해했다고 판단되는 기업에 소송을 제기해 이익을 얻는 회사를 말한다.

11 ①

폐기물의 발생에서 최종처리단계는 그림의 과정을 보면 자세하게 알 수 있다. 우선 쓰레기량 자체를 최소화하기 위한 노력은 배출에 해당하는 단계이고, 분리시설 설치나 일괄 수거 방식은 수집 단계에 해당한다. 중간처리는 소각, 퇴비화, 파쇄설치 이용에 관한 것이므로 보기의 ㄹ이 중간처리라 할 수 있다. ㄷ은 매립한 것으로 최종처리에 해당한다.

12 ④

불량률의 발생 원인은 작업자의 심리적 요인, 기능의 숙련도, 환경적 요인 등이 있다. 작업 초기에 높은 불량률을 보이다가 시간이 지날수록 불량률이 감소하는 경우는 기능의 숙련도 문제이다. 그러므로 작업초기부터 숙련된 작업자를 투입하거나 사전에 직무 교육을 시키고 투입함으로써 이를 해결할 수 있다.

13 ②

(가)는 기술적 개선과 교육 및 훈련 개선 방안 등을 모색하여 시정책을 선정하는 단계이다. 안전 관리 책임자를 임명하여 안전 관리를 조직하고 토론회 및 근로자의 여론조사 등을 실시하여 위험 사실을 발견한다.

14 ③

통계적 품질 관리 중에 관리도법을 이해하고 있는가와 품질관리도를 분석하는 문제이다. (가)와 (나)의 그림을 분석하고 문제를 풀면 되는데, 우선 (가)의 품질관리도는 관리 상한선과 하한선 사이에 일정하게 있기 때문에 (가)는 정상적인 형태라고 볼 수 있지만, (나)는 관리하한선에 한 점이 내려와 있으므로 이 부분에 대한 원인분석을 하면 된다는 내용만 알면 충분히 풀 수 있다. 그러므로 품질 관리도는 관리상한선과 관리하한선만 넘지 않으면 된다. 즉 (가)는 정상적인 관리도법이라는 것을 알면 (가)는 원인 조사가 필요 없고(①), 집중적 관리도 필요 없다.(②) 또한 관리하한선에 있는 점만 원인분석을 하므로 중심선 위의 두 점에 대해서 원인조사가 필요 없다(④).

15 ①

기업에서 제품을 생산하는 계획은 일반적 제품 계획, 판매 예측, 생산 계획의 순으로 한다. 제품을 계획하는 단계에서는 제품의 성능, 신뢰성, 수명 등을 기술적으로 검토하고 판매 예측 단계에서는 시장 점유율, 소비자의 취향 등을 고려하며, 생산 계획을 할 때는 수요의 시간적 변동과 노동력, 자금, 기계 설비 등의 기업이 보유한 생산 능력을 고려하여 생산 계획을 수립한다.

16 ④

사고의 직접적 원인은 불완전한 행동과 불완전한 상태로 분류한다. 거푸집이 떨어진 것은 불완전한 상태 방치에 속하고, 그러한 위험상태가 지속된 것은 작업환경의 결함으로 볼 수 있다.

17 ④

그림에 나타난 보호구는 방진 마스크, 용접면, 보안경으로 방진 마스크는 분진 등으로 인한 호흡계 질환을 예방할 수 있고, 용접면과 보안경은 유해 광선으로부터 눈을 보호할 수 있다. 분진은 화학적 위험 인자이고, 유해 광선은 물리적 위험 인자로 구분된다.

18 ②

재해의 예방 원칙에는 모든 재해는 예방할 수 있다는 예방 가능의 원칙, 재해 발생에는 반드시 원인이 있다는 원인 계기의 원칙, 같은 재해가 다시는 발생하지 않도록 대책을 수립하기 위한 대책 선정의 원칙이 있다.

19 ③

산업 사회의 발달 과정은 다음과 같다.
- 고대 : 석기, 청동기, 철기
- 중세 : 가내 수공업(장인 제도), 공장제 수공업
- 근대 : 공장제 기계공업(산업혁명)
- 현대 : 공장 자동화

20 ①

제품의 다양화와 개성화를 소비자가 요구하면 업계는 디자인 설계를 강화하고, 다양한 기능을 요구하면 신제품을 개발하며, 빠른 유행에는 유연 생산 체제로 돌입하여 대응한다. 또한 저렴한 가격을 원하면 생산의 자동화를 통한 원가를 절감하며, 수요가 적은 제품을 요구할 때에는 기업에서 다품종 소량 생산 체계를 수립한다.

Chapter 9

조직이해능력 (직업기초능력 I-1)

I-1. 조직이해능력

I-2. 하위능력별

가. 경영이해능력

나. 체제이해능력

다. 업무이해능력

라. 국제감각

조직이해능력

조직이해능력이란 직업인으로서 일상적인 직장 생활에 요구되는 조직의 체제와 경영 및 국제감각을 이해하는 능력을 의미한다. 직업인은 조직의 한 구성원으로서 조직의 경영, 체제, 업무 등의 구성요소와 조직을 둘러싼 환경을 이해하는 조직이해능력의 함양이 필수적이다.

이러한 조직이해능력은 직장 생활에 필요한 조직의 경영 목표와 경영방법을 이해하는 경영이해능력, 조직의 구조와 목적, 규칙, 규정 등을 이해하는 체제이해능력, 업무의 성격과 내용을 알고 필요한 지식, 기술, 행동을 확인하는 업무이해능력, 다른 나라의 문화를 이해하고 국제적인 동향을 이해하는 국제감각으로 구성되어 있다.

경영이해능력	체제이해능력	업무이해능력	국제감각
조직의 경영목표, 경영방법 이해	조직구조, 목적, 규칙, 규정 이해	업무를 위한 지식, 행동, 기술 이해	타문화 이해, 국제동향 이해

✎ 조직

현대 조직론의 대가인 Etzioni는 "우리는 조직 속에서 태어났고, 조직에 의해 교육받으며, 우리 생애의 태반을 조직 속에 보낸다. 많은 여가시간을 조직 내에서 놀며 기도하며보낸다. 인간은 대부분은 조직 속에서 숨을 거둘 것이며 죽어서 매장을 해야 할 때가 오면 조직 중 가장 큰 조직인 국가로부터 매장허가를 받아야 할 것이다."라고 하여 조직생활이 인간에게 미치는 중요성을 강조하였다.

사람들은 다양한 조직 속에서 살아간다. 모든 사람은 하나 이상의 조직에 속해 있으며,

조직에 영향을 미치거나 받고 있다. 따라서 프레더스(Presthus)는 현대사회를 '조직사회(Organizational society)'라고 하였다.

조직은 두 사람 이상이 공동의 목표를 달성하기 위해 의식적으로 구성된 상호작용과 조정을 행하는 행동의 집합체이다. 그러나 단순히 사람들이 모였다고 해서 조직이라고 하지는 않는다. 조직은 목적을 가지고 있고, 구조가 있으며, 목적을 달성하기 위해 구성원들은 서로 협동적인 노력을 하고, 외부 환경과 긴밀한 관계를 가지고 있다.

》》 기업

우리가 직장생활을 하는 대표적인 조직이 기업이다. 기업은 노동, 자본, 물자, 기술 등을 투입하여 제품이나 서비스를 산출하는 기관이다. 기업은 최소의 비용으로 최대의 효과를 얻음으로써 차액인 이윤을 극대화하기 위해 만들어진 조직이다.

그러나 최근에는 기업이 이윤창출만을 목적으로 하기보다 고객에게 보다 좋은 상품과 서비스를 제공하고 잠재적 고객에게 마케팅을 하는 고객을 만족시키는 주체로 이해되고 있다.

또한 정보화시대가 도래함에 따라 사람들의 창조적인 지적활동이 새로운 가치를 창출하는데 기초가 되고 있어, 기업들은 구성원들을 하나의 인적자원으로 삼고 그들의 능력개발을 위해 노력하고 있다.

》》 조직이해능력의 필요성

직업인들은 깨어있는 시간의 대부분을 직장에서 보내거나, 자신의 직업과 관련 있는 사람들을 만난다. 직업인은 한 조직의 구성원이 되기도 하지만, 업무를 처리하는 중에 다른 조직의 고객이 되기도 한다. 직업인들은 이처럼 조직에서 일을 한다.

일의 종류와 내용은 조직마다, 개인마다 다르지만 사람들은 자신이 좋아하는 일을 하고 싶어 하며, 더 잘하고 싶어 한다. 조직에서 자신에게 주어진 일을 성공적으로 수행하기 위해서는 우리는 조직이 돌아가는 기본적인 원리를 알아야 한다.

따라서 직업인들은 자신의 업무를 효과적으로 수행하기 위하여 국제적인 동향을 포함하여 조직의 체제와 경영에 대해 이해하는 조직이해능력을 기를 필요가 있다.

》》 조직의 유형

조직은 공식화 정도에 따라 공식조직(formal organization)과 비공식조직(informal organization)으로 구분할 수 있다. 공식조직은 조직의 구조, 기능, 규정 등이 조직화되어 있는 조직을 의미하며, 비공식조직은 개인들의 협동과 상호작용에 따라 형성된 자발적인 집단 조직이다. 즉, 비공식조직은 인간관계에 따라 형성된 것으로, 조직이 발달해 온 역사를 보면 비공식조직으로부터 공식화가 진행되어 공식조직으로 발전해 왔다. 조직의 규모가 커지면서 점차 조직 구성원들의 행동을 통제할 장치를 마련하게 되었고 이는 공식화되게 된다. 그러나 공식조직 내에서 인간관계를 지향하면서 비공식조직이 새롭게 생성되기도 한다. 이는 자연스러운 인간관계가 됨에 따라 일체감을 느끼고, 바람직한 가치체계나 행동유형 등이 공유되면서 하나의 조직문화가 되어 공식조직의 기능을 보완해주기도 한다.

조직	공식성	공식조직	조직의 규모, 기능, 규정이 조직화된 조직
		비공식조직	인간관계에 따라 형성된 자발적 조직
	영리성	영리조직	(예) 사기업
		비영리조직	(예) 정부조직, 병원, 대학, 시민단체
	조직규모	소규모 조직	(예) 가족 소유의 상점
		대규모 조직	(예) 대기업

>>> 조직체제 구성요소

조직의 체제는 조직목표, 조직구조, 조직문화, 규칙 및 규정으로 이루어진다.

조직의 목표는 조직이 달성하려는 장래의 상태로 조직이 존재하는 정당성과 합법성을 제공한다. 조직목표에는 전체 조직의 성과, 자원, 시장, 인력개발, 혁신과 변화, 생산성에 대한 목표가 포함된다.

조직의 구조는 조직 내의 부문 사이에 형성된 관계로 조직목표를 달성하기 위한 조직 구성원들의 상호작용을 보여준다. 조직구조는 의사결정권의 집중정도, 명령계통, 최고경영자의 통제, 규칙과 규제의 정도에 따라 달라지며 구성원들의 업무나 권한이 분명하게 정의된 기계적 조직과 의사결정권이 하부구성원들에게 많이 위임되고 업무가 고정적이지 않은 유기적 조직으로 구분될 수 있다. 직업인은 조직의 구조를 조직도로 쉽게 파악할 수 있다. 조직도는 조직 내적인 구조는 알아볼 수 없지만 구성원들의 임무, 수행하는 과업, 일하는 장소 등을 파악하는데 용이하다.

✎ 조직과 업무

조직 전체를 운영하는 것이 경영이라면, 조직 구성원들은 조직의 목적을 달성하기 위해서 주어진 업무를 수행한다. 업무는 조직이 개인에게 부여한 의무이자 책임이다. 조직은 목표달성을 위해서 통합되어야 하기 때문에, 개인은 자신이 하고자 하는 업무를 선택할 수 있는 권한이 미약하다. 따라서 직업인은 자신에게 주어진 업무의 성격과 내용을 알고 그에 필요한 지식, 기술, 행동을 확인하는 업무이해능력을 길러야 한다.

업무 배정

조직의 업무는 조직 전체의 목적을 달성하기 위해 배분되는 것으로 목적 달성을 위해 효과적으로 분배되고, 원활하게 처리되는 구조가 되어야 한다. 이는 조직을 세로로 분할하는 것으로 업무의 종류, 성격, 범위를 명확하게 하고 구분하는 기준에 따라 나누어진다.

업무를 실제로 배정할 때에는 일의 동일성, 유사성이나 일의 관련성에 따라 이루어진다.

일의 동일성이나 유사성이란 일의 성격이 완전히 같거나 비슷할 때에 그것을 하나의 그룹으로 동일한 부문에 배정하는 것으로서, 예를 들어 문서 사무, 회계 사무, 판매 활동 또는 제조 활동과 같은 것이 있다.

업무의 특성 및 권한

조직에서 업무가 배정되면 직업인에게는 각자 업무가 주어지게 되며, 직업인은 업무를 선택할 수 있는 재량권이 매우 적기 때문에 조직 내에서 업무의 특성과 역할을 확인할 수 있어야 한다. 업무는 요구되는 지식, 기술, 도구의 종류가 다르고 다양하게 이루어지며, 자율성이나 재량권도 다르다. 특히 직업인들이 업무를 공적으로 수행할 수 있는 힘을 업무 권한이라고 하며, 이는 자신의 결정에 다른 사람들이 따르게 할 수 있는 힘이다. 직업인은 업무 권한에 따라 자신이 수행한 일에 대한 책임도 부여받게 된다.

업무 수행 계획

업무를 효과적으로 수행하기 위해서는 체계적인 업무 수행 계획을 수립할 필요가 있다. 업무 수행 계획은 조직의 목적이나 방침에 부합되도록 조직이 정한 규칙이나 규정, 시간 등의 제약요인을 확인하는 것이 선행되어야 한다. 따라서 조직의 업무지침을 확인하고 개인의 업무지침을 수립하며, 활용가능한 자원을 확인하고 이에 따라 업무 수행을 체계적으로 표현하는 업무 수행 시트를 작성하도록 한다.

〉〉〉 조직과 환경의 관계

정치적·법적 환경은 정치체제의 구조와 과정, 조직과 관련된 법적 규범체제를 의미한다. 우리나라에서 조직과 관련된 법령으로는 중소기업육성법, 정부조직법, 기업구조조정촉진법, 사회적기업육성법, 비영리민간단체지원법 등이 있으며, 직업인이 직장생활을 하면서 알아야 할 조직관련 법으로는 근로기준법, 근로자복지기본법 등이 있다. 경제적 환경은 조직이 속해있는 경제체제의 상태를 말하며, 이윤을 추구하는 기업들은 경제적 환경에 매우 많은 영향을 받는다. 문화적 환경은 조직 구성원들의 가치와 신념을 결정하게 되어 조직의 설계와 형태, 그리고 조직문화에 영향을 미치게 된다. 기술적 환경은 새로운 기술이 개발되면 중요한 환경변수로 떠오르게 된다.

〉〉〉 조직변화의 과정

조직의 변화는 환경의 변화를 인지하는 데에서 시작된다. 환경변화 중에 해당 조직에 영향을 미치는 변화를 인식하는 것으로 이는 조직구성원들이 현실에 안주하려는 경향이 있으면 인식하기 어렵다. 환경의 변화가 인지되면 이에 적응하기 위한 조직변화 방향을 수립한다. 이때는 조직의 세부목표나 경영방식을 수정하거나, 규칙이나 규정 등을 새로 제정하기도 한다. 특히, 체계적으로 구체적인 추진전략을 수립하고, 추진전략별 우선순위를 마련해야 한다. 이에 따라 조직변화를 실행하며, 마지막으로 조직개혁의 진행사항과 성과를 평가한다.

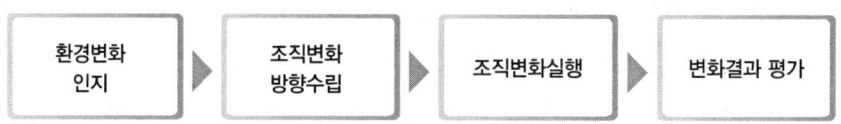

〉〉〉 조직변화의 유형

조직변화는 제품과 서비스, 전략, 구조, 기술, 문화 등에서 이루어질 수 있다.

제품이나 서비스는 기존 제품이나 서비스의 문제점을 인식하고 고객의 요구에 부응하기 위한 것으로, 고객을 늘리거나 새로운 시장을 확대하기 위해서 변화된다.

전략이나 구조의 변화는 조직의 경영과 관계되며, 조직구조, 경영방식, 각종 시스템 등을 조직의 목적을 달성하고 효율성을 높이기 위해서 개선하는 것이다.

기술변화는 새로운 기술이 도입이 되는 것으로 신기술이 발명되었을 때나 생산성을 높이기 위해 이루어진다.

문화의 변화는 구성원들의 사고방식이나 가치체계를 변화시키는 것으로 조직의 목적과 일치시키기 위해문화를 유도하기도 한다.

〉〉〉 조직과 나와의 관계

조직은 사람들로 이루어진 집합체며, 개인은 조직을 구성하는 가장 기본 단위이다. 개인은 이미 존재하는 조직에 가입하거나 여러 명에서 공동의 목적으로 가지고 조직을 만듦으로써 조직생활을 시작한다. 직업인의 직장에서의 조직생활은 일을 하는 것이다. 직업인은 일이라는 수단을 통해 조직의 목표를 달성하게 되며, 이 일은 개인에게는 직업이 된다.

개인과 조직은 유기적인 관계를 맺고 있기 때문에 하나가 잘못되면 다른 하나는 영향을 받게 된다. 개인은 조직에 필요한 지식, 기술, 경험 등 개인이 갖고 있는 여러 가지 자원을 제공한다. 조직은 구성원들이 해야 할 일을 정해 주고, 개인은 조직이 정해준 범위 내에서 업무를 수행한다. 조직의 목표에 어긋나거나 정해준 범위 외의 업무를 성취하게 되면, 오히려 조직에 불이익을 미치게 된다. 이처럼 조직의 목표달성에 필요한 업무를 성취할 수 있는 개인의 역량(competency)이 중요하며, 이러한 개인별 역량의 결과가 조직의 성과로 이어진다. 개인이 자신의 역량을 활용하여 조직에 여러 가지 공헌을 하게 되면, 조직은 개인에게 보상을 제공한다. 이는 연봉, 성과급과 같은 물질적 보상과 인정, 칭찬 등과 같은 비물질적 보상이 있다. 또한, 조직이 직접적으로 제공하는 보상은 아니지만 개인은 성공적으로 업무를 수행했을 때에 만족감을 느끼고 조직에 더욱 몰입하게된다. 최근에는 많은 조직에서 구성원들의 참여를 통해 조직의 목표를 자신의 목표로 내면화하도록 하여, 목표달성에 대한 의지를 높이고 있다.

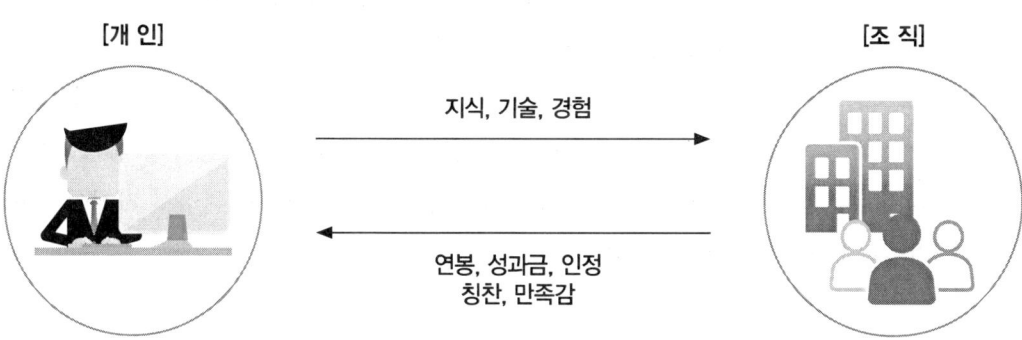

〉〉〉 조직과 직업

직업이란 일정한 지식과 기술을 가지고 장시간에 걸쳐 종사하는 일이다. 사람들이 조직에 들어와서 오랫동안 조직으로부터 주어진 업무를 수행하다보면 그 일은 하나의 직업이 된다. 조직은 개인의 적성이나 능력을 고려하여 개인에게 적합한 업무를 부여하거나 교육시키고, 새로운 사람을 선발하기도 한다. 개인들은 직업인으로서 조직의 업무에 적응하기 위하여 조직의 경영, 체제와 자신의 업무를 이해하고자 노력한다.

9.1 경영이해능력 (하위모듈 I-2-가)

학습목표

장차 직업인으로서 자신이 속할 조직의 경영 목표와 경영 방법을 이해하고, 경영의 한 주체로서 조직경영에 참여하는 능력을 기를 수 있다.

⋯→ 자신이 속한 조직의 경영방법을 설명할 수 있다.
⋯→ 자신이 속한 조직의 의사결정 과정을 설명할 수 있다.
⋯→ 자신이 속한 조직의 경영전략을 다른 조직의 경영전략과 구분할 수 있다.
⋯→ 근로자가 조직경영에 참여하는 방식을 설명할 수 있다.

✎ 경영이해능력

경영이해능력은 직업인이 자신이 속한 조직의 경영 목표와 경영 방법을 이해하는 능력이다. 직업인은 조직의 구성원으로서 직장생활을 하는 동안에 경영자가 수행하는 조직의 목적과 전략을 이해할 필요가 있다. 따라서 경영원리를 이해하고 경영상의 문제점을 개선하는 경영이해능력의 함양이 요구된다.

조직은 목적을 달성하기 위하여 지속적으로 관리, 운영된다. 비록 대부분의 경우 경영자들이 이러한 조직경영을 담당하지만 직업인들은 경영자의 이념이나 경영목적을 제대로 알지 못하면 능률이 떨어지고 조직의 효과성을 높일 수 없다. 따라서 자신이 속한 조직의 경영원리와 방법에 대한 이해가 요구되는 것이다.

⟫⟫⟫ 경영의 구성요소

경영의 구성요소에는 일반적으로 경영목적, 인적자원, 자금, 전략의 4요소가 있다.

• 경영목적은 조직의 목적을 어떤 과정과 방법을 택하여 수행할 것인가를 구체적으로 제시해준다. 조직의 목적을 달성하기 위해 조직을 이끌어 나가는 경영자는 조직의 목적이 어느 정도 달성되었는지 그리고 얼마나 효율적으로 달성되었는지에 대해 평가를 받게 된다.

• 인적자원은 조직에서 일하고 있는 구성원들로 이들이 어떠한 역량을 가지고 어떻게

직무를 수행하는지에 따라 경영성과가 달라진다. 경영자는 조직의 목적과 필요에 부합하는 인적자원을 채용하고 이를 적재적소에 배치, 활용할 수 있어야 한다.

- 자금은 경영활동에 사용할 수 있는 돈을 의미한다. 자금이 부족할 경우 원하는 경영목표를 달성하는데 어려움을 겪게 된다. 특히, 이윤추구를 목적으로 하는 사기업에서 자금은 이를 통해 새로운 이윤을 창출하는 기초가 된다.

- 전략은 조직이 가지고 있는 자원을 효과적으로 운영하여 무엇을 해야 하며, 어떤것을 달성해야 하는가를 알려준다.
  즉, 경영전략이란 기업 내 모든 인적 물적 자원을 경영목적을 달성하기 위해 조직화하고, 이를 실행에 옮겨 경쟁우위를 달성하는 일련의 방침 및 활동이다.

〉〉〉 경영 단계

경영은 경영자가 경영목표를 설정하고, 경영자원을 조달·배분하여 경영활동을 실행하며, 이를 평가하는 일련의 과정으로 이해될 수 있다. 계획이란 조직의 미래상을 결정하고 이를 달성하기 위한 대안을 분석하고 목표를 수립하며 실행방안을 선정하는 과정이다.

이에 따라 경영실행이 이루어 지며 이 단계에서는 조직목적을 달성하기 위한 활동들과 조직구성원을 관리한다. 경영실행에 대한 평가는 수행결과를 감독하고 교정하여 다시 피드백하는 단계로 이루어진다.

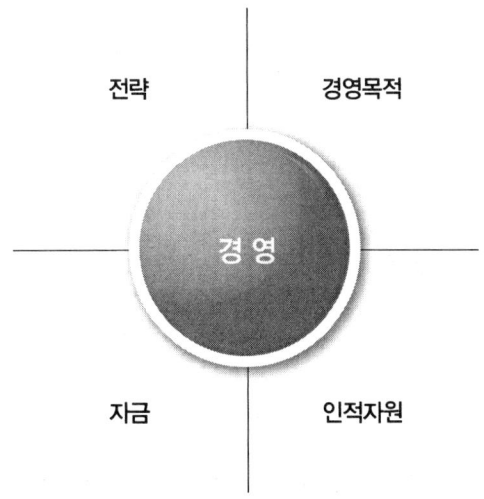

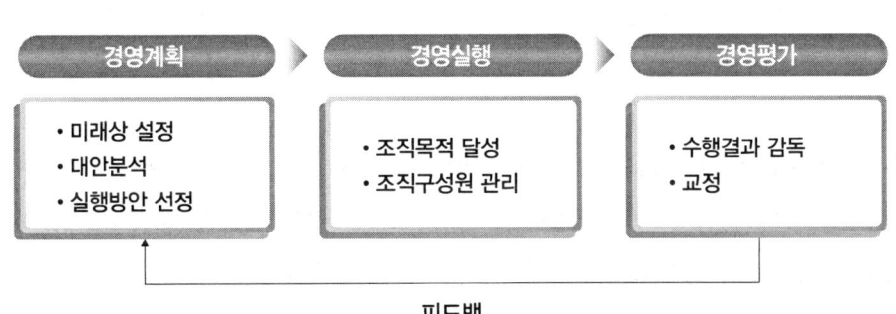

>>> 경영활동 유형

경영활동은 외부경영활동과 내부경영활동으로 구분하여 볼 수 있다.

- 외부경영활동은 조직 내부를 관리하고 운영하는 것이 아니라 조직외부에서 조직의 효과성을 높이기 위해 이루어지는 활동이다. 예를 들어 기업에서는 주로 시장에서 이루어지는 활동으로 총수입을 극대화하고 총비용을 극소화하여 이윤을 창출하는 것이다. 이는 대외적 이윤추구활동으로서 대표적으로 마케팅 활동이 있다.
- 한편, 내부경영활동은 조직내부에서 인적, 물적 자원 및 생산기술을 관리하는 것이다. 여기에는 인사관리, 재무관리, 생산관리 등이 해당이 된다.

>>> 경영전략의 추진과정

조직은 먼저 경영전략을 통해 미래에 도달하고자 하는 미래의 모습인 비전을 규명하고, 미션(전략목표)을 설정한다.

전략목표를 설정하면 전략대안들을 수립하고 실행 및 통제하는 관리과정을 거친다.

경영전략이 수립되면 이를 실행하여 경영목적을 달성하고 결과를 평가하여 피드백하는 과정을 거친다.

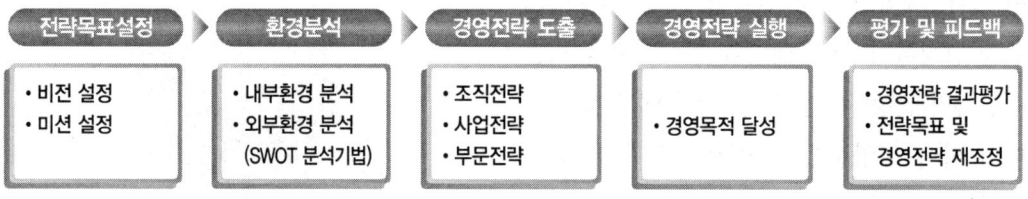

>>> 경영전략의 유형

조직의 경영전략은 경영자의 경영이념이나 조직의 특성에 따라 다양하다. 이 중 대표적인 경영전략으로 마이클 포터(Michael E. Porter)의 본원적 경쟁전략이 있다. 본원적 경쟁전략은 해당 사업에서 경쟁우위를 확보하기 위한 전략으로 원가우위 전략, 차별화 전략, 집중화 전략으로 구분된다.

- **원가우위 전략**은 원가절감을 통해 해당 산업에서 우위를 점하는 전략으로, 이를 위해서는 대량생산을 통해 단위 원가를 낮추거나 새로운 생산기술을 개발할 필요가있다. 여기에는 70년대 우리나라의 섬유업체나 신발업체, 가발업체 등이 미국시장에 진출할 때 취한 전략이 해당한다.

- **차별화 전략은** 조직이 생산품이나 서비스를 차별화하여 고객에게 가치가 있고 독특하게 인식되도록 하는 전략이다. 차별화 전략을 활용하기 위해서는 연구개발이나 광고를 통하여 기술, 품질, 서비스, 브랜드이미지를 개선할 필요가 있다.

- **집중화 전략은** 특정 시장이나 고객에게 한정된 전략으로, 원가우위나 차별화 전략이 산업전체를 대상으로 하는데 비해 집중화 전략은 특정 산업을 대상으로 한다.
  즉, 차별화 전략에서는 경쟁조직들이 소홀히 하고 있는 한정된 시장을 원가우위나 차별화 전략을 써서 집중적으로 공략하는 방법이다.

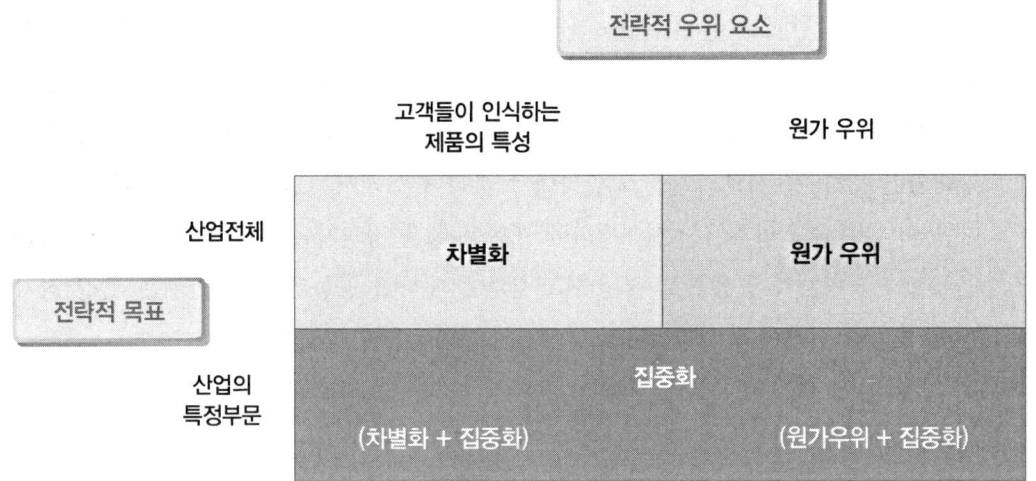

✎ 경영참가제도

산업민주주의의 발달과 함께 근로자 또는 노동조합을 경영의 파트너로 인정하는 협력적 노사관계가 중시됨에 따라 이들을 조직의 경영의사결정 과정에 참여시키는 경영참가제도가 논의되고 있다. 특히, 최근에는 국제경쟁의 가속화와 저성장, 급격한 기술발전과 같은 환경변화에 따라 대립적인 노사관계만으로는 한계가 있다고 지적되면서 점차 경영참가의 중요성이 커지고 있다.

- **경영참가제도의 목적**

  경영참가제도의 가장 큰 목적은 경영의 민주성을 제고하는 것이다. 근로자 또는 노동조합이 경영과정에 참여하여 자신의 의사를 반영함으로써 공동으로 문제를 해결하고,

노사 간의 세력 균형을 이룰 수 있다.

또한 근로자나 노동조합이 새로운 아이디어를 제시하거나 현장에 적합한 개선방안을 마련해줌으로써 경영의 효율성을 제고할 수 있다. 이를 통해 궁극적으 로는 노사 간 대화의 장이 마련되고 상호 신뢰를 증진시킬 수 있다.

• 경영참가제도의 유형

- 경영참가

경영참가는 경영자의 권한인 의사결정과정에 근로자 또는 노동조합이 참여하는 것이다. 대표적으로 노사협의회는 노사 대표로 구성되는 합동기구로서 생산성 향상, 근로자 복지 증진, 교육훈련, 기타 작업환경 개선 등을 논의한다. 경영참가의 초기단계 에서는 경영자층이 경영 관련 정보를 근로자에게 제공하고 근로자들은 의견만을 제출하는 정보참가 단계를 가진다. 정보참가 단계보다 근로자들의 참여권한이 확대되면 노사 간 서로의견을 교환하여 토론하며 협의하는 협의참가 단계를 거친다. 다만 이 단계에서 이루어진 협의결과에 대한 시행은 경영자들에게 달려있다. 마지막은 근로자와 경영자가 공동으로 결정하고 결과에 대하여 공동의 책임을 지는 결정 참가 단계이다. 이 단계에서는 경영자의 일방적인 경영권은 인정되지 않는다.

- 이윤참가

이윤참가는 조직의 경영성과에 대하여 근로자에게 배분하는 것으로 조직체에 대한 구성원의 몰입과 관심을 높일 수 있는 방법이다. 이는 경영의 성과증진에 근로자 혹은 노동조합이 적극적으로 기여하고 그 대가로서 임금 이외의 형태로 보상을 받는다. 이윤참가는 생산의 판매 가치나 부가가치의 증대를 기준으로 성과배분을 하기도 한다.

- 자본참가

자본참가는 근로자가 조직 재산의 소유에 참여하는 것이다. 이는 근로자가 경영방침에 따라 회사의 주식을 취득하는 종업원지주제도, 노동제공을 출자의 한 형식으로 간주 하여 주식을 제공하는 노동주제도 등이 있다. 자본참가 방식은 근로자들이 주인의식과 충성심을 가지게 되고, 성취동기를 유발할 수 있으며, 퇴직 후에 생활자금을 확보할 수 있는 한 방법이 된다.

9.2 체제이해능력 (하위모듈 I-2-나)

학습목표

> 장차 직업인으로서 자신이 속할 조직의 구조와 목적, 문화, 규칙 등과 같은 조직체제를 파악하는 능력을 기른다.
>
> ⋯⋯ 자신이 속한 조직의 목표를 설명할 수 있다.
> ⋯⋯ 조직구조에서 자신이 속한 위치를 확인할 수 있다.
> ⋯⋯ 자신이 속한 조직문화의 특징을 설명할 수 있다.
> ⋯⋯ 자신이 속한 조직 내 집단의 특징을 설명할 수 있다.

✎ 체제이해능력

체제이해능력은 조직의 구조와 목적, 체제 구성요소, 규칙, 규정 등을 이해하는 능력이다. 직업인은 자신이 속한 조직이 사회적, 조직적, 기술적으로 어떻게 작용하고 있는지를 이해했을 때 조직의 요구에 효과적으로 부응할 수 있다. 따라서 조직체제의 다양한 요소의 작용원리를 이해하고 문제점을 개선할 수 있는 체제이해능력의 함양이 요구된다.

조직은 공통된 목표를 달성하기 위하여 모인 사람들의 집합체로 정의될 수 있다. 이처럼 조직은 특정 목표달성을 목적으로 하고 있으므로, 조직 구성원들이 조직의 목표를 제대로 알지 못한다. 자신에게 주어진 업무를 성실히 수행한다고 하더라도 조직의 목표를 달성하지 못하고, 오히려 조직 전체의 손실을 끼치는 경우도 있다.

⟫⟫ 조직목표의 기능 및 특징

조직구성원들이 자신의 업무에 몰입하고 성실하게 일을 수행한다고 하여, 전체 조직의 목표가 달성되는 것은 아니다. 조직목표는 조직이 달성하려는 장래의 상태로, 대기업, 정부부처, 종교단체를 비롯하여 심지어 작은 가게도 달성하고자 하는 목표를 가지고 있다. 조직의 목표는 미래지향적이지만 현재의 조직행동의 방향을 결정해주는 역할을 한다.

조직목표는 공식적 목표와 실제적 목표가 다를 수 있다. 즉, 조직이 존재하는 이유와 관련된 조직의 사명과 사명을 달성하기 위한 세부목표를 가지고 있다.

조직 목표	
조직의 사명	세부목표(운영목표)
• 조직의 비전, 가치와 신념, 조직의 존재 이유 • 조직이 존재하는 정당성과 합법성을 제공	• 조직이 실제적인 활동을 통해 달성하고자 하는 것 • 측정 가능한 형태로 기술되는 단기적인 목표 • 조직이 나아갈 방향을 제시 • 의사 결정할 수 있는 기준을 제시 • 조직 구성원 행동수행의 동기 • 조직구성원들의 수행을 평가할 수 있는 기준 • 조직구조나 운영과정과 같이 조직 체제를 구체화할 수 있는 기준

조직목표의 특징

- 공식적 목표와 실제적 목표가 다를 수 있음
- 다수의 조직목표 추구 가능
- 조직목표간 위계적 상호관계가 있음
- 가변적 속성
- 조직의 구성요소와 상호관계를 가짐

〉〉〉 조직목표의 분류

조직설계 학자인 Richard L. Daft는 조직이 일차적으로 수행해야할 과업인 운영목표에는 조직전체의 성과, 자원, 시장, 인력개발, 혁신과 변화, 생산성에 관한 목표가 포함된다고 하였다.

- 전체성과는 영리조직은 수익성, 사회복지 기관은 서비스 제공과 같은 조직의 성장 목표이다.
- 자원은 조직에 필요한 재료와 재무자원을 획득하는 것이며,
- 시장과 관련된 조직목표는 시장점유율이나

시장에서의 지위향상과 같은 목표이다.

- 인력개발은 조직구성원에 대한 교육훈련, 승진, 성장 등과 관련된 목표이며,
- 혁신과 변화는 불확실한 환경변화에 대한 적응가능성을 높이고 내부의 유연성을 향상시키고자 수립하는 것이다.

- 생산성은 투입된 자원에 대비한 산출량을 높이기 위한 목표로 단위생산비용, 조직구성원 1인당 생산량 및 투입비용 등으로 산출할 수 있다.

〉〉〉 조직구조의 구분

조직구조는 의사결정 권한의 집중정도, 명령계통, 최고경영자의 통제, 규칙과 규제의 정도 등에 따라 기계적인 조직과 유기적인 조직으로 구분할 수 있다.

- 기계적 조직은 구성원들의 업무가 분명하게 정의되고 많은 규칙과 규제들이 있으며, 상하간 의사소통이 공식적인 경로를 통해 이루어지고 엄격한 위계질서가 존재한다. 대표적인 기계적 조직으로는 군대가 있다.
- 반면에, 유기적 조직은 의사결정권한이 조직의 하부구성원들에게 많이 위임되어 있으며 업무 또한 고정되지 않고 공유 가능한 조직이다. 유기적 조직에서는 비공식적인 상호 의사소통이 원활히 이루어지며, 규제나 통제의 정도가 낮아 변화에 따라 쉽게 변할 수 있는 특징을 가진다.

〉〉〉 조직구조의 결정요인

조직구조는 조직마다 다양하게 이루어진다. 조직구조는 조직목표의 효과적 달성에 영향을 미친다. 조직구조에 대한 많은 연구들은 조직구조에 영향을 미치는 요인으로 조직의 전략, 규모, 기술, 환경 등이 있으며, 이에 따라 기계적 조직 혹은 유기적 조직으로 설계되며 조직 활동의 결과 조직의 성과와 구성원들의 조직만족이 결정된다. 다만, 조직성과와 만족은 조직구성원들의 개인적 성향과 조직문화의 차이에 따라 달라진다.

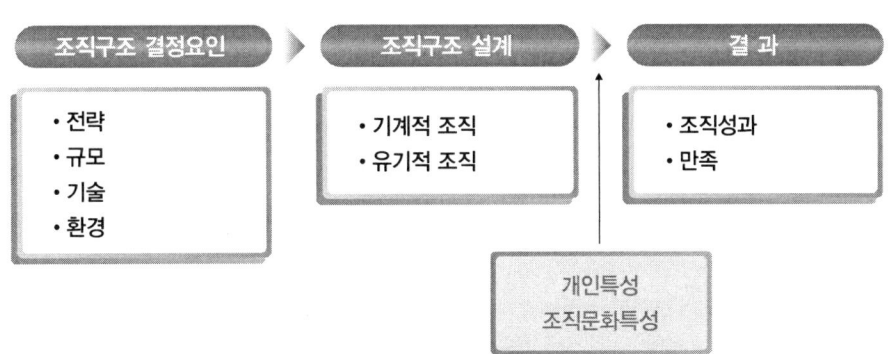

〉〉〉 조직구조의 형태

조직도를 살펴보면 조직 내적인 구조는 볼 수 없지만 구성원들의 임무, 수행하는 과업, 일하는 장소 등과 같은 일하는 방식과 관련된 체계를 알 수 있으므로 한 조직을 이해하는데 유용하다. 조직도를 통해 조직이 어떻게 구성되어 있는지를 알 수 있고, 조직에서 하는 일은 무엇이며, 조직구성원들이 어떻게 상호작용하는지를 파악할 수 있다.

대부분의 조직은 조직의 CEO가 조직의 최상층에 있고, 조직구성원들이 단계적으로 배열되는 구조를 가지고 있다.
환경이 안정적이거나 일상적인 기술, 조직의 내부 효율성을 중요시하며 기업의 규모가 작을 때에는 업무의 내용이 유사하고 관련성이 있는 것들을 결합해서 그림과 같이 기능적 조직구조 형태를 이루었다.

```
                    ┌──────────┐
                    │ 최고경영자 │
                    └──────────┘

 ┌────────┐  ┌──────────┐  ┌──────┐  ┌──────┐  ┌──────┐
 │ 총무부 │  │ 엔지니어링 │  │ 재무 │  │ 영업 │  │ 생산 │
 └────────┘  └──────────┘  └──────┘  └──────┘  └──────┘
```

그러나 급변하는 환경변화에 효과적으로 대응하고 제품, 지역, 고객별 차이에 신속하게 적응하기 위하여 분권화된 의사결정이 가능한 사업별 조직구조를 가지게 되었다. 사업별 조직구조는 개별 제품, 서비스, 제품그룹, 주요 프로젝트나 프로그램 등에 따라 조직화된다. 즉, 그림과 같이 제품에 따라 조직이 구성되고 각 사업별 구조 아래 생산, 판매, 회계 등의 역할이 이루어진다.

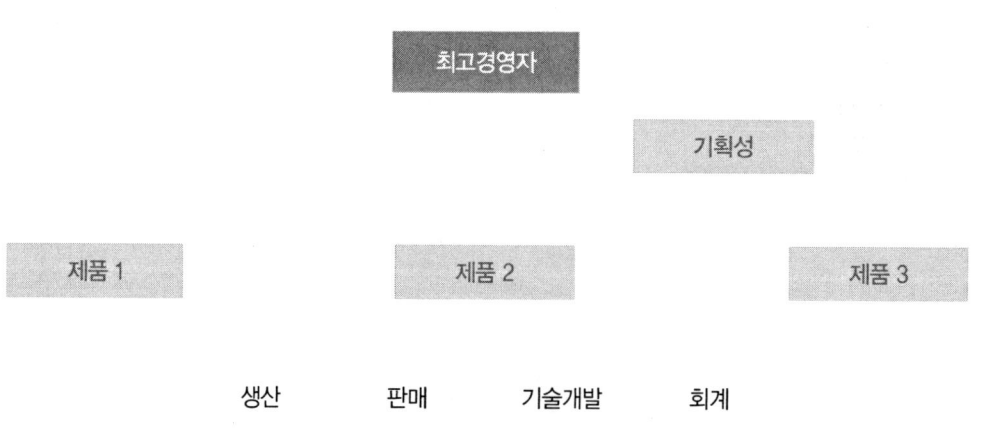

```
                    ┌──────────┐
                    │ 최고경영자 │
                    └──────────┘
                              ┌────────┐
                              │ 기획성 │
                              └────────┘

 ┌────────┐          ┌────────┐          ┌────────┐
 │ 제품 1 │          │ 제품 2 │          │ 제품 3 │
 └────────┘          └────────┘          └────────┘

     생산      판매      기술개발      회계
```

✎ 조직문화

• 조직문화의 의미

조직문화는 조직구성원들의 공유된 생활양식이나 가치이다. 즉, 조직문화는 한 조직체의 구성원들이 모두 공유하고 있는 가치관과 신념, 이데올로기와 관습, 규범과 전통 및 지식과 기술 등을 모두 포함한 종합적인 개념으로 조직전체와 구성원들의 행동에 영향을 미친다. 조직의 구성원들은 조직문화 속에서 활동하고 있지만 이를 의식하지 못하는경우가 많다. 조직문화에 자연스럽게 융화되어 생활하는 경우도 있지만, 새로운 직장으로 옮겼을 때와 같이 조직문화의 특징을 알지 못하여 조직적응에 문제를 일으키는 경우도 있다.

따라서 직업인들은 조직문화의 특징은 어떤 것이 있으며, 자신이 속한 조직은 어떤 특징을 가지는 지를 이해할 필요가 있다.

• 조직문화의 기능

조직문화는 조직의 방향을 결정하고 존속하게 하는데 중요한 요인이다.

첫째, 조직문화는 구성원들에게 일체감과 정체성을 부여한다. 특히, 외부환경이 변하게 되면 조직구성원의 결속력을 강화시켜주는 역할을 한다.

둘째, 조직문화는 조직몰입을 높여준다. 조직구성원들은 조직에 소속감을 느끼고 조직의 목표를 달성하기 위하여 자신의 노력과 능력을 기울인다.

셋째, 조직문화는 구성원들의 행동지침으로 작용한다. 조직문화는 구성원의 사고방식과 행동양식을 규정하여, 구성원들은 조직에서 해오던 방식대로 업무를 처리하게 된다. 이는 조직문화가 구성원을 조직에 적응하도록 사회화하고 일탈적 행동을 통제하는 기능을 한다.

넷째, 조직문화는 조직의 안정성을 가져온다. 따라서 많은 조직들은 그 조직만의 독특한 조직문화를 만들기위해 노력하기도 한다. 그러나 강한 조직문화는 다양한 조직구성원들의 의견을 받아들일 수 없거나, 조직이 변화해야 할 시기에 장애요인으로 작용하기도 한다.

• 조직문화 구성요소

조직문화가 어떻게 구성되는지를 이해하면 조직문화를 구체적으로 이해하는데 도움이된다. 미국 선진 기업의 성공 사례를 연구한 Peters와 Waterman의 저서「In Search of Excellence」에서는 7-S 모형을 통해 조직문화의 구성요소와 이들의 상호작용을 개념화

하였다. 이는 세계적 기업인 맥킨지(McKinsey)에 의해서 개발된 것으로 조직문화를 구성하고 있는 'S'는 공유가치(Shared Value), 리더십 스타일(Style), 구성원(Staff), 제도, 절차(System), 구조(Structure), 전략(Strategy), 스킬(Skill)을 말한다.

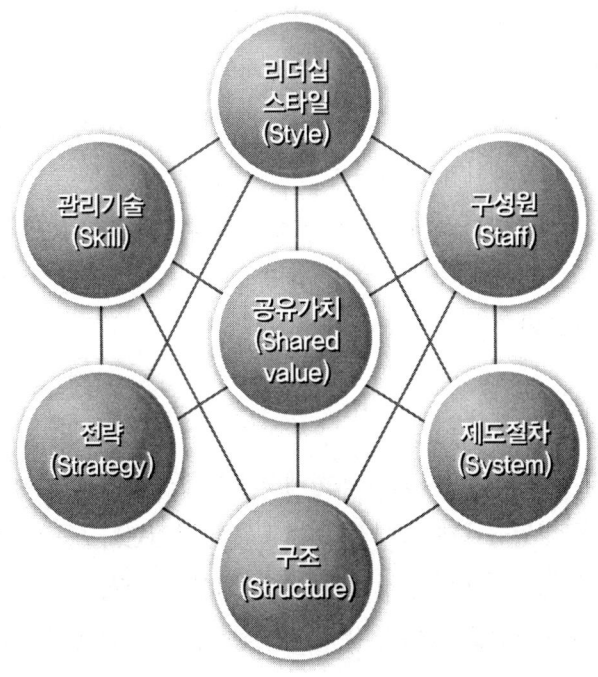

이처럼 조직문화는 조직의 체제를 구성하는 구성원, 시스템, 구조, 전략 등과 밀접한 관계를 가지며 조직의 주된 특성이 된다.

✎ 집단

조직체제 안에는 집단이 있다. 집단은 조직구성원들 몇 명이 모여 일정한 교호작용의 체제를 이룰 때에 형성된다. 업인들은 자신이 속한 집단에서 소속감을 느끼며, 필요한 정보를 획득하고, 인간관계를 확장하는 등의 요구를 충족할 수 있다. 특히 최근에는 수직적·수평적 장벽을 허물고 보다 자율적인 환경 속에서, 인적자원을 효율적으로 활용하고 내부유연성을 강화하기 위한 조직형태인 팀에 대한 관심이 증가하고 있다.

• 집단의 유형

조직 내 집단은 공식적인 집단과 비공식적인 집단으로 구분할 수 있다.

공식적인 집단은 조직의 공식적인 목표를 추구하기 위해 조직에서 의식적으로 만든 집단이다. 따라서 공식적인 집단의 목표나 임무는 비교적 명확하게 규정되어 있으며, 여기에 참여하는 구성원들도 인위적으로 결정되는 경우가 많다. 공식적 집단의 예로는 상설 혹은 임시위원회, 임무수행을 위한 작업팀 등이 있다.

반면에, 비공식적인 집단은 조직구성원들의 요구에 따라 자발적으로 형성된 집단이다. 이는 공식적인 업무수행 이외에 다양한 요구들에 의해 이루어진다. 예를 들어 업무수행능력 향상을 위해 자발적으로 형성된 스터디모임, 봉사활동 동아리, 각종 친목회 등이 있을 수 있다.

• **집단 간 관계**

조직 내에는 다양한 집단이 존재하기 때문에 집단 간 경쟁이 발생하기도 한다. 집단 간 경쟁이 일어나는 원인은 조직 내의 한정된 자원을 더 많이 가지려고 하거나 서로 상반되는 목표를 추구하기 때문이다.

집단 간 경쟁이 일어나면 집단 내부에서는 응집성이 강화되고 집단의 활동이 더욱 조직화되기도 하지만, 집단 간 경쟁이 과열되면 공통된 목적을 추구하는 조직 내에서 집단 간 갈등은 자원의 낭비, 업무 방해, 비능률 등의 문제를 초래하게 된다.

따라서 직업인들은 집단에 참여하여 소속감을 느끼고 다양한 요구들을 충족하는 것은 바람직하지만, 집단 간 경쟁이 심화되어 조직 전체의 효율성을 저해하는 일이 없도록 관련 집단과 원활한 상호작용을 위해 노력해야 한다.

9.3 업무이해능력 (하위모듈 I-2-다)

✎ 업무이해능력

업무이해능력은 직업인이 자신에게 주어진 업무의 성격과 내용을 알고 그에 필요한 지식, 기술, 행동을 확인하는 능력이다. 조직생활에서 가장 기본이 되는 직업인의 역할은 자신의 업무를 효과적으로 수행하는 것이다. 주어진 업무의 특성을 파악하고 조직 내에서 업무처리 절차를 이해하는 업무이해능력은 업무를 효과적으로 수행하는 기초가 된다.

하나의 조직이 운영되기 위해서는 조직구성원들이 총무, 인사, 기획, 회계, 영업 등 다양한 업무를 수행해야 한다. 모든 업무가 같은 특성을 가지고 있는 것은 아니며 업무가 조직 내에 미치는 영향력, 요구된 지식, 기술, 행동 등이 다르다. 따라서 직업인들은 자신에게 주어진 업무의 특성을 이해할 필요가 있다.

>>> 업무의 종류

조직의 목적이나 규모에 따라 업무는 다양하게 구성될 수 있다. 예를 들어, 연구소에는 인사, 회계관련 업무 외에 연구 개발업무가 있다. 또한, 같은 규모의 조직이라고 하더라도 업무의 종류와 범위가 다를 수 있다. 이처럼 업무의 종류를 세분화할 것인가, 업무의 수를 줄일 것인가의 문제도 조직에 따라 다양하게 결정될 수 있다. 이는 각 조직마다 외부적인 상황이 서로 다르고 오래 세월에 걸쳐 형성된 특유의 조직문화와 내부권력구조, 그리고 성공여건 내지 조직의 강점과 약점이 서로 다르다는 점에서 그 원인을 찾을 수 있다.
대부분의 조직에서는 총무, 인사, 회계, 생산 등의 업무를 담당하며 각 업무의 예시를 제시하면 다음과 같다.

부서	업무 (예)
총무부	주주총회 및 이사회개최 관련 업무, 의전 및 비서업무, 집기비품 및 소모품의 구입과 관리, 사무실 임차 및 관리, 차량 및 통신시설의 운영, 국내외 출장 업무 협조, 복리후생 업무, 법률자문과 소송관리, 사내외 홍보 광고업무
인사부	조직기구의 개편 및 조정, 업무분장 및 조정, 인력수급계획 및 관리, 직무 및 정원의 조정 종합, 노사관리, 평가관리, 상벌관리, 인사발령, 교육체계 수립 및 관리, 임금제도, 복리후생제도 및 지원업무, 복부관리, 퇴직관리
기획부	경영계획 및 전략 수립, 전사기획업무, 종합 및 조정, 중장기 사업계획의 종합 및 조정, 경영정보 조사 및 기획보고, 경영진단업무, 종합예산수립 및 실적관리, 단기사업계획 종합 및 조정, 사업계획, 손익추정, 실적관리 및 분석
회계부	회계제도의 유지 및 관리, 재무상태 및 경영실적 보고, 결산 관련 업무, 재무제표분석 및 보고, 법인세, 부가가치세, 국세 지방세 업무자문 및 지원, 보험가입 및 보상업무, 고정자산 관련 업무
영업부	판매 계획, 판매예산의 편성, 시장조사, 광고 선전, 견적 및 계약, 제조지시서의 발행, 외상매출금의 청구 및 회수, 제품의 재고 조절, 거래처로부터의 불만처리, 제품의 애프터서비스, 판매원가 및 판매가격의 조사 검토

〉〉〉 업무의 특성

조직 내에서 업무는 조직의 목적을 보다 효과적으로 달성하기 위하여 세분화된 것이므로 궁극적으로는 같은 목적을 지향한다. 이처럼 조직의 목적을 달성하기 위하여 업무는 통합되어야 하므로, 업무는 직업인들에게 부여되며 개인이 선호하는 업무를 임의로 선택할 수 있는 재량권이 매우 적다. 또한 업무는 조직 내 다른 업무와 밀접한 관련성을 가지고 있다. 즉, 업무가 독립적으로 이루어지지만 업무 간에는 서열성이 있어서 순차적으로 이루어지기도 하며, 서로 정보를 주고받기도 한다.

한편, 조직이라는 전체로 통합되기 위하여 업무는 다양한 특성을 가지고 있다. 개별업무들은 요구되는 지식, 기술, 도구의 종류가 다르고 이들 간 다양성도 차이가 있다.
또한 어떤 업무는 구매에서 출고와 같이 일련의 과정을 거치는 반면, 어떤 업무는 상대적으로 독립되어 이루어지기도 한다. 연구, 개발 등과 같은 업무는 자율적이고 재량권이 많은 반면, 조립, 생산 등과 같은 업무는 주어진 절차에 따라 이루어지는 경우도 있다.

>>> 업무계획 수립의 필요성

조직에는 다양한 업무가 있으며, 업무에 따라 이를 수행하는 절차나 과정이 다르다.
또한 개인의 선호도에 따라서 효과적인 업무수행 방법이나 노하우가 있다. 그러나
일반적으로 조직에서의 업무는 조직이 정한 규칙과 규정, 시간 등의 제약이 있다.
따라서 업무를 효과적으로 수행하기 위해서는 자신에게 주어진 자원과 제약요건을
확인하고, 이에 따라 구체적인 계획을 수립할 필요가 있다.

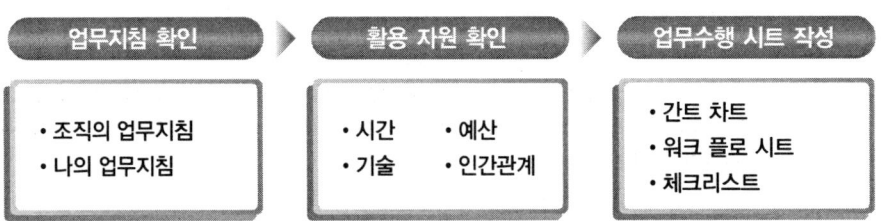

>>> 활용자원 확인

업무지침을 수립하면 자신에게 주어진 자원을 확인한다. 업무와 관련된 자원으로는 시간,
예산, 기술 등의 물적자원과 조직 내·외부에서 공동으로 일을 수행하는 인적자원이 있다.
조직 내에서 이러한 자원들은 무한정으로 주어지는 것이 아니므로, 제한된 조건 하에서
효과적으로 활용할 수밖에 없다. 또한 자신의 업무를 수행하는데 요구되는 지식, 기술이
부족하다면 이를 함양하기 위한 계획을 수립해야 할 것이다.

>>> 업무수행 시트 작성

활용자원을 확인하면 구체적인 업무수행 계획을 수립한다. 이는 간트 차트, 워크 플로시트,
체크리스트 등이 있으며 개인의 경험에 따라 자유롭게 작성할 수 있다. 업무수행시트를
작성하면, 마지막에 급하게 일을 처리하지 않고 주어진 시간 내에 끝마칠 수 있으며,
세부적인 단계로 구분하여 단계별로 협조를 구해야 할 사항과 처리해야 할 일을 체계적으로
알 수 있고, 문제가 발생할 경우 발생지점을 정확히 파악하여 시간과 비용을 절약할 수 있는
장점이 있다.

- **간트 차트 (Gantt chart)**

  간트 차트는 미국의 간트(Henry Laurence Gantt)가 1919년에 창안한 작업진도도표로,
  단계별로 업무를 시작해서 끝나는데 걸리는 시간을 바 형식으로 표시할 때 사용한다.
  이는 전체 일정을 한 눈에 볼 수 있고, 단계별로 소요되는 시간과 각 업무활동 사이의

관계를 보여줄 수 있다. 최근에는 마이크로 엑셀 등의 프로그램으로 단계별 시작일과 종료일을 기입하면 쉽게 간트 차트를 만들어 사용할 수 있다.

업무	6월	7월	8월	9월
설계				
자료수첩	▓▓	▓		
기본설계		▓▓		
타당성 조사 및 실시설계			▓	
시공				
시공			▓▓	
결과 보고			▓▓▓	

- **워크 플로 시트 (Work flow sheet)**

워크 플로 시트는 일의 흐름을 동적으로 보여주는데 효과적이다. 특히 워크 플로 시트에 사용하는 도형을 다르게 표현함으로써 주된 작업과 부차적인 작업, 혼자 처리할 수 있는 일과 다른 사람의 협조를 필요로 하는 일, 주의해야 할 일, 컴퓨터와 같은 도구를 사용해서 할 일 등을 구분해서 표현할 수 있다. 예를 들어 다음의 예시에서 사각형은 주된 업무를, 타원은 세부 절차를 , 원은 시작과 종료를 나타낸다. 또한, 각 활동별로 소요시간을 표기하면 더욱 효과적이다.

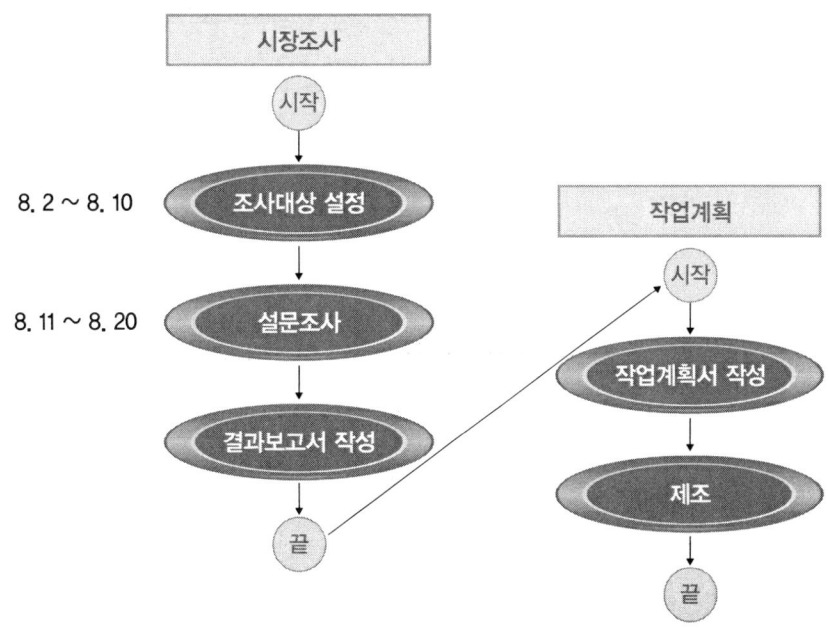

• **체크리스트 (Checklist)**

체크리스트는 업무의 각 단계를 효과적으로 수행했는지 자가 점검해볼 수 있는 도구이다. 체크리스트는 시간의 흐름을 표현하는 데에는 한계가 있지만, 업무를 세부적인 활동들로 나누고 각 활동별로 기대되는 수행수준을 달성했는지를 확인하는 데에는 효과적일 수 있다.

업무		체크	
		YES	NO
고객관리	고객 대장을 정비하였는가?		
	3개월에 한 번씩 고객 구매 데이터를 분석하였는가?		
	고객의 청구 내용 문의에 정확하게 응대하였는가?		
	고객 데이터를 분석하여 판매 촉진 기획에 활용하였는가?		

9.4 국제감각 (하위모듈 I-2-라)

학습목표

직업인으로서 필요한 다른 나라의 문화를 이해하고 국제적인 동향을 파악하는 능력을 기를 수 있다.

··· 직장생활에서 국제감각이 필요한 경우를 설명할 수 있다.
··· 다른 문화를 가진 사람과 자연스럽게 일할 수 있다.
··· 자신의 업무와 관련된 국제적인 동향을 설명할 수 있다.
··· 글로벌시대에 적합한 국제매너를 가질 수 있다.

✎ 국제감각

국제감각은 직장생활을 하는 동안 다른 나라의 문화를 이해하고 국제적인 동향을 이해하는 능력이다. 오늘날 21세기 지구촌은 국경을 초월한 개방화, 정보화, 세계화가 이루어지고 있으며, 직업인은 직장생활 등에 국제적인 동향을 고려하고 다른 나라 사람들과 함께 일을 하는 경우가 많아졌다. 따라서 세계화시대에 능력 있는 직업인이되기 위해서는 국제감각을 길어야 한다.

세계는 이제 3Bs(국경: Border, 경계: Boundary, 장벽: Barrier)가 완화되고 있다. 국제간 물적, 인적자원의 이동이 자유롭게 되었으며 통신 산업의 발달로 네트워크가 형성되게 되었다. 이처럼 세계는 하나의 지구촌이라는 말로 표현될 만큼 밀접하게 서로 영향을 주고받으며 살아가고 있다.

〉〉〉 세계화

세계화란 활동범위가 세계로 확대되는 것을 의미한다.

개인은 세계화에 따라 자유롭게 다른 나라로 이동을 하고, 다른 나라에서 생산된 상품이나 서비스를 이용한다. 조직은 세계시장에서 경쟁하고 살아남아야 하는 역량을 가져야 한다. 최근에는 다국적 내지 초국적 기업이 등장하여 범지구적 시스템과 네트워크 안에서 기업 활동이 이루어지는 국제경영이 중요시되고 있다. 또한 세계화는 경제나 산업 등의 측면에서 벗어나 문화, 정치와 다른 영역까지 확대되는 개념으로 이해되고 있다.

구체적으로 세계화에 따른 변화는 어떤 것이 있을까? 먼저 세계적인 경제통합은 가장 큰 변화이다. 20세기에 들어오면서 기업은 새로운 기술을 확보하여 세계적인 주도 기업으로 국경을 넘어 확장하게 되었으며, 다국적 기업의 증가에 따라 국가 간의 경제통합은 강화되었다.

우리나라 역시 칠레와 자유무역협정(Free Trade Agreement: FTA)을 체결한 것을 시작으로 세계 각 국과 국가 간 무역장벽을 없애기 위해 노력하고 있다. 이러한 경제적인 변화는 정치적인 전망이나 산업에 대한 조직들의 태도변화를 야기하고 있으며, 전 세계적으로 국가에서 운영하거나 관리하던 공기업을 민영화하여 새로운 경쟁과 시장 환경이 조성되고 있는 추세이다.

》》》 국제감각이 필요한 이유(국제적 식견과 능력)

• 세계화가 이루어지면 조직은 해외에 직접 투자할 수 있으며, 원자재를 보다 더 싼 가격에 수입할 수 있고, 수송비가 절감되며, 무역장벽이 낮아져 시장이 확대되는 경제적인 이익을 얻을 수 있다.
  반면에 그만큼 경쟁이 세계적인 수준에서 치열해지기 때문에 국제적인 감각을 가지고 세계화 대응 전략을 마련해야 한다.
• 세계화가 진행됨에 따라 조직구성원들도 다양한 문화의 사람들을 만나고 대화하며 거래 혹은 협상해야 할 일이 증가하고 있다.
  조직의 시장이 세계로 확대되는 것에 맞춰 조직구성원들은 의식과 태도, 행동이 세계 수준에 이르러야 한다.
• 그러나 세계 경제포럼(WEF)가 조사한 2006-2007년 국가 경쟁력 순위에서 한국인의 국제감각은 2005년 19위에서 2006년 24위로 5단계나 떨어진 것으로 발표되어 국제적 식견이나 능력이 아직까지 부족한 실정임을 알 수 있다.
• 국제감각은 단순히 영어만을 잘하는 것을 의미하지 않는다. 직업인은 국제감각을 기르기 위하여 65억 인류가 살고 있는 세계를 하나의 공동체로 인식하고, 문화적 배경을 달리하고 있는 다른 나라 사람과의 효과적인 커뮤니케이션을 위해 각 국가의 문화적 특징, 의식, 예절 등 세계 각국의 시장과 다양성에 적응할 수 있는 국제적 감각을 가지는 유연성을 말하며, 자신의 업무와 관련하여 국제적인 동향을 파악하고 이를 적용할 수 있는

능력을 의미한다.

세계화시대가 도래함에 따라 직업인들은 다른 나라 사람과 함께 일할 기회가 증가되었지만, 다른 나라의 문화를 잘 이해하지 못하면 종종 심각한 결과에 이르는 경우가 있다.

이러한 실수를 막기 위해서는 먼저 다양한 문화에 호의적인 태도를 가져야 한다. 우리나라 문화와 다르다고 해서 나쁘거나 저급한 문화로 여겨서는 안되며 그 나라 고유의 문화를 인정할 수 있어야 한다. 그리고 해야 할 일과 하지 말아야 할 일, 해도 되는 일과 해서는 안 되는 일을 구별하기 위한 노력을 기울여야 한다.

그러나 모든 나라에 공통적으로 적용되는 기준은 없으며, 문화란 글로써 설명할 수 없는 부분도 많이 있기 때문에 외국문화를 완벽하게 이해하기란 어려운 일이며, 장시간동안 많은 분야에 걸친 폭넓은 지식이 필요하다.

〉〉〉 국제적인 법규나 규정 숙지하기

업무와 관련된 국제적인 법규나 규정을 제대로 이해하지 못하면 큰 피해를 입을 수 있다. 국제적인 법규는 국제적으로 통용되는 국제규정 외에 각 나라마다 산업 활동을 규제해 놓은 법이 있다.

예를 들어, 대부분의 나라에서는 광고나 해외투자 등에 대한 법률이 마련되어 있다.

우리나라에서는 합법적인 행동이 다른 나라에서는 불법적일 수 있다는 사실을 기억하고, 직업인은 국제적인 업무를 수행하기 전에 국제적인 법규나 규정을 알아보는 노력을 기울여야 한다.

〉〉〉 글로벌 시대의 국제 매너

인사하는 법

요즘 국제적으로 인사를 할 때 악수를 많이 한다. 사람에 따라서 악수를 할 때 친밀감의 표현으로 손을 꽉 잡는 사람도 있고, 예의를 표시하기 위해 손끝만 살짝 잡는 사람도 있다. 그러나 미국에서는 악수할 때에 손끝만 잡는 것을 예의에 어긋나는 것으로 생각한다.

따라서 영미권에서 악수는 일어서서, 상대방의 눈이나 얼굴을 보면서, 오른손으로 상대방의 오른손을 잠시 힘주어서 잡았다가 놓아야 한다. 또한 미국에서는 이름이나 호칭을 자신의 마음대로 부르지 않고 어떻게 부를지 먼저 물어보는 것이 예의이며, 인사를 하거나 이야기할 때에 너무 다가가서 말하지 않고 상대방의 개인공간(personal space)을 지켜줘야 한다.

아프리카의 경우는 오히려 상대방과 시선을 마주보며 대화하면 실례이므로 코 끝 정도를 보면서 대화하도록 한다.

한편, 러시아와 라틴아메리카에서는 포옹을 주로 하는데, 우리나라 사람들은 포옹을 하거나 입을 맞추는 인사법에 익숙하지않아 어색해하는 경우가 많다. 그러나 이는 매우 친밀함의 표현이므로 이를 이해하고 자연스럽게 받아주는 것이 좋다.

업무와 관련해서 사람들을 만나면 명함을 많이 주고받는다. 영미권의 명함은 사교용과 업무용으로 나누어지며, 업무용 명함에는 성명, 직장주소, 직위를 표시한다. 업무용 명함은 악수를 한 이후 교환하며, 아랫사람이나 손님이 먼저 꺼내 오른손으로 상대방에게 주고, 받는 사람은 두손으로 받는 것이 예의이다.

그리고 받은 명함은 한번 보고나서 탁자위에 보이게 놓은 채로 대화를 하거나, 명함지갑에 넣는다. 명함을 꾸기거나 계속 만지는 것은 예의에 어긋나는 일이다.

시간약속 지키기

각 문화권에 따라서 시간에 대한 관념이 다르다. 미국인은 시간을 돈과 같이 생각해서 시간엄수를 매우 중요하게 생각하여 시간을 지키지 않는 사람과는 같이 일을 하려고 하지 않는다.

반면, 라틴아메리카나 동부 유럽, 아랍지역에서는 약속된 시간 정각에 나오는 법이 없다. 시간 약속은 형식적일뿐이며, 상대방이 으레 기다려줄 것으로 생각한다. 따라서 이 지역 사람들과 일을 같이 할 때에는 인내를 가지고 예의바르게 기다려주는 것이 필요하다.

식사예절

일을 하다보면, 같이 식사를 하게 되는 경우가 있다. 이때 다음과 같은 매너를 지켜야 한다. 먼저 서양요리에서 스프는 소리 내면서 먹지 않으며 몸 쪽에서 바깥쪽으로 숟가락을 사용한다. 또한 뜨거운 스프는 입으로 불어서 식히지 않고 숟가락으로 저어서 식혀야 한다. 빵은 수프를 먹고 난 후부터 먹으며 디저트 직전 식사가 끝날 때까지 먹을 수 있다. 빵은 칼이나 치아로 자르지 않고 손으로 떼어 먹는다. 음식 종류별로 생선요리는 뒤집어 먹지 않고, 스테이크는 처음에 다 잘라 놓지 않고 잘라가면서 먹는 것이 좋다.

01 다음 사례를 지식경영 측면에서 언급한 것 가운데 가장 거리가 먼 것은?

> 가전업체인 A 사는 가정에서 신선한 재료로 직접 양념을 만들 수 있는 전자식 양념제조기를 개발했으나,
> 좀처럼 맛이 나지 않는다는 이유로 소비자들로부터 외면당했다. 고심끝에 B 대리를 전국적으로 유명한
> 전주의 한 식당에 파견하여 주인 할머니의 양념제조비법을 배워오도록 했다. B 대리는 할머니가 양념
> 재료를 섞을 때 사용하는 독특한 손놀림을 눈여겨보고 이를 적은 양념제조 매뉴얼을 문서로 작성했다.
> 개발팀은 이를 바탕으로 새로운 양념제조기를 출시했고, 선풍적인 인기를 얻었다.

① 전주 할머니의 양념조리 비법은 암묵적 지식이다.
② B 대리가 문서로 작성한 양념제조 매뉴얼은 형식적 지식이다.
③ 전주 할머니의 비법은 언어를 사용하지 않고도 전수 받을 수 있다.
④ B 대리의 도움을 받은 A 사의 제품개발팀이 새롭게 만든 지식은 없다.
⑤ B 대리는 A 사의 지식수준을 증대시켰다.

02 다음의 보기 중 기업 이윤의 본질을 가장 정확하게 설명한 것은?

① 근로자와 고객 등 모든 사회구성원들이 함께 일구어 낸 공동 소득
② 임금, 이자 등 기업이 약속한 모든 비용을 지불하고 남은 소득
③ 근로자들에게 주어야 할 임금을 덜 주고 남긴 결과
④ 생산에 기여한 바 없이 누리는 자본
⑤ 권력과 긴밀한 관계를 유지함으로써 얻는 초과소득

03 다음 중 성과급 제도를 도입해야 할 바람직한 상황이 아닌 것은?

① 생산량이 종업원의 노력에 따라 크게 변동하는 상황
② 종업원의 위험 기피도가 높은 상황

③ 적은 비용으로 생산량 측정이 가능한 조건

④ 이익이 급증해 세금을 많이 내야하는 상황

⑤ 종업원이 인센티브에 민감하게 반응하는 상황

04 매슬로(Maslow)는 인간 욕구가 5가지 단계로 구성되어 있다고 주장했다. 직장 내 개인의 욕구와 관련된 아래의 내용을 매슬로가 정의한 욕구 단계에 맞춰 하위에서 상위 순서로 올바르게 정렬 한 것은?

> ㉠ 창의성 개발, 적성에 맞는 업무, 잠재 능력 발휘
> ㉡ 과업 성취로 인한 승진, 부서원들의 인정, 책임 및 권한 증대
> ㉢ 생필품 구입을 위한 일자리, 비와 추위를 피할 수 있는 거처
> ㉣ 협력적인 부서 분위기, 팀원 간 인간적인 배려 및 일체감
> ㉤ 정년 보장, 오·폐수 처리시설 완비

① ㉢-㉣-㉤-㉠-㉡　　　　　　② ㉢-㉤-㉣-㉡-㉠
③ ㉤-㉢-㉠-㉣-㉡　　　　　　④ ㉤-㉢-㉣-㉠-㉡
⑤ ㉢-㉡-㉣-㉤-㉠

05 급변하는 경영환경으로 인해 성공적인 변화관리(change management)는 기업 생존을 위한 필수요건이 되었다. 수많은 기업의 변화관리 성공·실패 사례에 비추어볼 때 변화관리에서 가장 어려운 부분으로 평가되는 것은?

① 제시된 해결책의 실행

② 실행한 해결책의 성패에 대한 평가

③ 당면 문제에 대한 정확한 원인 파악

④ 문제 해결을 위한 적절한 대응방안 개발

⑤ 조직구성원의 변화 필요성에 대한 인식과 참여

06 해외시장에 진입하는 방식 중 위험도가 낮은 것에서 높은 것으로 올바로 연결된 것은?

① 라이선싱 → 간접수출 → 직접수출 → 합작투자 → 단독투자

② 간접수출 → 직접수출 → 라이선싱 → 합작투자 → 단독투자

③ 간접수출 → 라이선싱 → 합작투자 → 직접수출 → 단독투자

④ 간접수출 → 합작투자 → 직접수출 → 라이선싱 → 단독투자

⑤ 간접수출 → 라이선싱 → 직접수출 → 합작투자 → 단독투자

07 다음 중 기업의 글로벌화에 따른 조직의 일반적인 변화 과정을 가장 잘 설명한 것은?

① 기능별 조직 → 제품별 조직 → 지역별 조직 → 매트릭스 조직
② 기능별 조직 → 지역별 조직 → 제품별 조직 → 매트릭스 조직
③ 제품별 조직 → 기능별 조직 → 지역별 조직 → 매트릭스 조직
④ 제품별 조직 → 지역별 조직 → 기능별 조직 → 매트릭스 조직
⑤ 매트릭스 조직 → 제품별 조직 → 지역별 조직 → 기능별 조직

08 모바일게임을 개발하는 벤처기업의 A 사장은 회사의 성과관리시스템에 대한 직원들의 불만이 더 이상 방치할 수 없는 상황임을 깨닫고, 이에 대한 조치를 취하기로 했다. 현재의 성과관리시스템이 가진 문제점을 진단하기 위해서 A 사장이 반드시 고려해야 할 사항에 해당되지 않는 것은?

① 보상 수준의 적절성
② 성과 평가 방식의 객관성과 공정성
③ 성과 목표 설정 시 직원들의 의견 반영
④ 다른 산업 분야의 성과관리시스템 분석
⑤ 회사의 전략과 성과관리시스템의 연관성

09 보기는 기업 조직의 분권화와 집권화에 대한 제프리 무어(Geffrey A. Moore)의 주장이다. 이 내용을 통해 더 경쟁우위가 있다고 주장되는 조직형태와 그 이유를 서로 올바르게 짝 지은 것은?

[보 기]

공의 표면면적을 고객 및 시장과 직접 접촉하는 직원들이라고 하고, 공의 부피를 전 직원의 수라고 비유해 보자. 만약 공의 부피를 2배로 늘린다면, 다시 말해 총 직원 수가 2배로 늘어나면, 공의 표면적은 70퍼센트 정도만 늘어난다. 늘어난 부피의 30퍼센트, 즉 나머지 신규 직원의 30퍼센트는 고객과 직접 접촉하기보다는 조직 내의 다른 직원들과 접촉하는 데 시간을 보내게 될 것이다. 그러나 우선 공을 반으로 나누어 2개의 반쪽짜리 공을 만들고나서 부피를 2배 증가시키면 표면적 역시 2배가 된다. 즉 새로 뽑은 직원의 30퍼센트 이상이 시장과 직접 접촉, 기여할 수 있게 되는 것이다. 공을 많이 쪼개면 쪼갤수록 부피 대비 표면적의 비는 더욱 높아진다.

- 조직형태
  - (가) 집권적 관리조직
  - (나) 분권적 관리조직
- 경쟁우위의 근거
  - ㉠ 내부 기능의 중복투자를 줄일 수 있기 때문이다.
  - ㉡ 파트너, 고객 등과 커뮤니케이션이 원활하게 할 수 있기 때문이다.
  - ㉢ 통일된 정책과 방침을 유지하므로 표준화의 이익을 기대할 수 있기 때문이다.

① (가)-㉠   ② (가)-㉡
③ (가)-㉢   ④ (나)-㉠
⑤ (나)-㉡

10 위와 같은 조직형태에 유리하게 작용하는 상황으로 가장 거리가 먼 것은?

① 의사결정의 중요도가 낮을수록
② 조직의 정책에 일관성이 요구될수록
③ 반복적이고 정형적인 업무가 많을수록
④ 관리자를 양성하고자하는 기업일수록
⑤ 업무특성이 동적이고 유동성이 높을수록

11 경영의 내용과 구성요소에 대한 설명으로 틀린 것은?

① 최근 경영을 둘러싼 환경이 급변하면서 관리와 운영활동이 더욱 중요해지고 있다.
② 관리활동은 투입되는 자원을 최소화하거나 주어진 자원을 이용하여 목표를 최대한 달성하는 것이다.
③ 경영의 내용은 전략, 관리, 운영으로 구분될 수 있으며 실제 경영활동에서도 구분되어 이루어진다.
④ 경영전략은 조직의 목적에 따라 전략목표를 설정하고 조직의 내r외부 환경을 분석하여 도출된다.

12 다음 중 조직에서 업무가 배정되는 방법에 대한 설명으로 틀린 것은?

① 조직의 업무는 조직 전체의 목적을 달성하기 위해 배분된다.
② 업무를 배정할 때에는 일의 동일성, 유사성, 관련성에 따라 이루어진다.

③ 업무를 배정하면 조직을 가로로 구분하게 된다.
④ 직위는 조직의 업무체계 중에서 하나의 업무가 차지하는 위치이다.

13 세계화와 국제감각에 대한 설명으로 틀린 것은?

① 세계화가 진행됨에 따라 직업인들은 직·간접적으로 영향을 받게 된다.
② 세계화 시대에 업무를 효과적으로 수행하기 위해서는 국제동향을 파악해야 한다.
③ 이문화 이해는 다른 문화를 자기 문화 중심으로 이해하는 것이다.
④ 직업인이 외국인과 함께 일을 하기 위해서는 국제매너를 갖춰야 한다.

14 경영의 과정에 대한 설명으로 틀린 것은?

① 경영의 과정은 경영계획, 경영실행, 경영평가의 단계로 이루어진다.
② 경영계획 단계에서는 조직의 미래상을 결정하고 목표를 수립한다.
③ 경영실행 단계에서는 구체적인 실행방안을 선정하고 조직구성원을 관리한다.
④ 경영평가 단계에서는 수행결과를 감독하고 교정한다.

15 조직 내 의사결정 과정에 대한 설명으로 잘못된 것은?

① 진단단계는 문제의 심각성에 따라서 체계적 혹은 비공식적으로 이루어진다.
② 개발단계는 확인된 문제에 대하여 해결방안을 모색하는 단계이다.
③ 설계단계에서는 조직 내의 기존 해결방법을 검토한다.
④ 실행가능한 해결안의 선택은 의사결정권자의 판단, 분석적 방법 활용, 토의와 교섭으로 이루어질 수 있다.

16 다음 중에 팀에 대한 설명으로 틀린 것은?

① 팀은 구성원 간 서로 기술을 공유한다.
② 팀은 개인적 책임뿐만 아니라 공동의 책임을 강조한다.
③ 팀은 의사결정을 지연시키는 문제가 있다.
④ 팀이 성공적으로 운영되기 위해서는 관리자층의 지지가 요구된다.

17 다음 중 업무에 대하여 틀린 설명은?

① 업무는 상품이나 서비스를 창출하기 위한 생산적인 활동이다.
② 업무는 조직의 목적 아래 통합된다.
③ 직업인들은 자신의 업무를 자유롭게 선택할 수 있다.
④ 업무에 따라 다른 업무와의 독립성의 정도가 다르다.

18 다음 중 업무수행 계획 수립과 관련된 설명으로 잘못된 것은?

① 조직에는 다양한 업무가 있으며, 이를 수행하는 절차나 과정이 다르다.
② 개인 업무지침은 제한 없이 자유롭게 작성한다.
③ 업무수행 시 활용 가능한 자원으로는 시간, 예산, 기술, 인적자원 등이 있다.
④ 업무수행 시트는 업무를 단계별로 구분하여 작성한다.

19 업무 방해요소의 특징과 극복방법에 대한 설명으로 잘못된 것은?

① 인터넷, 전화, 메신저 등을 효과적으로 활용하기 위해서 시간을 정해놓는 등 자신만의 기준을 세운다.
② 조직 내 갈등은 개인 간 갈등, 집단 간 갈등, 조직 간 갈등 등이 있다.
③ 갈등을 해결하는데 가장 중요한 것은 대화와 협상이다.
④ 업무스트레스는 없을수록 좋으므로 잘 관리해야 한다.

20 다음 중 다른 나라의 문화를 이해하는 것과 관련된 설명으로 잘못된 것은?

① 한 문화권에 속하는 사람이 다른 문화를 접하게 될 때 체험하게 되는 불일치, 위화감, 심리적 부적응 상태를 문화충격이라고 한다.
② 문화충격에 대비해서 가장 중요한 것은 자신이 속한 문화를 기준으로 다른 문화를 객관적으로 평가하는 일이다.
③ 외국문화를 이해하는 것은 많은 시간과 노력이 요구된다.
④ 직업인은 외국인과 함께 일을 할 때에 커뮤니케이션이 중요하며 이처럼 상이한 문화간 커뮤니케이션을 이문화 커뮤니케이션이라고 한다.

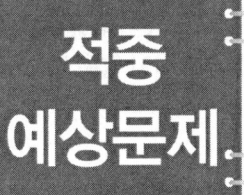

Chapter 1
Chapter 2
Chapter 3
Chapter 4
Chapter 5
6
Chapter 7
Chapter 8
Chapter 9
Chapter 10

적중 예상문제

Chapter 09 조직이해능력

01 최근 삼성그룹이 컨트롤 타워를 부활시킨 것을 계기로 총괄경영본부(headquarters)에 대한 관심이 다시 커지고 있다. 총괄경영본부가 소속 기업그룹의 성과에 긍정적으로 기여할 수 있는 역할에 대한 설명으로 가장 적절하지 않은 것은?

① 인재 풀을 구축하여 인력을 각 계열사 적재적소에 재배치
② 변화하는 환경에 발맞춰 전체 사업 포트폴리오를 재조정
③ 각 계열사가 보유한 자원을 결합하여 신규 사업 개발 또는 외국시장 개척 프로젝트 주도
④ 우량한 계열사로 하여금 부실한 계열사를 지원하도록 유도
⑤ 연구개발, 브랜드 관리, 임직원 교육, 법률 자문 등 다수 계열사에 공통적으로 필요한 서비스를 통합 제공

02 다음을 통해 알 수 있는 것으로 적절한 것은?

> 2차 실험은 전화기에 사용하는 계전기를 조립하는 6명의 여공들을 대상으로 하여, 처음에는 회사에서 2명의 여공들을 선발하고 나머지 4명은 먼저 선발된 2명으로 하여금 각각 2명의 여공을 스스로 선발하도록 하였다. 이 실험에서는 그동안 생산성의 향상을 가져온다고 생각되었던 여러 조건, 즉 노동시간의 조정, 휴식시간의 도입, 직무재설계 등 새로운 제도를 도입하여 여공들의 작업조건을 개선해 주었다. 작업조건이 개선되면서 작업능률은 급격하게 향상되었다. 그러나 일정기간 후 작업조건을 개선되기 이전의 상태로 환원시켰는데도 작업능률은 오히려 더욱 상승하였다.

① 성과에 근거한 보상체계(성과급제 등)를 설계하고 시행해야한다
② 불필요한 동작을 제거하기 위하여 동작 및 시간을 과학적으로 연구해야 한다.
③ 각 종업원의 심리적. 감정적 요인이 생산에 중요한 변수라는 것을 알 수 있다
④ 각 종업원이 능력을 최대한 발휘할 수 있게 훈련시키는 것이 생산성 향상에 중요하다.
⑤ 감독자 지원을 통해 종업원 각자의 능력을 최대한 발휘할 수 있게 감독자를 훈련시켜야한다.

03 폴로, 월마트 등과 같은 세계 유력 브랜드들이 한국에선 힘을 못 쓴다. 대신 빈폴, 이마트, 롯데리아, 카페베네 등 토종 브랜드들이 이들 외국 브랜드를 제치고도 압도적인 시장점유율을 과시하고 있다. 유통업계에서 한국 고유의 브랜드들이 강한 이유로 가장 적합하지 않은 것은?

① 신속한 의사결정
② 고객불만 관리 등 감성경영
③ 글로벌 아웃소싱을 통한 원가절감
④ 최적의 위치를 선점하는 입지전략
⑤ 한국 소비자의 기호에 맞는 제품 개발

04 다음 중 '이사회 (board of directors)'에 대한 설명으로 가장 옳은 것은?

① 기업의 운영과 관련된 의사결정을 총괄하는 집단이라고 할 수 있다.
② 기업의 주요 의사결정을 내리고 경영층을 견제하는 최고의결기구다.
③ 이사회는 회계감사 등 업무감사가 주요 업무이고 주총에서 선임한다.
④ 최고경영자를 보좌하고 기업의 각 기능에 대해 의사결정을 내리는 집단이다.
⑤ 3/4 이상이 외부전문가들로 이루어져 있고 이들을 사외이사라고 한다.

05 다른 회사에 대한 M&A(인수 · 합병)를 추진할 때 경영진이 가져야 할 기본적인 태도로 가장 적절 하지 않은 것은?

① 타깃으로 삼은 기업을 인수하려는 경쟁사가 많아지면 가격을 최우선으로 고려해야 한다.
② 추진하는 M&A가 회사의 중장기 전략적 목표의 달성에 적합한 대안인지에 대해 신중히 평가해보아야 한다.
③ 타깃 기업의 가치 평가는 수익가치, 자산가치, 시장가치 등 다양한 방법을 고루 사용해 계산한 후 비교 판단하는 것이 바람직하다.
④ 여러 이해관계자들의 저항을 유발하는 적대적인 방법보다는 가급적 우호적인 방법을 취해야한다.
⑤ 회사의 재무상태에 대한 실사뿐 아니라 우리 회사와 기업문화가 얼마나 상이한지에 대해서도 사전에 파악해야 한다.

06 개인 본연의 직무는 아니지만 전반적인 조직 성과를 높이는 데 기여하는 업무 외적 행동을 조직시민행동(organizational citizenship behavior)이라고 한다. 다음 중 팀의 성과에 도움이

될 수 있는 조직시민행동의 유형으로 보기 가장 어려운 것은?

① 퇴근 후 신입사원에게 업계 현황을 가르쳐 주기
② 점심시간에 일찍 들어와서 부서로 걸려온 전화 받기
③ 체력 단련을 위해 사내 산악 동호회에 참여하기
④ 옆 동네 사는 동료를 퇴근길에 내 차로 데려다 주기
⑤ 주변 사람들에게 자신의 직장이나 팀에 대해 좋은 이야기를 들려주기

[7 ~ 8] 다음을 읽고 물음에 답하시오.

한가람소프트의 박 사장은 최근 자사의 매출부진 원인을 알기 위해 외부에 컨설팅을 의뢰하였다. 이 과정에서 박 사장은 직원들이 현재 성과관리시스템에 불만이 있고 성과에 따른 보상 방식을 매우 선호하고 있다는 것을 알게 되었다. 또 현재 많은 기업이 조직구성원들의 효과적인 성과관리를 위해 구성원 개개인이 달성해야 할 목표를 제시하고, 이것에 기반을 두고 업무 성취도를 평가하고 있고 이는 업무의욕 고취에 상당한 효과가 있다는 사실도 알게 되었다.

07 성과에 기반을 둔 보상제도를 강화하기 위해 박 사장이 직원들의 보너스 결정 시 꼭 고려해야 할 요인으로 가장 거리가 먼 것은?

① 회사의 사업성과
② 팀별 성과평가결과
③ 직원 개인의 근속기간
④ 직원 개인의 평가점수
⑤ 사업부문별 성과평가 결과

08 박사장이 컨설턴트의 조언을 받아들여 위 사례의 밑줄 친 내용의 제도를 도입하고 이 효과를 높이기 위해 성과목표를 설정하는 과정에서 꼭 고려해야 할 사항으로 가장 거리가 먼 것은?

① 성과목표는 구체적이어야 한다.
② 성과목표는 달성 가능한 것이어야 한다.
③ 성과목표는 측정할 수 있는 것이어야 한다.
④ 성과목표는 결과보다 과정에 중점을 두어야 한다.
⑤ 성과목표는 구체적인 마감 기한이 있어야 한다.

09 甲전자가 추구했던 밑줄 친 형태의 조직구조에 관한 특징으로 가장 올바른 것은?

> A부회장은 스마트폰 대응에서 실기하는 등의 사업 부진에 책임을 지고 사퇴한 전문경영인 B부회장에 이어 甲전자의 최고경영자(CEO)로 취임했다. A부회장은 취임 후 조직개편 등을 통한 분위기 쇄신과 경쟁력 강화를 추진하고 있는데, 특히 조직개편과 관련해 '단선화'를 강조했다. B부회장체제에서 甲전자조직은 직능별로 담당자가 있고 지역별·상품별로도 담당자가 있는 복합적인 행렬조직 형태를 가졌다. 예를 들어 본사에서 해외법인 프로젝트의 마케팅을 관리하는 담당이 있고 해당 해외법인에도 비슷한 업무를 담당하는 책임자가 있다. 또 5개 사업본부, 최고 마케팅 책임자를 비롯한 최고경영진, 글로벌지역본부 등 지역과 프로젝트를 복합적으로 챙기는 의사결정 구조로 되어 있었다. A부회장은 甲전자 오너경영자의 동생이다. 이번 인사소식이 전해지면서 일단 시장에서는 甲전자의 오너경영을 환영하는 분위기다. 당일에만 주가가 5% 가까이 급등하였다.

① 단순하고 안정적인 환경에서 통제와 안정을 중요시하는 조직에 적합하다

② 사업 간 리스크 관리에 용이하고 사업성패에 따른 책임소재가 명확하다.

③ 전문 인력과 기술 및 장비 등 자원을 여러 사업부서에서 공동으로 활용할 수 있다.

④ 의사결정단계를 축소하여 외부환경 변화를 민감하게 감지하고 빠르게 의사결정을 내릴 수 있는 장점이 있다.

⑤ 서로 독립성을 유지하는 조직들이 상대방의 자원을 자신의 자원처럼 활용하기 위해 수직적·수평적·공간적 신뢰관계로 연결되어 있다.

10 기업 조직 안에서 과장은 부장의 팔로어(follwer)이며 부장은 임원의 팔로어이다. 리더(leader)와 팔로어가 올바른 관계를 정립해야 조직의 성과를 극대화할 수 있는데, '용기 있는 팔로어' 저자인 아이라 샬레프는 리더에 대한 지지와 리더에 맞서는 용기를 기준으로 팔로어를 몇 가지 유형으로 구분한다. 다음 중 리더에 대한 높은 지지와 강한 도전을 겸비한 팔로어 유형은?

① 자원(resource)형   ② 파트너(partner)형
③ 비판자(criticizer)형   ④ 이행자(implementer)형
⑤ 개인주의자(individualist)형

11 기업에서 바람직한 인적 자원을 선발하기 위해서는 선발도구가 측정에 효과적이어야 한다. 다음 중 효과적인 선발도구(면접, 시험 등)가 갖추어야 할 조건을 모두 고르면?

㉠신뢰성 (reliability)	㉡보편성(universality)	㉢타당성 (validity)	㉣효용성(utility)

① ㉠, ㉡   ② ㉡, ㉢   ③ ㉢, ㉣   ④ ㉠, ㉢, ㉣   ⑤ ㉠, ㉡, ㉢

12 최근 들어 기업들은 외부에서 직원을 채용하는 것보다 조직 내부의 기존 인력을 대상으로 사내 모집 비중을 늘리고 있다. 사내 모집의 장단점으로 가장 거리가 먼 것은?

① 신속한 충원과 충원 비용의 절감
② 직원들 사이에 과다 경쟁 유발 가능
③ 불합격된 사람들의 불만요인이 없음
④ 훈련과 조직 문화 적응 시간의 단축
⑤ 능력검증에 대한 정확한 평가 가능

13 다음 중 기업 사외이사 제도에 대한 설명으로 틀린 것은?

① 사외이사는 감사와 함께 이사회를 구성한다.
② 사외이사들이 CEO를 선임하는 경우가 있다.
③ 기업의 일상적인 업무에 대한 감시 활동을 한다.
④ 대주주나 CEO의 전횡을 방지하기 위해 도입됐다.
⑤ 우리나라의 경우 상장기업은 의무적으로 사외이사를 둬야 한다.

14 다음에 설명하는 이 제도는?

이 제도는 인건비 부담을 줄이면서 숙련된 직원을 계속 고용할 수 있고 근로자는 고용을 보장받으며, 기업도 좋고 근로자도 좋은 일석이조의 제도라고 하지만 부작용도 있다. 퇴직금이 줄어든다는 게 대표적인 문제다. 퇴직금은 보통 퇴직 직전 3개월간 평균 임금을 기준으로 산정하기 때문이다. 상당수 근로자가 높은 퇴직금을 받기 위해 제도 대신 명예퇴직을 선택한다.

① 고용보험제   ② 임금피크제
③ 최저임금제   ④ 종신고용제
⑤ 타임오프제

15 다음을 읽고 '불만족스럽지 않은' 상태를 위해 충족시켜야 하는 요인은?

허즈버그의 동기-위생 이론에 따르면 만족은 만족대로, 불만족은 불만족대로 서로 다른 차원의 문제다. 만족에 영향을 미치는 요인을 동기요인(motivator)이라고 하고, 불만족에 영향을 미치는 요인은 위생요인(hygienic factor)이라 한다. 동기요인이 제공되어야 동기부여가 되고, 위생요인이 충족되어야만 '불만족스럽지는 않은' 상태가 된다는 것이다. 즉, 위생요인은 직접적 동기유발과는 관계가 없다.

Chapter9 조직이해능력 | **383**

① 직장의 안정성   ② 개인의 발전가능성
③ 직무 자체의 도전성   ④ 의사결정 권한 증대
⑤ 인정받을 수 있는 기회

16 최근 고객이 원스톱 서비스를 받을 수 있도록 매트릭스 조직체계를 갖추려는 금융지주사가 늘고 있다. 매트릭스 조직의 효과로 올바른 것은?

① 조직 내 갈등이 근본적으로 제거되는 효율적인 구조다
② 부문 간 조정을 위한 회의나 면담 등 시간소요문제가 발생하지 않는다.
③ 조직 내 명령계통의 일원화로 직원들 간 역할갈등의 소지를 크게 감소시킨다.
④ 기능부서 내에서 직원들의 심도 있는 훈련과 기능 개발에 가장 유리한 구조다.
⑤ 인적자원을 각 부문에 효율적으로 사용하여 외부환경 변화에 신속히 대응할 수 있다.

17 국내 대기업그룹들이 주력 사업과 별 관련 없는 소규모 계열사들을 다수 보유하고 있어, 핵심역량 강화보다는 일감 몰아주기 등 부수적 수단으로 계열사를 확장하는 것이 아닌가 하는 지적이 일부에서 제기되고 있다. 다음 중 동일 기업그룹 내 두 계열사가 사업적으로 상호 관련성이 높다고 판단하는 잣대로서 가장 적합하지 않은 것은?

① 두 계열사의 주요소비자 계층이 많이 중복될 경우
② 두 계열사가 공동으로 이용할 생산설비가 많을 경우
③ 두 계열사에 대한 지배주주 지분율이 모두 높을 경우
④ 두 계열사가 공동으로 구매 할 원자재나 부품이 많을 경우
⑤ 두 계열사의 제품혁신에 활용되는 기초기술이 유사할 경우

18 다음을 읽고 수직계열화의 장점으로 가장 거리가 먼 것은?

> 최근 국내 한 자동차 기업이 세계 판매량기준5위에 오르면서 크게 주목을 받았다. 미국자동차 전문지 〈카&드라이버〉는 이 기업의 자동차를 '올해 최고의 차 톱10'에도 선정했다. 이 기업은 지난해 일관제철소 고로사업을 시작해 쇳물에서 자동차에 이르는 수직계열화를 완성했다. 완성차 소재, 부품, 금융, 물류 등이 자동차 판매에 다양한 시너지를 내는 상황인것이다. 이는 이 기업의 최근 경쟁력 향상의 중요한 요소로 평가받고 있다.

① 원재료 공급에 있어서 확실성 확보
② 아웃소싱에 비해 관리비용 절감 가능

③ 경영정보 공유와 마케팅 루트 공동 활용

④ 불확실성으로 유발되는 거래비용 감소

⑤ 공정 간 마진을 자체 흡수하여 원가 경쟁력 확보 가능

Chapter 1
Chapter 2
Chapter 3
Chapter 4
Chapter 5
Chapter 6
Chapter 7
Chapter 8
Chapter 9
Chapter 10

19 상품 배송이나 콜센터 운영 같은 기능을 외부 업체에 맡겨 아웃소싱(outsourcing)하는 기업들이 늘고 있다. 다음 중 기업의 일부 기능을 아웃소싱 할 것인지, 아니면 사내에서 직접 수행(내부 等)할 것인지를 결정하는 기준으로 가장 타당하지 않은 것은?

① 경제 상황 및 시장의 변동성을 예측하기가 어려울수록 내부화하는 것이 좋다

② 특정 기능을 잘 대행 할 수 있는 업체가 외부에 많이 있을수록 아웃소싱을 활용하는 것이 좋다.

③ 여러 기능 간에 공통적으로 사용하여 시너지를 창출할 수 있는 자원이 많을수록 내부화하는 것이 좋다.

④ 아웃소싱 과정에서 우리 회사의 기술이나 정보가 유출될 가능성이 적을수록 아웃소싱을 활용하는 것이 좋다.

⑤ 사내에서 직접 수행하는 비용이 많이 들지만 우리 회사의 중장기 핵심역량과 밀접한 기능은 내부화하는 것이 좋다.

20 제시문에 나와 있는 내용들이 각각 기업의 성장전략에 적합하게 연결된 것은?

> 가. 반도체제조회사를 경영하고 있는 구인회 회장은 반도체 장비 제조업에도 진출하려고 한다.
> 나. 반도체제조회사를 경영하고 있는 박진호 회장은 스마트폰을 직접 제조하기 시작했다.
> 다. 오토바이제조업체를 운영하고 있는 김훈민 회장은 자동차 제조업에 진출하려고 한다.

① 가 – 전방통합전략	나 – 수평적 다각화	다 – 수직적 통합전략
② 가 – 수직적 통합전략	나 – 전방통합전략	다 – 집중적 다각화
③ 가 – 집중적 다각화	나 – 전방통합전략	다 – 수평적 다각화
④ 가 – 수평적 통합전략	나 – 전방통합전략	다 – 집중적 다각화
⑤ 가 – 집중적 다각화	나 – 수평적 다각화	다 – 전방통합전략

NCS National Competency Standards

Chapter 09 정답 및 해설

 기본문제

01 ④

개인은 물론 조직 수준에서도 '학습'이 중요해지면서 1990년대 이후 '지식경영' 이론이 급속히 발전했다. 지식의 두 가지 유형 가운데 형식적 지식(예 : 양념제조 매뉴얼)은 문장, 공식, 컴퓨터 프로그램 등으로 표현 가능한 명시적 지식이다. 반면 암묵적 지식(예 : 양념제조 비법)은 주관적 지식으로 숙달된 개인이나 축적된 조직문화 등에 내재되어 있다. 형식적 지식은 암묵적 지식에 비해 공유하기 수월해 지식의 확산을 촉진한다. 암묵적 지식은 관찰, 모방, 반복연습 등을 통해 익힐 수 있다. A 사의 개발팀은 기존에 보유하고 있던 주방용 가전제품 설계기술을 양념제조 매뉴얼과 결합하여 새로운 지식을 창조한 것이다. 신제품의 설계명세서는 또 하나의 형식적 지식이 된다.

02 ②

기업 이익창출에 기여하는 사람들은 다양하다. 근로자와 경영진들은 노동으로, 투자자는 대출이나 자본투자로 기여한다. 이들에게는 그 대가로 임금, 이자, 배당금 등이 주어진다. 이윤은 이처럼 기업이 모든 비용을 지불하고 남은 이익이다. 최근 기업들은 기부나 봉사 활동 등에 적극적으로 나서고 있다. 기업이 존재할 수 있는 기반이 사회라는 이유에서다. 그러나 기업의 사회적 역할이 강제되지는 않는다.

03 ②

성과급제도는 종업원이 거둔 업무 성과에 따라 보상하는 급여제도다. 성취 의욕을 자극하므로 생산성을 높일 수 있는 것이 장점이다. 그러나 개인별 성과급만을 강조하면 팀 내 협력 분위기가 훼손될 수 있어 최근에는 개인별 성과급제와 팀별 성과급제를 혼합해 운영하는 경우가 많다. 이익이 급증해 세금을 많이 내야 하는 상황에서 성과급으로 직원들에게 보상해주면 급여 비용이 늘어나고 그 만큼 이익을 줄여 절세할 수 있다. 또 적은 비용으로 생산량을 측정할 수 있다면 성과급을 도입하기 쉽다. 종업원의 위험 기피도가 높다면, 성과급으로 인한 급여 격차에 대해 반발이 클 것이기 때문에 성과급제 도입을 추진하기 어렵다.

04 ②

매슬로가 제시한 개인의 욕구 5단계는 생리적 요구, 안전 욕구, 소속 욕구, 자존 욕구, 자아실현 욕구 순이다.

05 ⑤

변화관리는 당면 문제에 대한 진단, 해결책 개발, 실행, 그 성과에 대한 분석과 후속조치에 이르기까지 어느 하나 쉬운 과정은 실제로 없다. 그 이유는 많은 구성원들이 유기적으로 엮여서 돌아가는 조직에서의 변화란 어떤 형태로든 많은 사람들이 현재 편안하게 반복하고 있는 프로세스에 변화를 초래하고, 이것은 많은 사람들에게 스트레스를 유발하기 때문이다. 변화관리에 실패하는 조직들을 보면, 이와 같은 변화에 대한 부담감이나 두려움으로 조직구성원들이 변화의 필요성을 무시하거나 조직의 변화 노력에 소극적으로 또는 적극적으로 저항함으로써 조직의 변화관리 노력이 제대로 결실을 맺지 못한 경우가 대부분이다.

06 ⑤

간접수출은 종합무역상사나 수출 대행업자 등을 통해 수출하는 방식이다. 수출 중간상이 있기 때문에 수출 클레임에 따른 번거로움을 피하고 안심하고 거래할 수 있어 위험도가 가장 낮다. 다만 이윤이 많이 남지 않고 제품에 대한 통제력을 상실할 수 있다는 단점이 따른다. 라이선싱(Licensing)은 기업이 무형의 경영자원인 특허권이나 기술, 상호, 상표 등과 같은 독점적 자산을 보유하고 있거나 이 자산의 사용권을 해외 판매하고자 할 때 주로 이용된다. 기업은 라이선스 사용자로부터 매출액의 일정 부분을 수수료로 받는다. 이 경우는 수출시 일부 책임을 지기 때문에 간접수출에 비해 위험도가 높지만 직접 수출하는 것보다는 높지 않다. 직접수출은 기업이 수출과 연관된 제반 업무를 직접 수행하는 방식이며 간접수출이나 라이선싱보다 위험도가 높다. 해외투자는 기업의 자본뿐 아니라 기술, 상표권, 마케팅 노하우 등 기업의 제반 자원을 패키지 형태로 해외에 이전시키는 방식이다. 수익이 높다는 장점이 있지만 위험도가 매우 높다. 해외투자는 크게 합작 투자와 직접투자로 나뉘는데 합작투자가 기업의 보유자원을 모두 투입하지 않기 때문에 직접투자보다 위험도는 낮다. 정답률은 28%로 낮았다.

07 ②
사업이 글로벌화 되면 기업조직은 기능별, 지역별, 제품별 조직을 거쳐 매트릭스 조직으로 발전하게 된다.

08 ④
성과관리시스템은 회사의 전략을 구현하기 위해 조직 구성원들이 구체적으로 무엇을 해야 하는지를 인도하는 역할을 한다. 직원들 의견을 반영해서 적절한 성과 목표를 세우고, 그 목표를 달성했는지를 객관적이고 공정하게 평가해서 직원들에게 충분한 동기 부여가 될 수 있는 적절한 수준의 보상을 주는 것이 성과관리 시스템의 핵심 요소다. 각 산업 특성에 따라 성과관리 시스템은 많은 차이가 있다.

09 ⑤
제프리 무어는 공의 표면적과 부피의 관계를 예로 들며 분권조직의 경쟁력을 말하고 있다. 고객, 파트너 등과의 커뮤니케이션을 원활히 하는 조직구조의 중요성을 강조한다.

10 ②
의사결정의 중요성이 높고, 높은 일관성이 요구될 때 분권적보다는 집권적이 효과적이다. 분권화조직은 업무의 특성이 유동적이고, 반복적 정형적인 의사결정 일수록 유리하고 관리자들을 양성하는데 효과적이다.

11 ①
경영은 전략, 관리, 운영활동으로 구분할 수 있으며, 최근 조직을 둘러싼 환경이 급변하면서 이에 적응하기 위한 전략이 중요해지고 있다. 즉, 전략이란 변화하는 환경에 적응하기 위하여 경영활동을 체계화하는 것으로 목적에 따라 전략목표를 설정하고 조직의 내ㆍ외부 환경을 분석하여 도출하게 된다.

12 ③
조직에서는 조직 전체의 목적을 효과적으로 달성하기 위하여 업무를 배분한다. 업무의 배분은 일의 동일성, 유사성, 관련성에 따라 이루어지며, 이는 조직을 세로로 구분하게 된다. 조직을 가로로 구분하는 것은 계층이나 직급이다.

13 ③
국제감각은 이문화 이해와 국제적 동향을 자신의 업무에 적용하는 능력을 포함한다. 이문화 이해는 나와 다른 문화를 내가 속한 문화의 관점에서 좋고 나쁨을 판단하는 것이 아니라, 다른 문화적 관점에서 이해하는 것이다.

14 ③
경영의 과정은 계획, 실행, 평가로 구분되며, 경영의 계획 단계에서 조직의 미래상 결정, 대안분석, 실행방안을 선정한다. 실행 단계에서는 계획 단계에서 수립된 실행방안에 따라 조직목적 달성을 위한 관리활동이 이루어진다.

15 ③
조직 내 의사결정의 과정은 대부분의 경우 조직에서 이루어진 기존해결방법 중에서 새로운 문제의 해결방법을 탐색하는 과정이 있다. 이는 문제를 확인하고 난 후 개발단계 중 구체적인 설계가 이루어지기 전 탐색단계에서 이루어지게 된다.

16 ③
팀은 생산성을 높이고 의사결정을 신속하게 내리며 구성원들의 다양한 창의성 향상을 도모하기 위하여 조직되지만, 팀이 성공적으로 운영되기 위해서는 조직 구성원들의 협력의지와 관리자층의 지지가 요구된다.

17 ③
조직에서 업무는 상품이나 서비스를 창출하기 위한 생산적인 활동으로 조직의 전체 체제 내에서 이해하는 것이 중요하다. 따라서 업무는 조직의 목적 아래 통합되며, 직업인들은 자신의 업무를 자유롭게 선택하기보다 조직에 의해 주어지게 된다. 업무는 요구되는 지식, 기술, 도구가 다양하고 독립성, 자율성, 재량권의 정도도 각기 다르다.

18 ②

조직에는 다양한 업무가 있지만, 이러한 업무는 조직의 공동 목표를 달성하기 위한 것으로 조직이 정한 규칙과 규정, 시간 등의 제약을 따라야 한다.

19 ④

과중한 업무 스트레스는 개인뿐만 아니라 조직에도 부정적인 결과를 가져와서 과로나 정신적 불안감을 조성하고 심한 경우 우울증, 심장마비 등 질병에 이르게 하지만, 적정수준의 스트레스는 사람들을 자극하여 개인의 능력을 개선하고 최적의 성과를 내게 하므로 스트레스가 반드시 해로운 것은 아니다.

20 ②

다른 나라에 대해 개방적인 태도를 견지하지 못한 채, 다른 나라문화를 접하게 되면 자신의 문화와 다른데서 오는 불일치, 위화감, 심리적 충격 등을 경험하게 되며 이를 문화충격이라고 한다.

문화충격에 대비해서 가장 중요한 것은 자신이 속한 문화를 기준으로 다른 문화를 평가하지 말고 자신의 정체성은 유지하되 다른 문화를 경험하는데 개방적이고 적극적 자세를 취하는 것이다. 문화라는 것은 오랜 시간동안 이루어진 것으로 밖으로 잘 드러나지 않기 때문에 외국문화를 이해하는 것은 오랜 시간과 노력이 요구된다. 특히, 직업인은 외국인과 함께 일을 할 때 서로 상이한 문화간 커뮤니케이션이 이루어지는 이문화 커뮤니케이션을 하게 된다.

적중문제

01 ④

기업그룹은 통상적으로 서로 상이한 사업을 영위하는 계열사들로 이뤄지며, 따라서 일반적으로 규모가 크고 복잡성이 높다. 이에 따라 전체 그룹 조직을 총괄하는 별도 조직을 두고 컨트롤 타워 기능을 수행하도록 하는 사례가 많다.

기업그룹에서 총괄경영본부에 기대하는 긍정적인 기능은 해당 기업그룹이 추구하는 전략적 방향성, 각 계열사 자원과 능력, 경영 환경 변화 등에 따라 상이하게 나타날 수 있다.

하지만 때로는 전체 기업그룹이나 개별 계열사의 경제적·사회적 성과와 무관하게 그룹 외형을 유지 또는 확장하거나 총수 지배력을 강화하기 위해 특정 계열사 자원을 남용하여 기업 가치를 저해할 소지도

없지 않다.

계열사별 이사회 독립성 제고를 통한 부당내부거래 감시 장치 강화와 같은 기업 집단 지배구조 개선 노력은 그와 같은 부작용에 대한 사회적 염려를 완화시키기 위한 방안 가운데 하나라 할 수 있다.

02 ③

작업능률에 크게 영향을 미치는 것은 노동시간, 휴식시간 등과 같은 물리적 작업보다는 집단에 대한 소속감, 자기표현의 기회와 같은 심리적·감정적 요인이 더 크게 작용한다.

03 ③

세계 일류브랜드는 글로벌 아웃소싱을 통한 원가절감에서 경쟁우위를 갖는다. 하지만 한국에서는 시장 점유율 1위를 차지하기 힘들다. 한국 고유의 브랜드들이 강하기 때문이다. 토종 브랜드가 성공하는 이유로는 사업성이 있다면 매우 공격적인 전략을 구사하는 신속한 의사결정, 고객 불만관리 등의 감성경영, 최적의 위치를 선점하는 입지전략, 그리고 한국 고객의 기호에 맞는 제품 개발 등을 꼽을 수 있다.

04 ②

이사회는 회사의 업무집행에 관한 의사결정을 하기 위해서 이사로 구성되는 주식회사의 상설기관이다. 이사회는 주주를 대표하여 기업경영의 중요한 의사결정에 대해서 경영층을 견제하거나 감독을 하는 주식회사의 제도적 장치이다. 이사회의 이사선임은 주주총회에서 한다.
③은 감사에 대한 설명이다.

05 ①

동일한 타깃 기업을 인수하려는 기업들이 많은 경우에는 이들 긴 경쟁에서 이기기 위해 인수 가격이나 조건을 과도하게 매력적으로 제시하여 인수를 한 기업이 그에 따른 후유증으로 성과위기를 겪는 경우가 종종 있다. 재계에서는 이를 '승자의 저주(winner's curse)'라고 일컫는다.

06 ③

데니스 오건 교수가 처음 사용한 용어인 '조직시민행동'은 직무기술서 상에 명시되어 있지는 않지만 양심적인 조직 구성원으로서 타인에 대한 배려와 조직에 대한 애정에 기반을 둔 시민의식의 자발적 발현을 통해 궁극적으로 조직 성과 제고에 기여하는 행동이다. 산악 동호회 활동을 통한 체력 단련이나 친목 도모는 조직에

대한 기여보다는 개인적인 취미를 추구하는 것에 훨씬 가깝기 때문에 조직시민행동으로 보기 어렵다.

07 ③
성과에 기반을 둔 보상제도는 근무 연한에 따라서 일률적으로 보상수준이 결정되는 기존 보상제도와는 달리 직원 개인 및 소속팀이나 부서, 전체 회사의 성과수준에 따라 받게 되는 보상 정도가 결정된다.

08 ④
많은 기업에서 성과관리에 사용하는 성과목표는 적절하게 사용하면 다양한 이점이 있다. 연구결과에 따르면, 성과목표는 업무에 대한집중도를 높이고 목표달성을 위한 노력을 강화해 준다. 또한 목표달성을 위한 업무 전략과 실행전략 개발을 촉진하고, 장애물에 직면 했을 때도 더 강한 집념을 가지도록 하는 역할을 한다.
성과관리에 이처럼 긍정적인 영향을 미치는 성과목표는 다음의 SMART 조건을 충족시켜야 한다. 구체적(specific), 측정가능(measurable), 달성가능(attainable), 결과지향적(results oriented), 기한설정(time bound).

09 ③
질문은 매트릭스 조직의 특징에 대해서 묻고 있다. ①은 사업부 조직, ②는 부·과형태의 기능별 조직, ④는 팀 조직, ⑤는 네트워크 조직에 대한 특징을 설명한다. 매트릭스 조직은 주로 각 기능 활동과 제품라인을 동일한 비중을 두고 관리해야 할 필요가 있는 경우, 조직 안에서 종적 관리와 횡적 관리가 효율적으로 이루어질 수 있도록 기능조직과 제품조직이 동시에 한 부서에 속하도록 설계된 조직이다. 환경변화가 야기하는 복잡한 의사 결정에 효과적이지만, 이원 보고체계에 대한 구성원의 이해나 협조가 부족하면 비효과적이다.

10 ②
파트너형 팔로어는 리더를 적극 지지하면서도 리더의 행동과 정책에 의문 제기하는 용기 있는 팔로어이다.
이행자형 팔로어는 리더에게 높은 지지를 하지만 맞서는 용기는 부족한 팔로어이며, 개인주의자형 팔로어는 낮은 지지를 하지만 강한 도전을 하는 팔로어다. 자원형 팔로어는 도전이 모두 미약한 팔로어이다.

11 ④
바람직한 인적 자원을 선발하기 위해서는 선발도구의 신뢰성, 타당성 및 효용성이 높아야 한다. 그렇지 않은 경우, 선발되지 말아야 할 자원을 선발하거나 선발되어야 할 자원을 선발하지 못하는 선발 상의 오류를 범할 수 있기 때문이다. 신뢰성(reliability)이란 선발도구의 측정결과가 일관성과 안정성이 있음을 의미하며, 타당성(validity)이란 측정하고자 하는 대상을 올바르게 측정하고 있고 그 측정결과가 측정하고자 하는 목적에 부합되는 정도를 의미하며, 효용성(utility)이란 선발 상의 정확성을 높임으로써 선발의 효과성(effectiveness)을 높일 수 있는 정도를 의미한다.

12 ③
사내 내부 모집의 장점은 조직 내에서 잘 알려진 지원자를 확보할 수 있어 지원자에 대한 정확한 평가가 가능하고, 모집하는 직무를 잘 알고 있기 때문에 직무에 대한 비현실적 기대를 최소화할 수 있으며, 이로 인해 직무에 대한 훈련비용과 문화에 적응하는 시간이 적고, 외부모집보다 신속하게 진행될 수 있다. 그러나 내부의 과당경쟁으로 조직분위기가 저하될 수 있고, 불합격된 사람에 의한 불만 요인이 발생할 수 있는 단점이 있다.

13 ③
기업의 일상적인 업무에 대한 감시 활동은 감사의 역할이다.

14 ②
고용 보험제란 실업자에게 이전 직장 통상임금의 45~50%를 보험금으로 지급하는 제도를 말한다. 임금피크제는 일정 연령이 되면 임금을 삭감하는 대신 정년은 보장하는 제도를 한다. 회사 업무가 아닌 노조와 관련된 일만 담당하는 노조전임자에게 회사 측이 임금 지급을 금지하는 대신 노사 공통의 이해가 걸린 활동에 대한 시간을 근무 시간으로 인정해 이에 대해 임금을 지급하는 제도는 타임오프제다.

15 ①
허즈버그 2요인 이론에서 성장, 인정, 발전, 책임감 등은 동기부여요인이다. 위생요인으로는 급여, 작업조건, 직장의 안정성이다.

16 ⑤
매트릭스 구조는 전문인력과 기술 및 장비를 여러 사업부서에서 공동으로 활용할 수 있고 인적자원을 비롯한 여러 자원의 융통성 있는 활용을 도모하여 외부환경변화에 맞춰 조직의 역량을 효율적으로 대응시킬 수 있는 구조이다. 그러나 매트릭스 조직의 단점으로는, 첫째 명령일원화의 원칙이라는 전통적인 관리원칙을 벗어나 있는 두 명의 상사를 갖는 직위 에서는 종업원의 좌절과 역할갈등이 생기게 된다. 둘째, 관리자들이 원활한 의사소통을 위한 활동을 할 수 있도록 하기 위해서 많은 시간을 필요로 한다. 셋째, 양 부문 간 조정을 위해 빈번한 회의, 면담 등 시간 소요로 업무처리에 시간이 많이 들어간다.

17 ③

서로 다른 사업을 영위하는 회사들이라도 전략이나 운영적인 측면에서 상호 연관되어 있고 이들 간의 협력이 유기적으로 이뤄지면 소위 범위의 경제 (economies of scope)를 통해 경쟁력을 증대시킬 수 있다. 기업그룹이 신국/설립이나 M&A(인수, 합병)에 의해 계열사를 확장하는 경우에도 기존 사업과의 연관성이 높을 경우 시너지 효과를 기대할 수 있다. 두 회사가 공동구매를 하면 공급업체에 대한 교섭력을 높이고 대량구매에 따른 가격할인 혜택 등을 받을 수 있다. 두 회사의 혁신추구나 생산 공정에 들어가는 투입요소가 많이 중복되면 공동 연구개발이나 탄력적인 설비활용을 바탕으로 비용을 절감할 수 있다. 또한 두 회사가 동일한 소비자군을 주요 고객으로 삼고 있으면, 공동 마케팅이나 교차 판매를 통해 효율적으로 매출 증대를 꾀할 수 있다. 그러나 두 계열사에 대한 지배주주 지분율이 모두 높다는 점만으로 회사간 사업적 시너지를 기대하기는 어렵다.

18 ②

수직계열화는 원재료 수급상황이나 판매처의 안정적인 확보를 가능하게 하고 시장의 거래비용을 내부화시켜 감소시킬 수 있는 장점이 있다. 또한 다양한 경영정보를 공유하여 다양한 제품 등에 활용할 수 있고, 이러한 전후방 통합으로 인한 시너지효과와 규모의 경제를 통해 산업내 진입장벽을 구축할 수 있다. 그러나 관리비용의 증가와 시장 환경 변화에 따른 기업의 유연성 부족은 단점으로 꼽힌다.

19 ①

기업 활동이 복잡해지고 시장 변화가 가속화됨에 따라 기업이 사업 수행에 필요한 모든 기능을 자체적으로 수행하기보다는 외부의 아웃소싱 업체들을 효과적으로 활용하면서 주요 기능에 보다 충실히 집중하는 것이 경쟁력 제고를 위한 전략 가운데 하나가 되었다. 다만 이러한 아웃소싱은 내부화에 비해 장점과 단점을 모두 갖고 있기 때문에 경영자는 이에 대해 신중한 전략적 판단을 할 필요가 있다. 이를 위해서는 여러 기능 간 시너지 효과, 특정 기능과 중장기 핵심역량과의 연관성, 아웃소싱하려는 기능을 잘 수행할 수 있는 외부 업체의 수, 기술이나 정보 유출 가능성, 경제 및 시장의 변동성 등을 고려해야 한다. 많은 활동을 내부에서 자체적으로 수행하려고 하면 그만큼 조직의 규모와 운영의

복잡성이 증대되므로 환경 변화에 유연하게 대처하기 어려워진다.

20 ②

전방통합은 현 사업의 다음 과정에서 전개되는 활동을 통합하는 전략이다. 집중적 다각화는 기존 제품의 생산시설이나 기술, 유통채널 등을 이용할 수 있는 제품으로 다각화하는 전략이다.

수직적 통합과 대비되는 수평적 통합은 동일 업종의 다른 기업과 통합하는 것을 말한다.

Chapter 10
직업윤리 (직업기초능력 J-1)

J-1. 직업윤리

J-2. 하위능력별 ─── 가. 근로윤리

나. 공동체윤리

직업윤리의 개념

직업윤리란 원만한 직업생활을 위해 필요한 태도, 매너, 올바른 직업관을 의미한다. 이에 따라 기초직업능력으로서의 직업윤리는 근로윤리와 공동체 윤리로 구분될 수 있다. 일에 대한 존중을 바탕으로 근면하고 성실하고 정직하게 업무에 임하는 자세인 근로윤리, 인간 존중을 바탕으로 봉사하며, 책임 있고, 규칙을 준수하고, 예의바른 태도로 업무에 임하는 자세인 공동체윤리로 구성되어 있다.

우리들의 직업 활동은 수많은 사람들과 관계를 맺고 상호작용을 하는 것이기 때문에, 직업인들은 자신의 직업 활동을 수행함에 있어서 사람과 사람 사이에 지켜야 할 윤리적 규범을 따라야 한다. 왜냐하면 윤리는 사람과 사람의 관계에서 마땅히 지켜야 할 사회적 규범이기 때문이다. 이와 같은 직업윤리는 우리들의 공동체적인 삶에 있어서 매우 중요한 역할을 한다.

우리는 자기의 직업에 대하여 애정을 가져야 하고 긍지를 가져야 하며 최선을 다해야 한다. 자의건 타의건 자기가 선택하여 종사하고 있는 직업에 대하여 정성과 애정을 가져야 할 것이며 또한 긍지를 가지고 열과 성을 기울려야 한다. 게으른 자에게는 긍지가 있을 수 없다. 또한 천직의식을 가지고 충성을 다해야 한다.

✎ 윤리적 가치의 중요성

• 첫째, 모든 사람이 윤리적 가치보다 자기이익을 우선하여 행동한다면 사회질서가 붕괴되기 때문이다. 모두가 다른 사람에 대한 배려 없이 자신만을 위한다면 다른 사람이 자신을 해칠지 모른다고 생각하며 끊임없이 서로를 두려워하고 적대시하면서 비협조적으로 살게 될 것이다. 인간은 결코 혼자서는 살아갈 수 없는 사회적 동물이며, 사람이 윤리적으로 살아야 하는 이유는 '윤리적으로 살 때 개인의 행복, 모든 사람의 행복을 보장할 수 있기 때문'이다.

- 둘째, 모든 사람이 윤리적으로 행동할 때 나 혼자 비윤리적 행동을 하면 대단히 중요한 이익을 얻을 수 있는데도 윤리적 규범을 지켜야 하는 이유는, 어떻게 살 것인가하는 가치관의 문제와도 관련이 있기 때문이다. 눈에 보이는 경제적 이득과 육신의 안락만을 추구하는 것이 아니고, 삶의 본질적 가치와 도덕적 신념을 존중하기 때문에 윤리적으로 행동해야 하는 것이다.

■ 윤리적 인간

윤리적인 인간은
'공동의 이익을 추구'하고,
'도덕적 가치 신념'을 기반으로 형성되는 것이다.

〉〉〉 윤리규범의 형성

- 인간의 특성 : 인간은 일종의 동물이다. 그러므로 기본적인 욕구충족에 도움이 되거나 방해가 되는 사물이나 행동을 좋아하거나 싫어하는 태도를 갖게 된다.

- 사회적 인간 : 어느 한 개인의 욕구는 개인의 행동여하에 따라 충족여부가 결정되는 것이 아니라, 다른 사람의 행동과 협력을 통하여서 가능한 것이다. 우리가 밥을 한그릇 먹는 데에도 수많은 사람의 손을 거쳐야 가능한 것을 생각하면 쉽게 이해될 것이다. 그러므로 사람들은 사회의 공동목표 달성과 모든 구성원들의 욕구충족에 도움이 되는 행위는 찬성을 하고, 반대되는 행위는 비난을 하게 되는 것이다.

- 윤리의 형성 : 위와 같은 일이 반복되다 보면 어떤 행위는 '마땅히 해야 할 행위', 어떤 행위는 '결코 해서는 안 될 행위'로서 가치를 인정받게 되는 것이다. 이러한 측면에서 볼 때, 모든 윤리적 가치는 만고불변의 진리가 아니라 시대와 사회상황에 따라서 조금씩 다르게 변화되는 것이다.

윤리의 형성은
'공동생활'과 '협력'을 필요로 하는 인간생활에서 형성되는
'공동행동의 룰'을 기반으로 윤리적 규범이 형성된다.

〉〉〉 윤리(倫理)의 의미

• '倫' : 두 가지 뜻을 가지고 있다. 동료, 친구, 무리, 또래 등의 인간 집단 등을 뜻하기도 하고, 길, 도리, 질서, 차례, 법(法) 등을 뜻하기도 한다. 결국 '倫'이란 인간관계에 있어 필요한 길, 도리, 질서를 의미한다고 볼 수 있다.

• '理' : 다스린다(治), 바르다(正), 원리(原理), 이치(理致), 또 나아가서는 가리다(판단判斷), 밝히다(해명 解明), 명백(明白)하다 등의 여러 가지 뜻을 가지고 있다.

• 윤리(倫理) : '인간과 인간 사이에서 지켜져야 할 도리를 바르게 하는 것' 또는 '인간사회에 필요한 올바른 질서'라고 해석할 수 있을 것이다. 동양적 사고에서 윤리는 전적으로 인륜(人倫)과 같은 의미이며, 엄격한 규율이나 규범의 의미가 배어있는 느낌을 준다.

〉〉〉 일과 인간의 삶

일은 사람이 살기 위해서 필요한 것이며, 인간의 삶을 풍부하고 행복하게 만들어 주는 것이기 때문에, 원래 일은 그 자체와 일의 결과가 사람의 기쁨과 연결된 것이다. 원시시대에는 나무의 열매를 따고 짐승을 사냥하는 것 자체가 자신과 가족의 몸을 즐겁게 해주기 때문에 일종의 놀이였으며 또 중요한 즐거움이라고 볼 수 있었다.

그런데 사회가 점점 복잡해지고 분업이 발달함에 따라 자기가 원하고 필요할 때 일하는 것이 아니라 다른 사람들 때문에 또는 다른 사람이 시키는 대로 일을 하는 경향이 많아져 일을 경제적 목적 달성을 위한 수단 정도로만 생각하는 경향이 생겨나게 되었다.

그러나 일은 경제적 욕구의 충족뿐만 아니라 그 이상의 자기실현이라는 면을 가지고 있다. 단순히 보수의 높고 낮음만을 고려하지는 않고, 자신의 흥미나 적성과 관련이 있는가, 구조조정 후에도 충분히 일을 할 수 있는가를 고려해 직장을 선택하는 것을 보면 알 수 있다. 인간은 일을 통하여 자신을 규정하고 삶의 의미를 실현하는 것이다.

일은 의무인 측면도 있지만 동시에 인간으로서의 하나의 권리이기도 하다. 결국, 일은 인간의 삶을 구성하는 가장 중요한 요소이다.

인간사회가 발전함에 따라 원시시대의 자급자족 상태를 벗어나 수많은 사람들의 협력이

사회적으로 조직화 되고 분업화 되었다. 직업은 이러한 분업화 된 사회에서, 한사람이 담당하는 체계화 되고 전문화 된 일의 영역을 가리키는 것이다. 그런데 전문화 된 일의 영역은 취미활동, 아르바이트, 강제노동 등과 같은 것도 있을 수 있는데 이것을 우리는 직업이라고 부르지는 않는다.

》》 직업의 의미

직업이란 인간의 정신적 육체적 노동의 대가로 경제적 급부를 받아 그것에 의하여 생활을 유지하는 지속적인 사회활동을 하는 것이다. 따라서 불로소득이나 취미활동과는 구분된다. 우리가 상식적으로 알고 있는 바와 같이 직업은 무엇보다 생계를 유지하기 위해 종사하는 일인 것이다. 말하자면 직업은 생활에 필요한 물자를 획득하기 위한 계속적인 노동인 것이다. 인간도 하나의 생물인 이상 활동에 필요한 에너지를 확보하지 않으면 생존할 수 없고, 따라서 생존이 계속되는 한 에너지의 원천이 되는 물자를 계속해서 마련하지 않으면 안 된다. 이러한 의미의 직업적 활동을 우리는 보통 '생업'이라고 부르기도 한다.

사람은 누구나 일(work)을 하면서 살아가고 있다. 일이란 휴식이나 놀이 또는 여가를 위한 활동을 제외한 모든 '생산적 활동'을 말한다. 그러므로 아주 어린 아동들을 제외한다면 거의 모든 사람들은 공부를 하든지 잡안일을 하든지 어니면 다른 여러 가지 생산적인 활동을 하면서 살아가는 것이다.

그러나 그와 같은 모든 '일'이 곧 직업이라고 말할 수는 없다. 직업이라고 할 때는 '성인들의 일상적인 활동으로서 경제적으로 보상되는 활동'을 뜻하는 것이다. 직업을 성인들의 활동으로 제한하는 것은 미성년자들이 경제적 소득을 목적으로 일하는 것이 사회적으로 기대되는 활동이 아니며, 미성년자들이 장래의 직업을 위해 준비하는 학습활동은 직업이라고 말할 수 없기 때문이다.

첫째는, 경제적인 보상이고,

둘째는, 본인의 자발적 의사에 의한 것이어야 하며,

셋째는, 장기적으로 계속해서 일하는 지속성이 있어야 한다.

또한 직업은 성인이 하는 일이요, 노력이 소요되는 일이며, 사회적 효용성이 있는 일이다.

> 직업은 생활에 필요한 경제적 보상을 주고, 평생에 걸쳐 물질적인 보수 외에 만족감, 명예 등 자아실현의 중요한 기반이 되는 것이다.

✎ 직업과 직장

직업은 단순한 일(work) 혹은 작업과 구별된다. 왜냐하면 직업은 '일'과 '근무처', '직장', '지위'의 의미를 동시에 함축하고 있기 때문이다. 일이란 사람들이 직장에서 실제로하고 있는 작업이나 업무를 의미하고, 근무처 혹은 직장이란 그 업무를 수행하고 있는 장소, 즉 회사나 공공기관 같은 직장을 가리킴으로서 결국 어떤 종류의 조직체를 의미한다.

그리고 지위란 이들 조직체 중에서 사람들에게 주어진 권한의 크기나 권위의 정도를 의미한다. 물론 직업의 일차적인 의미는 일이라고 할 수 있다. 그렇지만 사회가 점차 조직화 되고 기계화되면서 일의 내용이 매우 유사해지고 있는 현대사회에서는 오히려 근무처나 지위가 직업의 중심적 의미로 부각되고 있는 실정이다.

✎ 직업생활에서 직업윤리가 준수되어야 하는 이유

직업생활에서 직업윤리가 논의되어야 하는 이유로서는 직업생활에서 제기된 문제를 해결하기 위해서라고 간단히 대답할 수 있다. 그리고 직업윤리를 준수해야 되는 이유에 대해서는 두 가지 측면에서 이야기 할 수 있다.

하나는 직업윤리란 일반윤리의 한 특수한 적용이기 때문에 우리가 윤리 일반을 포기하지 않는 한 그것에서 파생된 직업윤리를 준수하지 않을 수 없다는 것이며,

둘째는 우리가 직업을 통해서 부딪친 문제를 해결하고 우리가 바라는 일정한 목적을 실현하고자 하기 때문이라는 것이다. 즉 직업은 생업으로서의 측면과 사회적 역할의 분담 및 자아의 실현 이라는 측면을 동시에 갖고 있기 때문이다.

〉〉〉 직업일반의 윤리와 특수직업의 윤리

직업윤리란 직업인으로서 지켜야 할 윤리를 말한다. 직업윤리는 일정한 사회적 규범이 내면화된 것으로 직업에 종사하는 사람들의 의식의 밑바닥에 내재하는 윤리를 말한다.

직업윤리는 두 가지 측면을 고려하여 논의할 수 있다. 즉 하나는 모든 직업인에게 공통적으로 요구되는 윤리이고, 다른 하나는 여러 다양한 직업들에 있어서 각각 요구되어지는 특수한 윤리가 그것이다. 우리는 이를 편의상 '직업일반의 윤리'와 '특수직업의 윤리'라 불러 구별한다.

직업일반의 윤리는 특수직업의 윤리보다는 보다 근본적인 인간의 생활태도를 다룬다. 말하자면 특수직업의 윤리가 어떤 특정한 직업에서만 요구되는 규범을 문제 삼는데 반하여, 직업일반의 윤리는 직업에 대한 사람들의 보다 기본적인 태도와 마음가짐을 다룬다고 할 수 있다. 또한 특수직업의 윤리가 직업생활에서 보통 외적인 규제력으로 나타나는 데 반해서, 직업 일반의 윤리는 주로 내면적인 가치체계로서 존재한다. 물론 이 구별은 절대적인 것은 아니며 현실 속에서 두 윤리는 함께 섞여 있지만 이러한 구별이 편리할 때가 많다.

〉〉〉 개인윤리와 직업윤리의 조화

직업윤리는 개인윤리에 비해 특수성을 갖고 있다. 예를 들어 개인윤리의 덕목에는 타인에 대한 물리적 행사(폭력)가 절대 금지되어 있지만, 경찰관이나 군인 등의 경우 필요한 상황에서 그것이 허용된다는 점을 생각하면 쉽게 이해될 것이다.

직업윤리와 개인윤리는 아래와 같이 조화를 이루게 된다.
① 업무상 개인의 판단과 행동이 사회적 영향력이 큰 기업시스템을 통하여 다수의 이해 관계자와 관련되게 된다.
② 수많은 사람이 관련되어 고도화 된 공동의 협력을 요구하므로 맡은 역할에 대한 책임 완수가 필요하고, 정확하고 투명한 일 처리가 필요하다.
③ 규모가 큰 공동의 재산, 정보 등을 개인의 권한 하에 위임, 관리하므로 높은 윤리의식이 요구된다.
④ 직장이라는 특수 상황에서 갖는 집단적 인간관계는 가족관계, 개인적 선호에 의한 친분 관계와는 다른 측면의 배려가 요구된다.
⑤ 기업은 경쟁을 통하여 사회적 책임을 다하고, 보다 강한 경쟁력을 키우기 위하여 조직원 개개인의 역할과 능력이 경쟁상황에서 적절하게 꾸준히 향상되어야 한다.
⑥ 각각의 직무에서 오는 특수한 상황에서는 개인적 덕목차원의 일반적인 상식과 기준 으로는 규제할 수 없는 경우가 많다.

위와 같은 여러 가지 이유로 직업윤리가 기본적으로는 개인윤리를 바탕으로 성립되는 규범 이기는 하지만, 상황에 따라 양자는 서로 충돌하거나 배치되는 경우도 발생한다.
개인윤리가 보통 상황에서의 일반적 원리규범이라고 한다면 직업윤리는 좀더 구체적 상황에서의 실천규범이라고 이해하여야 할 것이다.
그렇게 되면 업무수행 상에서 양자가 충돌할 경우 행동기준으로는 직업윤리가 우선될 것이다. 또한 한편으로는 기본적 윤리기준에 충실하여 개인적 윤리의 준수와 공인으로서의 직분을 실천하려는 지혜와 노력이 필요하다.

> 직업윤리가 기본적으로는 개인윤리를 바탕으로 성립되는 규범이기는 하지만,
> 상황에 따라 양자는 서로 충돌하거나 배치되는 경우도 발생한다.
> 이러한 상황에서 직업인이라면 직업윤리를 우선하여야 할 것이다.

✎ 기업윤리

자본주의 경제체제는 이윤추구를 목적으로 하는 각각의 경제주체들이 경제활동에 적극 참여함으로써 유지·발전되고 있는 것이다. 그러기에 기업의 입장에서는 이윤추구가 최대의 목표가 되는 것은 두 말할 나위가 없다. 그러나 사회경제적 입장에서 큰 안목으로 본다면 경제활동을 비단 기업가뿐만 아니라 그를 포함한 생산에 참여한 모든 사람과 그 가족의 물질적·정신적 행복을 더하는 데 궁극적인 목적이 있다고 해야 할 것이다.

• 기업의 사적 이윤은 국가사회의 안정적 존속위에서 얻을 수 있는 것이므로, 사회의 안정적 발전과 절대적으로 그 운명을 같이 한다고 볼 수 있다. 기업은 기업경영에 필요한 최저한의 이윤획득만을 목표로 하고, 기업인 자신들은 산업발전 및 국민경제정책의 담당자이며 기업은 국가부강의 원천임을 인식하여, 그 사회적 사명을 다하기 위한 안정적 발전을 도모해야 할 것이다. 이것이 기업윤리 내지 기업의 사회적 책임의 내용인 것이다.

• 기업은 적정이윤을 유지하면서 분배의 공정을 기하여 근로자 및 기업에 관계되는 모든 사람의 복지를 책임져야 한다.

• 기업은 소비자를 인식해서 그들을 보호하는 입장에서 경영의 합리화를 기하여야 한다. 기업은 사회가 필요로 하는 상품의 질을 높이고, 양과 서비스에 있어서도 적정가격으로 안정적 공급을 해야 한다.

• 기업의 책임 중 소홀히 할 수 없는 또 하나는 공해문제이다. 기업은 그의 활동에 수반되는 유해한 공해를 예방하든가, 아니면 발생 후 사후조치를 강구하여 시민에게 피해를 주는 일이 없도록 각별히 주의해야 한다.

노동윤리

근로자의 윤리의식이란 노동자가 보람 있고, 가치 있게 일할 수 있게 하는 데 있어서 지켜야 할 기준이나 원리에 대한 지각이라 할 수 있다. 노동은 어떤 의미를 갖는지, 노동의 목적이나 의미를 따지고 그것을 충실하게 하기 위한 기준이나 원리를 알아내서 그것을 마음속으로 다짐하는 것을 노동윤리라 할 것이다.

직업은 생활을 유지하기 위해 수입을 얻는 생활유지수단 또는 소득획득수단이 된다는 의미에서 우리에게 보람을 안겨준다. 이것을 기준으로 할 때 노동의 가치나 보람은 수입의 다과로 판정된다.

인간은 직업을 갖고 일함으로써 일정한 사회적 가치를 인정받아 가치 있는 존재가 된다. 직업의 종류나 직업상의 일정한 지위에 따라 사람들의 인간형성이 달라지는 것을 보더라도 노동이 인적 도야의 기반이 됨을 알 수 있다.

인간은 직업에 종사하여 노동하는 과정에서 만족감, 완성감, 일하는 보람, 사는 보람을 느껴 행복해질 수 있다. 이런 의미에서 본다면 노동은 행복의 원천인 것이다.

노사관계의 윤리

일반적으로 노사관계는 생산 면에서는 사용자와 생산자가 상호 협력적 관계에 있고, 분배의 측면에서는 대립관계에 있다고 보아야 한다. 따라서 노사관계의 안정, 즉 원만한 노사관계는 이 양자의 균형관계가 유지되어 있는 상황에서만 기대할 수 있다.

사용자의 입장에서 근로자가 힘써 노력하도록 하려면 개인의 인격을 존중하고 인간으로서 존엄성을 인정해 주고, 그리고 그 다음에 책임을 맡겨야 한다. 상호 자기의 본분을 다하고 자기에게 돌아와야 할 이익이나 혜택을 다소 양보하는 일이 있다손 치더라도 서로의 번영을 위해서 타협하겠다는 의지와 태도를 보여 주어야 한다.

바람직한 노사대화의 공동기반을 마련하고 노사관계의 윤리의식을 제고시키기 위해서는 최소한 노사가 각자의 윤리에 충실함으로써 개인과 사회가 양립할 수 있다는 공통적 가치관이 확립되어야 한다.

10.1 근로윤리 (하위모듈 J-2-가)

학습목표

근면하고 정직하며 성실하게 업무에 임하는 태도가 무엇인지 살피고 이를 바탕으로 직업윤리를 실천한다.

⋯▸ 직업생활에서 근면한 태도를 설명할 수 있다.
⋯▸ 직업생활에서 정직한 행동을 설명할 수 있다.
⋯▸ 직업생활에서 성실한 자세를 설명할 수 있다.

✎ 근로윤리

원만한 직업생활을 위해 직업인이 갖추어야 할 직업윤리 중에서, 일에 대한 존중을 바탕으로 근면하고 성실하며 또한 정직하게 업무에 임하는 자세인 근로윤리가 매우 중요하다. 근로윤리를 실천하기 위한 덕목에는 여러 부문이 있겠지만 그 중 '근면', '성실', '정직'이 가장 크다고 할 수 있겠다.

〉〉〉 근면의 의미

'성공도 실패도 하나의 버릇에서 온다'라는 유대인의 속담이 있다. 근면과 인생에 있어서의 성공은 표리로 맺어져 있다. 근면하기 때문에 성공한 사람은 있어도, 게을러서 성공했다는 사람 얘기는 동서고금을 막론하고 들어본 적이 없다. 물론 근면한 것만으로 성공할 수 있다는 얘기는 아니지만, 근면한 것은 성공을 이루게 되는 기본 조건임에 분명하다.

「탈무드」에도 "이 세상에서 가장 한심한 것은 할 일이 없는 것이다."라는 말이 나온다.

성공을 위해서는 자연히 고생이 따른다는 의미이다. 옛날 사람들을 생각해 보자. 그들이 불을 일으키는데 오랜 시간이 걸려서 나무나 돌을 문질러대지 않으면 안 되었고, 나무 열매를 따기 위해서 숱하게 나무에 기어오르지 않으면 안 되었다.

이 밖에, 성서의 「시편」에는 "눈물을 흘리며 씨를 뿌리는 자는 기쁨으로 거두리로다."라고 노래하고 있다. 그러나 근면이라든가 게으름은 본성에서 나오는 것이라기보다 습관화되어 있는 경우가 많다. 물론 어렸을 때의 가정 환경이나 가정교육·학교교육도 커다란 영향력을 미친다.

> *근면이란 게으르지 않고 부지런한 것이다. 근면하기 때문에 성공한 사람은 있어도, 게을러서 성공했다는 사람 얘기는 동서고금을 막론하고 들어본 적이 없다. 물론 근면한 것만으로 성공할 수 있다는 얘기는 아니지만, 근면한 것은 성공을 이루게 되는 기본 조건임에 분명하다.*

>>> 근면의 종류

근면에는 두 종류가 있다. 첫째는 외부로부터 강요당한 근면이요, 둘째는 스스로 자진해서 하는 근면이다.

이전에 가난했을 때 논밭이나 작업장에서 오랜 시간 동안 열악한 노동 조건하에서 기계적으로 일을 하던 것을 삶을 유지하기 위한 필요에 의해서 강요되어진 근면이었다. 그렇지 않으면 생계를 유지할 수가 없었기 때문이었다. 이러한 근면은 외부조건으로부터 강요되어진 것이다. 샐러리맨들이 잔업까지 해가며 허덕거리는 것 역시 외부로부터 강요된 근면이다.

이와 같은 근면은 외부로부터의 압력이 사라져버리면 아무것도 남지 않게 된다.

하지만, 일을 자진해서 하는 근면은 자신의 것을 창조하며 조금씩 자신을 발전시켜나가게 된다. 그리고 시간의 흐름에 따라 자아를 확립시켜 가게 되는 것이다. 그러나 예상외로 선천적으로 근면성을 몸에 지닌 사람도 많이 있다.

✎ 정직

사람은 혼자서는 살아갈 수 없으므로 다른 사람과 협력을 해야 하고 그것이 확대되어 사회 시스템 전체가 유기적인 협조가 되어야 한다. 사람은 모든 정보를 다 파악할 수 없으므로 협력을 하는데 필요한 판단이나 행동을 다른 사람이 전달하는 것에 의존 할 수밖에 없다.

또한 다른 사람이 전하는 말이나 행동이 사실과 부합된다는 신뢰가 없다면 일일이 직접 확인해야만 하고 그렇게 되면 사람들의 행동은 상당히 제약을 받을 수밖에 없으며, 보다 큰 조직과 사회체제의 유지자체가 불가능해진다.

사회시스템은 구성원 서로가 신뢰하는 가운데 운영이 가능한 것이며, 그 신뢰를 형성하고 유지하는데 필요한 가장 기본적이고 필수적인 규범이 바로 정직인 것이다.

물론, 정직이 신뢰를 형성하는 충분한 조건은 아니다. 신뢰를 얻기 위해서는 정직 이외에도 약속을 잘 지키거나 필요능력을 갖춰야 하는 등의 다른 필요사항도 있어야 하겠지만 정직이 신뢰를 위해서는 빠질 수 없는 요소인 것만은 틀림없다.

> 정직은 신뢰를 형성하고 유지하는데 가장 기본적이고 필수적인 규범으로,
> 사람과 사람 사이에 함께 살아가는 사회시스템이 유지하려면,
> 이렇게 정직에 기반으로 둔 신뢰가 있을 때 운영이 가능하다.

〉〉〉 우리사회의 정직성 수준

우리 사회의 정직성은 아직까지 완벽하지 못하다.

거센 역사의 소용돌이 속에서 여러 가지 부당한 핍박을 받은 경험이 있어서 그럴 수도 있지만, 원칙보다는 집단내의 정과 의리를 소중히 하는 문화적 정서도 그 원인이라 할 수 있다.

또한 부정직한 사람이 정치인도 되고, 대통령도 되고, 기업인도 되고, 사회적으로 성공하는 등의 이상한 현상으로 인하여 정직한 사람이 어리석어 보이는 측면도 무시 할 수 없다.

정직은 사람과 사람이 협력하는데 필요한 가장 기본적인 규범이기 때문에 "거짓말 하는 사람은 정상인 대우를 해주지 않는다"는 사회적 인식과 믿음을 굳혀야 한다. 정직은 정보사회에서는 더욱 필요불가결 하다. 정보에서 정직이 빠지면, 정보사회가 성립되겠는가? 정직함이 몸에 배인 사람은 조급하거나 가식적이지 않다. 정직한 사람은 숨길 것도 두려울 것도 없다. 그들의 삶은 열린 책과도 같다. 정직함을 지닌 사람은 또한 자신의 삶을 올바른 방향으로 이끌 수 있는 생각과 시각을 지니고 있다. 돈으로 계산할 수 없는 큰 재산, 그것은 신뢰라는 자산이다. 정직한 사람만이 신뢰를 얻을 수 있으며, 신뢰는 돈보다 더 중요한 자산임을 잊지 말자.

• 정직과 신용을 구축하기 위한 4가지 지침

- 하나. 정직과 신뢰의 자산을 매일 조금씩 쌓아가자.

  정직은 돈보다 소중한 자산임을 항상 염두에 두고 돈을 아끼고 모으듯, 매사에 정직한 태도를 지녀 자산을 차곡차곡 축적하자.

- 둘. 잘못된 것도 정직하게 밝히자.

  자랑할 만한 일에는 누구나 정직할 수 있다. 부끄럽고 숨기고 싶고, 밝히면 손해 볼것 같은 일 때문에 부정직하게 되는 것이다. 잘못된 것, 실패한 것, 실수한 것에 대하여 정직하게 인정하고 밝히는 것은 잘못을 줄이고 더 큰 잘못을 막기 위한 최고의 전략이다. 고객에게나 동료에게나 상사에게나 마찬가지이다. 모든 일은 투명하고 남이 알 수

있도록 진행하며 사실 그대로 보고하고 사실 그대로 알려주어야 한다. 누구나 모든것에 완벽할 수 없다. 일도 그렇고 상품도 그렇다. 상품의 장점은 물론, 결함이나 단점에 대해서도 솔직하게 이야기를 해 주어야 한다. 실수나 결함의 잘못보다 정직하지 못한 경우가 더욱 잘못된 것이다.

- 셋. 타협하거나 부정직을 눈감아 주지 말자.

개인적인 인정에 치우쳐 부정직을 눈감아 주거나 타협하는 것은 결국 내 자신의 몰락은 물론, 또 다른 부정을 일으키는 결과를 가져오게 된다. 조그마한 구멍에 물이 새면 구멍이 점점 커지듯이 결국 관행화 되고, 전체에게 피해를 주는 결과를 가져온다.

- 넷. 부정직한 관행은 인정하지 말자.

"나야 정직하고 싶지. 업무관행과 환경들이 그렇게 안하면 안되게 되어 있는데?"라고 얘기할지도 모른다. 시대도 변하고 환경도 변하는데 언제까지 과거의 관행을 가지고 경쟁할 수 있다고 보는가?

과거에는 한 때 부정직이 경쟁의 한 방편인 적도 있었다. 그러나 그러한 관행은 이제 뿌리 뽑지 않으면 살아남지 못하는 시대가 되었다. 관행 때문에 그렇게 했다는 것은 잘못을 합리화 하는 근거가 될 수 없다. 누가 강요했던, 관행이 어찌 되었던 내가한 행위는 나의 책임이다. 부정직한 관행을 깨는 것에도 도전정신이 필요하다.

✎ 성실

"최고보다는 최선을 꿈꾸어라"라는 말은 어릴 때부터 어른들에게 수없이 들어온 얘기가운데 하나인 '성실'의 중요성일 것이다. 그것은 삶의 경험에서 나오는 자연스러운 진리이다. 성실은 기본이기도 하지만 세상을 살아가는데 있어 가장 큰 무기이기도 하다.

성실은 일관하는 마음과 정성의 덕이다. 자식에 대한 어머니의 정성이 대표적인 한국인의 '정성스러움'이다. 우리는 정성스러움을 "진실하여 전연 흠이 없는 완전한 상태에 도달하고자 하는 사람이 선을 택하여 굳게 잡고 높지 않는 태도"라고 말할 수 있다. 그러한 태도가 보통 사람들의 삶 속으로 스며들면서 자신의 일에 최선을 다하고자 하는 마음자세로 연결되었다고 볼 수 있다.

'지성이면 감천이다' 혹은 '진인사대천명' 등의 자구가 인간으로서 자신이 할 수 있는 모든 노력을 경주하고자 하는 정성스러움을 함축하고 있다.

〉〉〉 성실한 사람과 성실하지 못한 사람의 차이

- 어떠한 종류의 직업에 종사하는 경우든, 정직하고 성실한 태도로 일하는 사람들이 국가와 사회에 이바지하는 바가 크다.

  그리고 직장 생활을 통해서 얻을 수 있는 또 하나의 소득은 '자아의 성장'으로 말하더라도, 정직하고 성실한 태도가 좋은 결과를 가져올 확률이 높다.

- 그럼에도 불구하고 우리나라의 직업인들 가운데 부정직하고 불성실한 태도로 종사하는 사람들이 많은 까닭은, 돈벌이의 목적을 위해서는 정직과 성실성이 오히려 불리한 결과를 가져온다는 계산 때문이다.

- 현대 생활에서 돈이 필요한 것임에는 틀림이 없다. 이러한 사실을 외면하고 돈에 대한 애착을 함부로 비난하면 자칫 위선으로 빠질 염려가 있다.

  그러므로 이 자리에서는 돈이 필요한 것임을 일단 인정하는 시점에서 문제에 접근하는 편이 현실에 적합할 것으로 보인다.

- 직업을 가지고 있는 사람이라면, 정직하고 성실한 노력을 오랫동안 꾸준히 하는 것만으로도 기본 생활의 안정에 필요할 정도의 돈은 벌 수 있다고 믿고 있다. 이러한 믿음을 뒷받침하기 위하여 실제 있었던 실화를 소개하고자 한다.

  - 어느 A의 집에서 멀지 않은 곳에 전파사(電波社)가 두 집 있었다. 한 집은 간단한 일로 부르는 고객의 집에는 바쁘다는 핑계로 가기를 거부하고, 전기의 합선을 고치는 따위의 돈벌이가 됨직한 일만 찾아다녔다. 뿐만 아니라 고객에게 터무니없는 많은 대가를 요구하는 버릇이 있었다.
  - 다른 한 집은 고객의 요청만 있으면, 일의 크고 작음을 가리지 않고 곧 달려갔을 뿐 아니라, 부당하게 많은 돈을 받는 일도 없었다. 불성실하게 가게를 운영하던 첫째 전파사는 다른 곳으로 이사를 갔거니와, 가게를 줄여서 변두리로 나갔다고 하였다.

    성실하게 가게를 운영한 둘째 전파사는 동생에게도 기술을 가르쳐서 또 하나의 가게를 낼 수 있을 정도로 성업을 이루었다.

> 성실한 사람과 성실하지 않은 사람 차이는
> '돈벌이가 쉬운지 쉽지 않는지' 문제에서 많이 일어난다.
> 단시간에 돈을 벌기 위해서 성실하지 않은 태도로 임하는 경우가 많은데,
> 장기적으로 볼 때에는 성실한 사람이 결국은 성공하게 된다.

10.2 공동체윤리 (하위모듈 J-2-나)

✎ 공동체윤리

원만한 직업생활을 위해 직업인이 갖추어야 할 직업윤리 중에서, 인간존중을 바탕으로 봉사하며, 책임감 있게 규칙을 준수하고, 예의바른 태도로 업무에 임하는 자세인 공동체윤리가 매우 중요하다. 공동체윤리를 실천하기 위해서는 '봉사', '책임', '준법', '예절' 등의 자세가 중요한 역할을 한다.

✎ 봉사(서비스)

봉사의 사전적 의미는 나라나 사회 또는 남을 위하여 자신의 이해를 돌보지 아니하고 몸과 마음을 다하여 일하는 것을 의미한다.

현대 사회의 직업인에게 봉사란 자신보다는 고객의 가치를 최우선으로 하고 있는 서비스 개념인 것이다. 고객은 회사의 영속발전을 도와주는 기반이기 때문이다.

고객에게 신뢰 받고 고객에게 사랑 받는 회사는 발전하고 고객에게 외면당하는 회사는 쇠퇴한다.

따라서 기업이 고객에게 사랑 받기 위한 방법은 기본적으로 한 가지, 즉 봉사(서비스)를 강조하는 것이다.

그러므로 회사는 항상 고객의 입장에서 고객이 필요로 하는 것이 무엇이며, 고객이 만족하는 품질수준은 무엇인가를 생각하고, 체계적인 노력을 기울여 좋은 설계, 철저한 생산관리, 만족스런 서비스를 제공하기 위하여 모든 역량을 발휘하도록 노력해야 한다.

고객의 소리를 경청하고 요구사항을 해결하기 위하여 힘쓰는 것은 기업 활동의 시작이자 끝이다. 고객의 소리를 경청하는 것은 고객이 원하는 것을 파악하여 좋은 상품을 만드는 바탕이 되며, 좋은 서비스를 제공하기 위한 시발점이 된다.

또한 아무리 우수한 상품도 높은 수준의 서비스가 뒤따르지 않으면 고객은 만족할 수 없다. 생산기술이 발전하고 물질이 풍부해진 최근의 고객만족 성패는 상품과 함께 제공되는 서비스에 의해서 결정된다고 볼 수 있다.

✎ "SERVICE"의 7가지 의미

- **영어 "SERVICE"란 단어 속에 숨겨진 7가지의 의미를 살펴보자.**
  - S(Smile & Speed) : 서비스는 미소와 함께 신속하게 하는 것
  - E(Emotion) : 서비스는 감동을 주는 것
  - R(Respect) : 서비스는 고객을 존중하는 것
  - V(Value) : 서비스는 고객에게 가치를 제공하는 것
  - I(Image) : 서비스는 고객에게 좋은 이미지를 심어 주는 것
  - C(Courtesy) : 서비스는 예의를 갖추고 정중하게 하는 것
  - E(Excellence) : 서비스는 고객에게 탁월하게 제공되어져야 하는 것

〉〉〉 고객접점서비스

고객접점 서비스 즉, 결정적 순간 또는 진실의 순간이라는 용어를 최초로 주창한 사람은 리차드노먼이며, 이 개념을 도입하여 성공을 거둔 사람은 스칸디나비아 에어라인시스템 항공사의 사장 얀칼슨이다.

이들의 주장에 의하면 고객접검 서비스란 고객과 서비스 요원 사이의 15초 동안의 짧은 순간에서 이루어지는 서비스로서 이 순간을 진실의 순간(MOT : moment of truth) 또는 결정적 순간이라고 하였으며, 이 15초 동안에 고객접점에 있는 최일선 서비스 요원이 책임과 권한을 가지고 우리 회사를 선택한 것이 가장 좋은 선택이었다는 사실을 고객에게 입증시켜야 한다는 것이다.

즉 "결정의 순간"이란 고객이 기업조직의 어떤 한 측면과 접촉하는 사건이며, 그 서비스의 품질에 관하여 무언가 인상을 얻을 수 있는 사건이다.

따라서 고객이 서비스 상품을 구매하기 위해서는 입구에 들어올 때부터 나갈 때까지 여러

서비스요원과 몇 번의 짧은 순간을 경험하게 되는데 그때마다 서비스요원은 모든 역량을 동원하여 고객을 만족시켜주어야 하는 것이다. 이를 뒷받침하기 위해서는 고객접점에 있는 서비스 요원들에게 권한을 부여하고 강화된 교육이 필요하며, 고객과 상호작용에 의하여 서비스가 순발력 있게 제공될 수 있는 서비스 전달시스템을 갖추어야 한다.

✎ 책임

전 미국 대통령인 트루먼은 백악관의 대통령 집무실에서 서류에 서명을 하며 유명한말을 남겼는데 바로 "일의 모든 책임은 내가 진다."라는 것이다. 트루먼 대통령은 전세계의 그 어느 대통령보다 미국의 대통령이 지니고 있는 권력의 막강함을 잘 알고 있었다. 그리고 어떤 문제나 사건에 대해서 자기에게 오는 책임을 회피한다 하더라도 그의 잘못을 들먹일 사람은 아무도 없다는 것도 물론 알고 있었다.

하지만 트루먼은 달랐다. 다른 나라의 대통령들은 추진하던 일이 잘못됐을 때 그 일에 대한 책임을 회피하고자 국회, 경제상황, 전 대통령을 비난했지만 트루먼 대통령은 다른 사람을 비판하는 태도는 문제를 해결하는 진정한 해결책이 될 수 없음을 깨닫고 있었던 것이다.

책임이란 "모든 결과는 나의 선택으로 말미암아 일어난 것"이라는 식의 태도를 말한다. 이러한 책임은 피해를 입고 있다는 생각을 지니는 것과 같이 어떤 일에 대해서 선택할 수 있는 태도 중의 하나다. 누구의 잘못이든지 상관없이 어떤 상황에 있어서 나는 주체이다. 일에 대해서 책임을 지기로 한 잘못을 들먹이거나 비난하면서 쓰게 될 에너지를 다른 일을 위해 저축하게 되는 것이다.

〉〉〉 책임에 필요한 자세

어떤 일에 있어서 책임의식을 갖는 태도는 인생을 지배하는 능력을 최대화하는 데 긍정적인 역할을 한다. 만약, 이 일 저 일에 대해서 책임을 질 수 없음을 다른 사람들에게 증명하려고 한다면, 시간 낭비가 될 수 있다. 100% 책임의식을 지니는 것은 인생에 있어서 우리가 지니고 있는 능력을 최대화한다. 물이 반쯤 담긴 컵을 보고 "반밖에 안 남았네."라고 말하는 경우와 "물이 반씩이나 남았네."라고 말하는 경우와 같다.

이와 같이 인생에 있어서 생겨나는 사건이나 상황에 대해서 "어떤 일이 나에게 일어났어."라는 피해의식을 가질 수도 있고 "이것은 내가 선택한 행동의 결과야."라고 그 일에 대해서 책임을 갖게 될 수도 있다.

>>> 준법

준법이라 하는 것은 민주 시민으로서 기본적으로 지켜야 하는 의무이며 생활 자세이다. 민주사회의 법과 규칙을 준수하는 것은 시민으로서의 자신의 권리를 보장받고, 다른 사람의 권리를 보호해 주며 사회 질서를 유지하는 역할을 한다.

우리의 준법의식은 어느 수준에 있는가? 앞의 예에서도 보았듯이, 우리의 준법의식부재는 얼마만큼 큰지 알 수 있다. 최근까지도 다양한 정보매체를 통하여 접하고 있다. 사회지도층이라고 할 수 있는 정치인, 고위공직자, 기업인, 심지어 부패를 감시해야 할 검찰까지도 관련이 되어 있는 사회적 부패현상은 올바르다는 것에 대한 기준과 윤리적 판단기준을 흐리게 하고 있다.

이러한 여파는 사회 곳곳에서 잘못된 관행, 의식, 제도를 개혁해야 한다는 여론을 부추기고 있다. 과거의 잘못에 대한 징계적 차원으로만 해결하거나, 사회악의 원인을 개인의 도덕적 각성에만 의존하여 상황이 호전되기를 바라는 것은 너무나 진부한 임시 처방전이다.

우리사회는 민주주의와 시장경제를 지향한다고 하지만 그것이 제대로 정착될 만한 사회적, 정신적 토대를 갖추지 못하고 있다.

✎ 예절

>>> 직장 예절

• 예절이란 일정한 생활문화권에서 오랜 생활습관을 통해 하나의 공통된 생활방법으로 정립되어 관습적으로 행해지는 사회계약적인 생활규범이다.

• 예절은 에티켓이라는 용어로 많이 활용되는데, 현대의 에티켓의 본질은,

  ① 남에게 폐를 끼치지 않는다. ② 남에게 호감을 주어야 한다. ③ 남을 존경한다 등의 세 가지 뜻으로 요약될 수 있다.

• 즉, 에티켓은 남을 대할 때의 마음가짐이나 태도를 말한다고 할 수 있다.

  – 구체적인 내용으로서는 옥외와 실내에서의 에티켓, 남녀간의 예의, 복장 · 소개 · 결혼 · 흉사(凶事) · 석차(席次:자리 순서) · 편지 · 경례 · 경칭 식사예법 등 생활 전반의 분야에 이른다.

  – 특히 식탁예법에는 테이블 매너라는 말이 있으며 식사방법의 룰이 있는데, 정찬인 경우에는 그 이상의 디너 에티켓을 지켜야 하고, 복장까지도 바꿔 입어야 한다. 에티켓과 매너의 차이는 한국에서는 별로 거론되지 않지만 굳이 말한다면, 매너는 보통 생활 속에서의 관습이나 몸가짐

등 일반적인 룰을 말하고, 에티켓은 어원적으로는 보다 고도한 규칙·예법·의례 등 신사·숙녀가 지켜야 할 범절들로서 요구도(要求度)가 높은 것을 말한다.

〉〉〉 예절의 특성

사람은 사회생활을 하므로, 무리를 지어 하나의 문화를 형성하며 사는 일정한 지역을 생활 문화권이라고 하고, 그 문화권에 사는 사람들이 가장 편리하고 바람직한 방법이라 여겨 모두 그렇게 행하는 생활방법이 예절이다. 따라서, 예절은 언어문화권과 밀접한 관계를 갖는다. 민족과 나라에 따라 언어가 다르듯이 예절도 국가와 겨레에 따라 달라진다. 같은 언어문화권이라도 산과 강을 경계로 해 사투리가 있듯이 예절도 지방에 따라 약간씩 다를 수 있다.

그러나 같은 나라에서 표준어를 정해 그것이 통용되기를 바라는 것과 같이 예절도 한 나라에서는 통일되어야 그 국민으로서 생활하기가 수월한 것이다. 우리나라만 하더라도 가가례라고 해서 지방과 가정에 따라 예절이 다른 것은 흉이 되지 않았으나 현대는 모든 생활여건의 발달로 사투리가 엷어지듯이 예절도 통일되어야 할 필요가 있다. 그런 까닭으로 우리는 우리나라에서 공통적으로 행해지는 가장 바람직한 생활방법을 익혀 어울려 사는데 지장이 없도록 통일된 바른 예절을 알아야 한다.

〉〉〉 직장에서의 인사예절

• 인사는 사람이 사람다움을 나타내는 가장 아름다운 행위로 타인과의 사귐에 있어 가장 기본이 되는 예절이다. 인사할 때에는 인간으로서의 품격이 나타나도록 언행에 흐트러짐이 없어야 하며, 형식에만 흐르지 않고 반드시 사랑과 정성이 깃들어야 하며, 아울러 상대방을 공경하는 마음이 담겨야 한다. 사람이 모여 생활하는 곳에서는 인사가 모든 예절의 기본으로 상대방에게 마음속으로부터 우러나오는 존경심과 친절로 인간관계를 원활하게 하는 가장 중요한 예절이다.

① 첫 인사
- 우리는 '누군가 나의 사무실에 방문했을 때 자리에서 일어나 악수를 청해야 할까?' 고민을 하게 된다. 외부인사가 나의 사무실을 방문하게 되었을 때 자리에서 일어나 악수를 청하며 손님을 맞는 것이 예우의 표현이다.
- 악수를 하는 동안에는 상대에게 집중하는 의미로 반드시 눈을 맞추고 미소를 짓는다.
- 악수를 할 때는 오른손을 사용하고, 너무 강하게 쥐어짜듯이 잡지 않는다. 악수는 힘 있게 해야 하지만 상대의 뼈를 부수듯이 손을 잡지 말아야 한다. 악수는 서로의

이름을 말하고 간단한 인사 몇 마디를 주고받는 정도의 시간 안에 끝내야 한다.

– 당신에게 느낌을 솔직히 말해 줄 수 있는 동료와 함께 연습해 보는 것이 좋다. 악수는 다른 사람에게 소개되었을 때, 자기 자신을 직접 소개할 때, 작별 인사를 할 때 등, 거의 모든 경우에 있어 적절한 행동이다.

② 소개

– 비즈니스에서 상대방을 서로에게 소개하는 것은 여러 가지 의미가 있으며, 서로가 서로를 알게 되는 것이다. 또한 소개는 두 사람이 처음 만났을 때 두 사람이 보다 편하게 느낄 수 있도록 도와주는 친절 행위이다.

– 비즈니스 상의 소개를 할 때는 직장 내에서의 서열과 나이를 고려한다. 이 때 성별은 고려의 대상이 아니다. 소개는 보통 타당성 있는 순서에 의한다.

직장 내에서의 서열과 직위를 고려한 소개의 순서

- 나이 어린 사람을 연장자에게 소개한다.
- 내가 속해 있는 회사의 관계자를 타 회사의 관계자에게 소개한다.
- 신참자를 고참자에게 소개한다.
- 동료임원을 고객, 손님에게 소개한다.
- 비임원을 임원에게 소개한다.
- 소개받는 사람의 별칭은 그 이름이 비즈니스에서 사용되는 것이 아니라면 사용하지 않는다.
- 반드시 성과 이름을 함께 말한다.
- 상대방이 항상 사용하는 경우라면, Dr. 또는 Ph.D. 등의 칭호를 함께 언급한다.
- 정부 고관의 직급명은 퇴직한 경우라도 항상 사용한다.
- 천천히 그리고 명확하게 말한다.
- 각각의 관심사와 최근의 성과에 대하여 간단한 언급을 한다.

③ 명함 교환 예절

– 명함은 프랑스의 루이 14세서부터 유래되고 있다. 당시 사교계에서 귀부인들이 자신의 이름을 카드에 손으로 써서 왕에게 올렸다. 이후 전용의 흰 종이에 손으로 이름을 쓰는 것으로 바뀌어 내려왔고 동판 인쇄의 명함으로 발전되어 오늘에 이르고 있다.

– 명함은 현대에 와서는 특히 비즈니스맨에게는 없어서는 안 될 업무상 소도구의 하나라고 할 수 있다. 명함은 받는 사람에게 종종 비즈니스의 첫인상을 줌과 동시에 가장 오래도록 계속될 인상을 남긴다.

명함을 주고받을 때의 유의할 점은

- 명함은 반드시 명함 지갑에서 꺼내고 상대방에게 받은 명함도 명함 지갑에 넣는다.
- 상대방에게서 명함을 받으면 받은 즉시 호주머니에 넣지 않는다.
- 명함은 하위에 있는 사람이 먼저 꺼내는데 상위자에 대해서는 왼손으로 가볍게 받쳐내는 것이 예의이며, 동위자, 하위자에게는 오른손으로만 쥐고 건넨다.
- 명함을 받으면 그대로 집어넣지 말고 명함에 관해서 한두 마디 대화를 건네 본다.
- 쌍방이 동시에 명함을 꺼낼 때는 왼손으로 서로 교환하고 오른손으로 옮겨진다.

>>> **직장에서의 전화예절**

- 전화는 직접 대면하는 것보다 신속하고 경제적으로 용건을 마칠 수 있는 장점이 있으나 서로의 얼굴을 대면하지 않고 이야기를 하기 때문에 상대편의 표정과 동작, 태도를 알 수가 없으므로 오해의 면을 담고 있다.

  그러므로 전화예절은 더욱 중요하게 인식되고 주의를 기울여야 한다.

- 먼저, 전화 통화를 할 때는 전화기의 송화기 부분에 대고 명확하게 말한다. 상대방에게 자신이 누구인지를 먼저 밝힌 다음 천천히 예의를 갖추고 말한다. 통화 중에 음식을 먹거나 마시지 않도록 한다.

- 보이지 않는다 하더라도 말할 때는 미소를 띠면서 말한다. 사람들은 목소리만 듣고도 그 사람의 얼굴 표정을 바로 떠올릴 수 있다.

① 전화걸기

  - 전화를 걸기 전에 먼저 준비를 한다. 정보를 얻기 위해 전화를 하는 경우라면 얻고 자하는 내용을 미리 메모하여 모든 정보를 빠뜨리지 않도록 한다.

  - 전화를 건 이유를 숙지하고 이와 관련하여 대화를 나눌 수 있도록 준비한다.

  - 전화는 정상적인 업무가 이루어지고 있는 근무 시간에 걸도록 한다. 업무 종료 5분전에 전화를 건다면 제대로 통화할 수 없을 것이다.

  - 당신이 통화를 원하는 상대와 통화할 수 없을 경우에 대비하여 비서나 다른 사람에게 메시지를 남길 수 있도록 준비한다.

  - 전화는 직접 걸도록 한다. 비서를 통해 고객에게 전화를 건다면 고객으로 하여금 당신의 시간이 고객의 시간보다 더 소중하다는 느낌을 갖게 만든다.

  - 전화를 해달라는 메시지를 받았다면 가능한 한 48시간 안에 답해주도록 한다. 하루이상 자리를 비우게 되는 경우 다른 사람이 대신 전화를 받아줄 수 없을 때는

자리를 비우게 되었다는 메시지를 남겨놓는 것이 예의이다.

② 전화받기
 - 전화벨이 3~4번 울리기 전에 받는다.
 - 당신이 누구인지를 즉시 말한다.
 - 천천히, 명확하게 예의를 갖추고 말한다.
 - 목소리에 미소를 띠고 말한다.
 - 말을 할 때 상대방의 이름을 함께 사용한다.
 - 언제나 펜과 메모지를 곁에 두어 메시지를 받아 적을 수 있도록 한다.
 - 주위의 소음을 최소화한다.
 - 긍정적인 말로서 전화 통화를 마치도록 하고 전화를 건 상대방에게 감사의 표시를 한다.

③ 휴대전화
 - 휴대전화는 일상적인 비즈니스 거래를 유지하고 도움이 필요한 사람에게 재빨리 연락을 취할 수 있도록 편리함을 주는 현대의 기술이다. 그러나 이러한 순간적인 편리성을 얻기 위해서 우리는 많은 대가를 치러야 한다.
 - 휴대전화를 지니고 있는 사람은 그 전화번호를 알고 있는 모든 사람들이 원하는 때에 호출될 준비를 하고 있는 것이다. 당신은 전화를 받아야 한다는 책임감을 느끼고, 전화를 받게 되고, 따라서 당신이 하고 있는 일에 방해를 받게 된다. 또한 휴대전화를 레스토랑, 엘리베이터, 지하철, 비행기, 버스, 기차 등의 말폐된 공간에서 사용하는 것은 주위 사람들을 배려하지 않는 것이다.

 휴대전화를 사용하게 될 경우 유의해야 할 점

• 당신이 어디에서 휴대전화로 전화를 하든지 간에 상대방에게 통화를 강요하지 않는다.
• 상대방이 장거리 요금을 지불하게 되는 휴대전화의 사용은 피한다.
• 운전하면서 휴대전화를 하지 않는다.
• 친구의 휴대전화를 빌려 달라고 부탁하지 않는다.
• 비상시에만 휴대전화를 사용하는 친구에게는 휴대전화로 전화하지 않도록 한다.

>>> 직장에서의 e-mail 예절
• e-mail 사용자들은 문자, 축약된 기호, 이것들의 혼합을 이용하여 감정을 표현하는 방법을 개발하였다. 그러나 이것을 과도하게 사용하면 메일을 받는 당사자가 이해할 수

없는 일이 발생할 수 있다. e-mail 특유의 언어사용을 최소한으로 유지함으로써 상대방을 혼돈스럽게 하는 것은 피하도록 하는 것이 좋다. 다른 비즈니스 서신에 사용하는 똑같은 문법이나 철자로 올바른 언어를 사용하는 것이 좋다. e-mail 메시지는 간단하게, 가능한 한 간결하게 작성하여 수신자가 빨리 읽고 제대로 응답할 수 있도록 해야 한다.

① e-mail 메시지 보내기
　– 상단에 보내는 사람의 이름을 적는다.
　– 메시지에는 언제나 제목을 넣도록 한다.
　– 메시지는 간략하게 만든다.
　– 요점을 빗나가지 않는 제목을 잡도록 한다.
　– 올바른 철자와 문법을 사용한다.

② e-mail 메시지에 답하기
　– 원래 e-mail의 내용과 관련된 일관성 있는 답을 하도록 한다.
　– 다른 비즈니스 서신에서와 마찬가지로 화가 난 감정의 표현을 보내는 것은 피한다.
　– 당신의 답장이 어디로, 누구에게로 보내는지 주의한다. 자동답신을 선택하여 보내는 것이 효율적으로 보이기는 하지만, 그 답신이 원래 메일을 보낸 사람에게 도착하지 않을 수도 있다. 원래의 메시지에 첨부된 회신 주소는 메시지를 보낸 사람의 것이 아닐 수도 있음을 명심하라.

>>> **성예절**
• 최근 사회적으로 자주 등장하는 성희롱 문제는 나와 나의 직장과는 관련이 없는 것으로 생각하는 사람들이 많다.
"예쁘고 일도 잘해서 귀여워 해줬는데?"
"같이 일하는 사이라서 친밀감의 표시로 무심코 했는데 법정에까지 간다면 무서워서 어떻게 일을 하나?"
"그런 것은 아무래도 여자가 해야 어울리지, 남자들만 있는 곳에서 한 번 분위기 좀 살려줄 수 있잖아?"
"업무의 연장인데, 그 정도는 할 수 있잖아?"
• 직장에서 성예절을 지키지 않으면 성희롱으로 연결되는데, 이러한 성희롱 문제된 사건에서 가해자들의 한결 같은 항변이다. "희롱할 의사가 없었다", "좋은 의도에서 였다",

"다들 그렇게 한다", "늘상 있는 일 아니냐"고 하지만, 피해자는 심한 불쾌감과 모욕감, 자기 비하감을 느껴 직장생활과 업무에 많은 지장을 받았다고 한다. 가해자와 피해자의 이러한 인식과 입장 차이에서 성희롱의 문제가 발생하는 원인이 된다.

• 이러한 성희롱은 '남녀차별금지 및 구제에 관한 법률'과 '남녀고용평등법'에 각 각 명문화 되어 있다. 표현의 차이는 있지만 법률상의 개념은 '업무와 관련하여 성적언어나 행동 등 으로 굴욕감을 느끼게 하거나 성적 언동 등을 조건으로 고용상 불이익을 주는 행위'라고 정의하고 있다.

• 형사처벌 대상으로서의 범죄행위인 '성추행'이나 '성폭행'과는 구분되어 형사처벌 대상은 아니지만 그 행위에 대하여는 회사에서 필요한 인사나 징계조치를 하여야 하고, 그 피해자는 가해자에게 민사상의 손해배상 청구를 할 수 있다.

• 어떤 행위가 성희롱이냐 하는 데 있어서 법률적인 기준의 특징은 가해자가 '의도적으로 성희롱을 했느냐'를 중시하는 것이 아니라, 피해자가 '성적 수치심이나 굴욕감을 느꼈 느냐, 아니냐'를 중요한 기준으로 삼는다는 것이다. 즉, "친밀감의 표시로?, 전혀 성적인 의도 없이" 한 행동이었더라도, 상대방이 '성적 수치심이나 굴욕감을 느꼈고, 합리적인 기준으로 보았을 때 그러한 피해자의 입장이 인정될 경우' 성립되는 것이다.

• 성희롱 관련법의 기본취지는 '피해자 보호'에 초점이 맞춰져 있는데 그것은 직장에서 불리한 입장에 있으므로 피해를 입었을 때 스스로의 구제방안을 모색하기가 쉽지 않다는 이유 때문이다.

>>> 성예절을 지키기 위한 자세

• 성희롱 예방의 근본적 이유는 바람직한 남녀공존의 직장문화를 정착시키자는 것이다. 이를 위해서는 성별, 직위, 노사의 어느 입장에 있든지 모두가 과거와는 다른 사고와 행동 이 정립되도록 공동 노력하는 것이 필요하다.

① 여성의 직업참가율이 비약적으로 높아졌다. 직장에서 여성의 특징을 살린 한정된 업무를 담당하던 과거와는 달리 여성과 남성이 대등한 동반자 관계로 동등한 역할과 능력발휘를 한다는 인식을 가질 필요가 있다.

② 직장 내에서 여성이 남성과 동등한 지위를 보장 받기 위해서 그만한 책임과 역할을 다해야 하며, 조직은 그에 상응하는 여건을 조성해야 한다.

③ 성희롱 문제가 법정으로까지 연결되고, 사회적인 문제가 되기보다는 사전에 예방하고 효과적으로 처리하는 방안이 필요한 것이다. 그렇지 않을 경우 회사에도 타격을 준뿐만 아니라 당사자에게도 심각한 피해를 줄 수 있기 때문이다.

④ 우리 사회에는 뿌리 깊은 남성 위주의 가부장적 문화와 성 역할에 대한 과거의 잘못된 인식이 아직도 남아 있어 남녀공존의 직장문화를 정착하는데 남다른 노력이 필요하다.

Chapter 1
Chapter 2
Chapter 3
Chapter 4
Chapter 5
Chapter 6
Chapter 7
Chapter 8
Chapter 9
Chapter 10

기본 문제

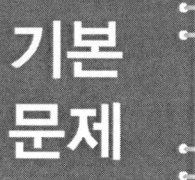

Chapter 10 직업윤리

01 다음 중 '윤리'에 대한 설명으로 옳지 않은 것은?

① 윤리는 공동행동의 규칙을 기반으로 형성된다.
② 윤리는 사회의 공동 목표 달성과 욕구 충족에 도움이 되는 행위가 정립된 것이다.
③ 윤리는 공동 생활속에서 협력의 필요성에 의해 발생하였다.
④ 윤리는 사회상황과 관계없이 변할 수 없는 것이다.

02 직업의 의미로 바르지 않은 것은?

① 지속적으로 수행해야 한다.
② 본인의 의사와 관계 없이 생겨나기도 한다.
③ 경제적 보상을 받는 일이다.
④ 노력이 소용되는 일이다.

03 다음 설명이 나타내는 직업윤리의 덕목은?

자신의 일이 자신의 능력과 적성에 꼭 맞는다 여기고 그 일에 열성을 가지고 성실히 임하는 태도

① 소명의식   ② 천직의식
③ 책임의식   ④ 전문가의식

04 우리사회에서 직업인이 갖추어야 할 중요한 직업윤리덕목이 아닌 것은?

① 책임감   ② 신뢰성
③ 정직성   ④ 개인성

05   직업에서 근면의식의 표출로 바르지 않은 것은?

① 강요에 의한 근면은 노동행위에 즐거움을 주지 못 한다.
② 직업의 현장에서는 능동적인 자세로 임해야 한다.
③ 노동은 상품이므로 일을 적게 하는 것이 중요하다.
④ 보수나 진급이 보장되지 않더라도 적극적 자세의 노동자세가 필요하다.

06   직장에서 신용을 쌓기 위한 지침이 아닌 것은?

① 정직과 신뢰의 자산을 매일 조금씩 쌓는다.
② 잘못된 것도 정직하게 밝힌다.
③ 정직하지 못한 것을 눈감아주지 않는다.
④ 자신의 생각에 반하더라도 직장의 관행을 인정한다.

07   성실성에 대한 설명으로 적절한 것은?

① 현대사회는 성실함보다는 창의성이 더욱 강조되고 있다.
② 사회에서의 성공은 성실함이 보장하는 것이 아니다.
③ 불성실로 부와 명예를 이룬 사람을 비난해서는 안된다.
④ 사회가 변화하더라도 성실한 태도는 결국 인정 받는다.

08   서비스업무자가 서비스 시에 유의하여야 할 사항으로 적절하지 않은 것은?

① 고객앞에서 흡연을 하는 행위
② 고객앞에서 음식물을 먹는 행위
③ 고객앞에서 단정치 못한 옷차림을 하는 행위
④ 고객앞에서 전화를 받는 행위

09   책임감에 대한 설명으로 바르지 않은 것은?

① 긍정적 마인드가 바탕이 된다.
② 책임감이 강한 사람은 타인의 업무도 적극 돕는다.
③ 모든 업무는 정해진 시간에 끝내며 개인의 시간을 할애하지는 않는다.
④ 모든 결과를 자신이 선택한 결과라 생각하는 태도이다.

10 첫 인사 시 주의할 점이 아닌 것은?

① 기분에 따라 인사의 자세가 다르면 안된다.
② 타이밍을 맞추어 적절히 응답한다.
③ 상대의 인사가 끝난 후 인사한다.
④ 명랑하고 활기차게 인사한다.

11 다음 중 윤리적 인간에 대한 설명이 아닌 것은

① 공동의 이익보다는 자신의 이익을 우선으로 행동하는 사람
② 원만한 인간관계를 유지할 수 있도록 다른 사람의 행복을 고려하는 사람
③ 눈에 보이는 육신의 안락보다는 삶의 가치와 도덕적 신념을 존중하는 사람
④ 인간은 결코 혼자 살아갈 수 없는 사회적 동물이기 때문에, 다른 사람을 배려하면서 행동하는 사람

12 다음 중 직업에 대해 바른 설명으로 묶은 것을 고르시오.

> 가. 경제적인 보상이 있어야 한다.
> 나. 본인의 자발적 의사에 의한 것이어야 한다.
> 다. 장기적으로 계속해서 일하는 지속성이 있어야 한다.
> 라. 취미활동, 아르바이트, 강제노동 등도 포함된다.
> 마. 다른 사람들과 함께 인간관계를 쌓을 수 있는 기회가 된다.
> 바. 직업(職業)의 職은 사회적 역할의 분배인 직분(職分)을 의미한다.
> 사. 직업(職業)의 業은 일 또는 행위, 더 나아가서는 불교에서의 인연이다.

① 가, 나, 다, 라
② 가, 다, 라, 마
③ 가, 나, 마, 바
④ 가, 나, 다, 마, 바, 사

13 다음 개인윤리와 직업윤리의 조화로운 상황을 바르게 묶은 것은

> 가. 업무상 개인의 판단과 행동은 직장내 다수의 이해관계자와 관련되게 된다.
> 나. 개인윤리를 기반으로 공동의 협력을 추구한다.
> 다. 규모가 큰 동동의 재산, 정보 등을 개인의 권한 하에 위임하는 것이다.
> 라. 팔은 안으로 굽는다는 속담이 있듯이, 직장내에서도 활용된다.
> 마. 각 직무에서 오는 특수한 상황에서는 개인윤리와 충동하는 경우도 있다.

① 가, 나, 다, 라
② 가, 다, 라, 마
③ 가, 나, 다, 라, 마
④ 가, 나, 다, 마

14 **다음 정직에 대한 설명 중 바르지 않은 것은**

① 사람은 혼자서는 살아갈 수 없으므로, 다른 사람과의 신뢰가 필요하다.
② 정직한 것은 성공을 이루게 되는 기본 조건이 된다.
③ 다른 사람이 전하는 말이나 행동이 사실과 부합된다는 신뢰가 없어도 사회생활을 하는데 별로 지장이 없다.
④ 신뢰를 형성하기 위해 필요한 규범이 정직이다.

15 **다음 봉사(서비스)에 대한 설명 중 바르지 않은 것은**

① 봉사의 사전적 의미는 나라나 사회 또는 남을 위하여 자신의 이해를 돌보지 아니하고 몸과 마음을 다하여 일하는 것을 의미한다.
② 현대 사회의 직업인에게 봉사란 자신보다는 고객의 가치를 최우선으로 하고 있는 서비스 개념인 것이다.
③ 봉사는 어려운 사람을 돕는 자원봉사만을 의미한다.
④ 기업이 고객에게 사랑 받기 위해서는 봉사(서비스)를 강조해야 한다.

16 **다음 준법에 대한 설명 중 바르지 않은 것은**

① 준법의 사전적 의미는 말 그대로 법과 규칙을 준수하는 것이다.
② 준법의식이 해이해지면, 사회적으로 부패가 싹트게 된다.
③ 선진국들과 경쟁하기 위해서는 개인의 의식변화와 이를 뒷받침할 시스템 기반의 확립도 필요하다.
④ 우리나라 준법의식 수준은 세계 최고이기 때문에, 부패지수가 0이다.

17 우리나라 직장에서의 인사예절에 대한 설명 중 바르지 않은 것은

① 왼손잡이는 악수를 왼손으로 해야 한다.
② 나이 어린 사람을 연장자에게 소개한다.
③ 반드시 성과 이름을 함께 말한다.
④ 내가 속해 있는 회사의 관계자를 타 회사의 관계자에게 소개한다.

18 다음 직장에서 명함 교환에 대한 설명 중 바르지 않은 것은

① 상대방에게 받은 명함은 받은 즉시 호주머니에 꾸겨 넣는다.
② 명함을 받으면 한 두 마디 대화를 건네 본다.
③ 쌍방이 동시에 명함을 꺼낼 때는 왼손으로 서로 교환하고 오른손으로 옮겨진다.
④ 명함은 하위에 있는 사람이 먼저 꺼낸다.

19 다음 직장에서의 휴대전화 예절에 대한 설명 중 바르지 않은 것은

① 직장에 있는 상대방 휴대전화로 할 때에는 상대방에게 통화를 강요해야 한다.
② 상대방이 장거리 요금을 지불하게 되는 휴대전화의 사용은 피한다.
③ 운전하면서 휴대전화를 되도록 하지 않는다.
④ 친구의 휴대전화를 빌려 달라고 부탁하지 않는다.

20 다음 직장에서 성예절과 관련된 설명 중 잘못된 것은

① 성희롱의 기준은 가해자가 "성희롱을 했느냐"가 아니라 피해자가 "성적 수치심이나 굴욕감을 느꼈느냐, 아니냐"를 삼는 것이다.
② 직장내 성예절을 지키기 위해서는 부적절한 언어와 행동을 삼가야 한다.
③ 남성 위주의 가부장적 문화와 성역할에 대한 잘못된 인식을 지녀야 한다.
④ 여성과 남성이 동등한 지위를 보장받아야 한다.

적중 예상문제

Chapter 10 직업윤리

01 다음 중 '윤리'에 대한 설명으로 옳지 않은 것은?

> ㄱ. 동양적 사고에서 윤리는 전적으로 인륜(人倫)과 같은 의미이다.
> ㄴ. 윤리의 형성은 '공동생활'과 '협력'을 필요로 하는 인간생활에서 형성되는 '공동행동의 룰'을 기반으로 윤리적 규범이 형성된다.
> ㄷ. 서양의 윤리는 개인과 국가, 종교적인 것과 경제적인 것 등으로 나뉘어져 발달하였다.
> ㄹ. 이 세상에 두 사람 이상이 있으면 존재하고, 반대로 혼자 있을 때는 의미가 없는 말이 되기도 한다.

① ㄱ   ② ㄴ   ③ ㄷ   ④ ㄹ

02 아래의 내용은 네 명의 상사가 한 신입사원에게 바람직한 직업 윤리의 덕목에 대해 이야기해 준 내용들이다. 다음 중 전문가 의식에 대해 이야기 하는 사람은?

> ① 김과장 : "자신이 맡은 일은 하늘에 의해 맡겨진 일이라고 생각하는 태도를 가졌으면 해."
> ② 최차장 : "자신이 하고 있는 일이 사회나 기업을 위해 중요한 역할을 하고 있다고 믿고 자신의 활동을 수행해야 해."
> ③ 민대리 : "직업에 대한 사회적 역할과 책무를 충실히 수행하고 책임을 다하는 태도를 가져줘."
> ④ 오부장 : "자신의 일이 누구나 할 수 있는 것이아니라 해당분야의 지식과 교육을 밑바탕으로 성실히 수행해야만 가능한 것이라 믿고 수행하는 태도가 필요해."

① 김과장   ② 최차장   ③ 민대리   ④ 오부장

03 귀하는 한 직장 동료로부터 다음과 같은 말을 들었다. 이 동료는 직업 윤리의 덕목들 중 어떤 것이 부족한 것인가?

> "요즘 회사 업무에 몰입을 할 수가 없어. 내가 담당하고 있는 일이 적성에 맞는 지도 모르겠고, 내 능력에 비해 너무 시시한 일을 하고 있다는 생각도 들고… 그러다 보니 회사를 그만 두면 생활이 어려워 지니까 어쩔 수 없이 출근을 하고 있다는 기분이 들어."

① 소명의식   ② 천직의식   ③ 전문가의식   ④ 직분의식

Chapter 1
2
Chapter 3
Chapter 4
Chapter 5
Chapter 6
Chapter 7
Chapter 8
Chapter 9
Chapter 10

04   **다음의 사례는 무엇과 관련된 것인가?**

〈사진 : 디지털뉴스〉

위의 사진은 2013년 7월말 남성연대의 성재기 대표가 한강에 투신하기 직전의 장면이다. 이 사진은 이후 사회적 논란을 일으켰다. 성대표를 취재한 기자들의 모습 때문이었다. 이들에게 쏟아진 비난은 오로지 취재만을 위해 자살을 하려는 사람을 방관했다는 것이다. 촬영을 하는 것보다 사람을 구하는 것이 맞지 않았을까?

① 직업의 비전   ② 직업 선택의 기준
③ 직업 윤리   ④ 직업의 경제적 의미

05   **다음은 근면의 사례들이다. 이들 중 성격이 다른 하나는 무엇인가?**

① 세일즈맨이 자신의 성과를 높이기 위해 영업 스킬 교육을 받는다.
② 경쟁사와의 Presentation에서 좋은 성과를 내기 위해 스피치 훈련을 열심히 한다.
③ 상사의 지시를 수행하기 위해 다른 직원들이 퇴근했음에도 불구하고 혼자 남아서 야근을 한다.
④ 회사 내 진급 시험을 위해 외국어 학원에 다니면서 열심히 공부를 한다.

06 다음은 직장 생활을 하면서 접할 수 있는 문제 사례이다. 김대리는 어떠한 의무를 위반하고 있는가?

> • 김과장은 근무 시간 중에 친구를 만나러 갔다.
> • 최차장은 아무 승인도 받지 않고 근무 시간 중에 집으로 귀가했다.

① 이해가 상충되는 직위의 취임 금지　　② 직무전념의 의무
③ 성실 의무　　④ 모든 고객을 동등하게 대우해야 할 의무

07 공기업에 근무하는 귀하는 설연휴를 맞아 거래처로부터 선물을 받게 되었다. 회사 규정에 의하면 3만원을 초과하는 선물은 받을 수 없다. 선물을 받을 당시에는 몰랐지만, 나중에 확인해 보니 선물의 가격이 3만 2천원이라는 것을 알게 되었다. 이 경우 어떻게 처리해야 하는가?

① 거래처에 연락하여 회사의 규정에서 허용하는 수준의 선물을 다시 요구한다.
② 선물을 돌려줄 경우 거래처가 불쾌하게 생각하여 회사에 손해가 될 수 있으므로 이번에는 그냥 받는다.
③ 선물의 가치에 상응하는 수준의 선물을 사서 거래처에 보낸다.
④ 즉시 선물을 돌려주고 회사 규정 때문임을 설명한다.

08 다음의 사례와 관련된 한자 성어나 격언이 아닌 것은?

> 어느 A의 집에서 멀지 않은 곳에 전자기기수리점이 두 곳 있었다. 한 수리점은 간단한 일로 부르는 고객의 집에는 바쁘다는 핑계로 가기를 거부하고, 전기의 합선을 고치는 따위의 돈벌이가 됨직한 일만 찾아 다녔다. 뿐만 아니라 고객에게 터무니없는 많은 대가를 요구하는 버릇이 있었다. 다른 수리점은 고객의 요청만 있으면, 일의 크고 작음을 가리지 않고 곧 달려갔을 뿐 아니라, 부당하게 많은 돈을 받는 일도 없었다. 첫째 수리점은 결국 규모를 줄여서 변두리로 나갔다. 언제나 성실하고 부지런하게 일을 해온 둘째 수리점은 동생에게도 기술을 가르쳐서 또 하나의 점포를 낼 수 있을 정도로 성업을 이루었다.

① 磨斧爲針
② 誠勤是寶
③ 肝膽相照
④ 오래가는 행복은 정직한 것 속에서만 발견할 수 있다.

09 다음 중 성희롱과 관련된 설명으로 옳지 않은 것은?

① 직장 내 성희롱은 지위를 이용하거나 업무와의 인과관계만 있으면 사업장 내외의 장소를 불문하고 발생할 수 있다.

② 직장 내 성희롱 가해자에는 사업주, 직장 상사 및 동료, 부하 직원, 파견 근로자, 하청 근로자가 포함된다.

③ 직장 내 성희롱 피해자는 모든 남녀 근로자이며, 채용 과정의 구직자는 포함되지 않는다.

④ 직장 내 성희롱은 성적인 언어,행동에 의하거나 이를 조건으로 하는 행동이다.

10 다음은 공동체 윤리와 관련된 내용들이다. 적절하지 않은 것은?

ㄱ. 고객 앞에서 서류 정리를 하면 안된다.
ㄴ. 고객을 앞에 두고 업무자들끼리 대화를 해도 된다.
ㄷ. 직장에서 업무를 위해서는 개인의 시간도 일정 정도 할애한다.
ㄹ. 동료의 도움을 받아 업무를 해결한 경우, 동료에게 정중하게 감사의 뜻을 전한다.
ㅁ. 명함은 윗사람이 아랫사람에게 먼저 건넨다.
ㅂ. 명함을 건네는 사람이 2인 이상일 경우 아랫사람에게 먼저 건넨다.
ㅅ. 명함은 받자마자 명함집에 넣는 것이 예의이다.
ㅇ. 어려운 한자가 있을 경우 나중에 질문을 해서 기록을 해둔다.
ㅈ. 상대방에 대한 부가 정보는 명함을 받은 후에 바로 명함에 적는다.
ㅊ. 상대방에게 이메일을 보낼 때 상단에 보내는 사람의 이름을 적는다.
ㅋ. 전화를 받을 때, 전화벨이 3~4번 울리기 전에 받는다.

① ㅁ, ㅂ, ㅅ, ㅇ   ② ㅁ, ㅂ, ㅇ, ㅈ
③ ㅁ, ㅂ, ㅅ, ㅇ, ㅈ   ④ ㅁ, ㅅ, ㅇ, ㅈ

11 다음 중 '윤리'에 대한 설명으로 옳지 않은 것은?

① 인간과 인간 사이에서 지켜져야 할 도리를 바르게 하는 것

② 윤리의 뜻을 지닌 그리스어의 'ethos', 라틴어의 'mores', 독일어의 'sitte' 등은 모두 '습관이 된 풍속'을 뜻한다.

③ 동양적 사고에서 윤리는 엄격한 규율이나 규범의 의미가 배어 있는 느낌을 준다.

④ 윤리에서 륜(倫)은 '다스린다', '바르다', '원리', '이치', '가리다', '밝히다', '명백하다' 등의 여러 가지 뜻을 가지고 있다.

12 귀하는 신입사원들을 대상으로 직업 윤리에 대해 강의를 하게 되었다. 직업 윤리의 덕목에 대해 설명하기 위한 사례로 아래와 같은 신문 기사를 강의 자료에 포함시켰다.

> OO시는 지난 5월 부임한 C부시장이 시장권한대행 체제로 시 행정을 이끌고 있다. C부시장은 취임 후부터 시장이 부재중인 상황에서 공직자들이 솔선수범을 통해 맡은 바 업무 충실과 민원인들의 불편 최소화 등의 상황이 발생하지 않도록 철저한 관리를 당부하고, 시의 주요 현안을 해결하는데 전념하고 있다.
> 그러나, 일부 공직자들은 이러한 지시 사항을 무시한 채 위선에 출장 복명서도 제출하지 않고 사적인 일로 근무지를 이탈하였음이 드러났다. 더 심각한 문제는 이를 관리 감독해야 할 과장은 이탈한 직원의 행방조차 모르고 있다는 지적이다.

다음 중 어떤 덕목에 해당되는 내용인가?

① 책임의식 ② 전문가의식

③ 직분의식 ④ 봉사의식

13 다음의 세 가지 내용은 공통적으로 무엇과 관련된 내용인가?

> "성공도 실패도 하나의 버릇에서 온다." – 유대인의 속담 –
> "이 세상에서 가장 한심한 것은 할 일이 없는 것이다." – 탈무드 –
> "눈물을 흘리며 씨를 뿌리는 자는 기쁨으로 거두리로다." – 성경 시편 –

① 근면 ② 정직

③ 봉사 ④ 전문가 정신

14 귀하는 최근에 한 일간지에서 아래와 같은 기사를 보게 되었다.?

> 공기업인 OOO의 직원들이 업무상 비밀 정보를 이용해서 회사가 이전 예정 부지에 집단으로 토지를 구입하는 등 부동산 투기를 벌인 정황이 확인되어 큰 충격을 주고 있다. 특히 이들이 경매를 통해 토지 구입을 한 시기는 이전 계획이 이사회에서 의결되었을 뿐 대외적으로 공표되기 전으로, OOO 직원만 확보 가능한 '업무상 비밀 정보'를 이용해 부동산 투기에 나선 것으로 판단된다.

다음 중 귀하가 이 기사를 보고 한 생각으로 가장 적절한 것은?

① "직업의 비전이 잘못 수립되었군."
② "직업 윤리를 망각했군."
③ "직업을 선택할 때 기준이 중요해."
④ "직업의 경제적 의미에 대해 교육 받아야 해."

15 공기업에 재직중인 신입사원 A와 B는 대화를 나누고 있다.두 사람이 나누는 아래의 대화를 읽고, 다음 중 '이것'은 무엇인지 고르시오.

> A : "이번 주 금요일 중요한 접대가 있다며?"
> B : "어, 아주 중요한 접대야. 우리 팀의 사활이 걸려있지."
> A : "접대 장소가 중요하겠군"
> B : "맞아. 아주 신경 써서 고르고 있어."
> A : "회사 정문 건너편에 있는 한정식집 어때? 지난 번 우리 부서 회식을 거기서 했는데 음식 괜찮더라고."
> B : "거기 알지. 그런데, 나는 별로야. 한 번 간 다음부터 절대 안 가."
> A : "왜?"
> B : "음식 맛도 좋고, 직원들 서비스도 좋고, 시설도 완전히 마음에 들어. 아마 이 근처 식당들 중에서는 최고일걸? 그런데 말이지. 화장실에 한 번 갔다가 생각이 싹 바뀌었어. 청소를 안 하는 건지 완전 불결하더라고. 그 다음부터는 절대 그 식당에 가지 않지. 주변 사람들한테도 절대로 가지 말라고 하고 있지."
> A : "그래? 그 식당의 사장은 '이것'의 중요성을 몰랐군."
> B : "'이것'이라고? '이것'이 그렇게 중요해?"
> A : "중요하지. '이것'은 스페인어를 영어로 옮긴 표현이야. 스페인 투우 알지? 투우사가 소와 일대일로 대결하는 최후의 순간을 가리키지."

① 4P   ② SWOT
③ MOT   ④ 3C

16 귀하는 최근에 신입사원 면접 전형에 면접관으로 참여하게 되었다. 그런데 회사의 상사가 전화를 해서 이번에 조카가 입사 지원을 했으니 잘 부탁한다는 청탁을 해왔다. 이러한 상황에서 어떻게 할 것인가?

① 해당 내용을 바로 회사 인사팀에 통지하여 회사의 사칙에 의거하여 처리한다.
② 청탁을 한 선배에게 해당 청탁이 부당하다는 사실을 설명하고, 부탁을 들어줄 수 없다고 말한다.
③ 청탁을 한 선배에게는 별 다른 언급을 하지 않고 소신껏 점수를 처리한다.
④ 청탁한 선배의 직속 상사를 찾아가 상황을 설명한다.

17 귀하는 고객서비스 담당자로서 직원들에게 전달할 지침 사항을 정리하고 있다. 다음 중 적절하지 않은 항목은 무엇인가?

① 고객님께서 앞에 계실 경우, 개인 용무의 전화는 짧은 내용이 아니면 하지 말 것
② 고객님 앞에서 큰 소리를 내지 말 것
③ 고객님 앞에서 서류를 정리하지 말 것
④ 고객님 앞에서 옷을 벗거나 부채질 등의 행위를 하지 말 것

18 귀하는 공기업의 인사팀에서 근무 중이다. 어느 날 팀장님께서 부재중이신 상태에서 팀장님 자리로 전화가 걸려 와서 신입사원에게 당겨 받도록 하였다. 그 신입사원은 아래와 같이 대화를 나누었다. 귀하가 신입사원이 전화 받는 태도에 시정을 해야 할 필요를 느끼게 되었다면, 다음 중 어느 것 때문인가?

(전화벨이 다섯 번 울리고 나서 왼손으로 수화기를 즉시 들었음.) ·················· ①
귀하 : "안녕하십니까. OO공사 인사팀 채용 담당 신입사원 ***입니다."
상대방 : "혹시 팀장님 자리에 계신가요?"
귀하 : "죄송합니다만, 팀장님께서는 지금 잠시 자리를 비우셨습니다." ······················ ②
상대방 : "알겠습니다."
귀하 : "실례지만, 연락처 남겨주시면 오시는 대로 바로 전화 드리라고 말씀 드리겠습니다." ·············· ③
상대방 : "저는 **싱사의 김부장인데요. 제가 오늘 오후에 핸드폰으로 전화 드리겠다고 전해 주세요."
귀하 : "전하실 용건은 김부장님께서 오늘 오후에 저희 팀장님 핸드폰으로 전화하시겠다는 것 맞습니까?"
·· ④
상대방 : "네, 맞습니다."
귀하 : "알겠습니다. 감사합니다."
(상대방이 전화를 끊기를 기다렸다가 수화기를 조용히 내려 놓았음)

19 다음 중 처음 만난 사람에게 건네는 인사 예절에 대한 것으로 옳지 않은 것은?

① 상대방이 누구인지에 따라 인사법을 달리 한다.
② 정중하면서 밝게 인사한다.
③ 악수는 상사, 연장자, 여성이 먼저 청한다.
④ 때와 장소에 알맞게 인사한다.

20 귀하는 전체 직원들을 대상으로 성희롱 교육을 담당하게 되었다. 이에 대한 교육 자료를 작성하면서 성희롱의 유형에 대해 아래와 같이 정리를 하게 되었다. 다음 중 잘못된 것은?

행위 유형	행위 내용
육체적 행위	• 입맞춤, 포옹 등 원하지 않는 신체 접촉 ·························· ① • 가슴이나 엉덩이 등 특정한 신체 부위를 만지는 행위 • 어깨를 잡고 밀착하는 행위
언어적 행위	• 음란한 농담을 하는 행위 • 외모에 대한 성적 비유 ····························· ② • 음란한 내용의 전화 통화
시각적 행위	• 음란한 사진이나, 낙서, 그림 등을 게시하거나 보여주는 행위 ····· ③ • 성적인 내용의 정보를 유포하는 행위 ···················· ④ • 정보기기를 이용하여 음란물을 보내는 행위 • 자신의 특정 신체 부위를 노출하거나 만지는 행위

Chapter 10 정답 및 해설

🚩 기본문제

01 ④
윤리는 만고불변의 진리가 아니라 시대상황에 따라 조금씩 변화된다.

02 ②
직업은 자기의 의사에 따라 하는 일이다.

03 ②
천직의식은 자신의 일이 자신의 능력과 적성에 꼭 맞는다 여기고 그 일에 열성을 가지고 성실히 임하는 태도

04 ④
우리 사회에서 직업인이 갖추어야 할 중요한 직업윤리 덕목에는 책임감, 성실함, 정직함, 신뢰성, 창의성, 협조성, 청렴함 등이 있다.

05 ③
노동현장에서는 일을 적게 하는 것보다 근면한 자세가 더욱 중요하다.

06 ④
부정직한 관행을 인정해서는 안 된다.

07 ④
아무리 사회가 변화하더라도 성실한 태도는 결국 주위의 인정을 받기 마련이다.

08 ④
고객이 있더라도 양해를 구한 후 업무상의 전화는 받을 수 있다.

09 ③
책임감이 강한 사람은 업무의 완수를 위해 자신의 시간마저도 희생한다.

10 ③
처음 만난 사람에게 건네는 인사는 그 사람의 첫인상을 규정짓는데 인사를 할 때는 상대보다 먼저 하여야 한다.

11 ①
윤리적인 인간은 자신의 이익보다는 공동의 이익을 우선하는 사람이다.

12 ④
취미활동, 아르바이트, 강제노동 등은 직업에 포함되지 않는다.

13 ④
팔은 안으로 굽는다는 속담은 공과 사를 구분하지 못한 것으로, 올바른 직업윤리라고 할 수 없다.

14 ③
사람은 사회적인 동물이므로, 다른 사람들과의 관계가 매우 중요하다. 이러한 관계를 유지하기 위해서는 다른 사람이 전하는 말이나 행동이 사실과 부합된다는 신뢰가 있어야 한다.

15 ③
봉사란 어려운 사람을 돕는 자원봉사만을 의미하는 것이 아니라, 자원봉사를 포함한 의미로, 나라나 사회 또는 남을 위하여 자신의 이해를 돌보지 아니하고 몸과 마음을 다하여 일하는 것을 의미한다.

16 ④
우리나라 준법의식 수준은 세계 최고가 아니다.

아직까지 준법의식 부재 수준이 큰 편이다.

17 ①

왼손잡이라도 악수는 오른손으로 한다.

18 ①

상대방에게 받은 명함은 잠시 동안 살펴보고, 명함지갑에다 잘 넣는다.

19 ①

직장에 있는 상대방 휴대전화로 할 때에는 상대방에게 통화를 강요해서는 안 된다.

20 ③

남성 위주의 가부장적 문화와 성역할에 대한 잘못된 인식으로 인해 성희롱이 발생되기 때문에, 이러한 인식을 바로잡아야 한다.

적중예상문제

01 ③

서양에서는 여러 폴리스 (도시국가)가 이루어진 고대 그리스에서 윤리의 의식이 형성되었다. 고대 그리스는 폴리스를 유지 발전시키기 위해서 필요하고 바람직한 사항들을 인간의 가치 있는 자질이자 목표이며 윤리 라고 하였다. 이후 서양의 윤리는 보편과 개인, 양적인 것과 질적인 것 등으로 나뉘어져 발달하였다.

02 ④

순서대로 봉사의식, 직분의식, 책임의식, 전문가 의식에 해당된다.

03 ②

'천직의식'은 자신의 일이 자신의 능력과 적성에 꼭 맞는다 여기고 그 일에 열성을 가지고 성실히 임하는 태도를 말한다.

04 ③

이 사건은 그의 사례는 알권리와 인간적 가치가 충돌할 경우 언론인이 어떤 판단을 해야 하는지에 대한 고민을 남긴 사례로 직업 윤리와 관련된 것이다.

05 ③

근면에는 '외부로부터 강요당한 근면'과 '스스로 자진해서 하는 근면' 등 두 가지가 있다. ③번은 외부로부터 강요당한 근면이고, 나머지 세 개의 사례는 스스로 자진해서 하는 근면이다.

06 ②

직무 전념의 의무 위반이다. 사전에 승인을 받지 않고 근무 시간 중에 자리를 비우면 안 된다.

07 ④

회사 규정에 위배되는 선물을 받을 경우, 설사 모르고 받았다 하더라도 문제가 된다. 따라서 해당 선물을 바로 돌려주는 것이 가장 적합한 처리 방식이다. 당연히 거래처를 배려한 충분한 설명도 함께 말이다.

08 ③

제시된 사례는 성실, 근면, 정직 등에 대해 말하고 있다. ③번은 아주 친한 친구사이를 의미하므로, 이와 관련이 없다.
- 磨斧爲針(마부위침) : 도끼를 갈아 바늘을 만든다는 뜻으로, 열심히 노력함의 비유.
- 誠勤是寶(성근시보) : 성실과 근면이 곧 보배다.
- 肝膽相照(간담상조) : 간과 쓸개를 서로 내놓고 보인 다는 뜻으로 서로 마음을 터 놓고 허물없이 지내는 친구 사이를 뜻한다.

보기 ④번은 리히텐베르히가 정직을 강조한 격언이다.

09 ③

피해자에는 채용 과정의 구직자도 포함된다.

10 ③
- ㅁ. 명함은 아랫사람이 윗사람에게 먼저 건넨다.
- ㅂ. 명함을 건네는 사람이 2인 이상일 경우 윗사람에게 먼저 건넨다.
- ㅅ. 명함을 받자마자 명함집에 넣는 것은 예의가 아니다.
- ㅇ. 어려운 한자가 있을 경우 그 자리에서 바로 묻도록 한다.
- ㅈ. 상대방에 대한 부가 정보는 상대방과의 만남이 끝난 후에 명함에 적는다.

11 ④

'리(理)'에 대한 의미이다. '륜(倫)'은 동료, 친구, 무리, 또래 등의 인간 집단 등을 뜻하기도 하고 길, 도리, 질서, 차례, 법 등을 뜻하기도 한다.

12 ①

'책임의식'은 직업에 대한 사회적 역할과 책무를 충실히 수행하고 책임을 다 하는 태도를 말한다. 책임의식 이외에도 직업 윤리의 덕목에는 일반적으로 다음의 것들이 제시된다.

- 소명의식 : 자신이 맡은 일은 하늘에 의해 맡겨진 일이라고 생각하는 태도
- 천직의식 : 자신의 일이 자신의 능력과 적성에 꼭 맞는다 여기고 그 일에 열성을 가지고 성실히 임하는 태도
- 직분의식 : 자신이 하고 있는 일이 사회나 기업을 위해 중요한 역할을 하고 있다고 믿고 자신의 활동을 수행하는 태도
- 전문가 의식 : 자신의 일이 누구나 할 수 있는 것이 아니라 해당 분야의 지식과 교육을 밑바탕으로 성실히 수행해야만 가능한 것이라 믿고 수행하는 태도
- 봉사의식 : 직업활동을 통해 다른 사람과 공동체에 대하여 봉사하는 정신을 갖추고 실천하는 태도

13 ①

네 가지 모두 '근면'과 관련된 것이다. 근면이란 게으르지 않고 부지런한 것을 말한다.

14 ②

이 사건은 직업인으로서 당연히 가져야 하는 '직업 윤리'를 망각한 사례이다. 따라서 ②번이 정답.

15 ③

두 사람은 '진실의 순간 (Moment of Truth, MOT)'에 대해 대화를 나누고 있다. 진실의 순간이라는 용어를 최초로 주창한 사람은 스웨덴의 경제학자 리차드노먼(Richard Norman)이며, 이 개념을 도입하여 성공을 거둔 사람은 스칸디나비아 에어라인시스템항공사(SAS)의 사장 얀 칼슨(Jan Carlzon)이다. 이들의 주장에 의하면 고객접점서비스란 고객과 서비스요원 사이의 15초 동안의 짧은 순간에서 이루어지는 서비스로서 이 순간을 진실의 순간(MOT : moment of truth) 또는 결정적 순간이다. 이 15초 동안에 고객접점에 있는 최일선 서비스요원이 책임과 권한을 가지고 우리 회사를 선택한 것이 가장 좋은 선택이었다는 사실을 고객에게 입증시켜야 한다는 것이다. 즉 "결정의 순간"이란 고객이 기업 조직의 어떤 한 측면과 접촉하는 사건이며, 그 서비스의 품질에 관하여 무언가 인상을 얻을 수 있는 사건이다.

16 ②

잘못된 내용을 바로잡는 방법 중 가장 적절한 방식은 해당 내용을 불필요하게 크게 만들지 않으면서 손쉽게 바로잡을 수 있는 경우, 이러한 방식을 선택하는 것이 좋다.

17 ①

고객님께서 앞에 계실 때는 아무리 짧은 내용이라 할지라도 개인 용무의 전화는 절대로 해서는 안 된다.

18 ①

전화벨이 3~4번 울리기 전에 받아야 한다.

19 ①

상대방에 따라 인사법이 다르면 안 된다.

20 ④

성적인 내용의 정보를 유포하는 행위는 '언어적 행위'에 해당된다.

NCS직업기초능력 10대 역량 핵심요약 및 문제집

발 행 일 : 2016년 10월 25일 초판 제 1쇄 발행
편 저 자 : 코리아리크루트 NCS교재편찬위원회
발 행 처 : 다솔커뮤니케이션
발 행 인 : 최인형
주   소 : 서울시 중구 퇴계로37길 14 기종빌딩 207호
전   화 : 02-2285-6922, 팩 스 : 02-2285-6920
홈페이지 : www.dasolco.com
등   록 : 2005년 8월 24일 제 2-4221호
            ISBN : 978-89-92631-80-8

〈값 22,000원〉